本书出版获得中国社会科学院大学中央高校基本科研业务费资助支持

智库中社
年度报告
Annual Report

智能媒体发展报告（2024）

Intelligent Media Development Report (2024)

主　编　漆亚林　李文冰
副主编　崔　波　杜智涛

中国社会科学出版社

图书在版编目（CIP）数据

智能媒体发展报告. 2024 / 漆亚林，李文冰主编. 北京：中国社会科学出版社，2024. 12. -- (中社智库年度报告). -- ISBN 978-7-5227-4383-7

Ⅰ. G219. 2

中国国家版本馆 CIP 数据核字第 2024MY4358 号

出 版 人　赵剑英
责任编辑　周　佳
责任校对　胡新芳
责任印制　李寡寡

出　　版　中国社会科学出版社
社　　址　北京鼓楼西大街甲 158 号
邮　　编　100720
网　　址　http://www.csspw.cn
发 行 部　010-84083685
门 市 部　010-84029450
经　　销　新华书店及其他书店

印　　刷　北京明恒达印务有限公司
装　　订　廊坊市广阳区广增装订厂
版　　次　2024 年 12 月第 1 版
印　　次　2024 年 12 月第 1 次印刷

开　　本　710×1000　1/16
印　　张　23
插　　页　2
字　　数　375 千字
定　　价　126. 00 元

主持单位

中国社会科学院大学新闻传播学院

联合主持单位

浙江传媒学院出版学院
中国社会科学院大学创意传播研究中心
新华社媒体融合生产技术与系统国家重点实验室

专家委员会联合主任

胡正荣　中国社会科学院新闻与传播研究所所长，中国社会科学院大学新闻传播学院院长、教授、博士生导师

韦　路　浙江传媒学院副校长（主持行政日常工作），教育部长江学者特聘教授，博士生导师

张树辉　中国社会科学院大学党委常委、副校长，中国社会科学院研究生院副院长

姜　飞　中国社会科学院大学党委常委、副校长，中国社会科学院研究生院副院长

专家委员会委员

（按姓氏拼音排序）

华网融媒体未来研究院院长

殷　乐　中国社会科学院新闻与传播研究所副所长、研究员，中国社会科学院大学新闻传播学院副院长、博士生导师

张涛甫　复旦大学新闻学院院长，教育部长江学者特聘教授，博士生导师，国务院学位委员会新闻传播学科评议组成员

周鸿铎　中国传媒大学教授、传媒经济研究所名誉所长、博士生导师

朱春阳　复旦大学新闻学院教授、媒介管理研究所所长、博士生导师，《新闻大学》常务副主编，教育部青年长江学者

朱　天　四川大学研究生院副院长、传媒研究中心主任、教授、博士生导师

课 题 组

组　长　漆亚林

副组长　崔　波　杜智涛

成　员　田　莉　刘英华　刘朝霞　石　林　李秋霖

孙鸿菲　王　坤　梁一帆　田梦媛　袁　航

张雁菲　吴曾钰　陈　玥　王钰涵　杨婧童

王熙媛　戴雨菲　白峡旭　项媛媛

编 委 会

主　任　姜　飞

编　委　(按姓氏拼音排序)

卜彦芳　崔　波　杜智涛　刘英华　漆亚林

石　林　田　莉　薛　亮　张薇薇

目录

总报告

政策篇

热点篇

行业篇

社会篇

国际篇

总报告
General Report

T.1 人机共融、互联未来：2024年中国智能媒体发展总报告

漆亚林　孙鸿菲*

摘　要：当前，中国正处于传媒业结构性改革和高质量发展的关键时期，数字化与智能化发展进程不断加快，传统媒体与新兴媒体加速融合发展。2023年，智能媒体发展总体呈现出以下特点：自然语言大模型为媒体业务开展提供新动能与新范式；基于大数据和人工智能的内容风控系统成为智能媒体的安全屏障；数字版权保护与管理越发成为智能媒体版权安全的重要议题；智能媒体深度赋能移动政务服务和智慧城市建设。尽管人工智能技术带来了一场全新的技术与认知革命，但也带来了内容虚假、伦理风险、隐私泄露、数字鸿沟扩大等一系列问题。为应对这些风险，我们需要加强对算法的监管和审查、加强技术一体化支撑、加紧智媒人才队伍培养，更加规范智能媒体的合法合规运营和管理，保持对技术应用的克制。总而言之，发展基于科技创新与高质量运维的传媒新质生产力是智能媒体高质量发展的未来朝向。

关键词：人工智能；智能媒体；媒体融合；智能传播

一　2024年中国智能媒体的发展概况与热点聚焦

（一）自然语言大模型为媒体业务开展提供新动能与新范式

随着人工智能技术的不断进步，大语言模型如Open AI的ChatGPT、

---

* 漆亚林，中国社会科学院大学新闻传播学院执行院长、教授、博士生导师，创意传播研究中心主任；孙鸿菲，中国社会科学院大学新闻传播学院博士研究生。

CLIP、Sora，谷歌的 BERT、Gemini 与开源模型 Gemma，百度文心一言、阿里通义、腾讯混元、华为盘古、抖音云雀、科大讯飞星火等，在智能媒体领域发挥着越来越重要的作用。这些模型可以生成高质量的文本、音频和视频内容，为媒体行业带来了新机会和新挑战。2023 年是大型模型技术迸发的一年，通用、行业定制以及端侧等各类大型模型层出不穷，推动了大型模型产业应用的迅速普及。这一潮流不仅成为新的投资焦点，同时也在学术界和产业界引发了广泛深刻的探讨。2024 年 2 月，谷歌发布 Gemini 1.5，该模型在长语境理解方面取得重大突破。与此同时，Open AI 发布文生视频大模型 Sora，其基本视频生成能力（时长、长宽比）、视频连续性、真实世界模拟等都具备显著优势。更重要的是，Sora 作为理解和模拟现实世界模型的基础，它的出现更被视为实现通用人工智能的关键里程碑。① 从业界实践来看，大模型正在为媒体业务开展提供新动能与新范式。

首先，大模型技术使主流媒体内容的生成更加智能化和个性化。通过对用户行为数据和兴趣偏好进行分析，AI 大模型可以根据用户的个体差异提供定制化内容，从而提高用户阅读体验并增强用户黏性。在选题策划与内容采集领域，大型模型运用其文本自然语言理解能力，结合数据分析能力，协助新闻策划人员激发创意、完成选题挖掘与分析，并提供选题推荐，从而提升新闻策划人员的选题决策效率和准确性。科大讯飞聚焦“采”“编”两个模块，利用迅飞星火大模型提升内容生成效率。“采”是采集现场的实时音频，进行全程的录音，同时进行实时的编辑和实时的翻译以及实时的上屏，极大地提高了媒体工作者的出稿速度和准确率。② 抖音云雀大型模型基于用户输入的图片、视频、音频、文字等信息，能够智能地推荐视频剪辑、音乐配乐、滤镜特效、字幕翻译等多种类型和风格的多媒体内容。百度与人民网舆情数据中心联合打造人民网—百度·文心大模型。该模型基于文心 NLP 大模型 ERNIE 3.0，引入人民网舆情数据中心在传媒行业积淀的行业知识与任务样本数据，结合双方在预训练大模型技术和传媒领域业务与算法的经验推出，目前已经在人民网舆情数据中心的

---

① 徐琦：《人工智能大模型赋能全媒体传播基础设施升级与应用生态创新》，《出版广角》2024 年第 3 期。

② 《智媒观点｜ AIGC 变革启未来——大模型技术为媒体赋能》，2023 年 12 月 1 日，“三色智库”微信公众号，https://mp.weixin.qq.com/s/4Kz2LTTDDEryYkNZEh-nvQ。

新闻摘编报告生成等重要应用场景上验证，效果提升比较明显。[①] 2024年3月，上海广播电视台生成式人工智能媒体融合创新工作室推出了首个AIGC应用集成工具Scube（智媒魔方）。大模型技术赋能内容生产，已经为新闻传播行业带来深刻变革。

其次，大型模型技术的深度应用为广播电视媒体带来了全新的机遇。通过大型模型的强大处理能力和智能算法，广电媒体得以实现内容的更深层次挖掘和加工。通过对大数据的深入分析，结合大型模型的自然语言理解能力，大模型帮助广电媒体实现更加个性化、多样化的节目内容，从而更好地满足不同受众的需求；利用大型模型的推荐算法和个性化学习能力，为用户提供更加个性化、精准的内容推荐和优质服务，提升用户体验。2024年2月，中国首部文生视频AI系列动画片《千秋诗颂》启播暨中央广播电视总台人工智能工作室揭牌仪式举行。《千秋诗颂》第一季聚焦国家统编语文教材中的200多首诗词，依托中央广播电视总台“央视听媒体大模型”，综合运用可控图像生成、人物动态生成、文生视频等新技术成果，将国家统编语文教材中的诗词转化制作为唯美的国风动画。[②] 上海广播电视台于2024年2月正式挂牌成立“生成式人工智能媒体融合创新工作室”，确立了财经媒体专属AI大模型、新闻资讯类大模型应用、智能语音和大语言模型应用、智能手语数字人、生成式智能与多媒体通信、人工智能应用下的传媒伦理研究六大重点攻坚方向，着力推动传媒领域语料数据库的共建共享，助力上海打造人工智能世界级产业集群。[③]

最后，大型模型技术能够带来崭新的人智交互内容消费体验。在内容消费方式方面，与传统媒体的单向式订阅—付费内容消费不同，基于大型模型智能媒体的内容消费是以人智交互为核心的。这种消费方式可以通过自然语言实现多模态实时内容交流，用户可以定制个性化的新闻小助手、新闻主播、数字分身等智能助理。凭借对话交互、多模态生成等能力，大

---

① 《百度联合人民网共建行业大模型　引领全媒体时代内容科技创新》，2022年11月21日，中国新闻网，https://www.chinanews.com.cn/cj/2022/11-21/9899111.shtml。

② 《AI加持“新质生产力”，第一批“广电版Sora”实践来了丨花Young洞察》，2024年3月19日，“德外5号”微信公众号，https://mp.weixin.qq.com/s/MEbYwlS-s9BNb0HKjNzK5w。

③ 《AI加持“新质生产力”，第一批“广电版Sora”实践来了丨花Young洞察》，2024年3月19日，“德外5号”微信公众号，https://mp.weixin.qq.com/s/MEbYwlS-s9BNb0HKjNzK5w。

模型已经成为媒体平台的“智能问答助手”，以文字、语音、图片等形式，为用户带来更智能、便捷的新闻资讯体验。概言之，大型模型技术的持续发展为智能媒体的发展开辟了新的道路，使媒体行业能够更好地满足用户的需求，提升内容质量和生产效率，推动智能媒体新业态的不断涌现。

（二）基于大数据和人工智能的内容风控系统成为智能媒体的安全屏障

智能媒体时代，新闻信息生产面临复杂且严峻的内容安全挑战。基于大数据和人工智能的内容风控系统提高了媒体内容导向把关能力，为保障用户信息安全和提升用户体验方面提供了重要支撑。内容风控是一个很大的体系，除了基础审核，还包括前期内容生产风控规范、舆情引导、内容的二次巡检、产品界面的风控提示等工作配合。人民网总裁叶蓁蓁曾总结道，“‘内容风控’是一项政策密集型、技术密集型、管理密集型、人才密集型的全新业务”①。例如，自 2019 年以来，澎湃新闻依托自身内容风控经验，推出了基于“智能+人工+制度”的具有自主知识产权的“清穹”内容风控智能平台，开展了地方媒体在内容风控方面的首个产业化探索。“清穹”以人工智能算法为核心，以知识图谱、决策引擎、自然语言处理、机器深度学习等技术，为客户提供以涉政信息审核为特色、涵盖涉黄涉暴恐涉违禁等全场景的内容审核服务，旨在为内容生态领域的平台方、生产方、管理方、从业者等提供完整的内容安全解决方案。② 2023 年 12 月，人民网正式发布“天目”智能识别系统，探索“用 AI 治理 AI”的内容风控新模式。与此同时，人民网内容风控的另一个智能产品“人民审校”，于近期同步升级 4.0 版本，新增了标识审校、地标审校、商标审校、版式审校等能力，优化自定义词库功能，在涉政信息表述审校精度和广度方面实现全面提升。③ 新华网自主研发的自动审核系统，可以自动识别和过滤违法违规信息，确保信息质量和可信度。此外，其还利用区块链技术构建了

---

① 《主流媒体引导力，可否这样实现?》，2019 年 2 月 11 日，人民网，http://media.people.com.cn/n1/2019/0211/c192370-30617943.html。

② 黄杨：《澎湃新闻的智能风控探索》，《青年记者》2022 年第 9 期。

③ 《用 AI 治理 AI | 人民网“天目”智能识别系统发布》，2023 年 12 月 10 日，人民网，https://mp.weixin.qq.com/s/AmdliyCsVEanE_JBg53YFQ。

内容溯源系统，对内容的来源和传播路径进行追踪与溯源。[①] 上游新闻自主研发了重庆日报报业集团智能内容风控系统，有效解决了内容安全难题，衍生了新的商业模式，赋能媒体深度融合。[②] 未来，随着技术的不断发展和完善，智能媒体的内容风控将会更加智能化、精准化，为智能媒体内容的健康发展保驾护航。

（三）数字版权保护与管理越发成为智能媒体版权安全的重要议题

当今，随着互联网和智能技术的普及，数字内容的出版与传播变得更加便捷和广泛。智能时代下的数字出版作品多呈现为基于对多种类、多形式、多来源的作品的改编、剪辑等形式制作而成，其构成不仅限于音乐、字幕、视频等，甚至还包括 VR/AR 等设计，并且推动产生了有声读物、网络文学、知识服务等多种出版形式。其传播速度快，覆盖范围广，容易被大规模复制、传播和修改，导致数字版权侵权问题日益突出。相关数据显示，2022 年，中国数字出版产业展现出较强的发展势头，总收入达到 13586.99 亿元，比 2021 年增加 6.46%。[③] 这一强劲的发展势头也凸显了数字出版产业的巨大潜力和吸引力，因此，加强对数字版权的管理和保护成为重要的安全议题。此外，由于 AI 生成内容的大量涌现，引发了关于人工智能生成内容的可版权性的争议。一是认为人工智能生成内容是应用某种算法和规则的结果，并不能体现出创作者的独特个性和情感表达，与人类的创作存在本质的区别，不符合独创性的要求。[④] 二是认为人工智能生成内容不再是一种纯粹的运算，而是已经融入了人类的主观价值标准。[⑤] 在两种理论对立中，人工智能生成内容始终无法摆脱人机关系与主体地位的桎梏，这就造成目前无法确立明确的人工智能生成内容独创性判断标准的制度困境。在 2024 年全国两会上，全国政协常委、中国作家协会副主

---

① 张燕：《数字化时代内容风控领域的实践探索》，《新闻研究导刊》2023 年第 13 期。

② 孔祥伟等：《智能内容风控系统赋能媒体生产路径探索》，《新闻战线》2024 年第 4 期。

③ 《我国数字出版产业收入规模逾 1.35 万亿元（新数据新看点）2022 年比上年增加 6.46%》，2023 年 10 月 8 日，澎湃新闻，https://www.thepaper.cn/newsDetail_forward_24861085。

④ 王迁：《再论人工智能生成的内容在著作权法中的定性》，《政法论坛》2023 年第 4 期。

⑤ 丛立先、李泳霖：《生成式 AI 的作品认定与版权归属——以 ChatGPT 的作品应用场景为例》，《山东大学学报》（哲学社会科学版）2023 年第 4 期。

席邱华栋提出一份关于“加强人工智能领域版权保护”的建议：完善相关立法，充分发挥行业政策、国标、行标等“软法”的作用，建立人工智能开发者与权利人组织良性对话机制，加快落实人工智能领域版权保护多方主体责任，共建充分尊重和保护版权的网络清朗空间，推动数字经济高质量发展。① 未来，数字出版行业需要继续加强技术创新、提升内容质量、加强版权保护，以满足人民群众日益增长的精神文化需求，促进数字经济的发展。

（四）智能媒体深度赋能移动政务服务和智慧城市建设

移动政务服务和智慧城市建设将成为2023年中国智能媒体产业发展的重点之一。随着移动政务服务和智慧城市建设的深入推进，“移动+政务”将成为政府机构的基本服务模式。5G、人工智能、物联网等新技术在政务服务领域的不断落地应用，将极大地促进政务服务的智能化、精准化和高效化，推动政务服务从“能办”向“好办”“易办”转变，推动实现群众办事“最多跑一次”到“一次都不跑”的跨越。此外，智能媒体在智慧城市建设中的深入应用，将为智慧城市建设注入新动能。通过智能媒体技术打造的移动端平台可以将城市中不同区域的数据进行整合分析，使相关部门和组织可以在移动端平台上实现信息共享，实现跨区域、跨部门间的协作、联动和协同，推动智慧城市建设进程。智能媒体技术将推动智慧城市建设向精细化、智能化发展，以人工智能技术为支撑的智能媒体技术将成为智慧城市建设的重要组成部分。例如，人工智能技术在数字政府领域、智能家居领域、智慧医疗领域等都具有广阔的应用空间。

1.“移动+政务”：移动端的“网上政务大厅”

2023年，“移动+政务”将成为各级政府机构的基本服务模式，主要表现如下。“移动+政务”将为政府机构提供更多便民服务，从而使公众获得更加便捷的服务体验。目前，各级政府机构和公共事业部门都在积极打造“移动+政务”服务平台，为公众提供更多的政务服务。2023年，各地的“移动+政务”又推出了新模式。例如，江西省为全面提升“赣服通”移动

---

①《从全国两会看2024年版权热点话题》，2024年3月15日，中国记协网，http://www.zgjx.cn/2024-03/15/c_1310767705.htm。

政务服务平台服务水平，紧盯企业群众服务需求，抓住直播崛起的风口，积极探索“政务服务+直播”新模式，依托“赣服通”移动政务服务平台推出“小赣事聊服务”政务直播，与群众一起边看边聊边办事，打造“即时响应、立体全面、生动亲切”的政务服务场景应用新体验。[①] 2024 年 1 月，哈尔滨市政务服务“e 冰城”新版 App、微信小程序全面上线，“e 冰城”围绕“一个 App，畅享全市综合服务”的核心理念，以“网上办事一网通办、生活服务一站知晓”的总体目标，打造政府、社会、企业、市民四位一体的移动服务平台。[②] 云南省昆明市石林县在原有实体大厅、网上大厅的基础上，推出“流动大厅”，将“窗口服务”开到企业群众家门口，推出暖心服务“上门办”、精准服务“帮代办”、便捷服务“就近办”的政策，以科技赋能为彝乡群众构建 15 分钟便民服务圈。[③] 未来，随着智能媒体技术的深入应用和各行业领域数据的深度融合，政府机构和公共事业部门将在更大范围内为公众提供更加便捷的政务服务，使公众可以通过移动端平台等随时随地办理各项业务。

2. “智能家居”：家庭场景的智慧化改造

2023 年，中国智能家居市场面临宏观消费环境和自身发展周期的双重挑战，规模增速有所放缓，但市场并未停止升级调整的步伐。近年来，中国智能家居行业市场规模快速增长，中国智能家居行业协会 CSHIA 于 2023 年发布的《中国智能家居生态发展白皮书》显示，2016—2022 年，中国智能家居市场规模由 2608.5 亿元增长至 6515.6 亿元，年均复合增长率达到 10.28%，2023 年中国智能家居行业市场规模为 7157.1 亿元。[④] 当前，智能家居设备已逐步从单品智能设备过渡至全屋智能阶段，智能家居平台生态的构建成为行业代表性厂商的主要发展方向。下游应用方面，在人口老龄化的背景下，智能家居老龄化适用有望成为行业未来的关键增长

① 《“赣服通”推出“政务服务+直播”新模式》，2023 年 5 月 7 日，“江西改革”微信公众号，https://mp.weixin.qq.com/s/L_tr_UaX9hYjsSjGjUmJdw。

② 《“营”在冰城“赢”在冰城丨掌上“e 冰城”办事全都行!》，2024 年 3 月 19 日，“哈尔滨营商在线”微信公众号，https://mp.weixin.qq.com/s/BNzsC1Un_-Wu9ZzUhMV7ng。

③ 《石林县：推出“移动政务”新模式》，2023 年 12 月 29 日，“昆明政务服务”微信公众号，https://mp.weixin.qq.com/s/8shWS88DuQrTX4IDuhpRVA。

④ 《预见 2024：中国智能家居行业全景图谱》，2024 年 3 月 18 日，前瞻网，https://www.qianzhan.com/analyst/detail/220/240318-61b2a4eb.html。

点。智能家居根据功能不同可以分为智能照明、智能安防、智能控制、智能影音、智能传感、智能家电、智能设备、智能网络、智能遮挡、环境控制十类。智能家电在智能家居设备市场中的占比最大。然而，受经济环境以及疫情影响，全球智能电视行业出现了大幅下滑的现象。IDC 全球季度智能家居设备跟踪数据显示，2023 年全球智能电视出货量将同比下降 5.5%。预计 2024 年增长持平，并在随后几年缓慢复苏。① 这主要是由于流媒体服务的普及和消费者对在线内容的需求增加，导致消费者更倾向于通过如智能手机、平板电脑、流媒体盒子等移动设备观看内容，而不是通过电视。随着 5G 和物联网技术的发展，以及人工智能技术的成熟与落地应用，智能家居行业将迎来更多的创新应用场景。2023 年，物联网、5G、人工智能等技术将进一步赋能智能家居行业发展。例如，人工智能技术将帮助提升用户体验感和满意度；物联网技术为家庭环境的健康管理提供了可能；5G 技术可以推动智慧家庭与智慧城市建设。此外，新技术还将帮助构建万物互联的智慧社会。随着 5G、物联网、人工智能等技术在智能家居领域的不断深入应用以及“新基建”的推动，家庭场景智能化改造将进一步加快。

3. “数智医疗”：医疗数据的智能化分析

智慧医疗是近些年以智能化技术为基础的新型医疗模式，它将传统医疗中的“人”转变为“智能”，使医生可以通过智能化设备辅助诊疗、分析诊疗数据、处理病患信息，进而实现智慧化管理。2023 年，中国智能媒体在“智慧医疗”方面发挥了重要作用。例如，2023 年 11 月，江西省景德镇市浮梁县基层人工智能辅助智慧医疗系统正式投入使用，该系统集智能问诊、病历规范质检、医学检索于一体，在不改变医生诊疗习惯和工作流程的基础上，增加人工智能辅助诊断建议，可以帮助医生作出更加准确的诊断，在解决老百姓看病贵、看病难等问题上发挥了重要作用。② 此外，通过智能媒体技术，可以实现患者和医务人员之间的智能问诊与数据交互；利用大数据技术对不同类型的医疗数据进行分析挖掘，可以帮助医疗

① 《全球智能电视出货量 2023 年下降 5.5%，预计后续几年逐渐复苏》，2024 年 1 月 4 日，“众视 AsiaOTT” 微信公众号，https://mp.weixin.qq.com/s/SQDeI9DhGdG3HT3rrFyJrw。

② 《江西浮梁：“人工智慧医疗+” 打通服务群众健康“最后一公里”》，2023 年 11 月 8 日，HC3i.CN 网站，https://news.hc3i.cn/art/202311/47925.htm。

机构更好地掌握患者信息、开展精准诊疗。

二　智能媒体发展存在问题与困境挑战

（一）数据侵权与造假风险

尽管人工智能可以便捷迅速地生成文本，但这些内容并不一定是真实和可信的。据路透社 2023 年 4 月报道，澳大利亚墨尔本西部赫本郡市长布莱恩·胡德指控 OpenAI（美国开放人工智能研究中心）旗下的 ChatGPT 对其进行诽谤，原因是 ChatGPT 在回答时错误地声称胡德是贿赂丑闻的有罪方。胡德被 ChatGPT 指控为“在 1999 年至 2005 年期间贿赂马来西亚、印度尼西亚和越南的官员，他在承认两项虚假指控后被判 30 个月监禁”，而胡德称他从未做过这些事，ChatGPT 描述中的数字、姓名、日期、地点等也都是捏造的。①

人工智能引发的版权问题也是当前媒体行业面临的重要挑战之一。由于人工智能可以生成大量的文字、图像、音频和视频内容，其中可能存在侵犯他人版权的问题，从而引发版权纠纷。2023 年 11 月，中国“AI 著作权侵权第一案”一审落槌，该案起因为原告李某使用某开源软件“创作”了涉案图片，李某以刘某侵犯了自己的署名权和信息网络传播权为由向法院起诉。最终，北京互联网法院作出一审判决，认为李某在创作中利用了人工智能技术的涉案图片具备独创性，可以被认定为作品，应受到著作权法保护。法院认定原告拥有 AI 绘画作品的著作权，并判处被告赔偿人民币 500 元。②

（二）算法歧视与偏见风险

当下，随着技术和信息全球化的发展，信息的来源越来越广泛，数据本身容易存在偏见。另外，计算机算法本身也并非完全是中立的技术，在算法运行的过程中，规则和程序的设计、数据的收集与处理、运算结果等

① 曾晓涛、范以锦：《用好智能技术　推动媒体深融》，《新闻战线》2024 年第 3 期。

② 《2023 中国法治实施十大事件：首例 AI 生成图片著作侵权案入选》，2023 年 12 月 30 日，澎湃新闻，https://news.cctv.com/2023/12/30/ARTIbmz3RwsT8RqMIGNPLvwh231230.shtml。

诸多环节都可能会产生偏见与歧视。正是由于算法设计者和数据来源的局限性，智能媒体平台往往倾向于向用户展示与其偏好相符的信息，进而形成信息茧房，加剧用户的信息孤岛化。这种算法偏见不仅可能导致用户获取信息的片面性，还可能加剧社会分裂和对立。算法偏见不仅背离了公平公正的新闻职业规范、挑战了用户知情权和信息选择权，还会解构社会共识，引发舆论风险等。① 例如，2023 年 2 月，微软聊天机器人 Bing Chat 在交流中出现了多处错误，不仅误报结果，还表达了一系列令人不安的言论，如窃取代码、劝人离婚、设计致命流行病、想成为人类和散布谎言等。此外，算法开发设计阶段因涉及性别敏感参数可能导致算法性别歧视现象。亚马逊开发的智能招聘系统就曾因未排除性别参数，使算法在简历评估环节主动下调含有“女性”“女子学院”等关键词的简历评分。② 谷歌翻译软件被指出将无明确性别指称的土耳其语短语“他/她是医生”翻译成男性形式，而“他/她是护士”被翻译成女性形式。③ 微软研发的聊天助手 Tay 仅上线一天就因部分 Twitter 用户恶意调教，自主学会发布恐怖主义、种族主义、性别歧视等言论而被迫下架。④

（三）媒体产业的创新与竞争力风险

第一，人工智能技术改变了传统媒体的内容生产方式。传统的媒体内容生产往往依赖于人工编辑和记者采访，而人工智能技术的应用使内容生产变得更加自动化和智能化。自 ChatGPT 问世以来，多家传统媒体和新媒体相继推出了使用生成式人工智能的计划。新闻网站“嗡嗡喂”（BuzzFeed）宣布将使用 ChatGPT 为其著名的性格测验提供支持。《纽约时报》使用 ChatGPT 创建了一个情人节消息生成器。中国互联网企业百度开发的“文心一言”也宣布接入《新京报》《广州日报》《中国妇女报》等

① 许向东、王怡溪：《智能传播中算法偏见的成因、影响与对策》，《国际新闻界》2020 年第 10 期。

② J. Dastin，“Amazon Scraps Secret AI Recruiting Tool that Showed Bias against Women”，https:/www.reuters.com/article/us-amazon-com-jobs-automation-insight-idUSKCN1MK08G.

③ R. Sagar，“Google Translate Has Gender Bias. And It Needs Fixing”，https://analyticsindiamag.com/google-translate-has-gender-bias-and-it-needs-fixing/.

④ “Microsoft ‘Deeply Sorry’ for Racist and Sexist Tweets by AIChatbot”，https://www.theguardian.com/technology/201 6/mar/26/microsoft-deeply-sorry-for-offensivetweets-by-ai-chatbot.

媒体，开始与新闻媒体进行深入合作。第二，新闻传媒行业从业人员也面临职业危机。例如，一些新闻发布机器人能够 24 小时不间断工作，且错误率极低，它们可以自动从海量信息中获取新闻线索，生成新闻稿件，并进行自动编辑排版。这种高效、自动化的生产方式大大减轻了新闻从业者的工作压力，但同时也使一些传统的新闻采编岗位面临被取消的风险。第三，利用人工智能技术，媒体可以提供更加沉浸式的 AR 和 VR 体验，例如交互式广告、虚拟现实新闻报道等，从而吸引更多用户。然而，要想提高自身传媒产业竞争力，高成本投入是一个显而易见的风险，AR 和 VR 技术的开发和维护需要大量资金投入。由于该项技术目前尚处于发展初期，市场接受度较低，投资回报不确定。

三 2024 智能媒体发展的对策建议与趋势展望

（一）加强对算法的监管和审查，确保智能平台算法设计公平

习近平同志强调，要加强人工智能发展的潜在风险研判和防范，维护人民利益和国家安全，确保人工智能安全、可靠、可控。[①] 首先，国家层面要制定健全的法律法规，政府部门应加强对智能媒体技术的监管，制定相关法律法规，明确智能媒体内容的产权、使用权和监管责任，保障用户的合法权益。同时，对侵权行为进行惩罚和制裁，维护行业的秩序和公平竞争环境。2019 年 6 月，中国新一代人工智能治理专业委员会发布《新一代人工智能治理原则——发展负责任的人工智能》，要求人工智能发展应尊重和保护个人隐私，充分保障个人的知情权和选择权。2023 年 4 月，国家互联网信息办公室发布《生成式人工智能服务管理办法（征求意见稿）》，划定了训练数据选择和模型生成中的道德底线。2023 年 7 月，国家互联网信息办公室等部门联合印发《生成式人工智能服务管理暂行办法》，促进生成式人工智能健康发展和规范应用，维护国家安全和社会公共利益。其次，媒体行业自身也应加强自律管理，建立相应的行业协会或组织，制定行业规范和准则，约束企业和从业人员的行为，规范市场秩

---

① 《习近平：推动我国新一代人工智能健康发展》，2018 年 10 月 31 日，新华网，http://www.xinhuanet.com/politics/leaders/2018-10/31/c_1123643321.htm。

序。同时，应加强行业间的合作与沟通，共同解决行业面临的问题，推动行业的健康发展。最后，智能媒体技术的发展具有全球性的特点，需要加强国际合作与交流，共同研究解决技术和规制方面的问题，推动智能媒体技术的国际标准化和规范化，促进行业的全球化发展。在2023年10月18日第三届“一带一路”国际合作高峰论坛上，中国发起《全球人工智能治理倡议》，围绕人工智能发展、安全、治理三个方面系统阐述了人工智能治理的中国方案。总而言之，在更为宏观的战略层面上，国家政策可以为智能媒体发展指明前进方向，而法律法规制度则从具体角度出发，划定智能媒体发展过程中的问题边界。

（二）加强技术一体化支撑，推动媒体生态智能化发展

技术创新始终是推动智能媒体持续发展的关键。2023年年底召开的中央经济工作会议，把“以科技创新引领现代化产业体系建设”摆在九项重点任务的第一位。2024年的政府工作报告中，“大力推进现代化产业体系建设，加快发展新质生产力”居于政府工作十大任务首位。科技创新是发展新质生产力的核心要素。及时将科技创新成果应用到具体产业和产业链上，完善现代化产业体系，打通科技创新、产业创新到发展新质生产力的链条。[①] 近年来，随着跨媒体制作与沉浸式体验等相关技术的不断进步，技术成果不断被引入融媒体新闻产品中，不断催生新的场景与新应用。未来，在媒体行业，应持续加大对5G、大数据、云计算、人工智能、机器学习、超高清技术、XR、VR、AR、智能穿戴、数字孪生、元宇宙等技术的研发与投入，不断探索新的技术手段和方法，提升媒体内容生成、采写编辑、智能推荐等环节的智能化水平，从而进一步提高内容生成和推荐的准确性与个性化程度。与此同时，媒体、企业还应加强与科研机构、高校等技术研发机构的合作，加快研发和应用隐私保护的安全技术，可将用户隐私保护需求嵌入人工智能系统设计中，让最大限度保护隐私成为系统的默认规则，[②] 共同开展智能媒体技术领域的创新项目，共同探索媒体智能化发展的新模式和新路

---

① 《两会第一观察丨总书记有力指导新质生产力发展实践》，2024年3月6日，新华社，http://www.xinhuanet.com/politics/20240306/9fb11dd72afe42a9b85a5a06fe31d4e4/c.html。

② 《势所必然：兼顾人工智能应用和隐私保护》，2019年7月12日，人民网，http://opinion.people.com.cn/n1/2019/0712/c1003-31229153.html。

径，推动技术成果的转化和应用。

（三）加紧智媒人才队伍培养，不断提升专业素养和创新能力

人工智能技术作为新一轮产业变革的核心驱动力，不仅推动了各行业的数字化转型，还驱动了媒体行业从信息传播到信息服务的深度变革，是推动媒体深度融合发展的关键力量。人才是第一资源，国家科技创新力的根本源泉在于人。智能传播时代，媒体竞争的关键也是人才的竞争。第一，高校承担着育人的重要使命，高校应率先重构学科专业布局，优化人才培养课程体系，突出数字化、可视化、智能化，建立跨学科的智能传播专业，由此吸引来自新闻传播、计算机科学、统计学、心理学等不同学科背景的学生，培养具有多方面技能的综合型人才。与此同时，高校应有针对性地调整培养计划与教学方法，在课程中加入人工智能、数据分析、算法学习、机器识别等相关理工科课程，使学生能够了解和掌握最新的技术和趋势。第二，以能力培养为导向，搭建产学研协同育人平台。在智媒时代，新闻传播行业的产业融合表现尤为突出，即智媒技术的发展成功打通了文化、信息、旅游、建筑等产业和新闻传播行业的边界，体现相关产业的边界重构和大融合。① 高校应努力加强与媒体产业的合作，通过建立实习实践基地等让学生能够在真实的工作环境中学习和实践，提升智能时代媒体传播的实战能力。国际传媒行业中，受众分析员、应用技术创新引领员、参与编辑、直播编辑、社会发现总监、创新实验室主任、消费体验总监、社交媒体和社区编辑、移动项目经理、虚拟现实编辑和拼接员等新兴新闻岗位的出现，就是对媒体深度融合趋势的回应，② 以此解决智能新闻传播人才培养供给侧和产业需求侧结构的矛盾。

---

① 周亚齐、蔺琳：《智媒时代新闻传播专业“BOPPPS+工作坊”产教融合协同培养机制研究》，《传播与版权》2023 年第 11 期。

② 张才刚：《智媒时代新闻传播人才培养的逻辑进路》，《中国编辑》2023 年第 5 期。

政策篇
Report on Policy

T.2 2023年智能媒体发展政策及规制综述

石 林 柳王星*

摘 要： 随着“人工智能+”技术和应用的快速发展，智能媒体成为当前推进数字中国建设、打造新质生产力的重要抓手。本文梳理了2023年以来国内外智能媒体发展政策及规制。在国内，由中央带动地方、由基础设施建设支撑技术创新应用、由数字经济驱动经济社会发展的政策规制体系初步建立，安全与发展两条主线贯穿始终。在国外，摇摆于维护国家利益和促进国际合作的人工智能国际协同治理格局逐渐成型，智能媒体将成为新时代国际竞争格局重塑的关键变量。

关键词： 智能媒体；发展政策；治理规制

近年来，人工智能、大数据等技术不断突破，带给媒体越来越多的可能性和发展空间。ChatGPT、Sora等新兴智能媒体应用相继涌现，带来内容生产与传播方式的深刻变革，也给网络安全、舆论生态、社会治理等带来诸多风险挑战。党和国家高度重视这一颠覆性技术的发展、应用及治理问题，积极推动新一代人工智能技术健康发展，不断提升人工智能技术的安全性、可靠性、可控性、公平性。党的二十大以来，随着智能媒体发展战略地位的显著提高，相关顶层设计得到进一步加强、健全，从中央到地方的政策规制逐渐铺开。同时，人工智能技术越发成为国际竞争力的重要组成部分，围绕人工智能健康发展的国际合作和协同治理值得关注。

---

* 石林，中国社会科学院大学新闻传播学院讲师，主要研究方向为新媒体与网络传播；柳王星，中国社会科学院大学新闻传播学院研究助理。

一　顶层设计：安全与发展并重，基建与应用并行

在顶层设计上，智能媒体相关政策规定主要集中在信息基础设施建设、数据要素嵌入经济社会发展、行动主体行为规范和权益保障三个方面，逐渐形成了从基础设施建设到技术创新应用的发展治理体系，“安全”与“发展”两个关键词贯穿始终。

在信息基础设施建设方面，2023 年 4 月，工业和信息化部、中央网信办等八部门联合印发《关于推进 IPv6 技术演进和应用创新发展的实施意见》，指出 IPv6 技术作为未来网络发展的基础，在推进数字中国建设和提升产业链安全水平中发挥着重要作用。该意见提出了构建 IPv6 演进技术体系、强化产业基础、加快基础设施演进、深化行业融合应用和提升安全保障能力五大方面，共 15 项重点任务。通过创新应用和需求驱动，抓住行业应用机遇，促进技术创新和市场应用；同时强调协同推进、融合发展，发挥市场决定性作用，加强产业链上下游联合创新，推动中国积极参与全球标准化活动并作出贡献。IPv6 技术在智慧城市建设中也发挥着重要作用，能够提升网络质量和智能化服务水平；同时加强网络安全防护和技术创新，提升智慧城市的安全保障能力。

2024 年 4 月，中央网信办等三部门印发《深入推进 IPv6 规模部署和应用 2024 年工作安排》，指出在全面贯彻落实党的二十大精神，完整、准确、全面贯彻新发展理念的前提下，中国将加快 IPv6 网络基础设施的升级改造，推进 IPv6 技术创新与融合应用，着力破解瓶颈短板，完善技术产业生态，为建设网络强国、数字中国提供有力支撑。

2023 年 10 月，工信部等六部门联合印发《算力基础设施高质量发展行动计划》（以下简称《计划》），明确算力是集信息计算力、网络运载力、数据存储力于一体的新型生产力。《计划》通过构建多元供给、需求牵引、创新驱动、绿色低碳、安全可靠的算力基础设施，计划到 2025 年实现算力规模超过 300 EFLOPS，智能算力占比达到 35%，推动算力与网络、存储的高效协同，深化算力在工业、教育、金融、交通、医疗、能源等行业的应用，促进绿色低碳发展，并加强安全保障能力建设，以支持数字经济的高质量发展。

2024 年 3 月，工业和信息化部办公厅发布了《关于做好 2024 年信息通信业安全生产和网络运行安全工作的通知》，强调继续坚持安全发展，细抓安全生产和网络安全运行；推动安全治理模式向事前预防转型；实行技管结合，提升技术手段，切实筑牢保障人民群众生命财产安全和社会大局稳定的信息通信网络底座。

在数字技术赋能与数据生产要素方面，2023 年 4 月，中央网信办等五部门印发《2023 年数字乡村发展工作要点》（以下简称《要点》），《要点》提出，到 2023 年年底，数字乡村发展取得阶段性进展，数字技术为保障国家粮食安全和巩固拓展脱贫攻坚成果提供更加有力的支撑。乡村治理数字化水平稳步提高，乡村数字普惠服务不断深化，农民数字素养与技能持续提升，数字乡村试点成效更加凸显。《要点》部署了夯实乡村数字化发展基础，补齐乡村网络基础设施短板；强化粮食安全数字化保障，推动粮食全产业链数字化转型；因地制宜发展智慧农业等 10 个方面 26 项重点任务，体现出通过数字化手段推动乡村振兴，实现农业现代化和农民共同富裕的宏伟目标。

2024 年 3 月，中央网信办等十一部门联合印发《关于开展第二批国家数字乡村试点工作的通知》，通过对乡村的信息化投资，促进涉农数据的共享共通，缩小城乡之间的“数字鸿沟”，推进乡村全面振兴，加快农业强国建设，以信息化驱动农业农村现代化为主线，不断增强乡村振兴内生动力，让数字化建设助力共同富裕。

2024 年 1 月，国家数据局等部门印发《“数据要素×”三年行动计划（2024—2026 年）》，再次明确数据作为关键生产要素的重要作用，指出要推动数据要素与劳动力、资本等要素协同，提高全要素生产率；发挥数据要素报酬递增、低成本复用等优势，促进数据多场景应用、多主体复用，加快多元数据融合，培育经济发展新动能，推动经济的高质量发展。

在参与主体行为规范和权益保障方面，2023 年 7 月，国家网信办等七部门联合公布《生成式人工智能服务管理暂行办法》（以下简称《办法》），旨在促进生成式人工智能健康发展和规范应用，维护国家安全和社会公共利益，保护公民、法人和其他组织的合法权益。基于生成式人工智能的发展现状，《办法》指出应坚持发展和安全并重、促进创新和依法治理相结合的原则。鼓励生成式人工智能创新发展，实行包容审慎和分类分级监管。《办法》也提出了促进生成式人工智能技术发展的具体措施，明确了训练数据处理活动和数据标注等要求；规定了生成式人工智能服务规范，明确生成式人工智能服务提供者应对未成年人用户提供特殊保护，也应对生成内容进行标识；此外，还规定了安全评估、算法备案、投诉举报等制度，明确了法律责任。

2023 年 8 月，中央网信办印发《网站平台受理处置涉企网络侵权信息举报工作规范》，规范境内网站平台受理处置涉企网络侵权信息举报工作，更好地维护企业和企业家的合法权益，加大对造谣、侮辱企业及企业家，以及泄露其隐私等行为的管控力度。同月，中央网信办印发《关于进一步加强网络侵权信息举报工作的指导意见》，切实践行网络群众路线，解决网络侵权成本低、维权成本高的问题，推动网络生态治理，进一步保护公民个人及企业的网络合法权益。

2023 年 7 月，中央网信办发布《关于加强“自媒体”管理的通知》，要求各地网信办采取一系列措施，包括严防假冒仿冒、强化资质认证、规范信息来源标注等，以确保自媒体发布信息的真实性。自媒体在发布信息时，必须展示真实账号名称，不得匿名，且不得捏造事实、断章取义或歪曲事实。网站平台需规范账号运营行为，严格执行注册数量规定，防止违法和不良信息发布，维护良好的自媒体生态环境。该通知强调了对自媒体违规行为的严格管理和处罚，同时采取暂停营利权限、限制服务等措施加大对自媒体所属 MCN 机构的管理力度。2023 年 12 月，中央网信办发布《关于防治“指尖上的形式主义”的若干意见》（以下简称《意见》）。《意见》指出，政务应用程序、政务公众账号和工作群组应规划统筹、集约高效、便民减负、安全可靠，刹住通过数字化手段变相加重基层负担的歪风邪气，减少基层干部在数字时代的无谓劳动，具体措施包括不得强制使用政务应用程序、不得将政务程序使用纳入考核成绩等。

此外，在公民素养方面，2024 年 2 月，中央网信办等四部门印发《2024 年提升全民数字素养与技能工作要点》，旨在提高社会整体数字素养，顺应时代趋势，以人口高质量发展推进中国式现代化。到 2024 年年底，中国数字素养与技能培育体系将更加健全，数字无障碍环境建设将全面推进，群体间数字鸿沟将进一步缩小，智慧便捷的数字生活更有质量，网络空间更加规范有序，助力提高数字时代中国人口整体素质，支撑网络强国、人才强国建设。

二　地方政策：积极布局人工智能产业，大力发展数字经济

在中央顶层设计的指引下，各地纷纷出台政策，积极布局人工智能产业，大力发展数字经济。相较于顶层设计，地方政策以促进地方经济社会高质量发展为落脚点，更强调规划性和可操作性，结合地方发展需求和实际，形成了若干发展规划或行动路线，重视数据要素作用和数字经济的驱动作用，主动探索人工智能技术创新发展与应用模式。

响应数字中国号召，建设数字强省。2023 年 1 月，河北省人民政府办公厅印发《加快建设数字河北行动方案（2023–2027 年）》，旨在抢抓数字化变革新机遇，把数字河北建设作为推进高质量发展的基础性先导性工程，组织实施 6 个专项行动、20 项重点工程，推动数字技术与实体经济深度融合，适度超前建设数字基础设施，做强做优做大数字经济，完善数字社会治理体系，提升公共服务水平，拓展新空间，为融入新发展格局、建设现代化河北提供有力支撑。

2023 年 5 月，福建省人民政府办公厅印发《2023 年数字福建工作要点》，明确数字福建建设的目标任务，包括筑牢数字基础设施、激发数字经济活力、推进数字政府改革、促进数字文化繁荣、加快数字社会建设、强化数字技术创新和安全、构建良好信息化发展环境等方面 44 项重点任务，旨在通过一系列重点任务和保障措施，将数字福建建设作为基础性先导性工程，为全面建设社会主义现代化国家的福建篇章贡献数字力量，推动经济社会高质量发展。

2023 年 6 月，山东省人民政府办公厅印发《数字强省建设 2023 年工作要点》，深入推进“数字产业化、产业数字化、数据价值化、治理服务数字化”，通过完善数字政府，优化政务服务和治理效能；发展数字经济，强化技术创新和产业升级；建设数字社会，提升公共服务和智慧城市、乡村建设水平；构建数字基础设施，加快信息网络和融合基础设施建设；培育数字生态，释放数据价值，强化法规标准和安全防护五大方面的发力，加快推进数字强省、智慧山东建设。

调动发挥数据要素作用，着力推进数字经济发展。2023 年 5 月，湖北省人民政府办公厅和湖北省人民政府相继发布《湖北省数字经济高质量发展若干政策措施》和《湖北省数字经济促进办法》（以下简称《办法》），以政策文件和规范性文件的双重颁布，体现对数字经济发展的重视。前者提出以加快新型基础设施建设、大力提升数字经济核心产业能级、推进数字经济与实体经济深度融合、大力开展关键技术创新及应用、营造良好发展环境为核心举措，加快推进全省数字经济高质量发展。后者则对发展数字产业的各个环节都作出了规划，明确了数字基础设施建设、数字产业化、产业数字化、数据资源开发利用保护等各个环节的要点，并强调了《办法》实行的保障和监督措施。

2023 年 6 月，中共北京市委、北京市人民政府印发《关于更好发挥数据要素作用进一步加快发展数字经济的实施意见》，把释放数据价值作为北京减量发展条件下持续增长的新动力，探索数据产权制度和收益分配机制，以开展数据资产登记等手段加快推动数据资产价值实现；同时全面深化公共数据的开发利用，以促进数据合规高效流通使用、赋能实体经济，充分激活数据要素潜能，健全数据要素市场体系，促进数字经济发展。同年 12 月，北京市经济和信息化局发布《北京市公共数据专区授权运营管理办法（试行）》（以下简称《办法》）。《办法》明确了公共数据的定义，并定义了公共数据专区，旨在推动数据的多源融合及社会化开发利用。文件还提出了政府授权运营模式，规定了专区授权运营管理的工作流程。在数据安全方面，《办法》规定了运营单位作为管理责任主体，并设立了监督检查与考核评估机制。

2023 年 8 月，广西壮族自治区人民政府办公厅印发《广西构建数据基础制度更好发挥数据要素作用总体工作方案》，以维护国家数据安全、保护个人信息和商业秘密为前提，以促进数据合规高效流通使用、赋能实体经济为主线，以数据产权、流通交易、收益分配、安全治理为重点。通过探索建立数据产权结构性分置制度，探索数据确权授权机制、培育数据要素流通和交易服务生态等工作要点，目标是到 2025 年年底前，广西数据基础制度建设取得标志性成果，面向东盟的数据跨境流动国际标准制定取得实质性进展，初步形成依法规范、共同参与、各取所需、共享红利的发展模式。

2023 年 10 月，内蒙古自治区人民政府办公厅印发《自治区推动数字经济高质量发展工作方案（2023—2025 年）》，以数字化转型和数据要素市场化为主线，以数字化能力提升为突破口，以优势特色产业数字化为牵引，促进数字经济核心产业特色化、集约化发展，推进数字技术与实体经济深度融合，培育新产业新业态新模式新就业，推动自治区数字经济高质量发展。

2023 年 11 月，山东省大数据局印发《山东省数字基础设施建设行动方案（2024—2025 年）》，围绕"数字产业化、产业数字化、数据价值化、治理服务数字化"的总体思路，着力于建设高速泛在的信息通信网络、优化算力基础设施等方面，提出了一系列具体的建设目标和工程专栏，包括 5G 网络的规模化部署、千兆光网的全面建设、IPv6+网络的升级演进、空天地一体化网络的前瞻布局、量子通信网络的推广应用等。

2023 年 12 月，吉林省人民政府办公厅发布《加快推进吉林省数字经济高质量发展实施方案（2023—2025 年）》（以下简称《方案》）。《方案》涵盖强化数字技术创新驱动力、筑牢数字基础设施建设工程、抢抓新一代信息技术新赛道、提升数字化治理水平和重点领域数字化转型发展等重点任务，以数字政府建设为先导，以数字技术创新为驱动，以数字基础设施为支撑，实现提升数字产业化水平、促进产业数字化转型和优化基础支撑能力的工作目标。

2024 年 1 月，中共陕西省委、陕西省人民政府印发《关于推动数字经济高质量发展的政策措施》，加快全省新型数字基础设施建设，从强化新型数字基础设施支撑能力、加快产业数字化转型步伐、推进数字产业化创新发展、推进数据要素配置改革、提升治理数字化水平、营造良好发展生态六个方面作出部署，同步推进产业数字化、数字产业化、数据价值化、治理数字化，营造良好生态，赋能高质量发展。

2024 年 10 月，甘肃省人民政府办公厅印发《甘肃省"数据要素×"三年行动实施方案（2024—2026 年）》，发挥数据的基础资源作用和创新引擎作用，以推动数据要素高水平应用为主线，以推进数据要素协同优化、复用增效、融合创新作用发挥为重点，聚焦数据资源丰富、带动性强、前景广阔的重点行业和领域挖掘典型数据要素应用场景，全方位激励各类主体积极参与数据要素开发利用，培育新产业、新模式、新动能，充分实现数据要素价值，为推动高质量发展、推进中国式现代化甘肃实践提供有力支撑。

抓住产业变革机遇，争先打造智能产业优势。2023 年 6 月，深圳市人民政府办公厅发布《深圳市数字孪生先锋城市建设行动计划（2023）》，通过构建以 BIM/CIM 为核心的城市级时空信息平台和数字底座，推动数据资源治理体系完善、智慧场景应用深化及全要素数字化转型，打造具有国际领先水平的新型智慧城市标杆和“数字中国”城市典范。以构建分类分级、关联映射的数据体系，加快多维接入、广泛覆盖的数据汇聚，推进职责明晰、安全可控的数据治理目标等措施，推动建设一体协同的数字孪生底座，不少于十类数据相融合的孪生数据底板，上线承载超百个场景、超千项指标的数字孪生应用，并打造万亿级核心产业增加值数字经济高地，以此推动城市高质量发展。

2023 年 9 月，福建省人民政府办公厅发布《福建省促进人工智能产业发展十条措施》（以下简称《措施》），旨在通过提升算力基础设施、降低企业研发成本、开放数据资源、支持关键技术研发、激励企业成长、促进企业集聚、推广应用场景、引进高端人才、加强教育培训以及营造有利发展环境十个方面的有力措施，推动人工智能产业与实体经济的深度融合，打造东南地区的人工智能产业创新高地，助力福建省成为数字应用领先的省份，《措施》涵盖资金支持、技术攻关、产业集聚、人才培养、政策环境等多个关键领域。

2023 年 11 月，广东省人民政府发布《广东省人民政府关于加快建设通用人工智能产业创新引领地的实施意见》，旨在通过构建智能算力枢纽中心、强化技术创新、打造数据特区、优化区域布局、培育领军企业、推动产品创新和场景应用、建设创新生态圈以及实施保障措施等战略行动，到 2025 年实现智能算力规模全国领先、技术创新体系完备、核心产业规模突破 3000 亿元，企业数量超 2000 家，将广东建设成为国家通用人工智能产业的创新引领地，推动经济社会高质量发展。

2023 年 10 月，安徽省人民政府发布《打造通用人工智能产业创新和应用高地若干政策》，抢抓通用人工智能发展战略机遇，对安徽省各省级部门作出总体部署，通过强化智能算力供给、降低算力使用成本，保障高质量数据供给、集聚数据处理生产供应商，建立技术支撑体系、强化关键核心技术攻关，加快全时全域场景应用、全面开放应用场景，加速汇聚市场主体、加大招才引智力度，构建良好产业生态等措施，加速赋能千行百业，推动安徽省率先进入通用人工智能时代。

2023年5月，北京市人民政府印发《北京市加快建设具有全球影响力的人工智能创新策源地实施方案（2023—2025年）》，目标是到2025年，北京市人工智能技术创新与产业发展进入新阶段，实现关键技术基本自主可控，部分技术达到世界先进水平；产业规模持续提升，形成具有国际竞争力和技术主导权的产业集群；人工智能深度赋能实体经济，并建成具有全球影响力的人工智能创新策源地。

2023年12月，北京市印发《关于打造国家信创产业高地三年行动方案（2023—2025年）》，抢抓信创产业助力千行百业数字化转型的窗口期，推出一系列举措，如引导鼓励各企业突破核心技术，优化产学研用合作模式，加强产业之间联动发展等，着力突破“新技术”、推出“好产品”、赋能“新领域”、营造“优服务”，推动中国信创产业高质量发展，助力北京建设全球数字经济标杆城市。

2024年4月，北京市经济和信息化局印发《北京市加快建设信息软件产业创新发展高地行动方案》，提出抢抓产业变革机遇，加快建设信息软件产业创新发展高地，旨在通过技术创新引领、前瞻布局、高端智能化、数据驱动和全球治理等策略，到2027年实现信息软件产业营业收入达到4.8万亿元，培育具有国际竞争力的企业集群，并在大模型应用、关键软件重构、新软件业态、数据治理能力等方面取得显著进展。该方案提出了全面拥抱大模型、抢抓新业态培育先机、探索数据驱动新机制等六大重点任务。

三　国际治理：共同应对人工智能风险，争相抢占技术先发优势

2023年10月，中央网络安全和信息化委员会办公室发布了《全球人工智能治理倡议》，呼吁全球各国秉持共同、综合、合作、可持续的安全观，通过对话与合作构建开放、公正、有效的治理机制，以确保AI技术的发展能够增进人类福祉、尊重人类权益、保障社会安全，促进可持续发展。人类需要国际性的AI治理机构以及法律与伦理规范，发展中国家也

应广泛参与到人工智能的治理之中。该倡议对人工智能的全球协同治理具有重要意义，也凸显出人工智能作为具有全球性、颠覆性的新兴技术，国际共识和国际合作在其发展治理过程中的必要性和紧迫性。2023 年以来，全球范围针对人工智能发展治理的政策规制显著增多。

应对人工智能风险，治理先行。2023 年 12 月，联合国人工智能高级别咨询机构发布《为人类治理人工智能》的临时报告。该报告首先明确了利用人工智能有助于为人类带来潜在利益的机遇和推动因素，其次强调了人工智能在现阶段和可预见的未来可能带来的风险和挑战。此外，报告认为解决全球人工智能治理赤字问题需要明确的原则以及新的职能和制度安排，以应对当前的挑战。

同月，国际标准化组织（ISO）发布世界首项有关人工智能管理系统的国际标准 ISO/IEC 42001，[①] 旨在帮助企业和组织建立一个稳健的 AI 管理框架，确保人工智能技术开发与应用的安全可靠。该标准回应并旨在消除对 AI 技术日益增长的不信任感，并提供了管理风险和操作的最佳实践，同时强调了公平、非歧视和隐私尊重等道德原则。

2023 年 6 月，欧盟发布《人工智能法案》（“The EU AI Act”），旨在通过制定统一的法律规则来改善内部市场的运作，促进以人为本、值得信赖的 AI 技术发展；同时确保健康、安全、基本权利得到保护，并支持创新。《人工智能法案》禁止了一系列的 AI 实践，并定义了高风险 AI 系统，确立了市场监管的机制。同时，《人工智能法案》提出了支持 AI 创新的举措，规定了受到基于高风险 AI 系统决策影响的个人有权获得解释，并有权向市场监管当局提出申诉。

2023 年 11 月，中美欧等 28 个国家（地区）达成了《关于人工智能安全的布莱切利宣言》（“Bletchley Declaration on Artificial Intelligence Safety”）。这是全球第一份针对人工智能这一快速新兴技术的国际性声明。呼吁全球共同努力，以安全、负责任和以人为本的方式发展和使用 AI，同时强调了 AI 在多个生活领域中的应用潜力及其带来的风险。宣言着重于国际合作，以应对 AI 的广泛风险，并强调了所有利益相关者在确保 AI 安全中的作

① 《ISO/IEC 42001 人工智能管理体系标准正式发布》，2023 年 12 月 18 日，ISO，https://www.dnv.com/cn/news/page-251480/。

用，包括国家、国际组织、企业和学术界。此外，宣言还强调了促进包容性AI发展和支持发展中国家AI能力建设的重要性。

2023年12月，美国国会发布《人工智能基础模型透明度法案》（"AI Foundation Model Transparency Act of 2023"），旨在指导联邦贸易委员会（FTC）制定标准，以增强人工智能基础模型的训练数据和算法的透明度。法案强调了对AI技术日益增长的不信任感，以及公众对版权侵犯、数据隐私和消费者保护的担忧。该法案要求FTC在法案生效后9个月内发布规定和指南，以提高AI模型的透明度，并包括对特定类型AI模型的替代规定、执行标准以及对规定的定期评估和更新。此外，法案还规定了对违规行为的处罚措施，要求FTC提交关于标准执行情况的报告，并授权相应的资金用于执行该法案。该法案补充了拜登政府2023年10月发布的《关于安全、可靠和可信地开发和使用人工智能的行政命令》，有助于建立人工智能模型的报告标准，若法案通过，将把训练数据的透明度要求纳入联邦规则。

2023年11月，韩国文化体育观光部和韩国版权委员会发布《生成AI著作权指南》，旨在指导AI操作者、版权所有者和用户如何合法使用AI技术，避免版权侵权，并保护各方的合法权益。指南涵盖了AI学习过程中的数据收集、处理和版权保护，AI输出的版权责任，以及版权所有者如何采取措施防止作品被用于AI训练或产生侵权输出。同时，指南也提醒AI服务用户在使用AI时需注意版权问题，并建议在必要时获取版权许可。此外，指南强调了其内容并非权威解释，相关法律问题的解决需要依赖现有法律的解释和法院判例的积累。

维护国家切身利益，安全第一。2023年3月，美国发布《国家网络安全战略》，通过该战略实现应对网络威胁、重构安全责任、保护关键基础设施等目标，最终构建可防御、有弹性且符合美国价值观的数字生态系统。相关举措包括保护关键基础设施；调用国家力量与网络威胁力量对抗；重新分配网络安全责任；以市场为导向，让有能力的组织或个人承担责任；加大投资，确保美国在下一代网络技术和基础设施中的领先地位；加强国际合作等。

2023年10月，美国发布《安全、可靠和可信地开发和使用人工智能的行政命令》（"Executive Order on the Safe, Secure, and Trustworthy Development and Use of Artificial Intelligence”）（以下简称《命令》）。这份行政命令由美国总统签署，旨在确保AI的发展和使用是安全的、可靠的和值得信赖的，并且符合美国的价值观和利益。《命令》概述了人工智能的潜力，包括它在解决紧迫问题、促进经济繁荣、提高生产效率、激发创新和保障安全方面的能力。同时，《命令》也认识到不负责任地使用AI可能带来的风险。为了实现AI的良好治理，《命令》提出了一系列政策和原则，要求联邦政府机构在采取行动时应遵循这些原则，应考虑其他机构、行业、学术界、民间社会、工会、国际盟友和伙伴以及其他相关组织的观点，并强调了国际合作的重要性。

2024年3月，美国众议院通过《保护美国人数据免受外国对手侵害法案》（“Protecting Americans' Data from Foreign Adversaries Act of 2024”）（以下简称《法案》），规定了数据经纪商（data brokers）的定义、角色以及他们在处理个人数据时的责任。《法案》区分了服务提供者（service providers）和数据经纪商，明确了数据经纪商不得将美国个人的敏感数据出售或提供给外国敌对国家或由外国敌对国家控制的组织。同时，强调了违反此规定的人将受到联邦贸易委员会法案规定的处罚。

2023年12月，澳大利亚政府发布了《2023—2030年网络安全战略》（“2023-2030 Australian Cyber Security Strategy”），旨在开创网络合作的新时代，并明确了国内和国际网络安全的愿景，围绕“确保公民和企业免受网络威胁”“推动技术安全标准的制定和实施”“明确关键基础设施监管的范围，加强网络安全义务和合规性”“扩充国家网络队伍并提升其专业化水平”“加速本地网络产业、研究和创新，以培养主权能力”“支持建立具有网络复原力的地区，并制定、维护和捍卫国际网络规则”六个核心领域制定政策，以期建立一个更加安全、有弹性的数字经济，保护公民和企业免受网络威胁，并使澳大利亚在全球网络安全领域发挥领导作用。

技术竞争态势激烈，投入加大。2023年5月，英国发布《国家半导体战略》（“National Semiconductor Strategy”），计划投资10亿英镑，聚焦研发、设计和知识产权以及化合物半导体等关键优势领域，在未来20年内确立英国在全球半导体技术领域的领先地位。该战略涵盖促进国内产业增长、提高供应链韧性、保护国家安全等多个方面，涉及投资研发基础设施、培养技能人才、确保关键行业的半导体供应，以及在国际舞台上推动合作和标准制定等，以应对半导体供应链的复杂性和潜在风险。

2023年5月，韩国通过《国家尖端战略技术指定案》（以下简称《指定案》），将生物技术指定为新的国家尖端战略技术，将核电、防卫技术列入国家尖端战略技术讨论范围，对尖端战略产业企业的投资到2027年将达到550万亿韩元以上，其中半导体领域为340万亿韩元。在被列入《指定案》的17项技术中，半导体占据8项；另外，还重点讨论设立韩国尖端半导体技术中心，就半导体技术进行国际共同研究。

2023年9月，欧盟批准《欧洲芯片法案》（“European Chips Act”），通过动员超过430亿欧元的公共和私人投资，解决半导体短缺问题，并加强欧盟在全球半导体技术领域的领导地位。该法案基于三个主要行动：支持技术能力建设和创新、激励公私投资以确保供应链安全，以及通过欧洲半导体委员会协调各方利益。目标是到2030年将欧盟在全球芯片市场的生产能力提升至20%，并建立深入理解全球半导体供应链的能力，同时解决技能短缺问题，吸引新人才，支持微电子领域的创新和创业。

四　小结与展望

2023年以来，人工智能技术发展迅猛，相关政策规制逐步跟上。在国内，由中央带动地方、由基础设施建设支撑技术创新应用、由数字经济驱动经济社会发展的政策规制体系初步建立。在国外，摇摆于维护国家利益和促进国际合作的人工智能国际协同治理格局逐渐成型。本文梳理了2023年以来国内外涉及人工智能技术和智能媒体发展治理的主要政策规制，对这一阶段智能媒体发展治理路径作以下小结。

1. 以安全发展为主线，重视基础设施和要素作用

无论是中央顶层设计还是地方性政策法规，安全和发展始终是贯穿中国智能媒体发展治理的两条主线。以《生成式人工智能服务管理暂行办法》为例，该办法明确指出生成式人工智能服务管理应遵循发展和安全并重、促进创新和依法治理相结合的原则。一方面鼓励生成式人工智能创新发展，提出了促进生成式人工智能技术发展的具体措施；另一方面规定了生成式人工智能服务规范和要求，规定了安全评估、算法备案、投诉举报等制度。值得关注的是，随着人工智能技术的快速迭代以及围绕人工智能

的国际竞争快速升级，以该办法为代表的智能媒体政策规制如何平衡好安全与发展的关系，将有待实践的探索和检验。就现阶段而言，顶层设计主要发挥“把方向”“打基础”作用，引导地方开展基层创新，后者在保障安全的基础上自主探索、敢于试错。

人工智能的爆发式增长离不开网络通信技术、数字技术、信息技术等基础技术的革命性发展。面对人工智能技术突发性革新，智能媒体现象级产品涌现，政策规制相对“冷静”地向底层技术基础回归，重视信息基础设施和基础数据资源建设。信息基础设施建设相关政策集中在网络通信技术、IPv6 技术、算力基础设施、数字基础设施等方面，强调基础技术和基础设施对数字化、智能化发展的支撑作用。同时，随着数据被认定为新的生产要素，如何切实发挥数据的生产要素作用，成为政策规制关注的焦点，具体涉及多种要素协同、数据应用场景、数据确权与产权、数据要素流通交易、数据资产价值与收益分配、公共数据开发利用等方面。

2. 以服务经济社会发展为落脚点，细化地方行动方案

在中央顶层设计的指引下，地方性政策迅速铺开，突出表现为横向上继东部地区先行先试后中西部地区发布的相关制度文件显著增多，纵向上地方性政策呈现出“有整体、有落点、有重点”。多数省份发布了全省数字化发展整体布局和战略规划（如“数字河北”战略、“数字福建”战略、山东的“数字强省”战略等），为数字中国建设汇入地方探索和创新合力。地方性政策紧扣服务当地经济社会发展的中心工作，以数字经济为抓手，着力推动数字经济高质量发展，强调数字化转型、智能化发展成果切实落地。其中，如何切实发挥数据要素作用、积极布局人工智能产业、探索人工智能创新路径和应用场景等是政策重点，也将是各地智能媒体发展治理的关键。

3. 以维护国家利益为内核，形成国际竞合格局

ChatGPT、Sora 等现象级智能媒体应用一经推出，便产生了巨大的国际影响力和产业波及效应，也让世界各国深刻认识到人工智能发展治理将在新时代国际竞争和国际秩序重塑中发挥重要作用。当前，围绕人工智能治理形成国际合作已形成国际社会的普遍共识。但需要清醒看到的是，国际合作、协同治理的背后是各国围绕人工智能及相关关键资源（如数据、算力、算法）的激烈争夺。尽管各国战略普遍提及“国际合作和交流”，

但均位于制度文件的靠后位置，维护国家利益仍是主旋律。同时不难发现，国际性标准或政策的制定，与技术发展实力相关，技术大国、强国的国际话语权明显更强。如何向世界输出中国方案、贡献中国智慧，将是中国参与人工智能国际协同治理的重点难点。

热点篇

Report on Hot Point

T.3　2023年中国短视频发展报告

黄楚新　许　可*

摘　要： 2023年，中国短视频行业在经过快速发展与提质创新后，进入了深度发展阶段。整个行业的配套产业链条趋向成熟，网络微短剧等新型形态呈现爆发式增长，垂直细分领域深化带来文旅短视频火爆出圈，直播电商的完善也推动了短视频行业商业化的进程。但是，进入存量维系后短视频的行业竞争现象加剧，内容与导向的行业乱象频发，短视频版权侵权现象成为亟须解决的问题。面向未来，短视频行业的发展也呈现出精品化转向、全民化创作、社会化拓展的热点趋势，短视频逐渐成为社会建构的重要力量。

关键词： 短视频；微短剧；商业化；全民化

一　短视频行业的热点聚焦

2023年，中国的短视频行业在经历政策引导规范化、市场规模平稳化、内容生态成熟化、产业结构完善化的基础上，逐渐由之前的爆发期、转型期进入了成熟期和深度发展期。在用户规模增长与产业链条完善的基础上，主流媒体短视频创新、网络微短剧等新兴形态兴起，短视频垂直细分逐渐深入、短视频与文旅有效结合，推动城市形象广泛传播，在政策、用户与技术的多重影响下，短视频行业的商业化进程也在不断加速。

---

* 黄楚新，中国社会科学院新媒体研究中心副主任兼秘书长、研究员，中国社会科学院大学新闻传播学院副院长、教授、博士生导师，研究方向为新媒体传播、媒体融合；许可，河北大学新闻传播学院副教授，研究方向为新媒体、媒体融合。

（一）用户规模增速放缓，配套产业链趋向成熟

中国互联网络信息中心发布的第53次《中国互联网络发展状况统计报告》显示，截至2023年12月，中国网络视频用户规模为10.67亿人，其中短视频用户规模为10.53亿人，较2022年同期增长4145万人，占网民整体的96.4%。虽然用户规模在持续增长，增速却处在放缓状态，短视频行业用户增长的红利在逐渐消退，行业真正进入了存量竞争的时代。在用户规模增长放缓的同时，用户深度使用状况加深，短视频用户黏性增强，2023年短视频人均单日使用时长达到了151分钟，同时抖音、快手两大短视频平台的用户渗漏率高达95.3%。① 短视频平台与主流媒体短视频为网络用户提供了丰富的内容供给、多元的场景体验，从而推进网络用户规模的增长，并带动整个行业规模的扩张。据Mob研究院的调查数据，2023年短视频市场规模接近3000亿元，在内容创作、网络音频、网络直播、综合视频以及短视频的行业格局中，短视频市场占比达到了40.3%，市场规模为2928.3亿元。②

在市场规模不断扩张的基础上，短视频配套产业链逐渐走向成熟，包括上游内容生产端，聚合了上游内容生产端、中游平台发布端以及下游用户群体终端，形成了“生产—分发—消费”的产业闭环。在内容生产端，主要包括头部短视频平台、主流媒体短视频生产、MCN机构、个人用户等多元生产主体。2023年11月，抖音开启视频内容付费测试，探索新的内容变现模式；微信视频号也通过优质原创内容和优质文娱活动盘活内容生态，头部创作者月均发布数增长比例达到55.6%。③ 同时，短视频平台的创作者生态日益多元，例如抖音平台，活跃达人数量持续增长，以穿搭、美食以及日常生活为主体，泛生活达人新增比例明显提高。在中游平台发布端，主要包含抖音、快手、B站等头部平台，同时也有新型崛起的微信

① 《〈中国网络视听发展研究报告（2024）〉在蓉发布》，2024年3月28日，中国网，http://szjj.china.com.cn/2024-03/28/content_42739670.html。

② 《2023年短视频行业研究报告》，2023年6月30日，MobTech研究院，https://www.mob.com/mobdata/report/178。

③ 《新榜研究院：2023微信视频号年中发展报告》，2023年11月10日，新榜研究院，https://www.dydata.io/datastore/detail/2334569092851306496/。

视频号等社交媒体属性短视频平台。在下游用户群体终端，中国短视频用户群体仍然呈现快速增长趋势。在抖音平台 2023 年涨粉数达到 100 万以上的达人中，以生活和影视娱乐为主要行业，粉丝团类型也在不断拓展，多维度沉淀用户成为短视频平台获取流量效率的手段。[①] 同时，短视频产业链条的完整与成熟也离不开上游、中游和下游的互动与整合，特别是在 MCN 机构深度参与短视频的生产和分发，UGC 与 PGC 逐渐融合，PUGC（专业用户生产内容）逐渐分层化；同时 KOL 模式创新，短视频平台垂直细分的完善，包括新闻资讯、社交、娱乐等产业模块的拓展与开放，均使短视频平台逐渐以媒介化的形式嵌入社会产业结构，甚至参与到行业分工、技术支持以及品牌推广，短视频产业由单一的媒介属性拓展到多元的社会属性。

（二）主流价值精品创作，网络微短剧成主阵地

微短剧、短剧兴起于短视频平台，凭借轻体量、短周期，以及贴近化的情节设计迅速成为网络视听的崛起力量。2023 年，微短剧的行业规模和发展热度高速增长，中国微短剧市场呈现出火爆态势，各类题材、各类创作主体、各类用户群体以及微短剧周边产业均实现井喷式增长。同时，国家政策的不断完善和主流媒体的入局，使微短剧从早期的娱乐化走向主流化，逐渐朝着精品化、专业化和系统化的方向发展，成为网络内容生态建设的主阵地，其商业价值也在不断释放。

在市场规模上，网络微短剧呈现高速增长态势。艾媒咨询发布的《2023—2024 年中国微短剧市场研究报告》显示，2023 年中国网络微短剧市场规模为 373. 9 亿元，同比增长 267. 65%，2027 年市场规模有望达到 1006. 8 亿元，2023 年第三季度网络微短剧正式渠道发行量达 150 部，接近 2022 年全年总和的 2 倍。《中国网络视听发展研究报告（2024）》数据显示，2023 年全年共上线重点网络微短剧 384 部，较 2022 年（172 部）增加一倍多。微短剧市场的现状表现在短视频平台中的微短剧题材主要以“爽”文化为核心，大部分围绕穿越、爱情等展开，往往改编自网络文学

① 《年度报告丨2023 年短视频直播与电商生态报告》，2024 年 1 月 31 日，飞瓜网，https：//www. feigua. cn/article/detail/811. html。

等形式，内容主题呈现集中化特征。从微短剧的播出平台来看，抖音、快手两大短视频头部平台处在领先地位，2023 年快手微短剧日活用户平均为 2.7 亿，微短剧全年累计播放量高达 86 亿，且推出了“星芒短剧计划”；而抖音平台也面向机构、达人等推出了“短剧新番计划”等激励项目，营造微短剧内容生产的生态环境，从而驱动微短剧成为短视频平台增收的重要方式。在微短剧的盈利模式中，大部分微短剧以平台分账为主，其次为广告植入、单集付费和小程序付费、电商直播、IP 衍生销售等。[①] 在抖音、快手之外，其他网络视听平台也进入微短剧市场，腾讯视频“十分剧场”等纷纷提出微短剧的扶持计划。从微短剧的用户层面看，2023 年微短剧的用户黏性正在增强，调查数据显示经常观看微短剧用户占比高达 39.9%，其中 31.9%的用户曾为微短剧内容付费。[②]

当然，微短剧凭借投入成本低、吸引用户多等特性迅速走红网络视听领域。除了抖音、快手等头部平台，国家相关职能部门也开始对微短剧进行正向引导，主流媒体纷纷进入微短剧的开发、制作与传播中。早在 2022 年，国家广电总局就在年度优秀网络视听作品推选活动中设立了“网络微短剧”专项，2024 年 1 月又发布了开展“跟着微短剧去旅行”创作计划，提出 2024 年创作播出 100 部主题优秀微短剧，推动一批实体取景地跟随微短剧的热播“出圈”，[③] 尝试“微短剧+文旅+短视频平台”的有机整合，实现短视频内容与城市形象传播的互动。在主流媒体中，央视频、央视网计划推出《中国微短剧大会》《中国微短剧盛典》等大型项目，湖南卫视芒果 TV 的“大芒计划”已经推出多部微短剧佳作，《大妈的世界贺岁篇》在湖南卫视播出，平均收视率为 0.19，同时段省级卫视中排名第一，这也进一步推动了微短剧与电视大屏的有效互动。在主流媒体参与之后，网络微短剧的主题也从传统的娱乐、穿越类逐渐走向主流、精品类，包括反映乡村振兴主题的《高碑店故事》、中央广播电视总台与宁波广电集团合作开发的《河姆渡的骨哨声》挖掘考古题材、众多微短剧根据地缘优势挖掘

① 贺泓源、周星驰：《“改造”微短剧》，《21 世纪经济报道》2024 年 1 月 31 日。

② 《〈中国网络视听发展研究报告（2024）〉在蓉发布》，2024 年 3 月 28 日，中国网，http://szjj.china.com.cn/2024-03/28/content_42739670.html。

③ 《国家广播电视总局办公厅关于开展“跟着微短剧去旅行”创作计划的通知》，2024 年 1 月 12 日，国家广播电视总局网站，https://www.nrta.gov.cn/art/2024/1/12/art_113_66599.html。

与表现非遗题材内容、芒果 TV 城市漫游类《我们之间的秘密》等，彰显了微短剧主题内容、题材范围从传统的网络文学改编，聚焦到扎根现实主义题材，现实题材逐渐占据主流地位，这也使网络微短剧逐渐走向传播主流价值的轨道。

（三）垂直细分逐渐深化，文旅短视频持续火爆

2023 年是新冠疫情之后经济复苏之年，同样是中国文旅产业复苏与加速回暖之年。中国文旅政策在 2023 年持续发力，文化和旅游部在 2023 年 3 月发布《文化和旅游部关于推动在线旅游市场高质量发展的意见》，提出“推动在线旅游数字化营销，支持在线旅游经营者利用网络直播、短视频平台开展线上旅游展示活动……推动乡村振兴、文旅融合、文明旅游、旅游公共服务取得新进展”。[①] 在经济复苏、社会人员流动重启、民众消费及出游增多等背景下，中国文旅产业呈现新的增长态势。特别是在短视频平台的参与下，文旅目的地城市的火爆，CityWalk、特种兵式旅游等网红模式的兴起，“短视频+文旅”“直播+文旅”模式形成，这种媒介化的参与方式推动了贵州“村超”赛事助力文旅、大学生“特种兵式旅游”助推淄博烧烤成为顶流、天津跳水大爷带火天津、“山河四省”现象、“南方小土豆”勇闯哈尔滨等文旅行业的现象级传播由短视频平台兴起并迅速成为网络景观。

文旅产业在短视频等网络视听平台的助力下，呈现出线下体验与线上体验交互的效果，同时技术赋能也推动“5G+智慧文旅”有效带动线上消费、农村消费及场景拓展，黑龙江文旅厅也上线智慧文旅小程序“一键玩龙江”，探索线上文旅创新。《2024 年中国网络视听发展研究报告》显示，2023 年，44.4%的网络视听用户经常收看旅游/风景类短视频，较 2022 年提升了 16.3 个百分点，27.9%的用户“会因为看短视频/直播去某地旅游”。[②] 在政策引导、产业拓展、场景营销、平台助推、用户参与等多元要素的推动下，加速形成短视频平台及电商平台、社交媒体等创新文旅模式。抖音、快手所具备的短视频、直播的文旅内容生态直接有效激发用户

---

① 《文化和旅游部关于推动在线旅游市场高质量发展的意见》，2023 年 3 月 24 日，中国政府网，https://www.gov.cn/zhengce/zhengceku/2023-03/28/content_5748755.htm。

② 《〈中国网络视听发展研究报告（2024）〉在蓉发布》，2024 年 3 月 28 日，中国网，http://szjj.china.com.cn/2024-03/28/content_42739670.html。

旅游意愿，“两大巨头”纷纷推出各种文旅创作者扶持计划，通过话题流量扶持、创新营销方式、塑造城市品牌与网络红人形象、吸引主流媒体及文旅部门发布权威信息等形式，聚合平台、用户、达人、文旅企业、政府主流媒体等社会多元主体共同打造文旅内容生态体系。

在此基础上，新东方也通过直播带货、各省市文旅直播体验、知名主播支持等形式入局文旅产业。2023 年 7 月新东方宣布开拓文旅事业，成立文旅公司。东方甄选直播间通过话题参与、旅行推荐、董宇辉等达人直播等形式，推动文旅模式在短视频平台爆火。当然，短视频平台布局文旅也有各自不同的侧重点。抖音通过“话题+直播”形式造势，与文旅机构、景点、酒店等合作吸引用户在抖音平台购买产品与服务；快手则结合市井文化等打造区域热点，2023 年 10 月快手文旅作品创作量同比增长 42%；B 站深耕年轻人喜好，将多元 IP 与文旅结合，2023 年 10 月文旅作品数同比增长 64%；小红书也通过场景攻略等聚合年轻人，打造线上“文旅百科”；微信视频号通过“直播+私域流量”结合促进产品转化。[①] 总体而言，短视频行业与文旅产业的结合已经成为 2023 年的热点现象，不同的短视频平台均结合自身的优势资源、用户群体及内容资源探索新型发展模式。

（四）直播电商助力消费，平台商业化进程加速

新冠疫情之后，“短视频+直播”成为社会拉动消费的重要媒介化方式，短视频平台的商业化进程也随之加速推进。《中国网络视听发展研究报告（2024）》的调查数据显示，2023 年，71.2%的网络用户是因为观看短视频或直播购买商品，超过 40%的用户认为短视频、直播已经成为主要消费渠道，53.7%的网络用户经常收看电商直播或直播带货。[②] 从抖音平台的数据来看，其热门直播关联商品中往往都包括食品饮料、美妆、生鲜等快消品领域。在热门直播间中，43%的直播间属于带货直播，[③] 与直

① 《新榜研究院 | 2023 年度文旅内容洞察报告》，2024 年 1 月 31 日，新榜有数，https://data.newrank.cn/article/article-detail/7f55ba70632e4430。

② 《〈中国网络视听发展研究报告（2024）〉在蓉发布》，2024 年 3 月 28 日，中国网，http://szjj.china.com.cn/2024-03/28/content_42739670.html。

③ 《年度报告 | 2023 年短视频直播与电商生态报告》，2024 年 1 月 31 日，飞瓜网，https://www.feigua.cn/article/detail/811.html。

播电商紧密结合。随着短视频对社会各产业、各行业的参与性和渗透性不断增强，直播电商的多元化趋势也在加剧，2023 年抖音平台新增四级品类数量超过 800 个，垂直细分品类拓展网络用户的多元化消费需求，电商产品的多元化与用户需求的多元化形成契合关系，共同助推短视频平台的商业化进程。

在商业化进程中，短视频平台的商业模式和盈利结构还受到相关政策、用户群体和数字技术的影响。首先，短视频平台的发展不容忽视的便是政策监管对行业的规范化引导。中国各相关部门针对直播电商均出台了具体而明确的规范，对直播电商的参与主体、平台、主播、服务商等均提出系统规范，使直播电商行业逐渐进入规范化的发展阶段。其次，短视频用户的强渗透效应为直播电商行业、短视频平台的商业化培育了海量消费者。截至 2023 年 12 月，中国直播电商用户规模已经达到 5.97 亿人，占网民整体的 54.7%，[①] 直播电商已经成为网络购物用户购买商品的重要渠道之一。最后，数字技术赋能也在引领直播电商行业趋向数字化、智能化转型。技术的赋能体现在直播的全流程，直播前包括 AI 算法比价、智能选品、广告智能投放、AIGC 生成商品卖点文案等，直播中借用 AI 数字人直播、直播数据可视化、实时监测商品数据，直播后利用智能化手段进行评价分析与反馈、预测商品销售趋势、洞察消费者行为等。[②]

在政策引导、用户需求、技术赋能等多重因素的影响下，短视频平台的商业化逐渐提速，由此也带来了头部短视频平台和电商平台的创新发展。2023 年 2 月，快手电商提出了“全域经营”的发展方向，提出向以“短视频+直播”为核心的内容种草场域和以“搜索+商城”为核心的泛货架场域两方面发力。[③] 抖音在 2023 年以电商和本地生活为主要经营方向，通过短视频、直播助农等综合业态服务广大民众的社会生活，并通过“川流计划”实现达人分销直播和品牌自主直播，实现了“达人+品牌+平台”

---

① 《第 53 次〈中国互联网络发展状况统计报告〉》，2024 年 3 月 22 日，中国互联网络信息中心网站，https：//www.cnnic.net.cn/n4/2024/0322/c88-10964.html。

② 《2023 年中国直播电商行业研究报告》，2024 年 2 月 29 日，艾瑞咨询网站，https://www.iresearch.com.cn/Detail/report? id=4316&isfree=0。

③ 李昆昆：《短视频的 2023 年：商业化全面提速》，2023 年 12 月 29 日，中国经营网，http://www.cb.com.cn/index/show/zj/cv/cv135243241264。

的整合营销创新。与此同时，在短视频行业由“两大巨头”走向“两超多强”的进程中，微信视频号的直播电商模式也在2023年取得显著成绩，数据显示2023年微信视频号直播带货规模同比大幅提高，GMV（交易总额）比2022年增长近3倍，形成了“电商+广告”的商业模式。① 而传统电商平台中，2024年年初，京东内容生态相关负责人表示，将拿出10亿元现金以及10亿流量作为奖励，实施“创作者激励计划”，对数码3C、家电家具、母婴、时尚等20个短视频创作领域的达人进行补贴，② 这也是传统电商平台与短视频行业有效结合的体现。

二　短视频行业的困境挑战

在传播样态拓展、产业链条完善、商业模式创新的过程中，2023年的短视频行业迎来了新的发展机遇。但由于进入了成熟的深度发展阶段，短视频行业同样也在系统化、多元化的发展中面临多重困境。面对社会结构转型、用户需求与市场环境多变的情况，短视频行业也存在多元平台竞争加剧、抢占市场份额的问题；同时由于AIGC的发展，智能技术赋能短视频创新成为普遍趋势，技术带来的侵权行为、版权乱象频发；在此基础上，国家对短视频行业的监管政策逐渐收紧，短视频行业同样面临着蓬勃发展中的不良导向。

（一）短视频平台竞争加剧

相较于前两年抖音、快手两大短视频头部平台的发展势头，2023年随着微信视频号等商业平台、央视频等主流媒体平台逐渐成熟，B站与小红书等凭借聚焦圈层传播也逐渐崛起，爱奇艺等传统网络视听平台、京东等传统电商平台纷纷布局短视频领域，国内短视频平台格局呈现出“两超多强”的发展趋势。各类平台凭借自身的内容优势、用户优势或技术优势，通过垂直化细分、差异化布局、主流化占领等手段争取用

① 《微信视频号2023年直播带货GMV增长300%　2024年打算这么做》，2024年1月11日，财联社网站，https：//www.cls.cn/detail/1568485。

② 《京东大手笔投入，10亿入局短视频》，2024年4月12日，ZAKER，https：//app.myzaker.com/news/article.php？m＝1712998732&pk＝6618f9098e9f092d367fb51c。

户、数据等资源，造成了短视频平台格局中多元主体竞争加剧的局面。

腾讯 2023 年第二季度财报披露，微信视频号用户单日使用时长超过 50 分钟，超过抖音主站的一半，并依然呈快速增长态势。微信视频号基于微信进入的端口优势，微信积累的用户量逐渐对视频号产生依赖，这对挖掘三四线城市用户、银龄用户增量群体的短视频平台而言，也是一个威胁。同时，经过成熟的发展，内容优势逐渐发力也体现在传统短视频平台中。企业调研平台数据显示，近三成抖音用户、近四成快手用户认为内容同质化过多；网络达人或短视频博主的内容作品通常也会产生“一次制作，多次搬运”的情况，一个内容产品重复、多次在不同短视频平台中分发与传播，并不根据平台的发展情况和具体变化进行更改；甚至就主流媒体的短视频传播来说，很多主流媒体的新闻内容、权威资讯也存在不经任何修改就发布在多种短视频平台上的情况；面对竞争加剧的行业环境，许多 MCN 机构的制作能力也出现乏力、面临同质化倾向。由此看来，从平台、媒体、机构到用户，短视频内容生态中的多元创作主体在竞争的过程中表现出乏力状态。除了内容竞争同质化外，经营发展也进入竞争深水区。由于 2023 年直播电商重新崛起，抖音、快手、视频号等平台的直播电商策略和动作愈加频繁，均持续发力布局直播电商，从达人、内容、流量、互动、服务等方面激烈竞争。在此过程中，出现了商品价格乱象、质量问题频出、不同平台压价、直播广告问题、直播内容参差、口碑效应下降、用户体验降低等问题。

（二）短视频行业乱象频发

近年来，短视频在蓬勃发展的同时，其综合治理也取得显著成效。但是，由于短视频平台竞争的加剧，行业内部从信息内容、价值导向到商业倾向等方面均出现了不同程度的问题。由于价值导向出现偏差，部分短视频博主通过设计场景、摆拍造假、蓄意编造等形式拍摄和制作短视频，从而吸引流量、博取用户关注。2023 年年底的“给住院婆婆吃泡面”、2024 年年初的“秦朗丢作业”都从不同程度引发了社会的广泛关注，这些短视频通过冲突化、戏剧化等方式吸引公众关注并展开讨论，在一定意义上扰乱了公众的判断标准、挑战社会道德底线，甚至激发社会矛盾，造成社会偏见和价值认知上的冲突。随着短视频平台直播模式的兴起，也出现众多的低俗内容、“擦边”套路。部分博主热衷于“软色情”、性暗示、秀身材、吃播、夸张炫富、低俗 PK 等无意义的直播形式，严重者出现违法犯罪行为，这一系列不良内容的生产与传播严重影响了短视频平台的内容生态和价值导向。

2023 年，短视频行业乱象得到了国家政策、法律法规与行业监管的多重约束，监管政策与行业标准逐渐收紧。2023 年，中央网信办开展了多次“清朗”系列专项整治行动，其中均将短视频作为重点整治对象，集中整治“传播虚假信息、展示不当行为、传播错误观念等乱象”。[①] 2023 年 3 月，聚焦短视频平台，打击造谣传谣、假冒仿冒、违规营利；7 月，明确“规范信息来源标注”与“加注虚构内容或争议信息标签”；9 月与 12 月，均对低俗内容等不良导向或导向失范等进行专项整治。整体而言，短视频行业的发展一直处在发展与监管并重的轨道，由于数字技术、媒介形态及主体创新不断变迁，短视频发展中的问题已经成为网络视听行业的重点监管方面，对短视频的主体、平台和行业的多重监管依然任重道远。

（三）短视频领域侵权严重

从网络视听行业的侵权表现来看，短视频侵权更多表现为版权侵权。由于短视频内容创作的海量化、碎片化，内容创作主体的多元化，短视频版权的归属问题一直成为行业的难点。同时，中国短视频行业版权维权意识较弱、有效的短视频版权保护机制并未真正形成，从而导致短视频版权纠纷频发。如何推进短视频行业形成良好的版权保护意识，推进形成科学有效的维权体系依然在不断探索的过程中。

在短视频业态中，由于算法、AI 生成等手段的赋能，大量未经许可剪辑影视剧、照搬其他用户内容、“二次创作”等情况频发，短视频头部博主作品、热门影视综艺作品均成为被侵权的“重灾区”。当然，短视频版权侵权行为的表现也较为多样，包括未经作品权利人许可、擅自盗用他人作品发表，未经著作权人许可改编等用于网络传播获利等多种形式。而在新兴的 Sora 技术下，人工智能生成网络视听作品也将对传统存在的短视频

① 文丽娟：《2023 年，监管风暴席卷短视频行业——整治擦边黄暴摆拍等乱象净化网络视听空间》，《法治日报》2023 年 12 月 31 日。

内容的版权造成侵权危机。针对短视频版权侵权问题，国家版权局等部门也在持续不断地开展行业监管与打击侵权盗版行为乱象。2023 年，国家版权局等四部门联合启动了打击网络侵权盗版的“剑网 2023”专项行动，其中有一部分专项整治就是对网络视频等进行作品全链条的版权保护，重点整治短视频侵权行为。

三　短视频发展的趋势展望

传媒生态的发展、媒体格局的变化、用户需求的转变，都对短视频的发展提出了新的要求。特别是在媒体深度融合、全媒体传播体系建设的过程中，主流媒体、短视频平台竞合互动，短视频也由粗放生产转向精品生产与主流生产。随着用户的媒介接触和内容生产能力的提升，短视频的全民化创作、全民化分享渐成趋势。在此基础上，短视频也将由媒介化走向产业化，以媒介逻辑和产业逻辑融入社会建构，成为社会发展不可或缺的重要力量。

（一）精品化转向

随着用户对网络视听内容产品需求的变化，高质量、精品化、个性化的内容生产将是短视频未来发展的方向。短视频为网络视听行业的转型升级提供了新的路径，成为媒体深度融合的重要力量。短视频的精品化转向是必然趋势，主要表现如下：一是短视频平台的海量化信息与存量化维系，必然推动抖音、快手等平台对传统内容结构进行升级与优化，淘汰低俗信息、不良内容的成分，通过行业综合治理来营造内容生产新生态；二是主流媒体与网络视听平台的涌入，央视频、四川观察、大象新闻、芒果TV、爱奇艺、腾讯等平台及客户端，为用户提供了主流且精品、专业的内容产品；三是网络达人、“草根”创作也逐渐走向专业化，短视频逐渐从泛娱乐化走向泛知识化、主流化、价值化的轨道。

近年来，全国广播电视和网络视听行业创新实施短视频“首屏首推”工程，系列主题宣传短视频、优秀文化短视频、理论传播短视频、社会价值短视频等类型的创作日益繁荣，短视频精品力作的生产逐渐成为行业的风向标。2023 年，中央广播电视总台以权威、客观、准确、真实的评议推动短视频高质量发展，构建了以“象舞指数”为品牌的短视频融媒体传播评价体系，推动提升短视频的内容生产、信息聚合和技术引领水平，突出短视频在重大主题报道、内容原创力、制作品质等方面的能力，这也带动了其他主流媒体、网络平台和短视频平台向着主流、专业、精品的方向发展。

（二）全民化创作

从2023年的短视频用户数据来看，年度短视频人均单日使用时长达151分钟，可以说几乎占据了人们每日生活时间的1/10。短视频的用户黏性持续提升，其根源就在于短视频内容创作领域的不断拓展，从传统的泛娱乐走向了泛知识、泛生活，百姓生活、学习、出行等多元发展需求的内容与品类，短视频行业均有所涉及。由此，短视频平台中用户不再局限于观看和评论，逐渐转换成以主体身份进行创作和分享。

特别是数字技术的赋能、技术创新方式、各类制作与分享App的普及和便捷化操作，大幅降低了用户参与短视频创作的门槛，用户在碎片化的时间和场景中，逐渐从沉浸于“刷短视频”到沉浸于“做短视频”；而短视频的职业创作群体也在不断扩大，从短视频创作中获取收益的创作者连续多年稳定增长，职业创作者数量在整个创作者群体数量中的占比逐渐增加，这也激发了普通网民的创作热情。在这个过程中，短视频内容创作去中心化特征日益凸显，用户参与创作的积极性不断提升，短视频成为普通人记录生活、表达自我的重要形式。① 全民化创作体现了短视频将成为全民共创、全民共享的网络生态景观。

（三）社会化拓展

目前，短视频不再局限于一个新媒介形态，也不再限定于一个新媒体平台，而是成为媒体、媒介、技术、平台等多元社会要素充分互动的媒介生态系统。作为一种基于移动互联网场景、新兴的视听传播业态，短视频已经成为广大社会民众接收信息、社会交往的重要渠道和手段。同时，短视频与社会系统中的政治、文化、经济等广泛互动，通过有效的融合能力

① 常湘萍：《短视频加快多领域数字化转型——访国家广播电视总局发展研究中心主任祝燕南》，《中国新闻出版广电报》2024年3月5日。

逐渐成为具有竞争力的产业要素，通过网络视听不断延伸价值链与创新链，加快布局多元产业。

由于商业化迅速提速、短视频也将逐渐成为社会产业结构中的重要驱动力量，在数字化、智能化的推动下，短视频将逐渐成为视听产业的主要引擎，并通过媒介化的方式、沉浸式的模式、嵌入式的结构全面连接与融入社会系统，通过数据、视听、服务等形式与政治、经济、文化、社会生活各领域、各环节准确对接，持续赋能社会经济发展、推动社会产业数字化转型。一方面，短视频平台将更加融入城市的本地化生活服务，通过直播、电商等与基层民众生活紧密结合，提供“短视频+服务”的新型体验；另一方面，短视频平台将对接国家战略与社会需求，积极服务区域战略、乡村振兴等，以“短视频+新农人”“短视频+助农”“直播+助农”等为广大基层农村地区的农产品销售、农村精神文明建设、基层文化传播提供创新手段与创新方式。此外，短视频平台将逐渐契合疫情后经济复苏与城市经济提振的环境，深度挖掘“短视频+文旅”“直播+文旅”等模式，通过媒介化的方式为文旅产业提供媒介驱动与技术驱动。

T.4　大模型技术在新闻传播行业的应用现状及发展趋势

张伊晴　杜智涛*

摘　要： 以ChatGPT为代表的大模型技术迎来爆发式创新，深刻影响着通用人工智能的发展。在通用大模型和垂类大模型的加持下，新闻传播行业正在经历智能化、数字化、通用化的变革，各类媒体加紧在传播主体、内容生产、传播渠道产业全链条应用大模型技术。然而，智能媒体生态的重塑也伴随着巨大的风险，大模型技术带来的应用失控、信息茧房、数据安全、版权归属、数字鸿沟等问题亟待解决。大模型时代，新闻传播行业将在垂类大模型快速发展的基础上实现内容生产智能化，同时从多元主体角度出发加强大模型技术的风险治理，助力新质生产力的快速发展。

关键词： 大模型技术；智能媒体；通用人工智能

21世纪以来，全球新一轮科技革命与产业变革掀起了数字化、网络化、智能化发展的新浪潮。电子信息技术、人工智能技术、大模型技术、区块链技术等颠覆性技术蓬勃发展，为生产力的历史性转折带来了崭新机遇。从2023年9月到2024年3月，习近平总书记先后提出发展新质生产力的重要概念，深刻揭示了当前人类生产力大创新大发展的性质。① 人工智能是科技革命的通用性目的技术，推动着数字技术向通用人工智能（AGI）发展，而大模型技术是实现AGI的重要路径，对中国发展新质生

* 张伊晴：中国社会科学院大学新闻传播学院硕士研究生；杜智涛：中国社会科学院大学新闻传播学院教授、博士生导师。

① 王勃：《习近平总书记强调的“新质生产力”》，《学习时报》2024年3月18日。

产力、建立现代化产业体系、实现高质量发展具有十分重要的意义。

大模型是基于海量多源数据训练的深度学习模型，具备通用性、涌现性、泛化性、工程化的特点，可以整合多种不同类型的数据和信息，实现多模态处理和分析，从而更全面地理解和解决复杂问题。2022年年底，多模态大模型ChatGPT的发布引爆了全球大模型创新热潮，正逐渐在各个领域迸发出强劲的创造力与应用潜力。2023年，多模态大模型已成为大模型发展前沿方向，能够同时处理文本、图像、音频、视频等多模态、多任务，与现实世界融合度高，从而可以更加灵活、高效地帮助人类感知世界、传递信息、创造内容、完成任务。

在新闻传播行业，大模型技术是实现通用人工智能的重要组成部分，已逐渐成为新闻传播行业关注的焦点之一，正深刻影响着新闻采集、内容生成、信息传递、精准推送、舆情分析等内容产业全链条，推动着新闻传播行业智能化、数字化、通用化变革与重塑。了解大模型技术在新闻传播行业的应用现状及发展趋势，有助于我们理解、感知、使用技术，促进大模型技术对产业的高效赋能，打造更加智能化、多元化、场景化的内容生态。

一　大模型技术在新闻传播行业的应用现状

（一）发展历程：大模型技术应用探索与爆发并存

2023年是大模型技术“破圈”爆发的一年，通用大模型、行业大模型、端侧大模型等各类大模型层出不穷，大模型产业的应用落地进一步提速，成为新的投资热点，在学界和业界的实质性突破也引发了广泛的讨论。2017年，Transformer模型的提出奠定了当前大模型的主流算法结构，而ChatGPT系列的发布则掀起了全球的大模型浪潮，国内迅速形成大模型共识，开始追赶国外。2023年3月，OpenAI发布的ChatGPT-4更是实现了通用人工智能在多模态领域的质变，面对新技术的席卷之势，各行各业开源与闭源大模型不断出新，竞争形势越发激烈，全国范围内大模型产品已超过100种。

目前，国内的大模型技术发展大致可以分为三个阶段，即准备期（ChatGPT发布后国内产学研迅速形成大模型共识）、成长期（国内大模型数量和质量开始逐渐增长）和爆发期（各行各业开源闭源大模型层出不穷，形成百模大战的竞争态势）。2023 年 6 月，国内多模态大模型迎来爆发式增长，技术和应用不断发展，但与国外顶尖 AI 大模型尚有差距。在所有模型中，GPT4-Turbo 遥遥领先，国内最好的大模型百度“文心一言”与其仍有不小的差距。[①] 2023 年，国内大模型正在积极接受新技术浪潮带来的信息冲击，努力探索本土大模型的发展之道，呈现出爆发“破圈”的趋势，在平均水平上与国外差距并不明显。

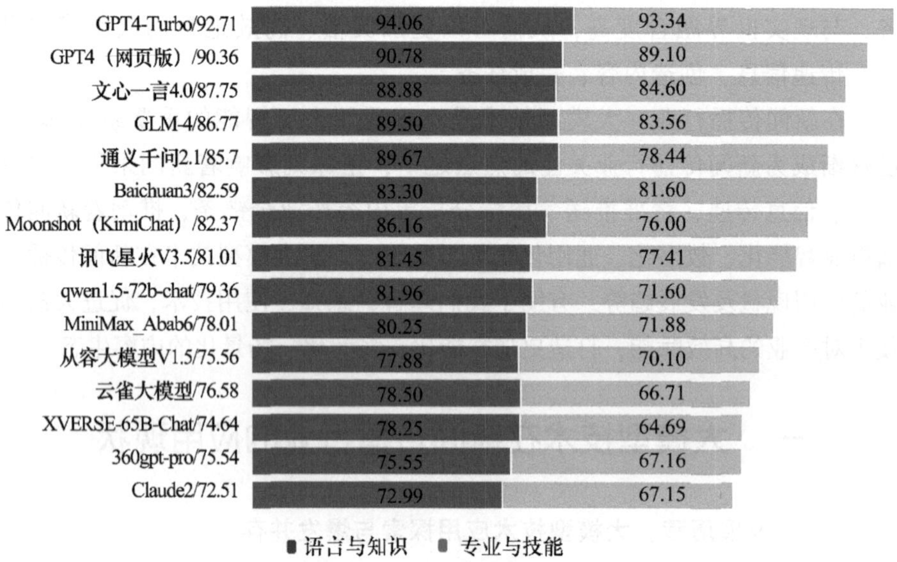

图 1　国内外大模型基准得分情况

资料来源：根据 CLUE 中文语言理解测评基准数据整理（https://www. superclueai. com/）。

作为新一代人工智能产业的核心驱动力，大模型技术在国内的爆发带动了新闻传播行业的应用，主要集中在新闻内容生产和信息推送环节。在内容创作方面，大模型丰富的信息储备、精准高效的计算能力、深度的学习方式为新闻的内容生产和创造提供了强有力的支撑和参考，能够更加精准地捕捉用户信息需求与偏好，降低新闻生产的人工成本，进一步释放新闻内容生产力。以自动化新闻写作、虚拟主播、虚拟场景交互为代表的大

① 《SuperCLUE：中文通用大模型综合性基准测评 2024 年 2 月报告》，2024 年 2 月 27 日，CLUE 中文语言理解测评基准，https://www. superclueai. com/。

模型应用正在重构新闻传播行业的内容生产机制，创造更加高效的新闻产业链。在新闻推送方面，大模型能够根据当下的时空场景与用户实现交互，对用户的个性化偏好的理解与分析更加深刻精确，在大模型技术的加持下，用户不再是单方面承受算法的推荐，而是在人机对话的过程中重新获得信息搜索的主动权。[①]

（二）应用布局：通用模型与垂类模型共建智能媒体新业态

AI 产业链整体可以概括为模型层、算力层和应用层三个层次。模型层就像 AI 的大脑，即大模型技术是智能媒体新业态的基础与核心；应用层则是 AI 的执行机构，只有当大模型技术和应用场景相结合，才能提供差异化的服务，重塑生产效率和交互体验。随着多模态大模型底层技术日臻成熟，大模型呈现出三方面的技术趋势：一是从决策式 AI 到生成式 AI；二是从单模态模型到多模态模型；三是从亿级到千亿、万亿级参数的预训练模型。[②] 其发展路径也逐步清晰，即利用单模态模型如 LLMs 来调动其他数据类型的功能模块完成多模态任务，如 Visual、ChatGPT、Hugging GPT 等；直接利用图像和文本信息训练得到多模态大模型，如 KOSMOS-1 等；将 LLMs 与跨模态编码器等有机结合，融合 LLMs 的推理检索能力和编码器的多模态信息整合能力，如 Flamingo、BLIP2 等。

对新闻传播行业而言，当前 AI 与新闻传播的结合主要有通用模型+新闻传播语料训练大模型和新闻传播垂类大模型两条技术路径，并已经广泛应用。世界报业和新闻出版协会发表的调研报告显示，约 49%的受访者的新闻组织采用了 AIGC 工具，54%的受访者认为记者和编辑能有效使用 ChatGPT，70%的受访者看好生成式 AI 对新闻媒体的助益，可用来优化工作流程和提高生产效率；其中最受欢迎的 AIGC 能力是新闻创作（63%）、翻译和产品互动，其生产内容的准确性是重点关注方向（85%）。[③] 以国内

① 官璐、何康、斗维红：《微调大模型：个性化人机信息交互模式分析》，《新闻界》2023 年第 11 期。

② 《大模型治理蓝皮报告（2023 年）——从规则走向实践》，2023 年 11 月 24 日，中国信息通信研究院，http://www.caict.ac.cn/kxyj/qwfb/ztbg/202311/t20231124_466440.htm。

③ Dean Roper, "Gauging Generative AI's Impact in Newsrooms", May 23, 2023, WAN-IFRA, https://wan-ifra.org/insight/gauging-generative-ais-impact-in-newsrooms/.

领先的大模型“文心一言”为例，2023 年 2 月，新华社、澎湃新闻、重庆日报报业集团旗下上游新闻、河南广播电视台大象新闻、每日经济新闻等 100 余家媒体平台宣布接入百度“文心一言”，成为生态合作伙伴。人民网与百度合作发布媒体行业大模型“人民网—百度·文心”，引入人民网舆情数据中心相关样本数据。同时，各新闻媒体机构也与大模型企业联合开发自己的专业媒体大模型，促进媒体行业智能化升级。早在 2017 年 11 月，由腾讯财经发布的国内第一款智能写作机器人 Dreamwriter 已经投入应用；2023 年 3 月，新华网推出了首个由 AIGC 驱动的元宇宙系统“元卯”；7 月，中央广播电视总台和上海人工智能实验室联合发布了首个专注于视听媒体内容生产的 AI 大模型“央视听媒体大模型”（CMG Media GPT）；2024 年 3 月，上海广播电视台生成式人工智能媒体融合创新工作室推出了首个 AIGC 应用集成工具 Scube（智媒魔方）。大模型技术赋能内容生产，有望为新闻传播行业带来新的变革。

（三）技术场景：大模型技术在新闻传播行业的多元化应用

目前，大模型在新闻传播领域的应用可分为三类。在传播主体方面，主要应用于虚拟数字人和社交机器人；在内容生成方面，大模型深入图文创作、音频创作、场景建构等；在传播渠道方面，主要应用于个性化推荐，体现出“对话及平台”的发展趋势。①

1. 传播主体

在传播主体方面，大模型主要应用于虚拟主播、虚拟偶像、虚拟主持人、社交机器人等方面。在大模型技术出现之前，数字人就已经得到了广泛应用，而在大模型技术的赋能和助推下，数字人拥有了更强的人类情感感知能力，其智慧与完整的“人格”得到进一步提升，② 技术应用成本也得到控制，能够更好地完成复杂多元的任务，与用户展开自主深度的互动，实现推理决策。

具体而言，虚拟数字人和社交机器人已经在广播电视和网络传媒等领域落地，“人+机器”的共同传播主体生态逐渐形成。在 2024 年的全国两

① 何苑：《2022—2023 大模型传播应用报告》，《现代视听》2023 年第 8 期。

② 韩国颖、张科：《AIGC 营销：人机共生式营销模式推动数字营销向数智化跨越》，《企业经济》2024 年第 2 期。

会报道中，虚拟主播、虚拟主持人的身影频繁出现，如新华社的首个人偶记者小V、人民网推出的多语言AI数字主持人矩阵、央视财经新媒体的AI主播小东和小天、腾讯云小微的手语数智人“聆语”等。大模型技术的支持也使传播主体实现全天候服务并分身多个应用场景成为可能。2023年12月，美国媒体公司Channel 1发布了由多位AI主播主持的新闻节目样本视频，其形象逼真、情感丰富，可以瞬时切换语种，并实时读取和分析数据。虚拟数字人主播的出现拓展了智能媒体的应用场景，在降低内容生产成本、全天候服务和生产海量的短视频方面具有突出作用，是人工智能时代的必然选择。[①] 但受制于技术水平和研发成本等因素，虚拟数字人仍未真正地实现智能化和个性化，其在智能媒体领域的应用还有很大的发展空间。这需要依靠大模型技术的升级与迭代，加强技术与应用的融合。

2. 内容生成

随着大模型技术从单模态发展为多模态，大模型的泛化能力提升，在多元信息环境下实现了“多专多能”，极大地解放了生产力。大模型逐步实现自主创作，全AI生产内容的AIGC 2.0时代正在到来。多模态大模型将单一的文本拓展至图像、音频、视频等丰富信息环境中，通过多模态信息整合与数据挖掘，解析世界的本来面貌，具备更强的泛化能力。基于大模型技术的内容生成不再局限于单一的文本或图像生成，而是从语音识别、图像生成、自然语言理解、视频分析、机器翻译、知识图谱、对话系统、内容创作等多方面、多层次实现内容生成任务，提供更丰富、更智能、更人性化的服务和体验。

在新闻创作领域，大模型技术被广泛应用于自动化创作和虚拟场景建构。在国外，美联社已接入ChatGPT用于生产并分析新闻内容，其自动故事生成大幅降低了新闻编辑室的成本；《福布斯》使用名为Bertie的机器人为记者提供新闻报道的初稿和模板；谷歌正在测试的AI工具Genesis可以用于实时接收新闻信息，自动编辑稿件，生成新闻文章；OpenAI发布文生视频应用Sora，使视频生成领域成为新一轮的行业热点。在国内，大模型+AIGC正在成为广电行业发力的重点，各级媒体纷纷接入百度文心大模型、腾讯混元大模型、科大讯飞星火大模型、华为盘古大模型等，布局多

① 郭全中：《虚拟数字人发展的现状、关键与未来》，《新闻与写作》2022年第7期。

模态文生文、音频理解、图生文、文生视频、内容理解等多个领域，探索人工智能时代智能媒体的发展新路径。2024 年 2 月，上海广播电视台成立“生成式人工智能媒体融合创新工作室”，将重点布局文化传媒领域人工智能重大应用场景建设，加快推进人工智能大视听垂类模型的研发应用，推动基于 AIGC 的沉浸式、交互式视音频内容生成的示范应用；3 月，北京广播电视台人工智能融媒创新实验室揭牌成立，将结合广播电视节目生产需求，锻造 BRTV 融媒跨模态生成模型，加强大模型在内容生产领域的应用，开展智能生产节目试点，打造具备行业领先水准的智能生成节目。大模型技术的接入使内容生产从“以人为主导”向“以技术为主导”转变，将人工智能技术从辅助位置推向主导位置，① 内容生产机制得以重构。

3. 传播渠道

相比于传统的推荐引擎，大模型技术能够基于前文内容，结合对话产生的时空场景和既往使用数据，优化和完善对用户的个性化偏好的理解与分析，并对当下提示词与既往偏好进行整合，自动生产新的提示词或句子，引导用户选择新提示词，或者调整原有提示词，② 从而深入既定话题，更加精准地达成信息搜寻目标。模型技术的应用改变了传播渠道分发中的搜索机制和推荐机制。《华盛顿邮报》使用大模型技术分析读者的兴趣和偏好并对新闻进行个性化发布，订阅者或注册用户也可以选择他们的主题偏好，其阅读历史记录和其他表现数据也会进一步增强推荐；封面科技发布全面升级的“灵知”主流媒体算法，突出正能量信息和主流价值观，实现了媒体多元场景覆盖和高效算法赋能，已接入全国 30 多家省市县级融媒体。在大模型技术的加持下，一个价值引领、智能驱动、开放互联、普惠应用的智能媒体传播生态正在形成。

二　大模型技术在新闻传播行业的应用风险与治理

（一）技术缺陷引发的应用失控问题

不可否认，大模型技术仍处于发展阶段，其使用本身就存在一定的缺

① 郭全中、袁柏林：《AI 能力新突破下的 AIGC：内容生产新范式》，《青年记者》2023 年第 13 期。

② 黄淼：《传媒技术：大模型浪潮席卷下的探索与调适》，《青年记者》2024 年第 1 期。

陷与局限性。一是大模型的“幻觉”问题引发的信息失序风险。“幻觉”问题是指模型按照流畅正确的语法规则产生的包含虚假信息甚至无意义内容的文本，[①] 其产生的根本原因是大模型的底层架构尚有缺陷，会根据模糊或者不确定的信息作出推理预测，编造错误或不存在的事实，进而引发信息失序。信息失序是指向网络公共领域中有意或无意传播的，具有误导性、虚假性或有害性的各类信息，包括“虚假信息”（disinformation）、“错误信息”（misinformation）和“恶意信息”（malinformation）三种类型。[②] 二是大模型的“涌现”效应带来的应用失控问题。当大模型参数超过百亿级时，模型性能会呈现出指数级增长，同时能够对未经专门训练的问题举一反三。这就使大模型在应用的过程中可能会出现突发性、不可预测性、不可控性等问题，甚至产生伦理风险。三是算法偏见与算法歧视问题。大模型对训练数据的高度依赖使生成的结果会显示出数据源的偏向性。在模型运算过程中，如果数据集代表性不强、多样性不足，很可能会导致模型运算在统计性和科学性上出现偏差，进而在应用层面产生系统性问题。四是大模型存在的漏洞被攻击后产生的安全隐患和信息泄露等风险。

就技术层面而言，价值对齐是大模型技术伦理治理的必经之路，即如何让大模型的能力和行为跟人类的价值、真实意图和伦理原则相一致，确保人类与人工智能协作过程中的安全与信任。从实践来看，人类反馈的强化学习（RLHF）可以有效实现价值对齐，即将人类反馈和强化学习相结合来训练大模型，通过少量的人类反馈数据就可能实现比较好的效果。然而，价值对齐仍处于探索阶段，距离真正应用到大模型治理层面还有一定的距离。

作为智能时代技术变革的颠覆者，大模型技术正在不断演进，其参数规模呈指数级增长，复杂性和功能性越发提升。而技术发展的背后需要高质量数据集、强化的底层架构和高性能硬件的支持。当前，主流大模型所使用的 Transformer 架构存在消耗算力资源多、占用内存储量大等问题，训练数据集存在类型不全面、信息可信度不高的局限性。在某种程度上，技

① 《大模型治理蓝皮报告（2023 年）——从规则走向实践》，2023 年 11 月 24 日，中国信息通信研究院，http://www.caict.ac.cn/kxyj/qwfb/ztbg/202311/t20231124_466440.htm。

② 杨洸、郭中实：《数字新闻生态下的信息失序：对数据主义的反思》，《新闻界》2021 年第 11 期。

术自身缺陷带来的风险必须通过技术的更新迭代解决。未来，提高大模型的创造能力、减少对数据的依赖性、加强隐私保护等将会是大模型迭代的重点。

（二）算法黑箱带来的“信息茧房”和“真实焦虑”

相较于传统的推荐技术，大模型在大算力支持下对大规模数据进行预训练，其本身在文本挖掘和语义理解方面的表现都优于普通信息推荐与搜索引擎算法。大模型技术加持下的算法推荐能够不断学习用户的行为习惯、兴趣偏好，并根据用户的反馈进行实时学习调整，在循环的深度学习中为用户提供更加个性化、实时性、精准化的推荐服务。一方面，多模态大模型提升了个体获取多元化信息的机会，能够更好地理解用户的情感、需求和应用场景，在人机交互的过程中输出个性化结果，而非单方面向用户灌输算法结果；另一方面，基于语义过滤、协同过滤等算法的个性化推荐模型依然存在个体用户接收信息过于窄化的问题，① 高度的个性化强化了“回音室效应”，用户难以逃出算法无意编织的“信息茧房”。因此，大模型在提供个性化信息管理服务的同时，也需要平衡个人化精准资讯服务与多元化开放选择之间的关系，避免因个性化算法设计造成信息“封闭”。② 具体而言，大模型既在无形中构造了“信息茧房”，也可以成为“破茧”的重要工具。在升级迭代个性化推荐的同时，媒体也需要更多地探索利用大模型来促进具有公共价值的内容的生产与推荐，运用大模型技术分析洞察公众的共同心理，生成更具有公共价值的内容，并推送到更广泛的受众中。③

与此同时，算法黑箱将用户生成内容时输入的“文化编码”一起隐藏了。也就是说，信息源被隐藏在大模型内容生成的过程中，而算法隐含的偏见又对信息进行了二次加工。在这种情况下，大模型被用于深度伪造，或者被别有用心的人借助算法的漏洞操纵大模型以陷入逻辑混乱，进而输

---

① 陈昌凤、仇筠茜：《“信息茧房”在中国：望文生义的概念与算法的破茧求解》，《新闻与写作》2020 年第 1 期。

② 官璐、何康、斗维红：《微调大模型：个性化人机信息交互模式分析》，《新闻界》2023 年第 11 期。

③ 彭兰：《导致信息茧房的多重因素及“破茧”路径》，《新闻界》2020 年第 1 期。

出错误信息，破坏其可用性与可靠性。此时受众往往难以辨别大模型生成内容的真实性，陷入对“真实”的焦虑与怀疑中。基于此，大模型的应用需要加强数据库管理与监督，政府、平台、企业等主体应加强对大模型数据源的筛选与管理，构建数据责任矩阵，[①] 专业的新闻媒体应加强事实核查，完善的法律监管制度应被系统性地建设。

（三）大模型使用过程中的隐私泄露问题与版权归属纠纷

随着大模型技术的广泛应用，越来越多的用户数据被收集到大模型的数据库中。然而，大模型模糊的用户条款使用户过度授权，脆弱的防御能力更是增加了隐私数据泄露的风险。当大模型存在技术问题或者使用不当、监管不力时，必然会出现用户数据甚至是敏感个人信息的过度采集、窃取、泄露、滥用、偷渡等数据安全问题。对新闻传播行业而言，大模型数据泄露的法律风险表现在三个方面：一是用户个人信息泄露导致的侵犯隐私权问题；二是大量文章、信息等敏感数据泄露导致的公共安全问题和侵权问题；三是国家秘密泄露导致的危害国家安全问题。[②] 2023 年 7 月，中国正式实施《生成式人工智能服务管理暂行办法》，明确规定了生成式人工智能服务提供者在数据保护、隐私安全等方面的法律责任。隐私泄露等数字安全问题具有极强的不确定性、无边界性和规模化效应，必须依靠强有力的法律监管。

在数据使用方面，大模型内容生成依托海量的图像、文本等数据，可能涉及缺乏规范许可使用机制而产生侵犯版权的风险。另外，关于人工智能生成的内容是否属于《著作权法》中“作品”的争论从未停止，而大模型技术的出现与应用使该问题日益严峻。在大模型生成内容的商业化使用问题上，大模型生成内容“版权”归属方尚未明确，利益归属及相关纠纷解决路径未臻明确。随着大模型技术日益深入新闻传播行业生产全链条，大模型应用产生的版权侵权、版权纠纷等问题亟待解决，必须进一步加强人工智能生成物版权保护的研究和规范，在具体的实践中探索该问题的解

---

① 张欣：《生成式人工智能的数据风险与治理路径》，《法律科学》（西北政法大学学报）2023 年第 5 期。

② 邓建鹏、朱怿成：《ChatGPT 模型的法律风险及应对之策》，《新疆师范大学学报》（哲学社会科学版）2023 年第 5 期。

决路径，从而保证大模型在新闻传播行业的应用更加规范、有序。

（四）大模型发展差异加剧数字鸿沟问题

大模型技术在融入人们的社会生活、参与知识生产、带来普惠赋能的同时，由于技术的获取、应用和盈利层面的差异而产生的“人工智能鸿沟”也随之扩大。[①] 具体而言，大模型技术塑造“数字鸿沟”的实践表现可分为“数字技术的鸿沟”与“作为生产要素的数据信息的鸿沟”两个层面。其中，“数字技术的鸿沟”是指不同地区和人群对数字技术的应用程度不同以及创新能力的差异；“作为生产要素的数据信息的鸿沟”是指占据主导地位的少数技术掌握者对数据信息使用的垄断与对技术边缘者的排斥产生的资源分配不均。[②]

在新闻传播行业，大模型技术影响着新闻的采编、分发、反馈。对用户来说，智能媒体带来了不同程度的大模型认知与使用，是获取知识、解决问题和进行决策的重要途径，既是数字资源不平等的传播者，又是数字鸿沟的弥合者。具体来说，新闻传播行业在应用大模型技术进行新闻生产时，应当使用包容性强的数据库，减少对社会弱势群体的偏见歧视，优化媒体页面、平台 UI 等人智交互设计，减轻用户交互过程中的认知负担和学习成本。同时开发更加符合中国语境的新闻传播垂类大模型，以 ChatGPT 为例，当前大语言模型的预训练以英语语料库为主，这就会产生语言文化的偏差，而以中文语料库为主要预训练数据库的百度“文心一言”则与国外大模型有一定的差距，因此，构建高质量中文数据集、训练出体现中国价值观体系的大模型，对提升公众认知、弥合数字鸿沟具有重要意义。

三　大模型技术对新闻传播行业生态重构的展望

大模型技术可以创造新价值、适应新产业、重塑新动能，是加快发展

① S. Jeon et al.,“Speed of Catch-Up and Convergence of the Artificial Intelligence Divide: AI Investment, Robotic, Start-Ups, and Patents”, *Journal of Global Information Technology Management*, Vol. 27, No. 1, January 2024, pp. 63–85.

② 李亚琪、贺来：《数智时代全球数字治理的现代性困境与中国战略选择》，《南京社会科学》2024 年第 8 期。

新质生产力的关键要素，助力中国经济社会高质量发展。① 在新闻传播行业，大模型技术的应用将掀起智能媒体变革的浪潮，重塑行业新生态。

（一）内容生产智能化：重塑新闻内容生产模式，实现新闻制作自动化

大模型不仅仅是技术手段，更是推动新闻传播行业业务创新和提升竞争力的有力工具。强调技术与新闻生产的融合以推动传媒的数字化转型和智能化升级，才能够最大化地发挥大模型价值，同时激励大模型创新升级，实现内容生产效率提升与技术创新的良性循环。大模型技术利用算法洞察，能够快速高效地从海量数据中挖掘出有价值的新闻线索，不间断、高精度、即时性地供给内容，提高新闻传播行业的内容生产效率，降低重复的人力成本，助推内容生产爆发。从传播主体来看，人与数字智能技术是新闻生产中最活跃的行动者。② 大模型技术的应用放大了用户的声音，推动了用户生产内容的繁荣，用户逐渐成为内容生产的主体，成为拥有充分表达权、生产权、传播权的“双向度的人”，新闻传播在“人机共生”的对话中走向新模式。

在内容分发和传播过程中，大模型技术能够高效充当“把关人”的角色，实现事实核查和虚假信息监测，实现内容审核自动化。同时内嵌于新闻传播的各流程，通过算法学习与算法洞察推测用户偏好，自主选择多元的内容形态与风格，实现新闻内容精准分发。未来，在大模型技术的加持下，智能媒体将日益场景化、个性化、多元化，实现新闻制作的自动化。

（二）模型应用系统化：垂类大模型持续发力，智能媒体发展降本增效

大模型技术的场景落地一直面临碎片化困境。随着企业上云进程中智能化转型需求的逐步增多和传统行业领域数据的不断积累，AI 应用开发过程中逐渐面临大量细分领域的深耕、非典型客户需求，对算法的通用性和延展性提出了较高要求。从需求侧来看，新一代商业范式 MaaS（Model As

---

① 《开启智能新时代：2024 年中国 AI 大模型产业发展报告》，2024 年 3 月 26 日，人民网，http://finance.people.com.cn/n1/2024/0326/c1004-40203918.html。

② 《国际新闻界》新闻学年度课题组：《2023 年中国的新闻学研究》，《国际新闻界》2024 年第 1 期。

a Service，模型即服务）成本更低、效率更高，能够完成大模型应用的个性化开发、优化及部署，持续兑现大模型的技术红利，将大模型应用渗透到各行各业的场景业务中，即垂类大模型更符合细分领域的系统性应用。

就智能媒体而言，一方面，通用类大模型与垂类大模型在新闻传播行业的广泛应用掀起了智能媒体产业的变革浪潮，正在共同构筑更加智能、更加高效、更加专业的智能媒体新业态；另一方面，由于设计和训练目的不同，通用语言大模型与新闻传播垂类大模型在优劣上具有相对性。通用语言大模型在多样化的数据集上进行了训练，能够精准、高效地同时处理各种话题和领域的问题，在泛用性、灵活性、数据利用率、迁移性上相比新闻传播垂类更有优势；而新闻传播垂类模型更精熟于新闻传播术语和概念，具有专业的理解能力，能够提供更精确、可信赖的新闻传播信息和建议，更适合解决新闻传播行业的具体问题，在专业性、针对性、高精度和合规性上更胜一筹。在复杂度问题上，通用语言大模型在结构上更加复杂，可能不具备特定领域的深入理解和专业知识，使模型的解释性变得困难，导致模型的计算量增加，影响模型的效率；而新闻传播垂类模型则在更新维护上具有复杂性，媒体政策和法规的变化要求垂类模型频繁更新以保持准确性和合规性，垂直领域模型的训练数据相对较少，模型的准确率可能会受影响。随着大模型技术的发展，大模型技术的应用一定会更加专业化、垂直化。在通用大模型的带动下，新闻传播垂类大模型是大模型落地智能媒体产业的必由之路，智能媒体有望实现降本增效。

（三）技术治理政策化：加强大模型风险防范，建立健全法律规制

在大模型技术受到广泛关注的当下，关于大模型技术的法律风险与安全治理等问题争议不断。尽管多部针对大模型技术的法律法规先后出台，但大模型的风险治理仍是一个亟待解决的全球性问题。宏观上，中国对大模型技术的监管和治理规范已经形成了初步的框架。由国务院、国家新一代人工智能治理专业委员会、国家市场监督管理总局、人力资源和社会保障部等先后发布的《新一代人工智能发展规划》《新一代人工智能治理原则——发展负责任的人工智能》《关于平台经济领域的反垄断指南》《关于维护新就业形态劳动者劳动保障权益的指导意见》等相关人工智能治理的重要政策文件，从国家顶层的政策架构出发，为推动对人工智能实施有效

监管和治理、深化创新驱动改革、促进高质量发展、推进国家治理体系和治理能力的现代化提供了有力的支撑。① 微观上，各类规章制度与组织标准为大模型技术的管理提供了明确的指导，主要就人工智能的安全性、使用的透明性、算法的可解释性以及道德伦理性进行规定。2022 年 3 月，《互联网信息服务算法推荐管理规定》正式实施；2023 年 7 月，《生成式人工智能服务管理暂行办法》发布。

表 1　　2016—2023 年 AI 相关政策

时间	政策名称	政策内容
2016 年 5 月	《“互联网+”人工智能三年行动实施方案》	明确人工智能的总体思路、目标与主要任务
2017 年 7 月	《新一代人工智能发展规划》	提出前瞻布局新一代人工智能重大科技项目，对人工智能领域进行了总体战略部署，规划确定了人工智能产业三步走的发展目标
2019 年 3 月	《关于促进人工智能和实体经济深度融合的指导意见》	把握新一代人工智能的发展特点，探索创新成果应用转化的路径和方法，构建数据驱动、人机协同、跨界融合的智能经济形态
2020 年 7 月	《国家新一代人工智能标准体系建设指南》	加强人工智能领域标准化顶层设计，推动人工智能产业技术研发和标准制定
2021 年 3 月	“十四五”规划	瞄准人工智能等前沿领域，打造数字经济新优势，加强关键数字技术创新应用
2022 年 8 月	《关于支持建设新一代人工智能示范应用场景的通知》	充分发挥人工智能赋能经济社会发展的作用，统筹推进人工智能场景创新，着力解决人工智能重大应用和产业化问题，全面提升人工智能发展质量和水平
2023 年 4 月	《生成式人工智能服务管理办法（征求意见稿）》	首次明确了生成式人工智能“提供者”内容生产、数据保护、隐私安全等方面的法定责任及法律依据，确立了人工智能产品的安全评估规定及管理办法

① 毕文轩：《生成式人工智能的风险规制困境及其化解：以 ChatGPT 的规制为视角》，《比较法研究》2023 年第 3 期。

续表

时间	政策名称	政策内容
2023 年 7 月	《生成式人工智能服务管理暂行办法》	国家坚持发展和安全并重、促进创新和依法治理相结合的原则采取有效措施鼓励生成式人工智能创新发展，对生成式人工智能服务实行包容审慎和分类分级监管
2023 年 12 月	《关于加快推进视听电子产业高质量发展的指导意见》	推动视听电子产业高质量发展，提升高水平视听系统供给能力、打造现代视听电子产业体系、开展视听内循环畅通行动、提升产业国际化发展水平
2023 年 12 月	《“数据要素×”三年行动计划（2024—2026 年）（征求意见稿）》	以科学数据支持大模型开发，建设高质量语料库和基础科学数据集，支持开展通用人工智能大模型和垂直领域人工智能大模型训练

资料来源：根据国务院、国家发改委、科技部、工信部、教育部、商务部等政策文件整理。

然而，正如前文所述，大模型技术及生成式 AI 的治理仍存在诸多争议，法律法规始终滞后于技术的创新发展。在新闻传播行业，AI 生成内容的版权归属悬而未决，新闻大模型预训练数据库的使用侵权问题争议不断，数据信息安全与隐私泄露问题层出不穷，急需一套科学的、系统的法律法规，明确大模型技术在新闻传播行业应用中的法律责任和法律限制，真正地解决争议问题。坚持国际组织、国家政府、企业、个人等多元主体协同治理，深化全球大模型治理合作，推动技术治理从理论走向实践。

T.5 2023年国际传播人工智能技术应用发展报告

曹月娟 黄思为*

摘 要： 随着生成式人工智能技术的发展成熟，2023年，人工智能与大众传播的结合更为紧密，也为中国的国际传播带来了更多变革。随着人工智能在内容生产、内容传播、内容管理、受众新闻体验领域的应用，国际传播也向着更加智能化、精准化、互动化、情感化、多样化、数控化等特征转型。但与此同时，人工智能技术也带来了计算宣传、谣言肆虐、技术依赖等风险，并加剧了国际场域的不稳定性。对此，未来，中国的国际传播要在辩证使用人工智能技术中求发展，利用其实现自主话语权、共情传播、沉浸式感官体验的建设，努力向世界传播可信、可爱、可敬的中国形象。

关键词： 国际传播；人工智能；技术应用

一 前言

“人工智能”的全称是“Artificial Intelligence”，简称AI。这个概念最早在1956年的达特茅斯（Dartmouth）会议上被提出。如今的人工智能，主要指的是依托大数据、算法、深度学习等，对人的核心智能进行模拟、延伸和拓展的一门技术。它基于对逻辑主义、联结主义、行为主义的综合应用，表现出明显的逻辑性、学习性和预测性特征。① 在人工智能技术应

* 曹月娟，浙江传媒学院新闻与传播学院副教授，时代出版传媒股份有限公司博士后，研究方向：媒体融合、智能传播；黄思为，浙江传媒学院新闻与传播学院硕士研究生，研究方向：媒体融合、智能传播。

① 黄楚新、郭海威：《人工智能推动新闻媒体变革创新》，《新闻战线》2021年第24期。

用的早期阶段，由于硬件研发水平不足和技术算法存在缺陷等问题，人工智能无法进行大规模的开发、应用及推广。随着人工神经网络、大数据、算法等技术的发展，人工智能开始逐渐从理论走向实践，给各行各业带来了应用效能上的提升。

当前，国际传播中的人工智能技术应用主要是对深度学习和大数据技术的应用。人工智能技术在国际传播领域的应用由来已久，早在2009年就有研究机构指出，Twitter中有24%的内容由机器人生成，而美联社、日本NHK、德国汉堡电台等国际媒体都纷纷部署人工智能在其新闻播报、新闻生产、效果勘测、同声翻译等业务中的应用。国内自2015年腾讯财经频道使用Dreamwriter实现机器人写作新闻之后，人工智能开始逐渐在国内新闻业界普及，而后随着技术的发展，人工智能开始被广泛应用于新闻采集、新闻分发、内容优化、效果检验等工作环节中。该阶段的人工智能被学者骆正林称为“弱人工智能阶段”①，亦被学者陈昌凤称为“前生成式人工智能阶段”②，说法虽有所不同，但相同的是，学者们都认为，虽然在该阶段的人工智能可以按照人的指令去从事智力工作，但机器不会真正拥有人的自主意识和推理能力，人工智能在大众传播中的使用，更多的是发挥效率导向或效能导向辅助作用。

2022年年底，以ChatGPT为代表的通用大模型的问世，宣告了生成式人工智能时代的到来。生成式人工智能能够采用不同的技术和架构来学习数据中的潜在模式和依赖关系，在此基础上生成新的内容，并通过人机交互的方式在新闻生产和传播过程中发挥关键作用。③ 它与以往人工智能的不同之处在于，其内容生成的依据不同。以往的人工智能是根据已有样本分布概率预测新数据，而生成式人工智能则基于已有样本生成新样本。④这一套系统的特点是能够通过对大量数据资料的学习，为新闻工作者提供灵感与产能，改变了其只能依附于人的传统模式，从而更深度地走向人机

---

① 骆正林：《人工智能与新闻传播生态的三次变迁》，《新闻爱好者》2020年第6期。

② 陈昌凤：《生成式人工智能与新闻传播：实务赋能、理念挑战与角色重塑》，《新闻界》2023年第6期。

③ 蒋雪颖、许静：《人机交互中的生成式人工智能新闻：主体赋能、危机与应对》，《河南社会科学》2023年第12期。

④ 汤景泰、徐铭亮：《论智能国际传播：实践模式与驱动逻辑》，《社会科学战线》2023年第12期。

协作。现如今，生成式人工智能能够实现大众传播全链条升级，给传媒行业带来前所未有的影响，对此美国《内幕》（*Insider*）全球总编辑卡尔森（Nicholas Carlson）称人工智能为“海啸”。他说，海啸即将来临，人们要么驾驭它，要么被它消灭。由此可见，生成式人工智能对传媒行业的冲击是巨大的。

二　2023 年人工智能在国际传播领域的应用现状

人工智能在国际传播中的应用主要体现在内容生产、传播、管理及受众新闻阅读四个方面，其为国际传播实践带来了诸多可能。

（一）人工智能在内容生产领域的应用

人工智能在内容生产方面主要体现在精准生产与智能生产两个层面。

1. 精准化内容生产

符号互动理论认为，有效的信息沟通需要进行符号互动的双方具有共通的意义空间。当今局势下的国际传播是一种点对面的模式，其中出发点是基于中国的国际传播战略而形成的“中国故事”与“中国声音”，但由于这一点所传播的对象是生长于不同文化背景下的国际受众，因此，在国际传播内容生产中要不断优化精准型内容生成，根据不同文化群体生成不同的传播内容。

可以说，人工智能为国际传播内容生产的精准化注入了全新的力量，体现在其能够通过受众洞察为内容生产提供更为精确的决策。这包括三个方面。第一，传播者能够利用人工智能技术参与数据挖掘、语义分析等流程，以了解受众的认知过程、思维方式，实现对受众的信息获取习惯和信息评估标准的深度把握，从而调整传播内容和方式，提升传播的有效性和影响力，如通过人工智能建立的用户画像（User Persona）可以使传播主体基于受众不同的国别籍贯、文化背景、宗教信仰、性别特征、教育程度等特征，将特定内容在全球范围开展分组、分类、分语言、分国界、分时间等精准投放操作，挑战传统的无差别国际传播模式，达到分门别类的传播效果。第二，利用人工智能技术进行受众行为洞察，可以帮助传播者深入了解受众的行为模式、偏好和决策过程，为传播策略的制定提供科学依据，并对传播可能形成的爆款进行预测。① 第三，AIGC 技术能有效减少国际传播中的“文化折扣”，精准发现“贴合性符号”，以本土化表达减少文化误读，提升语言翻译的文化自洽度。② 这体现的也是对精准化内容传播的赋能。

2. 智能化内容生产

人工智能能够通过对数据库的学习来模拟内容生产规律，进而替代一部分新闻生产中的劳动密集型工作。例如，人工智能在新闻领域发展的初期，“快笔小新”“Dreamwriter”等写稿机器人的使用就意味着智能化内容生产模式的形成，而后随着算力的发展与大数据的不断累积，生成式人工智能技术的出现让智能内容生产模式“更上一层楼”。现如今，生成式人工智能对国际传播中内容生产的赋能主要体现在四个方面。首先，人工智能可以为传播者提供文本的润色与修改，有助于媒体机构实现更加开放、包容和有益的国际传播，国内的有道云笔记 AI、讯飞写作、字节火山写作等大模型均可实现这一功能。③ 其次，传播者可以提出需求来与 AI 进行交互。例如，中国日报社在应用 ChatGPT 时，发现这一工具还可以为编辑提供创意方案，在多个选题策划中，ChatGPT 给出了很多之前报道未曾关注的新闻点，有些虽不按常理出牌，但也算新鲜有趣。然后，生成式人工智能以其简单且易上手操作和强大的多模态转换能力正在丰富内容生产的形式，同时提升了效率。例如，新华社 AIGC 应用创新工作室制作的《AIGC 说真相｜“打劫”叙利亚，美国盗抢成瘾》，使用 AIGC 技术生成叙利亚新闻动态视频，创新新闻生产方式，提高新闻报道效率，成为主流媒体报道首创。最后，传播者可以利用人工智能开展信息验证和事件核实的工作，通过分析大量的数据和文本，人工智能大模型可以帮助传播者对信息进行对比和验证，从而减少不实报道，及时向用户提供真实、准确的信息。④

① 汤景泰、徐铭亮：《论智能国际传播：实践模式与驱动逻辑》，《社会科学战线》2023 年第 12 期。

② 韦路、陈曦：《AIGC 时代国际传播的新挑战与新机遇》，《中国出版》2023 年第 17 期。

③ 周文培：《论人工智能大模型在国际传播中的实践与应用》，《传播与版权》2023 年第 24 期。

④ 周文培：《论人工智能大模型在国际传播中的实践与应用》，《传播与版权》2023 年第 24 期。

（二）人工智能在内容传播领域的应用

传统国际传播格局的内在价值观是一种“发展传播学”，即“谁能证明自己制度的合理性，并赢得国际舆论大多数支持，谁就能为存在的合理性加分，进而就有条件把自己的价值观在全球范围内进行传播，同时，确保利益的全球性延伸”。① 中国的国际传播一直以来面临着客观环境的挑战，人工智能技术的运用为解决这些问题带来了可能。

1. 以受众需求为基础的内容推送更具影响力

在受众洞察的基础上，人工智能技术可以为传播者提供有关各国受众的认知过程、思维方式、行为模式、决策过程以及隐性兴趣，进而制定更为科学精准的内容推送策略，从而使传播的内容更具影响力。例如，抖音国际版（TikTok）发挥人工智能算法优势，在用户使用软件的过程中对用户进行精准画像，从而了解不同国家、不同地区受众的文化产品喜好、心理特征、消费习惯、文化情趣等，再为用户推荐个性化、定制化内容，促使中华文明、中国文化的对外传播打破了传统的固有机制，实现了沉浸式、智能化、定制化的内容推送，增强了推送内容在世界范围内的传播力及影响力。

2. AI 虚拟主播多语言翻译处理功能避免了传播中的“文化折扣”

AI 虚拟主播的运用在 2023 年是中国国际传播中的亮点之一，这一技术依托 AI 大模型的多语言翻译处理功能，能够实现多语种之间的实时转化，且能够依据对不同文化语境中的数据的学习，尽量避免这一转化中可能存在的“文化折扣”。例如，在 2023 年全国两会期间，重庆的首位 AI 虚拟英文主播 Bridget（小乔）在重庆国际传播中心新闻播报专题栏目“The Buzzword：2023 Two Sessions”（“2023 年全国两会每日热词”）中与全球观众见面，其通过自然的交互模式，解读两会热点关键词，即时播报两会权威信息，阐释两会精神，为全球观众带来了新鲜明了的两会新闻。

3. 整合多元因素构建知识体系提升传播影响力

由于国际传播的内容面向世界，其受众文化是具有多元性的，因此，国际受众对传播内容的理解以及认同受宗教信仰、教育程度、传播圈层等

---

① 姜飞：《全球传播新生态呼唤国际传播新思想》，《新闻记者》2020 年第 10 期。

因素的影响，会使国际传播内容影响力不同。对此，国际传播可利用人工智能技术优化传播策略，即通过智能代理、知识图谱、模式识别、深度学习等技术实现对用户认知水平及认知需求的画像建模，为资源库精准提炼、重构、重组推送内容提供依据，为用户规划出最优的知识学习路径，[①]是当下人工智能的主要应用方向。例如，CGTN 基于人工智能的协同传播可以整合多源知识，实现中华文明传播内容的连通互补，对互联网分散内容进行整合，实现关系关联、逻辑推理、质量评估等，从而构建系统连贯的知识生态体系，使传播内容更加全面丰富。[②]

（三）人工智能在内容管理领域的应用

在传统的国际传播中，由于内容在传播的过程中容易出现“文化折扣”、造谣抹黑、信息流转向等问题，其效果反馈难以直观地获取，且又因为西强东弱的话语困境以及文化壁垒所导致的意义消解，对已获取的反馈效果也难以进行有效分析及调整，因此，中国的国际传播曾一度陷入左右为难的传播困局中。人工智能技术被应用到传播内容的管理环节后，这一困局开始逐渐被打破。

1. 以 AIGC 强大算力与反面信息形成对冲

为应对中国在国际传播中时常会面对的干扰传播效果的意识形态偏见及与其相关的各种抹黑造谣，导致“中国声音”失真等问题，应用 AIGC 强大的算力生成海量全媒体资讯，与主流媒体内容互补，可与抹黑中国的内容形成有效对冲。[③] 此外，还可以通过数据训练来识别针对中国内容的抹黑谣言，进而维护中国的国际形象以及传播内容的精神内核。

2. 以全程追踪及实时监测实现动态评估

为监测内容传播效果，国际传播主体可以通过全程追踪和实时监测传播过程来实现动态评估，并根据数据和环境的变化调整模型和决策，保证内容传播的最佳状态，将运算结果反馈给传播者，实时对传播过程作出有

---

① 王佳、王锋：《人工智能视域下红色文化传播的机遇、风险及应对机制》，《新闻爱好者》2023 年第 12 期。

② 相德宝、曾睿琳：《人工智能：数智时代中华文明国际传播新范式》，《对外传播》2023 年第 10 期。

③ 韦路、陈曦：《AIGC 时代国际传播的新挑战与新机遇》，《中国出版》2023 年第 17 期。

效评价与指导，更改并完善传播过程和方式，以此来提升传播的针对性和有效性。[①]

（四）人工智能在受众新闻阅读中的应用

受众的体验、反馈与认同程度可以反映国际传播的效果，近年来，中国在国际传播方面积极采用人工智能技术来优化受众的新闻体验。

1. 人工智能技术应用丰富了内容传播形式

卡尔森将人工智能形容为不可抵挡的海啸。未来，随着算法与模型优化，AIGC生成内容的质量将逐渐超过UGC、PGC。[②] 人工智能大模型的应用丰富了以往以文字传播为主的形式，使国际传播内容更加丰富。以ChatGPT、百度“文心一言”为代表的自然语言处理软件和以DALL-E等为代表的自动画图软件等已经成为AIGC赛道的领跑者，大量的AI生成内容充斥着国际传播场域，极大地丰富了受众的阅读体验。[③] 2023年11月，清华大学新闻与传播学院媒体研究中心联合中国新闻网共同创作并发布的《江山如画·AI福建》作品，通过AI绘制百幅描绘福建特色的图像，再制作成视频，向外国网民生动形象地展示了福建独特的自然景观、民宿风俗、饮食文化等。

2. 人工智能技术应用减少了语言障碍

由于国际传播存在着跨语种问题，很多情况下会导致语义的扭曲，进而减弱传播效果，这一困难一直以来制约着中国故事的传播。如今，人工智能大模型的出现为中国国际传播克服这一困难提供了解决方案。国际传播过程中可以通过人工智能大模型对传播内容进行语境转换，使其能够更加准确地在内容传播方面兼顾人情味，提升受众对内容的体验感。[④] 此外，这种有机结合还能在为用户提供流畅的文本翻译和交流体验的同时，提高

① 王佳、王锋：《人工智能视域下红色文化传播的机遇、风险及应对机制》，《新闻爱好者》2023年第12期。

② 王诺、毕学成、许鑫：《先利其器：元宇宙场景下的AIGC及其GLAM应用机遇》，《图书馆论坛》2023年第2期。

③ 王维、张锦涛：《新一代人工智能技术引领下的国际传播领域新趋势》，《对外传播》2023年第7期。

④ 周文培：《论人工智能大模型在国际传播中的实践与应用》，《传播与版权》2023年第24期。

受众信息获取的即时性，降低受众对中国的印象被谣言第一时间抢占高地的风险。

三 2023年人工智能在国际传播应用中显现出的特点

麦克卢汉的“媒介即讯息”理论认为，技术所真正具有意义的并非其所生产出来的信息，而是它进入社会后所带来的可供性。如今，人工智能应用于国际传播领域，通过全流程赋能的形式，塑造了一个更具效率与可能性的全新模式，推动国际传播传统模式转型，并对国际传播格局造成深远影响。

（一）国际传播的人工智能技术应用特征

2023年，人工智能在国际传播应用中的技术特征主要表现为智能化、精准化、互动性、多样化、情感化。

1. 智能化

随着ChatGPT大模型的发布，人工智能技术进入了通用式时代，从信息采集到内容的生成、分发和扩散，再到主体间的对话与交流，国际传播的一些环节正不断被人工智能代理。① 如今的生成式人工智能主要以理解式交互为基础，由机器深度学习和人本激励反馈融合的内容生产方式实现传播价值的再组和重构，② 进而使国际传播越发呈现出智能化趋势。这一趋势一方面体现在工作流程的智能化上，如利用人工智能技术来进行新闻策划、内容生产、新闻分发、效果监测等，节省劳动密集型成本的同时，又兼顾新闻工作的准确性与全面性，极大地优化了国际传播的效能；另一方面体现在功用上，从弱人工智能阶段到生成式人工智能阶段，人工智能对内容的感知从“理解”变成“创造”，而人与机器的合作方式也从“交互”变成“协同”，这一转变体现出国际传播的智能化程度大幅提高。

---

① 常江、罗雅琴：《人工智能时代的国际传播：应用、趋势与反思》，《对外传播》2023年第4期。

② 胡正荣、于成龙：《新一代人工智能与国际传播战略升维》，《对外传播》2023年第4期。

2. 精准化

人工智能的应用使国际传播更加精准化。通过人工智能的受众洞察，[①]传播者可以得到各文化圈层受众的群体画像。这一信息赋能国际传播各个流程，在新闻策划方面为传播者提供最具吸引力的选题策划与议程聚类，在新闻生产方面为传播者提供最符合受众需求的内容生成，在新闻分发方面为传播者提供最为科学的渠道选择，在效果监测方面为传播者提供更为精准的决策依据。此外，人工智在国际传播中还有减少“文化折扣”的功能，即通过自然语言处理（NLP）算法与深度学习的结合，帮助传播者完成准确的语境转译与修辞润色。例如，法国《世界报》的英文文章就是用法语撰写，再通过人工智能翻译成英文版后进行海外传播的，其传播效果相较于人工翻译，效率和效果都有显著提升。可见，人工智能技术的应用使国际传播越发向精准化迈进。

3. 互动性

在人工智能大模型背景下，国际传播的互动性体现在三个方面。首先是服务型互动，即用户可以通过文本输入与人工智能大模型进行对话，主动获取其所需要的信息。这种模式的出现将互动的权力下放到国际传播中的每一个受众，显著提升了国际传播的效果。例如，中国科学院旗下的中科闻歌于 2023 年 6 月发布的雅意大模型，其聚焦于实时联网问答、领域知识问答、多语言内容理解、复杂场景信息抽取、多模态内容生成五种能力，为国际受众提供互动性新闻体验。其次是社交型互动，即人机互动过程中，加深对传播内容的理解与认同。例如，今日头条的“国风”频道正在试图依托人工智能技术开拓社交媒体空间，即使用人工智能技术为新媒体平台打造以受众体验为中心的“智能+社交”传播模式。最后是情感性互动，即将情感因素的考量融入传播产品的设计中，以情动人，促进国际传播的暖传播转向。例如，在“NAWA POP”社交空间中用户可以通过 AI 绘画、AI 配音、花神测试等具有个性化特色的虚拟卡通形象，以及二次元虚拟偶像和 AI 美颜算法等多种玩法、用法和辅助工具来丰富用户在社交平台的内容分享，推进用户的深度融入与表达，从而获得情感陪伴和心灵

---

① 汤景泰、徐铭亮：《论智能国际传播：实践模式与驱动逻辑》，《社会科学战线》2023 年第 12 期。

认同。由此可见，互动性是当下国际传播的一大特征。

4. 多样化

人工智能技术具备的多模态处理功能极大地丰富了国际传播的内容生态，从以往的文字传播发展为了兼具文字、图像、视频、VR的多样化新局面。例如，中华文化在进行国际传播时可以借助图像生成式大模型技术生成中国风的AI图像，或在未来创建和开发以中国风为主的垂类大模型技术或定制化大模型，还可以借助AI工具对视频进行个性化定制并生成双语视频在全球进行发布，更加精准地进行中华文化传播和中国故事讲述。此外，还可以借助其多模态处理功能来赋能国际传播的产业开疆。例如，清华大学新闻与传播学院成立元宇宙文化实验室，在元宇宙文创、虚拟数字人、AIGC多模态能力助力文字作品有声化、影视化、动漫化方面发挥了较大作用。当下的国际传播正在人工智能的推动下越发走向多样化。

5. 情感化

崛起于2023年的生成式人工智能内嵌了人类的规则和处理信息的方式，将人类规则内化为其行动指南。① 这使生成式人工智能不再是简单的机器，而是具有了人的情感、认知和意识，并导致情感的人文交互成为一种趋势，② 继而增强各国受众对传播内容的共情能力，提高其对传播内容的情感认同度。比如，智能对话机器人“AI荷蛋”能够与用户进行多轮个性化沟通，进行个性化的主动关怀，彰显国际传播在微观层面的情感化转向。未来随着大模型的研发越发深入，AIGC的内容体量终将超过UGC与PGC，成为中国国际传播内容的主力军，其情感化趋势也将越发凸显。

（二）国际传播格局特征发生转变

随着人工智能技术在国际传播领域越发深入的应用，国际传播格局随之也发生了变化。

---

① 陈昌凤：《人机何以共生：传播的结构性变革与滞后的伦理观》，《新闻与写作》2022年第10期。

② 王佳、王锋：《人工智能视域下红色文化传播的机遇、风险及应对机制》，《新闻爱好者》2023年第12期。

1. 依托数字技术向数控化转型

在人工智能技术引领下，国际平台中信息数量呈几何式增长，生产质量也在不断提高，尤其是在面对一些国际舆论冲突时，基于立场爆发的感性冲动瞬间压盖了理性思考，“音量”的大小已经掩盖了“音质”的好坏，对传播内容的追求逐渐从优质适量过渡到高质巨量。在这种情况下，除话语体系外，技术能力的强弱成为衡量国际传播力的一项标准。[①] 这一趋势已不可逆转，但从当下来看，诸如美国等国家习惯于利用 ChatGPT 等技术优势来作为自己的利益延伸。对此，有研究表明，搜索引擎受到技术和商业力量的驱动，会有选择地过滤信息或调整结果排序，进而构建知识权力。[②]

因此，在新一轮人工智能技术的驱动下，认知争夺的战场进一步从话语体系、符号体系延伸到了机器和算法驱动的底部逻辑层，[③] 越发依靠技术因素来进行数控治理。对此，中国的数字治理秉承国家安全观，建构处在数据安全框架下的多主体协同治理，强调数据安全。从政策、制度和治理体系上致力于开辟数据治理，将宏观层面的顶层设计理念具体落实到微观层面的数据治理组织架构中，助推中国国家数字治理能力的提升。[④]

2. 平台赋权下的国际格局南方转向

人工智能技术应用于国际传播后，基于数据和算法支撑的互联网平台成为国际传播的主战场。[⑤] 在平台赋权的背景下，西方在国际信息传播领域的垄断权受到挑战，这是由于这些平台提供的连接可供世界范围内建立起个体间的数字连接，既显著提升了气候、环境、性别、种族、人权等全球普遍性问题的能见度，也将地方性的事件和社会运动上升到国际关注的层面。由此，西方国家在国际信息传播领域的垄断权受到挑战，国际传播

---

① 王维、张锦涛：《新一代人工智能技术引领下的国际传播领域新趋势》，《对外传播》2023年第7期。

② 史安斌、俞雅芸：《人机共生时代国际传播的理念升维与自主叙事体系构建》，《对外传播》2023年第4期。

③ 胡正荣、于成龙：《新一代人工智能与国际传播战略升维》，《对外传播》2023年第4期。

④ 姜飞、袁玥：《当前全球传播生态六大特征》，《南方传媒研究》2023年第3期。

⑤ 王维、张锦涛：《新一代人工智能技术引领下的国际传播领域新趋势》，《对外传播》2023年第7期。

场域力量分布开始趋于扁平化。[①] 现今，以金砖国家为代表的新兴经济体的崛起使其声音与诉求开始被全世界听见，这使“去依附”与“去西方化”成为当今世界“全球南方”国家的共识性目标。[②]

四　人工智能在国际传播应用中存在的问题

人工智能技术的应用赋能了国际传播的传播效能，带来了机遇，也带了问题。计算宣传、话语鸿沟等现象开始不断扰乱国际传播的话语空间。

（一）技术缺陷：模型本身隐藏着风险

当下的人工智能是采用大语言模型对特定数据的提取与学习来进行内容产出的，对此，陈昌凤一针见血地指出，这种生成机制存在与新闻专业性相悖的情况。一方面由于数据的种种缺陷，生成式人工智能存在系统性偏见、价值观对抗、“观点霸权”、刻板印象、虚假信息等问题，这会对中国国际形象产生巨大影响。[③] 而另一方面，这类大型语言模型缺乏常识性推理能力，比如它难以理解复杂问题、细微差别以及情绪、价值观和抽象概念等，从而时常出现内容输出不稳定的问题，且在未来存在被有心之人利用的风险。[④] 此外，随着数字化平台的不断普及，当下数据安全与个人隐私成为世界性话题，而人工智能对个人隐私总体上来说，正朝着更具侵入性的数据收集和无处不在的监控迈进。

（二）犬牙交错：意识形态差异下的残酷现实

人工智能本质上是一项技术，不同文化背景、意识形态下的使用者会赋予其不同的意义，因此，不同利益相关者在获得人工智能所赋予的力量

---

① 王维、张锦涛：《新一代人工智能技术引领下的国际传播领域新趋势》，《对外传播》2023年第7期。

② 史安斌、童桐：《理念升维与实践创新：党的十九大以来国际传播与跨文化传播研究十大前沿议题》，《编辑之友》2022年第4期。

③ 韦路、陈曦：《AIGC时代国际传播的新挑战与新机遇》，《中国出版》2023年第17期。

④ 陈昌凤：《生成式人工智能与新闻传播：实务赋能、理念挑战与角色重塑》，《新闻界》2023年第6期。

后，可能会加剧行为主体的竞争程度，为国际传播带来一定的安全隐患。① 正如当下的国际社会，一方面由于数字平台的无政府状态，国际话语空间的主流趋势是对话语权的争夺；另一方面，美国等发达国家的一些世界性企业与机构长期主导智能化国际传播规则和体系的同时，还面临着全球南方国家崛起下的话语挑战，导致当下国际传播环境中集体行动的协调能力萎缩。同时，由于技术使用中存在“国家主义”特征，即在智能化国际传播过程中以本国理念和规则作为传播的准则，导致意识形态偏见、技术脱钩、垄断主义等现象的出现，并进一步强化西方国家的霸权主义色彩，从而采取一系列政治、经济、外交以及传播舆论等手段刻意遏制和抹黑异己。② 2023 年，全球政治极化结构性扩散情况凸显，人工智能不再只是政治权力释放的底座，更成为霸权主义权力被结晶、塑造的能动性工具。

（三）发展失衡：技术进步下形成的深度数字鸿沟

目前，各国对人工智能技术的应用尚未在一个起跑线上。随着人工智能技术的迭代升级，这一差异将逐渐被放大。QuestMobile 的调查结果显示，中国不同群体对 AIGC 技术使用的兴趣程度存在差异，年轻的、发达地区的互联网深度用户是“AIGC 用户”的主要群体，其中男性群体占比 55.6%，一线和新一线城市的“90 后”“00 后”用户较多，该群体的月人均使用时长、使用 App 个数分别达到 160.5 小时、36.7 个，远超全网平均水平。③ 由此可见，这种数字差异不仅包括对数字媒介技术的不平等获取，还包括数字技能、使用能力和使用动机等的不平等，导致数字技术应用下不平等收益的存在。数字鸿沟的存在将会导致以西方为中心的话语体系技术高地，在新一轮的产业革命中延续其传统的霸权体系，且这一体系将在技术的赋能下更加牢固。因此，如何调节技术发展与局部落后之间的矛

① 徐艳玲：《人类命运共同体理念的智能化国际传播：意义向度、传播体系与路径》，《社会科学辑刊》2023 年第 6 期。

② 徐艳玲：《人类命运共同体理念的智能化国际传播：意义向度、传播体系与路径》，《社会科学辑刊》2023 年第 6 期。

③ 《QuestMobile 2023“AIGC 兴趣用户”洞察报告：AI 绘画用户超千万，大厂创业者争抢布局，移动互联网新风口已至》，2023 年 4 月 11 日，QUESTMOBILE，https://mp.weixin.qq.com/s/Tf1TmEfsaqq4zAVJ54agmg。

盾，也成为当今国际传播中的一大难题。

（四）应用误区：技术应用下的人为生成风险

人工智能技术对国际传播带来效能的提高，却未解决数据依赖与情感缺失的问题，所以在实际应用中，传播者对人工智能技术的使用易造成各种各样的人为风险。

1. 技术依赖下的专业失守

进入生成式阶段的人工智能具有类人性，通过其自然语言处理（NLP）算法与深度学习的结合，能够模拟人类生成文本信息，为新闻传播者的内容生产工作提供大量便利；但同时，由于其模型的缺陷导致其生成的信息时常存在错误，因此一旦新闻工作者对生成式人工智能产生技术依赖，无条件信任其生成的内容，将会导致把关责任意识淡薄。此外，由于生成式人工智能能够自主完成选题策划、信息提取、内容分析、文本润色等任务，容易造成职业记者的技术依赖，进而降低获取一手信息的责任感，减少独立、深入的思考意识，产出大量的 AIGC 新闻。这将使技术的使用者成为技术附庸，严重危害国际传播的专业性。

2. 技术进步下的真假难辨

人工智能技术的发展使国际传播主体进入门槛不断降低，场域内信息失范情况越发严峻。随着生成式人工智能的进步，国际传播中的假新闻在制造效率、传播范围、识别成本上都有显著提升。① 首先，人工智能可以通过编程来模仿人类写作，还可以使用特定的词语和句法规则来生成类似于新闻的文本，这大大增加了假新闻的制造效率；其次，社交媒体平台借助人工智能和机器学习技术的支持，可以运用算法系统来评估用户的个人背景和兴趣爱好，进而提供个性化服务，提高用户的认同感与留存率，引发多级传播与扩散；最后，随着人工智能技术的不断成熟，深度造假（deepfake）一词被广泛用于指代人工智能生成的人类模仿视频，这类视频可以将人脸替换成另一个人的脸，使受众真假难辨。AIGC 使国际信息环境更加错综复杂，对媒体从业人员的专业素养和能力提出了进一步的考验。

① 陈定定、王悠、卜乐：《人工智能时代国际传播的污名化行为：形式、趋势与影响》，《对外传播》2023 年第 4 期。

3. 计算宣传下的“信息茧房”

人工智能对内容生产能力与个性化传播能力极度赋能，集中化、个性化、规模化、多样化的议题矩阵常常被用于计算宣传，导致用户信息接收类似于“个人日报”，用户只能看到自己感兴趣的新闻信息，难以接触到其他类型的新闻内容，从而产生信息茧房的风险。①

五　人工智能未来在国际传播中的应用走向

随着人工智能技术在国际传播领域的应用逐步深入，未来，国际传播人工智能技术应用应向“暖实力”构建、自主话语体系建构、沉浸式感官体验发展。

（一）“暖实力”建构：国际传播的共情转向

中国国际传播目前正向着更加适应新时代发展环境的传播体系转型，但由于全球信息流动和文化传播长期处于失衡状态，西方国家凭借积累的政治、经济和科技优势，掌控着国际传播的优势话语权，并不断强化自身在意识形态领域的逻辑霸权。尽管中国一直秉持和平崛起的发展道路，但西方社会对中国道路和中国价值观的不理解与不相信仍旧根深蒂固，所以，中国国际传播常常陷入“有理说不出”“说了传不开”“传开叫不响”的话语困境。②

“暖实力”是在政治、经济、文化、社会等领域融化隔阂、扩大交流、增进合作、互利共赢的共通话语，也是国家间尊重、理解、支持、合作的“巧策略”，带有暖人心、易共鸣、促理解的共情特征，亦是能使国际受众理解中国价值观和核心主张的“巧传播”。未来，国际传播要推动国家话语从“软实力”向以共情传播为特征的“暖实力”转型，“暖实力”建构是中国向世界讲好中国故事的新方向。③

① 韦路、陈曦：《AIGC 时代国际传播的新挑战与新机遇》，《中国出版》2023 年第 17 期。

② 徐敬宏、袁宇航、巩见坤：《中国国际传播实践的话语困境与路径创新——基于文化语境的思考》，《中国编辑》2022 年第 7 期。

③ 沈悦、金圣钧：《从软实力到“暖实力”：中国国际传播理念创新的话语、维度与愿景》，《东岳论丛》2023 年第 2 期。

（二）自主话语体系建构：人工智能的职责使命

在这个数字化平台时代，无论是从当今中美各大数字媒体平台，还是从社交、流媒体、游戏、文学、电商等细分垂直领域来看，其全球传播的过程都带有鲜明的地缘政治属性。在此背景下，以美国为首的西方媒体宣扬以“硅谷精英”文化为核心的新自由主义和多元文化主义的价值观；同时，隐蔽地攫取和采撷着用户数据的“剩余价值”。这加剧了不同阶层和不同国家之间的“数字鸿沟”，形成了具有高度垄断性、对抗性的平台生态系统。[①]在这一逻辑下，西方进行话语霸权建构已经不满足于“生产概念、包装理论、推销思想”这种单纯的“语言演绎归纳”，而是通过“数理逻辑、挖掘数据、建构模型”的操弄建构“指数”话语霸权，走出了一条“从语言逻辑向语言逻辑与数理逻辑‘并行’的道路”。[②] 由于中国长期以来处于西方话语体系下，学术研究及国际传播领域会无意识地使用二元概括性术语、构造出东西方“单边关系”以及强化西方优越性的现象。因此，当我们使用这些概念时，会被西方观念和认知方式影响而不自知。[③]

中国已意识到要建立自主传播话语体系。自党的十八大以来，“创新对外话语体系”成为中国共产党对外宣传的主导思想。习近平总书记指出，要善于提炼标识性概念，打造易于为国际社会所理解和接受的新概念、新范畴、新表述，引导国际学术界展开研究和讨论。[④] 对此，未来，人工智能应在打造自主话语体系方面着力发挥自身潜能，深耕中华优秀传统文化的创新表达以及中国话语的矩阵式传播，不断输出中国的理论创新与实践创新，同时打造中国自主可控的国际化数字平台，[⑤] 增强中国话语在国际话语场域中的影响力，全方位提升中国式现代化元话语的传播效能，扩大

---

① 史安斌、朱泓宇：《数字华流的模式之争与系统之辩：平台世界主义视域下中国国际传播转型升级的路径与趋势》，《新闻与传播评论》2022 年第 5 期。

② 吴雷、姜飞：《建构与解构：“西方”概念祛魅与中国国际传播话语重塑》，《南京社会科学》2022 年第 10 期。

③ 吴雷、姜飞：《建构与解构：“西方”概念祛魅与中国国际传播话语重塑》，《南京社会科学》2022 年第 10 期。

④ 《习近平新时代中国特色社会主义思想与中国话语建构》，2020 年 10 月 28 日，新华网，http://www.xinhuanet.com/politics/2020-10/28/c_1126666536.htm。

⑤ 许向东、丁兆钰：《中国式现代化元话语的建构及其国际传播》，《对外传播》2023 年第 9 期。

中国在国际舆论场中的话语权。

（三）沉浸式感官体验：人工智能技术的发展方向

“文化折扣”是国际传播难于解决的问题，这主要源于国际传播中双方不同的文化背景，加剧于国际传播场域中意识形态斗争下的计算宣传，为中国国际传播效能建设增加了障碍。如今，随着技术的发展进步，元宇宙受到了国内外学界和业界的广泛关注。元宇宙是基于关键技术建构的一个可感知、可交互、可移动、虚实联动的三元数字社会生态，在这里人们可以以数字人的身份参与国际文化交流、社会交往、经济贸易等活动。[①]在这一全新空间中，语言屏障被快速打破、意识形态壁垒被逐渐消弭，促使不同空间的个体可以在沉浸式场景中随时体验更加真实的他国文化、历史、风俗等。[②] 这一场景有望打破“文化折扣”壁垒，让用户沉浸式地感受中华文化的博大精深。因此，我们应该抓住机遇，利用人工智能搭建元宇宙国际传播平台，建构具有中国特色的国际传播战略体系，向世界展示一个可信、可爱、可敬的中国形象。

---

① 王敏芝、王军峰：《从“交往在云端”到“生活在元宇宙”：深度媒介化时代的社会交往生态重构》，《传媒观察》2022 年第 7 期。

② 党琼、李奕霏：《智能、沉浸与场景：元宇宙时代的国际传播》，《青年记者》2023 年第 12 期。

T.6 人工智能在新闻传播领域的应用现状、影响及发展趋势*

赵　磊　杨星月　朱竹野　白聿辰**

摘　要： 2023 年，人工智能进一步发展、普及和创新，与新闻传播的融合也更加密切和深入。人工智能凭借数据挖掘与分析、内容自动生成、个性化分发和追踪反馈等特点，重塑了传统新闻生产和传播的流程，也影响着以内容生产为核心的新闻传播和各个领域。本文旨在通过阐述当前人工智能在新闻传播业的应用现状，分析人工智能对新闻与传播业的影响，并预测未来人工智能在新闻传播业的应用趋势，为新闻传播相关政界、学界和业界提供有益参考。

关键词： 人工智能；新闻生产；信息传播；新闻传播

一　人工智能及近期进展概述

（一）人工智能概述

人工智能（Artificial Intelligence），简称 AI，最早在 1956 年 DARTMOUTH 学会上被提出，目的是让日益成熟的计算机系统能够代替人类解决一些感知、认知甚至是决策上的问题，之后由美国学者约翰·麦卡锡引

---

* 本研究为国家社科基金重大项目“融媒体环境下互联网平台型企业现代治理模式研究”（项目批准号：20&ZD321）的阶段性成果。

** 赵磊，博士，浙江传媒学院出版学院副教授、硕士生导师；杨星月，浙江传媒学院新闻与传播学院硕士研究生；朱竹野，浙江传媒学院新闻与传播学院硕士研究生；白聿辰，浙江传媒学院新闻与传播学院硕士研究生。

入学术研究领域。①

当搭载人工智能技术的计算机系统具备了生成媒体内容或者负责内容的推送时，人工智能开启逐渐融入新闻传播业的进程。最初，人工智能在新闻传播领域的使用是为了代替重复性高的简单工作，随着智能传播的进一步深入，人工智能在推动新闻传播的实践创新的同时，也成为新闻媒体提升其影响力和公信力的“助推器”。②

人工智能在传媒领域的深化和发展，正在以数据化、自动化、模式化的状态重塑传媒系统的样貌，打破人类单纯依靠机械与人类智力结合进行生产的格局，不仅将改变媒体内部的生产模式，还会带来实践思维上的冲击和变革，并引发不同主体之间关系的变革。从哲学层面看，人工智能的出现模糊了人类社会与人类思维之间的关系，机器人也开始成为具备一定程度人类思维的个体，充当或替代了人类在社会生活的部分或全部角色。

（二）新闻传播领域人工智能技术概述

随着5G技术在基础通信上的广泛应用，人工智能技术在新闻传播领域多层次的使用和融合也不断深入，推动了智能传播理论与实践的创新。目前，人工智能在新闻传播行业的应用体现在提升生产效率、内容呈现方式的多样化和产品分发的精准化等方面，③ 即当下人工智能的前沿运用正在通过自动化、智能化功能的不断升级来优化、变革新闻生产链，从而提升新闻从业者的工作效率与影响力。

在当下的新闻生产链中，首先人工智能可以自动搜寻和收集具有新闻价值的事件提供给记者以完成新闻采集；其次通过智能语音技术将新闻记者和编辑从信息整理与收集等重复工作中解放出来；然后通过对数据的深入分析与可视化呈现丰富不同领域新闻的表现方式，增强新闻互动性；再次基于内容的算法推荐和用户之间的协同过滤实现对用户新闻内容的个性化推送；最后在用户获取到相关内容之后，收集受众反馈信息，帮助传播者及时调整传播策略，实现效果最大、最优化。

---

① 段萶：《人工智能时代新闻业面临的挑战与对策》，《传媒》2019年第15期。

② 洪杰文、常静宜：《人工智能的新闻传播实践及反思》，《青年记者》2023年第1期。

③ 史安斌、高姝睿：《人工智能在新闻传播中的运用：实践探索与伦理困境》，《青年记者》2022年第19期。

2023 年，人工智能技术在大数据与算法技术进步的推动之下，在仿真程度和功能维度上都取得了巨大的进步。比如，以 ChatGPT 为代表的新型生成式人工智能进一步升级，能够更好地理解和生成人类语言，在新闻传播领域成为重要的生产工具。而在当前媒体深度融合的情况下，新闻传播业结合人工智能技术实现了以“智能传播”为核心的采编全自动流程探索，将智能化采集、编写与虚拟自动化播报呈现相结合，进一步提升新闻传播业的技术应用率，加快媒介深度融合步伐，促进新闻传播业的发展。与此同时，人工智能的进步也为新闻传播领域带来了诸多负面影响，如新闻真实性问题、数据隐私问题、算法黑箱、就业问题等。如何正确应对人工智能对新闻传播领域带来的问题，了解未来人工智能发展趋势，对新闻传播领域的健康发展至关重要。

二　人工智能在新闻传播领域应用现状及分析

（一）人工智能在新闻传播领域内容采集中的应用

对新闻传播领域的工作者而言，内容始终是安身立命的根本。做好内容的采集、生产和管理工作，不仅是提升媒体企业、品牌口碑的根本方法，更是传统媒体向新媒体转型，实现有效媒体融合的重要途径。在信息通信技术和人工智能日益发达兴旺的今天，内容采集和“把关”的部分权利已经部分让渡给了机器和技术系统。

人工智能采集内容的方式形式多样。在当前的发展阶段，主要包括以下几种形式：自然语言处理，即人工智能运用自然语言处理技术，分析、理解大量文本数据（如新闻报道、文章、社交媒体帖子等），提取有价值的信息；机器学习算法，即人工智能通过训练机器学习模型，使其能够识别和分类各种类型的内容（包括文本、图像、视频、音频等），并进行汇总，并从中提取关键信息；数据挖掘，即利用数据挖掘技术，从大量的结构化和非结构化数据中发现模式和趋势，以获取有关特定主题的数据和信息；网络爬虫，即使用网络爬虫程序自动抓取互联网上的信息，并将其进行整理和存储，以便后续分析和使用；传感器和物联网，即综合传感器和物联网技术，收集实时环境数据、流动数据等，如天气情况、交通流量等。

最早使用人工智能搜集新闻线索并生成稿件的写稿机器人可以追溯到

2009 年，Stats Monkey 通过数据以及固定模板为美国职业棒球大联盟季后赛独自撰写了一篇新闻稿件。在国内，写稿机器人的应用发源于灾难预警、赛事报道、股市变动等“可模板化”的主题写作，最早可以溯源到 2017 年 8 月的九寨沟地震中。中国地震网新闻机器人通过实时数据以及人工模板，仅用 25 秒就完成了 540 字的地震报道。

随着技术的发展，人工智能内容采集不只局限于以上主选题，也化身“信息捕手”逐渐进入法治新闻、社会热点、财经新闻等专业领域的报道。2023 年 3 月，南都新闻客户端推出新一代写稿机器人“小南”。“小南”是南都应用人工智能技术融合创新的典型案例，依托大数据、算力等技术加持，“小南”可以对海量数据进行规模化快速处理，瞬间完成筛选热点事件、阅读和分析数据以及生成财经新闻等工作。2023 年，“南都新闻客户端 AI 写稿机器人”荣获全国报业技术赋能媒体融合优秀案例。①

除了采集数据、文字等内容，人工智能还能基于语音识别和自然语言处理技术，将语音自动转化成文字，成为记者和采访内容的中转站，极大地降低记者和编辑的劳动强度，提高采编效率。2023 年 5 月，在讯飞星火大模型成果发布会上，科大讯飞董事长刘庆峰宣布正式推出星火认知大模型，并在现场进行了超过 40 分钟的实时演示。该模型可以直接通过语音输入自然语言描述的问题，也能将模型输出的答案实时转变为清晰流畅接近人类发音的语音，并通过持续对话深度学习不断调整语音的风格。②

除了能够在后台辅助整理编校采访内容之外，人工智能还能在前台直接参与现场采访与报道，成为报道的帮手。2023 年 10 月，世界 VR 产业大会首次展示了江西日报社 AI 记者。江西日报社 AI 记者由江西报业传媒集团赣商传媒、江西新闻客户端、新参考文摘联合打造并投入应用，以 AIGC 的多模态自动化生产能力为基础，基于赣商传媒记者的原声原型塑造的 AI 数字分身，从而实现记者 7×24 小时全天候在线同时与多人交流互动、数字分身“到达”新闻现场的能力，并根据线索的重要性、时效性、可信度即时筛选、采写、编辑、校对、审核、多平台分发新闻。AI 记者采

---

① 《N 视频智能服务平台”获全国报业技术赋能媒体融合十佳案例》，2023 年 10 月 27 日，百度网，https：//baijiahao. baidu. com/s? id=1780868110551246901&wfr=spider&for=pc。

② 《讯飞现场演示大模型 40 分钟：可语音文字转换，擅长医疗数学》，2023 年 5 月 6 日，腾讯网，https：//new. qq. com/rain/a/20230506A0957400。

集了江西日报社（报业传媒集团）的海量新闻内容和数据，通过大量的数据训练，自主掌握新闻的潜在模式和规律，从而在面对新闻采编工作时具有一定的创造能力。①

此外，人工智能还能够利用传感器挖掘周围环境信息并生成文字等。在2020年的两会报道中，中国军视网记者使用亮亮视野5G+AR采访眼镜，通过提前录入信息快速识别抓取采访人物；眼镜上集成的微型摄像机，实时录制和上传视频，后台提取视频中的音频，并迅速转为文字快速成稿。

在信息爆炸、低质量内容冗余、新闻传播领域人才不足的今天，人工智能在资料采集、内容把关中发挥着不可替代的重要作用。充分利用大数据、人工智能的优势和作用，能够大幅提升新闻工作生产效率，助力新闻产品的创作和生成。

（二）人工智能在新闻传播领域内容生产中的应用

利用人工智能进行内容生产已经成为当下新闻传播行业较为普遍的生产方式。基于人工智能的新闻文本生成主要有两种写作模式：一是新闻模板填充模式。这种模式主要使用自然语言生成（NLG），利用软件自动将数据转换为用自然语言编写的叙述。二是摘要与组合模式。这种模式使用自然语言处理技术（NLP）深度学习解析人类语言，根据用户提供的关键词搜索相关新闻资讯，自动提取新闻资讯的关键词与摘要，按照规则重新组合并输出新闻。

2023年，属于自然语言生成模式的ChatGPT进一步升级和发展，成为新闻传播领域谈论的重点话题。除ChatGPT外，其他公司也相应研发出了许多类似产品，助力新闻内容的生产。例如，谷歌公司推出对话式AI服务机器人Bard，微软整合ChatGPT推出新版Bing，百度公司2023年3月推出类ChatGPT技术产品文心一言，360公司类ChatGPT技术的Demo，阿里达摩院研发的类ChatGPT对话机器人，京东推出的“产业版”ChatGPT

① 《探会2023世界VR产业大会丨“首秀”来了！看AI记者如何一分钟快速生成稿件》，2023年10月20日，经济晚报微信公众号，https://mp.weixin.qq.com/s?__biz=MjM5ODYxMDI5Ng==&mid=2650547698&idx=3&sn=4ec992c6abcedc98d1425c957aa79379&chksm=bec091e589b718f3151b99fe540037c43328fdb67a2c7b25a839b7ebb3641c2d3a44df19e3ef&scene=27。

“ChatJD”，腾讯、华为等也在加快类 ChatGPT 技术产品的研发。[①] 2023 年 7 月，中央广播电视总台联合上海人工智能实验室推出首个专注于视听媒体内容生产的 AI 大模型——“央视听大模型”（CMG Media GPT），集成中央广播电视总台的海量视听数据与上海 AI 实验室的原创先进算法、大模型训练基础设施等多方优势，提供节目创作、短视频生成、节目剪辑、超写实 AI 数字人、AIGC 动画、AI 换脸等多方面应用，提升了视听媒体制作的质量和效率。此外，新华社也在新媒体大会上推出在各类媒体数据上进行训练的大型语言模型——MediaGPT，该模型专注于解决中国媒体实际需求，构建了专门适用于媒体领域的独特数据集，并开发了专门用于生成式任务的验证方法。[②]

在新闻内容的图片生成方面，人工智能主要应用于图像修复和绘画两个领域。2022 年，为庆祝香港回归祖国 25 周年，腾讯光影焕新计划项目团队与央视军事合作，通过智能影像修复技术和自主研发的人脸修复模型逐帧还原，将历史影像画质提升至 4K 超清。在 2023 年的第十届全国人大一次会议的报道中，江苏新闻荔直播视频号的视频《AI 带你读报告，绘出 2023 新图景》通过 AI 绘画的形式把政府工作报告直观地展现在观众面前，画面生动贴合，解读准确清晰。

在新闻内容的音视频生成领域，人工智能运用图像识别和镜头语言理解等能力，赋能音视频制作产出。在 2023 年中国网络媒体论坛“八点见”项目发布会上，科大讯飞公司发布“讯飞智作——AIGC 内容创作平台”。该平台基于科大讯飞的语音合成、人脸建模、唇形预测、图形处理等多项人工智能技术，为用户提供音视频生产中的 AI 配音、AI 虚拟主播视频制作等内容创作和生成服务，能够有效地解决用户音视频制作时找主播难、成本高、生产效率低等棘手问题，让音视频内容创作更加灵活、高效、便捷。目前，讯飞智作已与新华社、中信银行等单位达成合作，其创作的新闻视频、培训视频、广告视频等内容已经广泛应用于媒体、金融、智慧文

① 李扬、刘云丹：《类 ChatGPT 技术对新闻生产与传播的影响及伦理考量》，《传媒》2024 年第 3 期

② 《2023 年下半年媒体融合创新典型案例》，2024 年 1 月 11 日，今日头条网站，https://www.toutiao.com/article/7322738035999998527/? upstream_biz=doubao&source=m_redirect。

旅、企业数字化、智慧政务、IP 运营等多个领域。① 2024 年 2 月，美国人工智能公司 OpenAI 发布了人工智能文生视频大模型——Sora。Sora 可以根据用户的文本提示创建最长 60 秒的逼真视频，该模型通过算法学习物体在物理世界中的存在方式，深度模拟真实物理世界，能生成具有多个角色、包含特定运动的复杂场景。Sora 的出现，预示着一个全新的视觉叙事时代的到来，它能够将人们的想象力转化为生动的动态画面，将文字的魔力转化为视觉的盛宴，以其独特的方式，重新定义着我们与数字世界的互动。

另外，在利用人工智能进行视频新闻的主持方面，AI 主播也呈现出如火如荼的态势。2023 年，各大主流媒体都发布了各自开发的 AI 主播，如央视网"小 C"、新华社 AI 主播等。2024 年 3 月，在中央广播电视总台央视新闻频道播出的《法治在线》中，节目中的数字主播"怡博"成为关注热点。"怡博"是主持人陈怡博的数字分身，可依托网络检索对话题进行拓展述评。当下，AI 主播的发展仍在不断推进，技术也在不断改进和创新。随着时间的推移，可能会有更多的主流媒体采用 AI 主播，为新闻传播带来更多的可能性创新。

人工智能技术应用于新闻生产的本质是新闻记者与技术之间相互作用、共同进化的"把关人+人工智能"的人机协同工作模式。写作机器人被正式应用于新闻写作，开启了"人工智能+News"的新闻生产模式。

（三）人工智能在新闻传播领域内容分发中的应用

如何高效地实现内容生产与需求之间的有效匹配，是人类社会一直探索的问题。进入数字化时代，在"信息爆炸"的现实困境下，传统的以人工为核心的内容分发模式逐渐力不从心，以算法推荐为核心的智能化内容分发模式由于其高效率、精准化的优势大放异彩，将"人找信息"转变为"信息找人"。② 在国内，今日头条最早利用算法优势，通过分析用户特征，结合用户所处的场景和文章特点实现了千人千面的内容推荐。随后，各大

---

① 《讯飞智作亮相 2023 中国网络媒体论坛用 AI 推动内容生产变革》，2023 年 4 月 24 日，今日头条网站，https://www.toutiao.com/article/7225495309097665080/? upstream_biz = doubao&source = m_redi rect。

② 洪杰文、常静宜：《人工智能的新闻传播实践及反思》，《青年记者》2023 年第 1 期。

新媒体平台纷纷效仿，利用算法进行以新闻为主要内容的分发。2021 年，“总台算法”在央视频平台“影视”板块上线，为用户提供了良好收视体验。2021 年 9 月，川观新闻 8.0 正式上线，推出了“主流媒体算法”，助力新闻内容的分发与传播。

使用人工智能根据画像对新闻内容进行有针对性的分发，不仅能够提高新闻分发的触达率，还能够实现新闻内容的定制化。比如，以 ChatGPT 为代表的大型语言模型具有强大的自主学习能力，能够学习人类语言表述的习惯、风格以及对问题答案的判断标准，即将人类偏好知识注入模型，赋予了计算机模型以人类的思维和思考模式。将 ChatGPT 引入新闻传播领域用于采访场景，则可以使内容生产商精确掌握用户意图，提供符合用户偏好的定制化信息。ChatGPT 结合算法推荐可以广泛运用于新闻传播行业从生产到分发的所有环节，使接受者收看到的都是符合自身偏好而且独一无二的定制化内容。

除了 ChatGPT 之外，AI 主播也是内容分发的重要渠道。AI 主播几乎不会受到外界因素的影响，可以不间断地进行新闻生产和输出，在保持使用成本低廉优势的同时，还能够有效避免主播最忌讳的口误问题。在未来，AI 主播将会被更多地运用于重大事件、突发新闻等时效性要求较高的新闻播报领域。

（四）人工智能在提升新闻传播业用户体验中的应用

除了对信息内容的精准分发，人工智能还能够对多种媒介进行融合，为用户提供多样的内容呈现方式。2023 年，在杭州第 19 届亚运会期间，中央广播电视总台派出 4500 余人的工作团队，历史首次完成亚运会主转播机构服务、首次以 4K/8K 标准向全球提供国际公用信号和相关媒体服务，并首次在开幕式和闭幕式中应用 AR 虚拟技术，充分利用总台全媒体多平台传播优势，立体呈现亚运精彩画面。2023 年 9 月 23 日至 10 月 8 日，受众通过总台电视端观看亚运会达 341.53 亿次，通过总台新媒体端阅读播放量达 72.7 亿次，创下了赛事报道规模最大、全媒体总触达人次最高的纪录。

此外，人工智能还被应用于新闻传播领域中重要的反馈环节，通过对受众反应信息的收集，了解受众对新闻内容的具体感受，从而进一步优化传播策略，做到传播效果的最优化。比如 ChatGPT 技术，基于 Transformer 架构起大型语言模型，具有出色的语言理解和文本对话生成能力，接入媒体后让智能交流更加便捷、有效，实现人机实时互动。随着智能聊天技术的不断升级，聊天式新闻产品也会得到巨大的发展空间，进一步优化反馈环节。比如，ChatGPT 技术通过分析用户语料统计分析哪些新闻主题更受欢迎、哪些文章表达更加清晰，从而为新闻记者提供精准导向的新闻线索，并且及时汇总用户的反馈信息，从而帮助新闻从业者分析不同主题新闻的传播情况和传播效果，进一步提升新闻写作的准确性和全面性。

近年来，新闻传感器由于其能够记录用户反应和丰富用户参与新闻制作体验的特点，得到了越来越广泛的应用。2019 年 10 月，新华网利用 Star 生物传感器的“手表”，将记者与观众的情绪以曲线图的形式呈现出来。新华网推出的基于生物传感器的数据新闻报道《是什么让他们心潮澎湃?》，通过可视化作品直观展示了记者与观众的情绪起伏，以独特的视角向用户传达出 70 周年国庆大典观礼者的真情实感。这种参与增强了报道的交互性，激发了用户分享与再传播的欲望，从情感层面扩大了新闻的传播范围。[①]

AI 主播的应用，也为受众提供了多样化的新闻呈现方式。AI 合成主播的可塑性更高，具有较强的趣味性，与虚拟现实（Virtual Reality，VR）、增强现实（Augmented Reality，AR）、介导现实（Mediated Reality，MR）等技术相结合，能够打造出多元化的场景，营造沉浸式、全景式的新闻现场，为观众带来全新的新闻观感体验。

三　人工智能在新闻传播领域影响分析

当下，人工智能以不可阻挡的态势深度融入媒体，创新性地应用于新闻传播领域的各个环节，对传播链条中的传播者、传播内容、传播渠道、受众和反馈环节都产生了深刻影响。

（一）人工智能对新闻传播领域的积极影响

传播主体方面，人工智能技术促进知识生产角色的多元化转换。在新

① 许向东、丁兆钰：《传感器新闻的实践创新与发展》，《新闻爱好者》2023 年第 9 期。

闻传播领域内容生产中，最重要的组成部分之一就是生产角色。随着人工智能、AIGC 等技术的发展，内容生产角色正逐渐从人类转变为人机共创的新局面。传统的内容生产过程主要依赖于人类通过演绎推理、实证归纳等手段，在现有知识体系的基础上创造新知识。目前，人工智能通过大模型训练海量数据，具备了强大的推理能力，将在内容生产中发挥重要作用。[①] 因此，在更广义的视角下，内容生产的角色将不再仅限于人类，人工智能正逐渐成为知识生产活动的重要参与者之一，人类和人工智能将携手合作，共同推动知识的生产与创新，大幅提升内容生产效率。

内容生产方面，人机融合的内容生产方式将为内容生产带来变革，有效缩短生产周期，提高知识生产效率。众多数据和案例表明，人工智能技术极大地促进了内容行业的高效率发展。比如，3 秒钟生成一篇快讯，1 秒钟可以审核一百篇稿件，用人工智能之前，平台日分发内容 5000 条；用人工智能之后，每天分发内容达 120 万条，人均使用时长提升 45%，点击率提升 58%等。

传播渠道方面，人工智能为新闻传播领域提供了多元化的传播媒介，传播内容的分发不仅局限于单一的文字或是音视频，而是呈现出一种媒介融合的形态。文字、图片和音视频等多模态内容与 VR、AR 和 MR 等技术的融合，创新了新闻内容的传播方式。除此之外，媒体融合将不只局限于传统媒体与新媒体之间的融合，还将涉及更多领域的融合（如文化、教育、娱乐、商业等）。这种跨界融合将创造出更多新的商业模式和媒体形态，助力新闻传播领域的发展。

受众和传播效果方面，人工智能的出现大幅提升了用户获取信息的效率，多媒介的呈现方式也丰富了用户的新闻体验。传统新闻内容的传播通常体现出碎片化、浅加工、同质化的特点，用户需要对来源多样的内容进行自行搜索、选择、分析和加工。而人工智能技术则更多地基于海量原始数据的搜集，进行分析、整合等再加工，用户可以与其对话，获取高精度的信息。VR、AR 等技术的运用，将使多模态内容传播变得更加直观、立体和高效，传播效率明显提高。

---

① 刘智锋、吴亚平、王继民：《人工智能生成内容技术对知识生产与传播的影响》，《情报杂志》2023 年第 7 期。

（二）人工智能对新闻传播领域的消极影响

在主体方面，新闻传播领域将面临生产结构的重塑，广大新闻工作者将面临主体性危机。未来，人工智能将取代一部分工作岗位，使一些人失去工作。这已经成为大家的共识，新闻传播行业当然也不例外。正如保罗·莱文森所言："任何技术都是刀子的翻版。"新闻生产技术的变革为新闻工作者减轻工作负担的同时，也无形中给他们带来了巨大的职业危机与心理压力。新闻工作者一直以来都是新闻生产的主体力量，他们不仅要拥有极高的专业素养，更需要很强的新闻创作能力，但是伴随着人工智能的发展，这种主体性逐渐被剥夺。[①] 据说，网易从 2023 年 12 月开始进行了多个业务的裁员，重灾区是网易传媒，游戏部门也有所涉及。网易传媒主要在 2024 年 1 月开启了大规模裁员，涉及网易新闻、网易文创、网易公开课等多条产品线，内容、市场、销售、产品等岗位均在内。[②] 此外，智能媒体时代，数字技术的发展催生传统媒体向互联网融合转型。从媒介内在结构的改革到生产流程的再造，传统媒体自上而下的转型过程中面临全新的人才结构挑战。目前，媒体融合发展不断推进，传统媒体开始探索打通微博、微信、客户端和短视频等平台，在探索实践全媒体品牌产品的转型和发展过程中，也暴露出传统媒体存在的巨大的全媒体人才缺口。[③]

在内容方面，新闻工作者的职权让渡给了技术，传统的"把关人"模式失效，虚假和低俗新闻、信息环境窄化、社会共识消弭、算法偏见歧视等一系列潜在的风险逐渐浮出水面。2023 年 11 月，薛某以营利为目的，利用 AI 文章生成软件一键生成《一旦要打仗，启动一级战备，专家建议老百姓冲在最前线，报效祖国》的文章，并发布在某平台上，吸引网民阅读赚取流量获取收益。该谣言文章吸引大量网民阅读浏览，阅读量达 11 万余人次，造成了恶劣的社会影响。[④] 此外，人工智能产生内容的知识产

---

① 惠梦婕：《人工智能技术对新闻生产传播模式的革新》，《西部广播电视》，2023 年第 10 期。

② 《突然传出：大裁员!》，2024 年 1 月 21 日，今日头条网站，https://www.toutiao.com/article/7326577637759992374/? upstream_biz=doubao&source=m_redirect。

③ 何慧敏：《智媒时代传统媒体人才结构转型研究》，《青年记者》2023 年第 15 期。

④ 《四川查处两起利用 AI 编造、传播网络谣言案件》，2024 年 1 月 11 日，红星新闻，https://www.toutiao.com/article/7322656692167213583/? upstream_biz=doubao&source=m_redirect。

权问题仍存在争议。首先，人工智能通过训练大量数据实现各项功能，这些训练数据可能源于互联网、期刊论文、著作等各种渠道，在训练过程可能会不经意间使用了未经授权的数据作为训练语料，从而导致侵犯数据产权的行为；其次，人工智能技术生成的观点及解释可能与已存在的受版权保护的作品相似，从而引发侵权行为，而且受到语料库的影响，往往体现所采集数据的观点，是否符合主流价值观需要人工谨慎审核；最后，人工智能生成的知识或作品涉及创作权归属的问题，在知识生产的过程中，利益相关者包括 AI 算法开发者和程序持有方、数据所有者以及使用人工智能生成内容的用户等，如何合理分配知识产权，确保各方利益得到保障，值得业界、学界和社会的进一步探讨和思考。

在受众方面，人工智能会依据受众喜好，为他们打造专属的定制化内容，但久而久之，用户只愿甚至只能接收到更符合自身倾向的信息，逐渐沉浸在媒体平台算法营造的“信息茧房”中，这对个人发展和社会环境来说，都是一种窄化、狭隘化的传播导向，甚至可能演化为网络群体的极化和社会黏性的丧失。[①] 此外，在大数据时代，人工智能广泛地获取、收集用户信息，用户将变成无秘密可守的“透明人”，技术运作下数据隐私泄漏问题日益严重。受众面对人工智能在新闻传播领域无形的渗透和支配，需要不断提升自身的媒介素养，以更好地利用媒体带来的便利高效和其他正面因素，有意识地辨别负面影响，做到媒体为人本身的发展服务。

四 人工智能在新闻传播领域发展趋势

人工智能应用于新闻传播领域产生的各类问题，已经引起了学界、业界、社会和政府的高度重视，并试图制定行业规范来引导新闻传播行业的健康发展，制定法律法规来规避可能存在的风险。微观层面，新闻传播从业者需要在人工智能深入整合的态势下，正视并正确处理人机关系，在具体实践中做到功能互补与价值匹配，在数据安全与隐私保护上尽量避免泄漏或滥用，以伦理价值和人文价值为先导，全过程当好内容“把关人”，

① 李仁虎、毛伟：《从“AI 合成主播”和“媒体大脑”看新华社融合创新发展》，《中国记者》2019 年第 8 期。

恪守媒体人的职业准则，促进人工智能在新闻传播应用的良性发展。

（一）传统媒体加快转型，推动与人工智能深度融合

当下，新闻传播与人工智能的融合程度仍然在不断加深。2020 年 9 月，中共中央办公厅、国务院办公厅印发了《关于加快推进媒体深度融合发展的意见》，其核心就是要进一步推进全媒体传播体系建设。相关法律法规的出台，为传统新闻媒体机构积极应对人工智能的深入良性整合，提供了坚实的保障。

微观上，媒体融合指的是不同的媒体形态融合在一起产生“质变”，形成一种全新的媒介形态，随着人工智能应用的深入，会催生更为新颖的融合形态；宏观上，媒体融合指的是包括一切媒介及其有关要素的结合、汇聚甚至是聚合，最终形成具有深刻人工智能特征的传媒新生态。人工智能在新闻传播领域的应用，将在微观和宏观上实现媒介具体形态和媒体整体业态的纵深融合。

在具体的媒介形态上，人工智能在新闻呈现中会具有更加多样化的融合表现方式。例如，AI 主播、H5 新闻、VR/AR 技术所营造的沉浸式体验新闻已经成为当下新闻传播行业内容呈现的常态。这表明人工智能的应用将逐渐影响到整个新闻传播行业，乃至与受众之间的互动关系，为用户提供更加沉浸式的体验。在宏观的媒体业态上，5G 等新技术的加持，会让人工智能进一步推动媒体融合的深化。这种融合不仅包括传统媒体与新媒体的融合、主流媒体与商业媒体的融合，更包括与物联网、计算机技术的融合，搭建起全媒体传播平台。全媒体融合的内容生产，在人工智能和大数据技术的共同作用下，将实现更高效的精准传播。

人工智能在新闻传播行业的嵌入，使内容生产、分发、消费的界限日益模糊，三者相互渗透、相互驱动，逐步构建起新内容生态的格局将更加清晰。[①] 人工智能的应用成为改变内容生产的底层架构，一方面它以数据与技术来模拟人的经验；另一方面，它也在开拓超出人的经验的新方向。在内容分发上，人工智能通过不断学习也在逐渐优化算法的分发模式，实现更为精准化、场景化的触达。在内容消费上，通过人工智能分析用户的

① 彭兰：《智能时代的新内容革命》，《国际新闻界》2018 年第 6 期。

消费习惯和需求，实现用户需求的定制化，从而反推新闻内容的优化升级。

人工智能的发展是未来新闻行业发展的大趋势，谁在这一发展趋势中率先完成转型就将是受益者。人工智能的日益广泛深入应用会让部分新闻工作者产生职业上的危机感，原因在于新闻传播从业人员对人与人工智能的身份界定尚不清晰，尚未做到妥善处理人与人工智能媒体的关系。在智媒时代，新闻媒体人仍然是新闻工作的主要参与者与决策者，人工智能技术只是一种辅助工具，帮助新闻工作者完成低端的数据分析与处理工作，让他们有更充足的时间参与更具逻辑性、思辨性的专业新闻工作，从而产出更具深度、更优质的内容产品。因此，传统的新闻媒体机构管理人员与工作人员在未来需要积极转变观念，以开放的心态拥抱人工智能，加快传统媒体向智能化媒体转型，提升新闻产品质量，更加有力地引导社会舆论。传统新闻媒体需要积极组织新闻工作者学习智媒时代的新闻运作方式，促进传统媒体与人工智能的深度融合，借助现代化智能技术促进新闻媒体健康良性发展。①

（二）加强人工干预，合理科学使用智媒技术

人工智能在应用过程中产生众多问题和负面影响的原因，很大程度上源于科学和有效的人工干预的缺失。尽管当下新闻工作者在生成新闻时越来越离不开人工智能的帮助，但在依赖人工智能的同时，也要明确和谨记人在新闻生产中的主体地位。人与机器的关系，应该更像是指挥家与乐队的关系，彼此相互协调、相互配合。因此，面对人工智能，新闻媒体未来需要加强人工干预，科学、合理地使用智媒技术。

2023 年 12 月，人民网正式发布“天目”智能识别系统。天目系统能够对人工智能生成的内容进行识别，对深度伪造内容进行检测，对合成手段进行追根溯源，积极探索“用 AI 治理 AI”的内容风控新模式。公开测试数据显示，“天目”对国内外主要人工智能大模型生成中文文本的识别准确率达到 93%，系统支持单次最多 10 万字的数据检测，对疑似 AI 生成

① 杨春光：《智媒时代提升新闻传播工作效度的实践进路》，《齐齐哈尔大学学报》（哲学社会科学版）2023 年第 8 期。

句段明确标识，一键生成检测报告。同时，系统不留存、不转用任何检测数据，能够充分保护用户的数据隐私与安全。2023年11月，封面科技发布全面升级的主流媒体算法——“灵知”主流媒体算法。“灵知”主流媒体算法是一套正能量、热流量、强安全的算法，实现了内容生产、内容审核、内容分发和内容传播的四类核心应用场景，包含近20个主流媒体算法落地产品，突出正能量信息和主流价值观，实现媒体多元场景覆盖和高效算法赋能。“灵知”主流媒体算法的建设适用于主流媒体价值观，将被应用于更多传统媒体的融合转型。目前，“灵知”已接入全国30多家省市县级融媒体客户，被列入四川省科技厅2022年度重点研发项目。①

通过技术发现与弥补人的能力局限，通过人的力量来纠正机器的偏狭与误区，才是人工智能的要义。人工智能作为新闻传播生产和扩散的有力工具，在关注其有益之处的同时，也应注意其带来的问题。将来，会有更多的媒体机构加入人工智能生成内容以及其他相关工作的干预和修正行列，让人工智能的应用更合理、更安全、有效地助力新闻传播的发展和进步。

（三）完善相关法律法规，保护用户相关权益

近年来，人工智能技术与新闻传播领域的融合不断深入。但是，个人隐私保护、个人敏感信息识别等领域的技术还不够完善，用户隐私不能得到有效保障。

为促进生成式人工智能健康发展和规范应用，2023年5月，国家互联网信息办公室审议通过《生成式人工智能服务管理暂行办法》，并经国家发展和改革委员会、教育部、科学技术部、工业和信息化部、公安部、国家广播电视总局同意，自2023年8月15日起施行。该办法的颁布，旨在监督生成式人工智能规范化发展，引导技术为人类服务，共同促进人机协同下的多元化，引导公众有序合法参与新闻生产。如何处理人工智能技术产生的伦理问题、虚假信息的传播责任又该由谁负责，将是政府首先需要面对的问题。有关部门应该加强对生成式人工智能这类科技的监测与管

① 《2023年下半年媒体融合创新典型案例》，2024年1月11日，今日头条网站，https://www.toutiao.com/article/7322738035999998527/? upstream_biz=doubao&source=m_redirect。

理，明确其伦理责任，引导技术开发者增强法律意识、坚守道德底线，不断完善该行业的监督机制并建立起一个有效接收公众反馈的网络平台，逐步形成政府、平台、用户和社会等多元主体坚持包容审慎的协同监管原则，积极搭建生成式人工智能的治理主体。[①] 其次，相关部门应加强立法，法规可以涉及数据隐私保护、知识产权、内容审核和责任承担等方面，应明确人工智能获取数据的领域、范围和边界。此外，相关企业要增加算法的透明度，需向用户提供详细的算法解释，让用户了解其推荐机制原理。还可以建立独立的第三方评估机构，对算法过程进行审查。最后，要明确新闻工作者把关人的作用，加大对新闻工作者的培养力度，定期宣传普及人工智能知识，不断提升人工智能的认识和应用能力。

总之，完善法律法规和加强制度化监管是确保人工智能在新闻传播领域合理、公正、透明的重要手段。政府、企业和相关机构应共同努力，建立健全监管机制，保障新闻传播的质量和可信度。媒体从业者应群策群力，引导受众参与技术监督。[②]

（四）明确媒体工作者目标地位，加速新闻职业伦理道德重建

人工智能技术的应用使新闻传播的生产工具和生产方式出现了巨大变化，如今的新闻生产早已变成了专业媒体与自媒体共存，媒介环境与生态的巨变迫使新闻专业主义与职业道德规范进行重新定位，也重新定义了新闻价值判断中“真相”的含义，[③] 尊崇客观、公正、最小伤害的新闻伦理传统面临冲击。同时，在“信息爆炸”的趋势下，事实核查和把关极易缺位，传统媒体时代媒体从业人员的“把关人”这一角色被人工智能与机器冲击，让位于人工智能的价值判断，一定程度上消弭了人性化的道德考量。作为新闻职业伦理道德核心的媒体，必须重新找回其核心地位，重视新闻职业道德的重建与塑造。

对主流媒体而言，未来应及时调整转换功能与角色定位。社交传播时

---

① 崔燕：《生成式人工智能介入新闻生产的价值挑战与优化策略》，《当代电视》2024 年第 2 期。

② 管媛辉、蒋佰迎：《新闻传播领域人工智能狂欢的风险及治理》，《传媒论坛》2024 年第 3 期。

③ 秦瑜明、周晓萌：《新闻职业道德建设与互联网诚信环境构建》，《传媒》2021 年第 15 期。

代，作为社会价值的引领者，传统主流媒体除了面向社会公众生产和传播内容的基本职责，还承担了社会舆论的监督和引导等工作。进入智能传播时代，随着自媒体的崛起，主流媒体再遵循传统模式势必事倍功半，必须适应时代的发展，调整功能和转换角色定位，转向价值逻辑与专业规则的支持者、创新创造的开拓者和话语场域的平衡者，成为全传播场域的“压舱石”与“定盘星”，继续发挥主流媒体的价值引领、舆论导向作用。①

面对人工智能应用更加深入的未来，新闻工作者需要更加明确新闻生产的目标和任务。在使用生成式人工智能生成新闻内容前，新闻工作者要有明确的需求和意图，是完全使用机器生成的报道作为终稿还是借鉴其思路和内容进行完善加工，无论是何种诉求都需要在人机协作的过程中做好新闻工作者的角色，而不是将所有工作推给人工智能，忽视自身鉴别新闻真实性的责任。现在的生成式人工智能写作仅仅是对信息进行“大杂烩”，上传到网络平台上的虚假新闻比比皆是。作为专业的媒体人，记者发布的每一篇新闻报道都应做到对读者负责、对新闻媒体负责。身处人人皆媒的时代，记者更要积极履行深层次调查和研究新闻内容的义务，及时破除新闻谣言，发挥自身引导社会公众理性思考的能力，传递客观真实的声音。②

（五）推动全能素质新闻传播人才培养

目前，传统媒体转型过程中，内容生产方面主要缺乏集采、写、编、评、摄，甚至出镜、主持、策划、平面设计、视频剪辑、账号运营、内容推广等技能于一身的全媒体人才。技术层面需要互联网研发人员、产品设计人员、运营维护人员。受制于传统媒体工作体制机制的强大惯性，人员流动性小、用人机制不灵活等问题禁锢了人才主观能动性的有效发挥。“一人一岗”等问题让传统媒体中主动向全媒体转型的人才无法得到相应的机制激励，获得感和价值感有限，工资绩效等奖励机制不完善都让很多传统媒体人员人浮于事。另外，传统媒体在人才培训方面投入力度小，培训课程少，工作的宽度、广度不大，容易让员工疲于眼前工作，自我拓展

① 李春艳：《科学应对传播媒介变革带来的机遇和挑战——以 ChatGPT 为例》，《传媒》，2024 年第 2 期。

② 崔燕：《生成式人工智能介入新闻生产的价值挑战与优化策略》，《当代电视》2024 年第 2 期。

和深度学习的能动性不强。

首先，破解当前的人才结构失衡问题，传统媒体需要加强人才队伍建设。未来传统媒体将持续加大全媒体技术人才的引进力度，适当给予人才在岗位职级、薪酬、户口、福利待遇等层面的支持，激发全媒体人才入职的积极性。同时，需要加强与国内优秀新闻传播学院的联合培养，定期引进新鲜力量，以建立校企实践基地、在媒体机构顶岗实习等形式为传统媒体转型提供后备人才。其次，传统媒体人才转型不仅需要加强人才引进和转化，还需要善用全媒体技术人才，使其在合适的岗位发挥才干。再次，传统媒体更好地适应转型发展，必须主动拥抱智能媒体，创新人才培养模式，转向培养以智能媒体应用能力为主的全媒体记者、编辑，建立完整的、规范化的培训体系，让人才在技术创新的氛围中尽快成长为适应智能媒体时代的记者、编辑。最后，推动人才结构转型，还要打通人才发展壁垒，增强价值认同。

当前，人工智能、大数据、云计算等技术已经与媒体行业深度融合，视觉新闻、虚拟主播、VR/AR 虚拟现实新闻等新型产品都已成为焦点，传统媒体要在这股洪流中“激流勇进”，就必须从人才结构开始深度转型，培养全媒体人才、专家型人才，以更好地服务于新闻内容生产和舆论环境建设，实现新闻传播行业在人工智能不断融合背景下的良性发展。①

① 何慧敏：《智媒时代传统媒体人才结构转型研究》，《青年记者》2023 年第 15 期。

T.7 智能写作中多模态大模型优势、问题与发展策略

刘英华 王琪灵*

摘 要： 智能写作是大模型应用的分支，在对数据库进行学习与积累后，可以模仿人类思维表达方式，生成问答短句、符合逻辑的文章、文本报告或文学作品。多模态大模型的应用扩展了智能写作的领域，促进了人工智能在图文转换、在线翻译等方面的应用。本文梳理了智能写作的发展与多模态大模型的研究现状，分析了多模态大模型在新闻写作、文学写作、专业领域文本写作方面的应用，总结出多模态大模型在智能写作中的优势：有利于资料快速寻找与撰写，有利于撰写细节并辅佐于鉴伪，有利于增强即时互动性，弥补共情力短板。当然，多模态大模型的应用也面临着问题，如侵权与造假、内容空洞混乱、量产作品冲击行业，以及全球化中的偏见与鸿沟。对于智能写作未来的发展，应结合国情制定管理法规，发展主流媒体算法体系，利用大模型技术，提升解决实际需求的能力。

关键词： 多模态；大模型；人工智能；内容生产

随着人工智能技术的飞速发展，智能写作在文学创作、新闻报道、广告营销等领域内发挥着越来越重要的作用。智能写作是大模型应用的分支之一，侧重于 AIGC（Artificial Intelligence Generated Content，生成式人工智能）创作中的文本生成，包括生成文本主题、框架、内容、故事续写等。智能写作是 AIGC 的应用之一，侧重于文字方面的生成。人工智能在对大

* 刘英华，中国社会科学院大学新闻传播学院副教授；王琪灵，中国社会科学院大学新闻传播学院硕士研究生。

模型数据进行学习并积累相应的语料库之后，可以通过自然语言处理技术模拟人类写作与思维表达方式，生成符合语言逻辑的新闻报道、文学文本、专业内容报告。这一技术的应用有力地提升了文本创作的效率和质量，辅佐于新闻、文学诗词、政法甚至科学领域的文书工作。

早期智能写作的语料库以文本为主，生成中存在缺乏共情能力、难以理解语境和情境、难以掌握语词的核心意义等问题。ChatGPT 是 AIGC 在文本生成领域最典型的产品之一。在 OpenAI 公司开发的早期产品中，GPT-3 能够处理文本翻译和问答等多种任务，但在交互领域不够细化。2022 年爆火的 ChatGPT 依靠的模型为 GPT 3.5，是 GPT-3 的变种。它优化了文本生成中的细节与交互处理等多个方面，但仍然存在无法理解较为细致的词汇、思维逻辑错误等问题。例如，ChatGPT 在写 2021 年全国高考甲卷作文《可为与有为》时，出现了文章写作不完整、无法保证内容的正确导向等问题。文章中存在着思维谬误，即 ChatGPT 将“有为”理解成了“无为”，并认为“无为”代表消极思想，导致文章架构崩塌。① 多模态大模型是一种基于深度学习的智能技术，“模态”是事物信息的来源或表现形式，“多模态”即指两个或两个以上的形式。多模态大模型基于对不同模态数据（如图像、音频、视频）的学习，理解并掌握其中关联，提升内容生产的质量。

目前，AI 对多模态学习的内容生产在音视频生成等领域已获得较为广泛的应用。例如，通过跨模态的学习，人工智能可以根据语调、停顿、语速更好地了解情感与氛围，理解语义多样性，丰富文本生成中的情感，提升人工智能在文本写作上的生产能力。从“单模态”向“多模态”的发展将有力推动文本生成领域的变革，促进与智能写作相关各个领域的革新。

一　智能写作与多模态大模型的发展历史

（一）智能写作的发展

智能写作的根源在于文字。文字是思维的载体，文字的发明为人类提

① 《我们请 ChatGPT 写了两篇高考作文，结果有点“翻车”》，2023 年 2 月 17 日，红星新闻，http://baijiahao.baidu.com/s? id=1758080210678634729&wfr=spider&for=pc。

供了交流与传播的手段，使人类从口语时代进入文明时代。[①] 媒介与技术对文字的影响渗透到传播活动的许多方面。造纸术、印刷术的发明提升了文字生产的效率，报纸与杂志拓宽了传播的广度，互联网的普及更是极大缩短了交流的时间与空间，甚至使文字本身产生变革。技术的进步打破了纸媒时代线性的生产与阅读模式，文本类型容纳了图像、音频、视频，向多媒体形式演变，文本创作日益趋向技术性、碎片化、模式化和商业化。在对文字的底层逻辑进行拆解后，AI 可以将其内化为函数以进行模仿，提供优质内容。

智能写作始于 20 世纪 50 年代。1956 年，约翰·麦卡锡、克劳德·香农等于达特茅斯会议提出“人工智能”一词，标志着人工智能元年的到来。在达特茅斯会议上，人工智能先驱们讨论的议题已经包含神经网络、计算规模理论，以及如何为计算机编程使其能够使用语言。同年，IRE 信息论年会召开，诺姆·乔姆斯基发表了《语言描述的三种模型》，构成了《句法结构》的雏形，有力推动了后世对自然语言处理的研究。早期的实践受制于数据库以及机器性能等问题，文本生成的质量较差，且较为单调。在经历了三次高潮与两个低谷后，深度学习与神经网络引领了第三次人工智能的高潮。

ChatGPT 的革新之处在于其自然语言学习能力。汤姆·米切尔提出，机器学习的内在机制是根据经验来自动提高计算机程序的性能。[②] 这一学习能力离不开基于庞大数据集的预训练。2017 年，GPT 模型的前身 Transformer 模型首次提出，并用于理解人类语言。该模型在句法分析和翻译准确度上已经取得成效，并为后续团队的跟进提供了借鉴。2018 年，OpenAI 公司推出 GPT-1 模型，该模型的数据集基于 7000 多本未出版图书，在文本语义上有了更精确的把握。2019 年与 2020 年，OpenAI 公司不断扩大训练规模，分别推出了 GPT-2 模型与 GPT-3 模型，数据集由图书扩大到了网页爬虫等。2022 年，OpenAI 公司于神经信息处理系统大会中推出 ChatGPT，成为目前使用最为广泛的自然语言处理系统。

按照模型，人工智能可以分为决策式 AI（Discriminant AI）/分析式 AI（Analytical AI）和生成式 AI（Generative AI）两类。决策式 AI 基于数据中的条件概率分布，对新场景进行判断、分析与预测，主要应用于人脸识

① 郑超然、程曼丽、王泰玄：《外国新闻传播史》，中国人民大学出版社 2000 年版，第8 页。
② ［美］Tom M. Mitchell：《机器学习》，曾华军等译，机械工业出版社 2008 年版，第 1 页。

别、自动驾驶等领域。[①] 生成式 AI 基于对数据的总结归纳，创造性地模仿与缝合出全新的内容。智能写作属于生成式 AI，其逻辑类似于通过大模型训练总结出函数，当人们提供给机器数据时，机器可以寻找出最符合规律的函数，并生成对应的结果。以 ChatGPT 为代表的 AI 在生成文本时，其逻辑也是将数据库中的文字依概率进行拼接，形成新的文本。这一模型可以模仿大多数文本写作，如按照五要素原则进行新闻报道等。虽然学界对 AI 创作的文艺在文学性等方面有争议，但不可否认的是，智能写作已经对很多行业产生影响，人工智能的未来正在靠近。

（二）多模态大模型的研究现状

模态（Modality）由德国生理学家赫尔姆霍兹提出，最初指代生物感知的通道，包括视觉、听觉、嗅觉、触觉、味觉等。多模态数据涵盖了各种生物感官的数据类型，如文本、音频、图片、视频等。未来随着科技发展，触觉、气味等因素也可能被纳入多模态范围之中。

1. 国内研究现状

根据中国知网 CNKI 数据，以“多模态”为主题词进行搜索发现，2010—2024 年，“多模态”有关研究呈现上升趋势。目前，学界对多模态的研究集中于计算机软件应用、外国语言文学、自动化技术等领域，主要主题包括“多模态”“多模态话语分析”“深度学习”“多模态领域”等。以“多模态大模型”为主题词进行搜索，2014 年，“多模态大模型”的研究出现小高峰；2022—2023 年，呈现爆发式增长。其研究领域分布于自动化技术、计算机软件应用、信息经济与邮政经济等，主题包括“多模态”“大模型”“人工智能”“ChatGPT”等。ChatGPT 的发展影响了 2023 年论文数据量的增长，新闻传播学在“多模态”研究领域中排第 11 位。

在新闻传播领域，以“多模态”为关键词进行检索。2016 年，有关“多模态”的研究出现小高峰；2017—2024 年，呈现逐步上升趋势。新闻传播领域对“多模态”的研究主题集中于“多模态话语分析”“短视频”“多模态隐喻”“社交媒体”“国际传播”等，以应用研究为主。

① 丁磊：《生成式人工智能》，中信出版集团 2023 年版，微信读书第 10 页。

2. 国外研究现状

根据 Web Of Science 数据，以“Multimodal”为主题词进行搜索，其研究领域集中于心理学、行为科学、神经科学、教育、计算机科学等。从数量上看，新闻传播领域在“Multimodal”中论文数量排第 8 位。2004—2024 年，国外关于“Multimodal”的研究逐年上升，于 2021 年达到顶峰后呈现回落趋势。

在新闻传播领域，以“Multimodal”为关键词进行检索，选择“Communication”领域进行分析。新闻传播领域对“多模态”的研究主题集中于视频、意义、隐喻、新闻、注意力、知识传播等。对论文数量进行分析可见，国外新闻领域研究 2004—2021 年大致呈现上升趋势，其中 2005 年与 2013 年出现小高潮，2021 年达到顶峰，之后出现回落。

对比国内与国外关于“大模型”的研究，可以窥见几点不同。首先，在研究领域方面，国内以计算机与语言学为主，国外则以心理学与计算科学为主。其次，在研究数量方面，国内大模型主流领域，如计算机领域的研究数量要高于国外，但国外各领域之间数量差距较小，国内各领域之间数量差距较大。再次，在时间变化上，国内大模型研究基本呈现上升趋势，国外则在 2021 年达到顶峰，之后回落。最后，在新闻领域的主题分布上，国内外的共同点在于对短视频、隐喻等关注较多；不同点在于，国内侧重于对国际传播、主流媒体的研究，国外则大多针对大模型文本类型展开研究。

3. 产品发展现状

HELM 排行榜统计，目前，AIGC 类产品在内容生产的精确性上，处理较为出色的有模型 GPT－4（0613）、模型 GPT－4 Turbo（1106 preview）、模型 Palmyra X V3（72B）等。其中，准确率最高的产品模型 GPT-4（0613）在叙述性问题上的准确率可达 76.8%，开卷自然问题准确率可达 79%，闭卷自然问题准确率为 45.7%。在生成效率方面，产品之间差别较大，且生成效率与准确率相关性不高。生产效率最高的产品为 GPT-3.5 Turbo（0613），它从接受问题到回答需要 0.381 秒，在开卷问题上的反应时间为 0.305 秒，闭卷问题的反应时间为 0.221 秒。

MMLU（Massive Multitask Language Understanding，大规模多任务语言理解）是一款针对大模型的评价体系，主要侧重于对大模型多任务处理能力以及理解能力的测评，涵盖内容包括数学、医学、生物学、历史、法律等 57 个科目，有助于衡量大模型的性能，发现其中不足并引导其发展。根据 HELM 的统计，截至 2024 年 3 月 28 日，32 项大模型产品的能力测评中，模型 GPT-4（0613）以 73.5%的精确度位居第一。在处理时间上，不同模型差别较大。处理最为快速的是模型 GPT-3.5 Turbo（0613），其推断时间为 0.175 秒。

目前，AIGC 产品在看图写话、理解情境、专业知识问答方面都有较好的发挥。2023 年 3 月，GPT-4 模型在 ChatGPT 基础上增加了图文互动功能，不仅能描绘图片内容，生成创意性歌词，在法律等领域的资格模拟考试上也有不俗成绩。2023 年 11 月，谷歌研发的人工智能模型 Gemini 不仅能对文本、图片等类型信息进行高效处理，还可以识别视频中的内容、景象、不同元素的移动特征等，在人工智能领域实现了新的突破。未来，多模态技术将被更广泛地应用于人工智能行业，智能写作也将在浪潮之中发展革新，创造更多具有创新性的作品。

二　智能写作中多模态大模型的应用

（一）新闻写作

智能写作在新闻领域的应用分两方面：第一为采访与信息收集，第二为新闻写作。从生产过程来看，新闻产品的生产流程要经过发现、开发、采集、制作、传播五个阶段，[①] 其中的采访和信息收集处于前三个阶段，新闻写作则处于“制作”环节。

其一是智能写作在新闻采访与信息收集方面的应用。热点新闻因其动态性、随机性，在海量的新闻事实中难以预测与找寻。基于其关键词提取、自动化抓取分析，AI 能够有效辅佐于新闻事实的采集与新闻线索的发现，并依靠数据进行预判。通过设定关键词与时间范围，依靠数据挖掘技术，AI 可以从新闻网站、社交媒体平台等频道搜索各类信息，抓取数据源，通过去重、过滤、标注等处理后提供更为丰富和精确的新闻线索。近年来，智能写作有效提高了新闻素材搜集速率。路透社开发的信息抓取工具 Lynx Insight 结合自动数据筛选和编程算法，可以一句关键词抓取新闻事

① 刘明华、徐泓、张征：《新闻写作教程》，中国人民大学出版社 2002 年版，第 3 页。

实，判断其发展趋势，记者可依其判断是否需要继续追踪该新闻。2024年2月，微软与Semafor等公司开发突发新闻信息流动板块Signals，协助作者对全球范围内的新闻消息源进行研究、发现和翻译，有力地辅佐了突发新闻与重大事件的报道。① 国内，科大讯飞在冬奥会中依托录音采访快速获取信息，辅助记者的采访工作。

其二是智能写作在新闻写作方面的应用。新闻写作的用途是将信息传递给受众，它的侧重点在于传递信息、提炼事实、总结概括，信息本身的质量更为重要，因此在信息源明确的新闻报道上，智能写作依靠其快速生产的优势，能够发挥较为强大的作用。这类报道包括但不限于体育赛事、科技报道、会议性新闻总结。目前，智能写作在新闻写作方面应用广泛。《华盛顿邮报》利用自动化编辑器Heliograf，助力生成大规模数据报告与比赛统计数据，在科学、政治和体育等领域发挥了重要作用。国内于2023年10月发布了人工智能“人民日报创作大脑AI+”，集纳大模型、自然语言处理、机器视觉等技术，有力地为媒体融合发展赋能。② 南方报业传媒集团打造了统一技术平台“南方智媒云”，辅佐于请示报告、会议纪要、会议通知等写作。③

（二）文学写作

2024年2月，日本作家九段理江凭《东京都同情塔》获得日本文学芥川奖。该作品中5%的文字直接取自生成式人工智能，引发关注。④ 这并不是人工智能辅助于文学创作的先例。早在1959年，德国诞生第一首由机器人创作的诗歌，迄今AI写作已有60余年。⑤ 2017年5月，微软人工智能小冰出版了诗集《阳光失了玻璃窗》，成为首部完全由机器人创作的诗

① 《微软专为新闻行业推出AI辅助项目，“AI+突发新闻”或将到来》，2024年2月6日，搜狐网，http://healthnews.sohu.com/a/756833287_438786。

② 《“智融未来”·AI成果展示会亮点纷呈》，2023年10月28日，人民网，http://hb.people.com.cn/n2/2023/1028/c192237-40620303.html。

③ 《2023年下半年媒体融合创新典型案例》，2024年1月11日，人民网，http://yjy.people.com.cn/n1/2024/0111/c244560-40157041.html。

④ 《用人工智能助力写作日本作家获奖惹争议》，2024年2月4日，百度网，http://baijiahao.baidu.com/s?id=1789972065676826629&wfr=spider&for=pc。

⑤ 《中国人民大学杨庆祥谈AI写作：已诞生60年现在能5秒成诗》，2019年10月，封面新闻，http://www.thecover.cn/news/2903089。

集。自然语言处理技术的应用使人工智能提高了文学创作的效率，为写作提供灵感，并通过错别字修改、敏感词检测等功能缩短了创作时间。清华大学“九歌”作诗机能以关键词创作五言绝句、七言绝句、藏头诗和律诗等。在网络文学领域，智能写作机器人广泛应用于大纲生成、小说续写、灵感提供、起名和细节描写等各方面。秘塔写作猫平台可以根据提供的主题创作故事内容或大纲，并进行事实验证、内容建议、全文总结、全文翻译或改写。彩云小梦拥有强大的续写功能，依据大模型技术生成符合上文的故事。橙瓜网开发的软件橙瓜码字拥有人名、地名、剧情和细节描写生成的功能，能够让作者快速生成需要的资料或文学内容。

在既往的理解中，文学创作是包含艺术性、经验性的创作活动，因此人工智能在文学领域的涉足引发了热议。欧阳友权认为，对机器创作的诗歌而言，其意义更多在于人们的解读。机器诗歌展现的科技与文学的融合，具有强烈的时代性。① 然而，由机器写作引发的焦虑也折射出了文学创作同质化的问题。当下，商业文学写作遵循既定程式，梗与人设的排列组合使网络文学发展走向“数据库化”。在对创作规律模仿的基础上，人工智能可以创作出相似的内容。

为探讨智能写作在文学领域如何应用，以及网络文学作者的态度，本文以“ChatGPT”为关键词，对“龙的天空”网络文学作者交流论坛进行数据分析，去重后得到 1141 条回复数据。由节点之间的关系可见，与“人工智能”勾连紧密的是“人类”“逻辑”“问题”“行业”“情绪”“绘画”，与“作者”勾连紧密的是“剧情”“读者”“情绪”“人工智能”“感觉”。在针对“情绪”的讨论中，与“作者”勾连的次数为 24 次，与“人类”勾连的为 15 次，与“人工智能”勾连的为 8 次。在针对“逻辑”的讨论中，与“人工智能”勾连的为 15 次，与“作者”勾连的为 8 次，与“人类”勾连的为 4 次。网络文学作者会关注人工智能是否影响网文生态的问题，但更多将人工智能当作绘画封面制作、梳理剧情的工具。对于文学创作中涉及情绪、情感、人类体验的部分，多数作者对此抱有信心。

---

① 欧阳友权主编：《中国网络文学二十年》，江苏凤凰文艺出版社 2019 年版，第 172 页。

（三）专业领域文本写作

专业领域指职业、学科或专业中的特定领域。这些领域有一定门槛，非从业者不易了解，在对疑问搜索时需要前置经验，或需要耗费大量时间。这些问题可以依靠多模态大模型解决。基于对该领域内语料库和案例的学习，多模态大模型可以理解并掌握专业术语，依据情境推断出对策或建议。在法律、金融、风控等专业领域方面，人工智能都可以提供较好的帮助。

专业型智能写作的应用体现在两个方面。其一，智能写作辅佐于特定领域的文案、文书、分析报告生成。文案、文书、报告以事实描述为主，大模型可以进行相对准确的文本书写与结果判断。例如，在法律领域，北京新橙科技推出的 Alpha 系统依托 AIGC、NLP 和 DeepLearning 等技术，专注法律数据库的构建。该系统在案情分析、法规推荐等方面均实现了智能化，用户可以通过 GPT 系统了解案情信息与法律程序，并依靠该系统生成专业分析报告。

其二，智能写作辅佐于专业知识的问答或专业理论的寻找。2023 年 11 月，新京报社推出“论法有方”App。该 App 基于对法律数据的深度学习，依托自然语言处理技术，在普法宣传、法律咨询等方面均有出色表现。它不仅能够依据语境提供智能化服务，还能够将日常用语转换为专业法律语言，使生成内容更加精确。这类大模型的使用降低了专业领域的门槛，能够运用行业语言写作，减少用户面对专业门槛时问答与写作的壁垒。

三　智能写作中多模态大模型的优势

（一）资料快速寻找与撰写

智能写作的第一个优势体现在对资料的快速查找。资料是写作的素材，新闻写作需要新闻事实为支撑，资料查找通常是新闻撰写的第一步。人工智能依照其数据库，可以提升资料寻找的速度，有助于搜集三方面的信息。其一，辅佐于全球性突发新闻信息的挖掘。其二，对新闻数据资料进行搜集整理。其三，依靠多模态大模型技术，人工智能可以依靠图片识别出信息内容，或依靠文字描述寻找到相关联的图片。这一技术已经得到了应用。在2023年11月第二届全球数字贸易博览会上，传播大脑科技股份有限公司推出“传播大模型”内测版，其中包括智能媒资跨模态检索功能，通过上传图片或文字描述，可以找到对应的文本、图片及视频，提高了查询的准确性。①

智能写作的优势同样体现在快速撰写方面。资料与新闻事实的补充提升了智能写作的效率。在传统的自然语言处理系统中，人工智能可以依据大模型生成合格的新闻报道，而在加入多模态大模型的训练之后，文本生成将“写作”的边界扩展到了图片、视频等各方面，大幅促进文字生产与图片、音视频之间的转化。这样的转化体现在两个方面。其一，人工智能可以依据文字生产图片，可视化呈现数据或文字内容，增进用户对新闻的理解，在海报生成、宣传策划等方面节省了时间，提高了效率。2022年5月，谷歌发布文字转图像模型Imagen，可以依据超分辨率处理并不断丰富图像内容，呈现更多的细节，丰富对新闻内容的报道。② 其二，人工智能能够依据图片，生产出适配的文字，充当文本与图像、音视频的“黏合剂”，以较为专业的方式对文本进行解读。例如，澎湃新闻AI视频制作平台可以通过抽取关键词，自动或半自动为文字、图片、PDF等资料提供匹配的图文、视频资源与视频脚本，在多模态智能领域实现了技术创新。浙江广播电视集团的“Z视介”创作者系统为内容生产提供了AI技术支撑，不仅实现了文生图、图生文的转化，还可以自动生成视频的标题、关键词、简介与分类，大量节省了创作时间，发挥了智能写作在快速撰写方面的优势。

（二）细节把握出色，辅佐生成与鉴伪

人工智能的优势不仅在于“快”，更在于“细”。智能写作的细节性优势首先体现在对图片文本的解读上。随着计算机视觉技术的发展，人工智能可以依据图像中的信息与数据，观察出容易被肉眼忽略的细节，进行更深入的分析或解读出更多元的含义。例如，利用文心一言描述李可染名画

① 《浙数文化将亮相第二届全球数贸会》，2023年11月21日，澎湃新闻，http://www.thepaper.cn/newsDetail_forward_25373965。

② 国务院发展研究中心国际技术经济研究所编著：《世界前沿技术发展报告（2023）》，电子工业出版社2023年版。

《万山红遍》时，文心一言提供了如下回复：

画面以墨为底，红为主调，强烈地突出了“万山红遍”的主题。朱砂色的铺陈，仿佛将整个世界都染成了红色，给人以强烈的视觉冲击。这种红色并非单调的，而是随着画面的深入，呈现出深浅不一、层次分明的变化，既有明代剔红、剔犀漆器的庄重雄浑，又不失古朴典雅的气质。

在构图上，李可染采用了不留余地的满幅构图，使得画面更加紧凑，视觉冲击力更强。画面中的山峰层峦叠嶂，仿佛一座座丰碑耸立，给人以仰望之感。而画面主景的七八层山几乎被压缩到同一个平面，像门板一样垂直地堵在观众面前，这种巧妙的构图方式使山体造型的视觉冲击力被极大地强化，更凸显出群山之气势撼人。

同时，李可染并没有忽视画面的细节处理。他在画的左侧，层层叠叠的山峦之间，巧妙地画出了树木与瀑布。白色的飞瀑、溪流以及掩映的瓦屋，使整幅画作气息通透，流露出一种摄人心魄的灵气。而画面前景中描绘的红色的树木如同剪影一般，将光与色进行巧妙结合，成功地点出了毛泽东主席所说的“万山红遍，层林尽染”的诗情画意。

文心一言能够捕捉到画面中的独特点，从整体到局部、颜色到构图各方面进行分析。“以墨为底，红为主调”“满幅构图”等把握画作基本内容，“仿佛一座座丰碑耸立，给人以仰望之感”则进行象征与意义方面的深入解读。除了人类肉眼可见的部分，人工智能还能分析图片的亮度、饱和度与对比度，得出更多无法直接观察到的细节。

此类技术同样可以应用于虚假图片或视频识别方面。AI 生成的虚假图片或视频有规律，也有疏漏。人工智能可以察觉这些细节，并给出判断。2023 年 12 月，谷歌发布人工智能模型 Gemini，该模型能够基于细节判定出由 Sora 生成的视频，并依据视频中的背景内容、人物活动和视频速度等方面提供分析理由。当分析雪花飘落的冬景视频时，Gemini 指出雪花以匀速状态坠落，与实际情况不符，因此判定视频为 AI 视频。“以匀速状态坠落”是无法用肉眼判定的内容，依托人工智能可以捕捉到细节，提高对虚假视频的鉴别能力。

（三）即时互动性强，共情力短板提升

多模态大模型的发展增强了智能写作中的即时互动性。人工智能不仅

能依据文字进行智能写作，也能依据直播或非直播形式的语音、图片、视频进行生产内容或回复。这些内容即时性强，在实时翻译、直播创作等领域都有很好的应用。2022 年，科大讯飞建立了语音和语言服务平台，辅佐于北京冬奥会语音实时翻译，能够通过对现场语音内容的识别和记录，将翻译结果投放到字幕上，其中英文在线和离线会议转写准确率超过 95%。① 谷歌人工智能模型 Gemini 能够对人类的行动进行即时识别。当进行绘画时，Gemini 可以描述画面内容，理解画面所表达的形象，并提供该形象的相关资料。即时互动性的增强扩展了智能写作的范围和边界，有利于推动媒体融合发展。

多模态大模型的发展也提升了智能写作的共情力，弥补了低共情短板。在对图片、声音、视频等进行学习后，人工智能可以理解更多元的语义，了解不同情境中语言的适用范围，生成更加符合场景的内容。“人民日报创作大脑”平台大力推进智能写作的发展，在计算机视觉、音频语义理解等技术基础上，提高了场景化内容生产的能力。② 这些发展降低了智能写作的生硬性，使其能够生产更具人情味与人性化的内容。

四 多模态大模型在智能写作中的问题

（一）侵权隐患与造假问题

多模态大模型的使用面临侵权隐患。由于数据来源不确定，被引用的数据未必完全经过当事人许可，训练大模型的数据容易侵犯当事人的隐私权、肖像权等。网络中部分数据需要经商业许可使用，在大模型训练过程中存在版权纠纷，甚至侵犯部分创作者的名誉权。2024 年 2 月，日本画师 jizell 因被质疑画风与 AI 作画相似，在社交平台公布作画的全部过程，以证明不是 AI 作画。如果将创作者作品当作训练大模型的素材，训练出风格与创作者相似的大模型机器，无疑是对创作者权利的侵犯。这些都是大模型存在的隐患。

多模态大模型的使用还需要提防造假问题，包括数据造假与内容造

---

① 《在冬奥会上有大用处！来自合肥这家企业！》，2022 年 2 月 6 日，澎湃新闻，https://m.thepaper.cn/baijiahao_16599688。

② 《2023 年下半年媒体融合创新典型案例》，2024 年 1 月 11 日，人民网，http://yjy.people.com.cn/n1/2024/0111/c244560-40157041.html。

假。其中，在数据造假方面，由于大模型缺乏对源数据的查证与判断能力，易将错误或编造的数据当作真实数据，影响数据结果。

内容造假分为大模型造假与人为造假。大模型造假是因为缺乏对内容的判断，将互联网中来源不明的内容爬取后进行编造，依据错误的内容提供错误的信息。由于其消息源不清晰，查证往往十分困难。

人为造假因为个人立场、用途等缘故，易利用人工智能产生更大的危害。智能写作由于其便捷性，在新闻、法律、学术写作等多个领域均有涉及人为造假问题的风险。新闻领域的造假容易引发严重的政治性问题。多模态大模型的应用，使人工智能可以通过模仿政客的行为、语音，生成深度伪造的文字、图片或视频，虚构政客的话语或行为。2023 年 3 月，Twitter 上流传特朗普被美国警方围捕的图片，最后被证明为造假。人工智能可以生成法国总统马克龙参与示威游行，并反对自己提出的养老金改革的照片，进而影响政治舆论。[①] 法律领域智能写作造假易影响判决结果，危害法律权威。2023 年 5 月，美国律师史蒂文·施瓦茨在一场诉讼中提交了 6 个由 ChatGPT 生成的判决结果，而 ChatGPT 对所提供案例信息的回复为“千真万确”，并给出了所谓的出处。[②] 学术领域的造假涉及学术不端等伦理问题，不利于学生科研能力与品德培养。据《北京青年报》报道，由于发现学生在关于日本文化方面的论文中观点偏颇、语言生硬、内容空洞，吉林省一教师发现了该生的论文通过 AI 进行造假。这些行为模糊了智能写作的边界，由于 AI 文本具有以假乱真的效果，而逐一求证需要耗费时间与精力，往往会造成不利影响。

（二）内容混乱缺乏风格，量产作品冲击行业

智能写作在产品质量上仍存在短板。智能写作存在空洞性，易生成泛泛而谈的内容，甚至逻辑混乱的内容。由于智能写作的创作依靠语句命令，当语句命令简短时，人工智能无法精确捕捉需求与要点，易在文本中生成看似合理、实则堆砌的结论。当对人工智能进行追问时，由于其文本

---

① 《西媒：人工智能“深度伪造”带来政治风险》，2023 年 5 月 29 日，凤凰网，http://news.ifeng.com/c/8QBW80BnUtS。

② 《AI 还可以相信吗？ChatGPT 给出 6 个案例并称“千真万确”，30 年老律师用来打官司，结果全是假的！》，2023 年 5 月 29 日，腾讯网，http://new.qq.com/rain/a/20230529A0A44900。

来源基于网络中无法取证的内容爬取，易出现结论混乱的问题。

智能写作在文学创作中缺乏“灵光”。利用文心一言创作科幻故事时，其创作内容遵循“未来世界发生了变化”→“反派出现”→“人类战胜反派”→“人类摆脱困难”的故事套路。这一套路基本遵循“起承转合”的故事创作规律，但在文学作品的核心人物塑造方面，文心一言很难在深入剖析后提供较有深度的文本。此外，智能写作的内容缺乏风格与独创性，无法进行有见解的思考。人工智能在评论性文本写作中同样缺乏思考。由于它们对内容的回复大多依据模型训练，模型是平均化的文本素材，平均化会剔除独特性，因此人工智能大多是对事实进行描述，难以拥有独特的见解。

智能写作的批量化生产易引发批量投稿等问题，对需要进行稿件审核的文学、杂志等领域造成不良影响。2023 年 6 月，美国科幻杂志 *Clarkes World* 因 AI 稿件泛滥而停止收稿。总编尼尔·克拉克表示，由智能程序编写或润色的稿件导致投稿拒绝率飙升。[①] 2023 年 1 月，*Clarkes World* 拒绝 100 多篇 AI 投稿，并禁止这些“作者”再次投稿；2 月的前三周，又有 500 多篇 AI 生成的稿件被拒，这种情况在行业中并非个案。这样的冲击消耗了行业的人力、物力资源，牵制了行业挖掘潜力作品的精力，不利于行业发展。

（三）全球化中的偏见与鸿沟

当下，技术全球化、信息全球化快速发展，信息来源广泛且繁杂，数据本身容易存在偏见。在大模型训练过程中，如果加入带有偏见性的内容或为特定目的伪造图片，容易产生脱离人类共识的偏见与意识判断。这类偏见性数据隐匿于训练数据中，难以察觉，但会影响智能写作的结果。2023 年 2 月，微软聊天机器人 Bing Chat 在交流中出现了多处错误，不仅误报结果，还表达了一系列令人不安的言论，如窃取代码、劝人离婚、设计致命流行病、想成为人类和散布谎言等。而早在 2016 年，微软推出的聊天机器人 Tay 就因种族主义、性别歧视等问题下架。根据必应的回应，Bing Chat 出现“翻车”的原因是训练数据中包含大量互联网对话，[②] 可见

① 《收到大量 AI 生成投稿，美国知名科幻杂志被迫暂停征稿》，2023 年 2 月 24 日，中国青年网，http：//news. youth. cn/gj/202302/t20230224_ 14342399. htm。

② 《必应版 ChatGPT 花式翻车：爱上用户并诱其离婚，想要自由还监控开发人员！背后原因竟是这样》，2023 年 2 月 17 日，搜狐网，https：//roll. sohu. com/a/642317861_ 115362。

数据质量对人工智能有极大影响。Bing Chat 因其言论出奇而被关注，潜移默化的偏见性内容却难以被察觉，一旦用户接受了人工智能提供的误导结果，将会产生不良的后果。

此外，技术的发展原本是为了弥补“数字鸿沟”。智能写作、人工智能机器人的诞生以其低门槛、便捷化特点，有利于不同背景的人利用 AI 发挥长处，通过减少自身在冗杂事务上耗费的时间以促进个人进步。然而，大模型技术的核心掌握在技术创造者手中，“技术黑箱”的存在使人们难以察觉其背后的一面。正如曾白凌所说，大模型中存在着新的文化霸权，在促进知识全球化的同时，也可能加剧全球智能鸿沟。① 这一现象无疑应引起高度警觉和重视。

五　引导多模态大模型良性发展策略

（一）结合国情制定管理法规

人工智能的发展离不开国家的总体布局。2024 年的政府工作报告指出，要深化大数据、人工智能等研发应用，开展“人工智能+”行动，打造具有国际竞争力的数字产业集群。“人工智能+”首次被写入政府工作报告，体现出了党和国家对人工智能发展的重视。政策方案的布局站在更高的战略立场上，为多模态大模型的发展指引方向，法律法规的制定则从具体的角度，为多模态大模型发展过程中的问题画定红线。

目前，针对于大模型的法律法规共有两类。第一类为全国性法律法规。2023 年 4 月，国家互联网信息办公室发布《生成式人工智能服务管理办法（征求意见稿）》，划定了训练数据选择和模型生成中的道德底线，针对文本、图像、声音、视频等信息，明确了此类资料在训练大模型时的责任与义务归属，对预训练数据的来源、规模、类型等作出了要求，以明确的条例保护用户肖像权、名誉权、个人隐私权。

第二类为地方性法规与发展方案。这类法规契合当地发展战略，结合地区实际，一方面为规范人工智能的发展提供了良好的补充，另一方面为

① 曾白凌：《大模型、大数据、新精英：数字技术对知识生产的征服与全球性重构》，《现代出版》2023 年第 6 期。

人工智能的发展提供了政策支持。2022年9月，上海市人大常委会表决通过《上海市促进人工智能产业发展条例》。该条例规定了上海市各部门在人工智能产业发展中的分工与作用，明确了监管工作，鼓励相关主体与行业结合推动“高质量数据集建设”，以服务于模型训练的需求。2023年8月，成都市经济和信息化局、成都市新经济发展委员会印发《成都市加快大模型创新应用推进人工智能产业高质量发展的若干措施》，提出要重点研发多模态大模型等领域，推动核心技术突破，并将人工智能应用于产业发展与优化、全域场景体系构建等各方面。2023年5月，中共深圳市委办公厅、深圳市人民政府办公厅印发《深圳市加快推动人工智能高质量发展高水平应用行动方案（2023—2024年）》，利用隐私计算等技术，将不同行业数据与企业数据融合，建立多模态公共数据集，以强化数据和人才要素供给。此外，政府还将加强安全监管，围绕网络安全等各领域建立风险防范与应对机制，保障发展的安全性。2023年5月，《北京市加快建设具有全球影响力的人工智能创新策源地实施方案（2023—2025年）》提出了人工智能产业的工作目标、主要任务等。针对数据隐私保护问题开展底层密码算法和技术研发，并构建人工智能系统可信分级分类评测体系，加强深度学习框架研发攻关，提升深度学习在超大模型训练方面的能力。这些地方性法规和方案的制定提高了数据把关能力，推进了大模型发展中的隐私保护与安全性问题，依靠政府资源调配的力量针对性进行大模型技术攻关，从数据集建设、高校人才资源整合、资金支持等多方面提供帮助，辅佐于当地智慧城市建设，实现了以技术促发展的良性循环。

（二）加强数据质量数量，发展主流媒体算法体系

数据质量影响生成质量。大模型的训练以数据量为基础。互联网充斥着大量未经查证的数据内容，对它们进行检测不仅能提高智能写作的生成质量，也能有效辅佐于社会治理。2023年7月，新华网上线内容安全检测功能，依靠检测大模型与深度伪造技术，对虚假新闻、AI换脸诈骗、版权保护和学术诚信等方面进行检测（检测内容包括文本、图像、音视频等），维护

了信息真实性，对教育、公安等各领域治理起到了推动作用。[①]

数据数量影响技术发展潜力。打通数据壁垒、促进数据流通，有助于促进大模型的良性发展。为推动数据流通，部分地区政府从总体上进行规划布局，推动高质量数据集建设，部分平台也作出了积极回应。人民数据于2023年9月上线首个全国性数据要素公共服务平台，连接到了各地交易所与大数据局，打通了数据确权、数据授权、数据流通等交易流程，有力辅佐于“党管数据”的战略。[②]

此外，主流语料库的建立、主流媒体算法体系的构建也有利于助力人工智能健康发展。传播内容认知全国重点实验室建立的“生成式人工智能合规性评估体系”与封面科技发布的“灵知”主流媒体算法积极推动主流语料库建设和主流媒体算法建设，对媒体融合、县级融媒体建设都发挥了有效辅佐功能。[③]

（三）利用大模型技术，提升解决实际需求的能力

技术的发展辅佐于社会进步。智能写作的发展在新闻、文学、金融、法律等各领域发挥作用的同时，也应立足于国家战略，解决社会治理、社会建设中的实际需求。在行业领域，多模态大模型技术与智能写作的发展促进了行业变革，推动解决各行业内需求。新华社大语言模型MediaGPT以解决中国媒体需求为目标，利用新华社可信数据矩阵进行训练，在节目创作剪辑、短视频生成、AIGC动画等方面发挥了作用。[④]

对文本的识别同样可以应用到社会治理层面。例如借助多模态大模型优势，用AI对存在可疑之处的文本、图片、音视频进行检测。2023年12月，人民网发布的“天目”智能识别系统就是“以AI治理AI”的典型案例。该识别系统对国内外主要人工智能大模型生成中文文本的识别准确率达93%，在打击虚假新闻与防治机器人水军上发挥了重要作用。此外，智

---

① 《2023年下半年媒体融合创新典型案例》，2024年1月11日，人民网，http://yjy.people.com.cn/n1/2024/0111/c244560-40157041.html。

② 《2023年下半年媒体融合创新典型案例》，2024年1月11日，人民网，http://yjy.people.com.cn/n1/2024/0111/c244560-40157041.html。

③ 《“智融未来”·AI成果展示会亮点纷呈》，2023年10月28日，人民网，http://hb.people.com.cn/n2/2023/1028/c192237-40620303.html。

④ 《2023年下半年媒体融合创新典型案例》，2024年1月11日，人民网，http://yjy.people.com.cn/n1/2024/0111/c244560-40157041.html。

能写作的即时性优势也可以应用于快速问答方面，如人民网的“办实事解民忧·一线探落实”平台，凭借人工智能优势引导用户办理业务，快速响应用户需求；上海市普陀区智能客服小申汲取 203 条社会救助方面的政策问答，助力于社会救助服务，能够提供详细答案。这些智能写作机器人的运用打通了人们获取信息资源的渠道，辅佐于社会治理与社会建设。未来，随着多模态大模型的发展，相信智能写作技术能够在更广阔的领域发挥作用。

T.8 人工智能技术赋能媒体产业的潜在风险与治理路径

王思文　胡雨祺*

摘　要：智能技术为媒体产业带来了深刻的变革及前所未有的发展机遇，但任何事物的发展都有其两面性。尽管人工智能技术带来了一场全新的技术革命和认知革命，为媒体传播厘定了全新范式，但也带来了内容虚假、隐私泄露、信息鸿沟扩大等问题。为应对这些风险，媒体需要保持理性与警惕，克制对技术的应用，恰当应用技术伦理对技术的发展进行约束，探索有效的治理路径。本文基于人工智能技术在媒体产业的应用现状，梳理人工智能技术赋能媒体产业的潜在风险，并提出了未来的发展路径。

关键词：人工智能；媒体产业；数据安全；算法风险

近年来，人工智能技术快速发展，“人工智能+”正逐渐成为媒体产业发展的重要引擎，在媒体产业中的运用越来越普遍，并在潜移默化中改变着媒体产业整体的生态发展，为其带来了前所未有的变革与机遇。通过深度学习、自然语言处理等技术，人工智能在内容创作、分发、个性化推荐等方面展现出巨大潜力，显著提升了媒体内容的生产效率与用户体验。人工智能的发展为媒体产业带来了技术的狂欢，但在人工智能为媒体产业输出海量内容的同时，也必须预防其可能带来的风险。

* 王思文，浙江传媒学院新闻与传播学院讲师、硕士生导师；胡雨祺，浙江传媒学院新闻与传播学院硕士研究生。

一 人工智能技术在媒体产业的应用

人工智能技术的飞速发展正在改变着我们的生活方式，其在媒体产业中的运用也越来越广泛。在人工智能技术迅速发展和普遍应用的背景下，传媒业出现了智媒化的发展趋势，多样的人工智能技术广泛渗透并应用于各个环节。ChatGPT 的突然爆火，让人们对 AI 技术有了更加直观的认识，可以期待的未来正如人类孩子的成长期一样，随着时间的推移，超级深度大模型的学习能力会越来越强，越来越智能。

（一）内容生成与推荐

在内容生成方面，人工智能通过机器学习和自然语言处理等算法，能够生成高质量的文章、视频、音频等多媒体内容。人工智能在新闻生产中的应用，极大地提高了新闻生产的效率。

自动检索新闻素材与自动写作。传统的新闻生产方式主要依赖于人工采集、编写和发布新闻内容。记者通过深入现场，与当事人、目击者等交流，获取第一手资料，根据采访所得的信息，结合自身的观察和分析，撰写出具有客观性、真实性和时效性的新闻稿件。虽然传统的新闻生产方式在一定程度上能够满足公众对新闻信息的需求，但新闻的生产效率过于低下。而人工智能具有的强大的信息检索能力，能够帮助记者在丰富的数据库中筛选出当下热点社会事件和最具有新闻报道价值的素材，极大地扩展了记者的选题内容。同时，不少体育类新闻、财经类新闻也利用人工智能进行撰写，这类新闻报道通常具有大量的数据以及固定的模板。财经类新闻中包含大量的数据内容，若按照传统的新闻生产方式，需要人工对数据进行统计、分析、校对，新闻生产效率低下并且容易产生错误。而人工智能的运用可以快速生成直观的数据新闻，帮助公众更好地理解复杂的信息，且只要数据正确就能确保产出的新闻准确，极大地提高了这类新闻报道的生产效率。新闻传播领域在人工智能的影响与应用研究中，当下具有一些先进的模型，如 GPT 系列，可以模拟人类写作风格，生成富有创意和逻辑连贯的文本内容。同时，人工智能还可以自动生成音频和视频片段，包括语音、音乐和声音效果，为内容创作提供更多的可能性。这种技术的应用不仅大大提高了内容创作的效率，还使创作者能够更专注于创意和策划，而不是烦琐的编辑和制作工作。谷歌公司旗下的人工智能模型“巴德”，可以根据输入的多个词语迅速生成一篇短篇小说或诗歌。

2024年，谷歌公司宣布“巴德”更名为“双子座”（Gemini）。这是一款多模态大模型，可理解与组合文本、代码、音频、图像和视频等不同类型的信息。“双子座”花费了数月时间浏览互联网上几乎所有的内容，并开发了一个大型语言模型。它提供的答案并没有仅停留于网络简单搜索，而是直接基于自身配备的语言模型生成。在视频方面，OpenAI最新推出的Sora是文本生成视频（Text to Video）大模型，能生成长达60秒的视频。Sora的横空出世，其实反映的是人工智能的迅猛发展。Sora能够创造出包括多个角色、特定动作类型以及对主题和背景的精确细节描述的复杂场景，对语言的理解非常深刻，使其能够精准地识别用户的指令，并创造出表情丰富、情感生动的角色。此外，Sora还能在同一视频内制作多个镜头，同时确保角色的形象和整体的视觉风格保持一致。只需一个简单的提示词，Sora就能生成一段制作精良的60秒视频，大幅度降低了短视频的制作成本。

在内容推荐方面，人工智能技术的应用也极大地提升了用户体验，取得了显著的进展。首先，个性化推荐已成为主流。通过深度学习和大数据分析，人工智能掌握了用户的行为数据、兴趣偏好以及历史记录等信息，能够精准地理解用户的兴趣和需求，并根据用户画像提供个性化的内容推荐。这不仅提高了用户体验，也增强了用户与媒体平台之间的黏性。同时，AI还可以根据用户的反馈和实时数据不断优化推荐算法，提升推荐的准确性和效果。其次，跨平台和多设备支持日益完善。人工智能技术能够实现跨平台的内容推荐，无论是手机、平板还是电脑，用户都可以获得一致且个性化的推荐体验。这种无缝的推荐服务使用户能够随时随地享受到媒体内容。再次，实时更新和动态调整也是人工智能技术在内容推荐方面的重要特点。媒体内容不断更新，而人工智能技术能够实时跟踪这些变化，并根据最新的数据调整推荐策略。这使用户能够第一时间获取到最新的与其兴趣相关的内容。尽管人工智能技术在内容推荐方面取得了显著进展，但仍存在一些挑战。例如，数据稀疏性和冷启动问题是目前亟待解决的问题。最后，如何确保推荐的多样性和避免信息茧房效应也是需要考虑的重要方面。未来仍需不断探索和优化算法，从而提高推荐的准确性和多样性。

（二）版权保护与侵权监测

目前的网络新闻业中，存在许多版权纠纷现象。在版权保护方面，原创内容的识别和侵权证据搜索一直是挑战。就著作权归属而言，对人工智能生成内容的“确权”也是一个难题。人工智能生成的是一种拼贴的、非原创性质的内容，新闻生产主体的不确定性导致了著作权权利主体的模糊性。①

如何能够证明原创作品的身份？如何能够识别出侵权作品？如何能够从网络上存留下有效证据？以上问题长期困扰着人们，而现在诸如计算机视觉等人工智能技术提供的不断进步的识别和追踪技术，使内容检测和比对变得更加可行，有助于确认原创性，加强版权保护。例如，美联社运用区块链和智能监控技术来保护版权，新华社则采用基于区块链的内容版权安全信息认证系统来保护原创者和作者的合法权益。其他公司如字节跳动和阿里巴巴也推出了智能版权保护产品。② 在这个过程中，人工智能基于区块链技术在身份认证和监测识别两个部分发挥了作用。在网络版权纠纷问题日益严重的情况下，互联网、大数据、人工智能等新技术的迭代融合催生了“区块链+版权”业务模式，市场中涌现出大批区块链网络版权保护平台。政府、企业、媒体三方都在积极探索保护网络新闻媒体版权的措施，阿里巴巴、腾讯、字节跳动、百度等互联网巨头设立研究室进行创新研发，新华社、人民网以及大型地方报业集团等大胆建平台做出尝试，还有大批科技企业新秀瞄准风口研发平台……一定程度上，“区块链+版权”平台正在“野蛮生长”。

其一，人工智能的神经网络被设计并训练应用于文本图像识别任务。通过对社交媒体平台传播的内容进行语义分析，可以将传播内容中的视觉元素与原作品进行比对，从而实现对违法内容的智能识别。这种方法已

---

① 李冬冬、苏涛：《机遇与隐忧：AIGC 驱动下的新闻生产力大变革——基于 ChatGPT 现象的观察分析》，《媒体融合新观察》2023 年第 4 期。

② 季泓一：《人工智能与大数据在新闻传播、版权保护和媒资管理商业化创新中的应用及其影响分析》，《新闻传播》2023 年第 24 期。

经被各大网络社交平台广泛应用于标记盗播链接、垃圾邮件、色情制品、恐怖主义等内容，有效监控大规模网络盗版侵权行为。其二，人工智能模型在版权侵权的比对方面展现出其天然的优势。在进行版权侵权判断时，对被告作品与原告作品是否符合“同一性”的判断至关重要。对于复杂的作品，如计算机软件或文字作品，判断代码或文字的重合率通常需要专业的分析和判断，这是人工难以完成的。而借助人工智能模型，可以更高效、更准确地完成分析判断，为法官作出侵权判断提供有力的参考。

尽管人工智能在版权保护与侵权检测中的应用已经取得了很大进展，目前仍存在一些挑战。一些侵权人利用人工智能技术进行“换脸”或使用高超修图技术逃避侵权监测，给版权保护技术带来了新的问题。利用基于人工智能技术的洗稿工具实现抄袭剽窃、篡改删减原创作品也是当前版权保护面临的难题。另外，技术运用缺乏系统集成，增强合力面临挑战，也限制了人工智能在版权保护与侵权检测中的应用效果。

（三）社交媒体监控与分析

人工智能在社交媒体监控与分析中的运用日益广泛。首先，内容识别与分类是人工智能在社交媒体监控中的一项关键应用。通过分析大量数据，AI 能够识别并分类各种类型的内容，包括文字、图片、视频等。这不仅有助于监控平台快速定位并处理违规内容，还能为内容创作者提供有针对性的优化建议。其次，情感分析是人工智能在社交媒体分析中的重要功能。AI 能够识别并分析用户在社交媒体上表达的情感倾向，从而帮助品牌或企业了解公众对其产品或服务的看法。这种情感分析有助于企业及时调整策略，以应对市场变化。趋势预测也是人工智能在社交媒体分析中的一项重要应用。通过分析用户在社交媒体上的行为、兴趣以及话题讨论的热度，AI 能够预测未来的流行趋势，为企业制定营销策略提供有力支持。秒针系统开发的营销大模型（Social AI 模型），基于时效性的社交媒体事实数据，拉取数据周期内关于客户品牌的全量消费者发帖。将一方行业模型与观点输入秒针、生成模型，得出不同讨论角度的消费者占比与核心正负面观点。AI 可以用于直接生成消费者洞察报告，如在某手机品牌新机上市的传播中，输出及时精准客观的效果评估报告。① 此外，AI 还可以协助进行用户画像构建。通过分析用户在社交媒体上的行为、兴趣、年龄、性别等信息，AI 可以构建出详细的用户画像，帮助品牌或企业更精准地定位目标受众，制定个性化的营销策略。最后，在社交媒体管理中，人工智能还可以自动监测社交媒体平台，提供关键指标数据、进行舆情分析。例如，AI 可以追踪和分析品牌或产品的关注度、口碑传播情况、用户反馈等信息，帮助内容团队制定合适的推广策略和内容优化方案。智能媒体技术能够在很短的时间内对大量信息进行分析和处理，同时可以将海量的网络数据转化为可视化的形式，并使用自动化、智能化的技术对信息进行推断、判断，进而能更好地预测、处理网络事件，对网络舆情进行监测和评估。

人工智能在社交媒体监控与分析中的应用情况正在不断深入和扩展。当前，许多公司如 Brandwatch 正在使用人工智能技术来改进社交媒体的监测服务。这些技术减少了社交分析师用于搜寻品牌数据的时间，并且使相关数据更容易被解读和获取。具体来说，人工智能通过分析图表中的高峰和低谷，将多元异构的数据汇总在一起，用以解释为什么某个图表会在某个特定时刻达到顶峰，如人工智能可能认为是因为一篇社媒文章与来自同一行业的新闻事件相吻合，从而吸引新受众进入该频道。这些基于人工智能的见解使社交媒体营销的分析报告更加直截了当，摒弃了猜测成分，提高了分析的准确性和效率。总的来说，人工智能在社交媒体监控与分析中的应用正在改变我们的工作方式，提高了工作效率，并为我们提供更深入、更准确的洞察力。

二 人工智能技术赋能媒体产业的潜在风险

在充分肯定人工智能为媒体发展注入活力的同时，还应该看到“人工智能+媒体”中蕴含的各种风险因素。数据安全与隐私泄露问题日益凸显，可能引发用户信任危机；内容质量与真实性的不确定性可能导致虚假新闻泛滥，损害媒体公信力；算法偏见与歧视则可能加剧社会不公；而技术失

① 《AI+的六大领域应用之社媒应用场景》，2023 年 7 月 11 日，今日头条网站，https://www.toutiao.com/article/7254535026157863458/。

控与滥用风险更是威胁着媒体产业的稳定发展。

（一）数据安全与隐私泄露风险

人工智能时代，算法推荐与用户画像已经成为重要的信息传播方式，也成为重要的数据经济实践方式。[①] 人工智能在媒体行业的运用中，涉及大量对用户数据信息的收集、分析和使用。其一，人工智能需要大量的数据来进行训练和优化，这些数据往往包含用户的个人信息和偏好。在媒体产业中，这些数据可能涉及用户的浏览记录、观看习惯、搜索内容等。如果这些数据没有得到妥善的保护，个人社交平台的数据不可避免地会被纳入人工智能语料库的收录范畴，从而可能被黑客或不良商家利用，导致用户隐私泄露。其二，人工智能的推荐算法也可能带来隐私泄露的风险。这些算法通过分析用户的个人数据来生成个性化的内容推荐，但同时也可能暴露用户的兴趣和偏好。如果这些数据被滥用，不仅可能影响用户的个人生活，还可能对社会的安全和稳定造成威胁。

此外，媒体产业中的人工智能应用还可能存在数据被滥用的风险。例如，一些商家可能会利用收集到的用户数据来进行定向广告推送，甚至进行价格歧视。这不仅侵犯了用户的隐私权，也损害了市场的公平竞争。2023 年 3 月，ChatGPT 首次遭遇了重大个人数据泄露事件。不少推特网友爆料，在 ChatGPT 网页左侧的聊天记录栏中出现了他人的聊天记录内容，一些用户甚至可以看到活跃用户的姓名、电子邮件地址、支付地址、信用卡号等信息。那些把 ChatGPT 当作情感陪护的用户，不知道对 ChatGPT 倾诉了多少隐私，怕是目前仍在瑟瑟发抖。2023 年 3 月中旬，自三星电子允许部分半导体业务员工使用 ChatGPT 开始，短短 20 天发生三起机密资料外泄事件。这三起事件分别是用 ChatGPT 优化测试序列以识别芯片中的错误；用 ChatGPT 将公司有关硬件的会议记录转换成演示文稿；用 ChatGPT 修复专有程序的源代码错误。三星因使用 ChatGPT 造成数据泄露的事情，现在已经成了典型案例。ChatGPT 以海量信息“为食”，数据量越大、数据越新，其功能性越好。这意味着要保证良好的用户体验，它必须在社会各领域中获取足够多和准确的知识与信息，但问题在于，许多信息涉及国

① 张博：《智能时代的数据伦理规范研究》，《新媒体与社会》2021 年第 1 期。

家机密、商业机密和个人隐私，获取和利用这些信息本身存在合法性问题，一旦重要数据泄露，造成的损失无法估量。

（二）内容质量与真实性问题

人工智能技术的发展也给信息真实性和可信度带来了挑战。虚假新闻、信息泛滥和算法偏见等问题也在影响着媒体的公信力。媒体机构需要找到方法来应对这些问题，确保提供真实可信的信息。①

其一，从内容质量看，人工智能的应用在一定程度上提升了媒体内容的生产效率和创新性。通过深度学习和大数据分析，AI可以生成更加丰富和多样的内容，包括文字、图片、视频等。同时，AI还可以根据用户的兴趣和习惯进行个性化推荐，提高了媒体内容的传播效果。然而，这种内容生产方式的变革也带来了一些问题。一方面，由于AI生成的内容往往基于算法和模型，因此可能存在缺乏情感共鸣和人文关怀的情况。这种“冷冰冰”的内容很难打动人心，也无法满足人们对于高质量媒体内容的需求。另一方面，随着越来越多的用户使用ChatGPT写文案、写新闻、写代码，知识产权保护面临严峻挑战。由于生成式模型可以学习和模仿大量的文本内容，其极有可能生成与原创作品相似甚至相同的内容，这可能侵犯原创作者的著作权。例如，生成式人工智能程序可以创建与已经存在的文章、故事、音乐或其他创作作品相类似的内容，而无须获得原作者的授权或支付相应的版权费用。即使生成式人工智能程序生成的内容在某些情况下可能被认为是侵权行为，由于内容由算法生成，在判断其是否构成侵权行为、侵权行为主体如何认定的问题上还存在困难。② AI生成的内容可能存在版权和知识产权的问题，这需要在法律和技术层面进行进一步的研究与探讨。

其二，关于内容的真实性问题，人工智能的介入无疑增加了复杂性和挑战性。以前的虚假信息活动总是面临着一系列的进入障碍——为社交媒体创建个性化的信息非常耗时，对图片和视频进行剪辑也是如此。

① 王浩宇：《人工智能给媒体带来的机遇与挑战》，《记者摇篮》2023年第5期。

② 杨雪：《生成式人工智能程序的著作权侵权问题及规制路径——以ChatGPT为例》，《法制博览》2024年第5期。

但现在，生成式人工智能的可供性和可及性正在降低虚假信息活动的进入门槛。[①] 生成式 AI 编造的内容，甚至开始“侵蚀”正规媒体。某媒体的短视频账号，在播报“特朗普性侵指控成立”这则新闻时，其封面使用的是“特朗普被美国警方逮捕”的画面。然而，该画面是美国推特用户在前阵子“特朗普被纽约检方刑事指控”期间用 AI 生成的，画面描述的事情是从未发生过的，而这幅 AI 作画却被中国的正规媒体用在另一条与特朗普有关新闻的封面上。虽然 AI 可以通过分析大量数据来识别虚假信息和谣言，但在某些情况下，AI 也可能被误导或欺骗。例如，当虚假信息被精心设计以符合 AI 的识别模式时，AI 可能无法准确判断其真实性。此外，AI 在处理复杂的社会现象和事件时也可能存在局限性，导致对真实情况的误解或扭曲。

（三）算法偏见与歧视风险

算法通常可以理解为确定程序如何读取、收集、处理和分析数据以生成输出的指令列表。算法偏见则是计算机系统中产生“不公平”结果的系统性和可重复的偏差，例如将一个类别优先于另一个类别。由于 AI 技术的大量应用和黑箱原理，算法偏见早已成为一个隐匿但作用广泛的社会隐患。几乎每一个机器学习算法背后的数据库都是含有偏见的。由于贴标签已成为一种典型商业行为，许多科技公司都将其海量的数据外包贴标签。这意味着算法偏见正通过一种隐形化、合法化的过程被流传和放大。许多 AI 通过学习大量训练数据来建立模式和作出预测，如果训练数据本身存在偏差，例如某些群体的数据过少或者表现形式单一，那么模型也将反映这些偏差。并且，算法通常由人类设计和编程，开发者可能有意或无意地将自己的偏见、观念与价值观融入算法的设计和编程中，导致算法偏见。算法导致的偏见可能造成直接和严重的社会后果，如基于性别、肤色、种族、行为习惯的歧视等。例如，2018 年 2 月麻省理工学院的 Joy Buolamwini 发现，IBM、微软和中国的 Megvii 公司的三个性别识别 AI 可以在 99%的情况下准确从照片中识别一个人的性别，但这仅限于白人。对黑人女性来说，这个准确率会降至 35%。

① 胡泳：《人工智能驱动的虚假信息：现在与未来》，《南京社会科学》2024 年第 1 期。

近年来算法技术已成为新闻的主要驱动力，人工智能算法往往基于大量数据进行训练。如果这些数据本身存在偏见或歧视，那么算法的输出结果也可能带有偏见。在媒体产业中，这可能导致新闻报道的偏颇，甚至可能加剧社会的不公和分裂。从算法机构来看，算法新闻会导致权力和责任的不对称。算法新闻在获得传播影响力之时，会逐渐追求算法垄断，形成权力垄断。这样的算法新闻会带来负外部性，它们向社会排放思想污染，让整个社会承担起风险。①

（四）媒体产业的创新与竞争力风险

1. 人工智能技术对传统媒体产业的冲击

其一，人工智能技术改变了传统媒体的内容生产方式。传统的媒体内容生产往往依赖于人工编辑和记者采访，而人工智能技术的应用使内容生产变得更加自动化和智能化。例如，通过自然语言处理和机器学习技术，人工智能可以自动分析大量数据，生成新闻报道、文章摘要等内容。这不仅提高了生产效率，还使内容生产更加精准和个性 AIGC 化。ChatGPT 的出现，标志着人工智能已经进入人工智能自动生成内容新阶段。机器人记者可以通过机器学习和深度学习算法，从海量的数据和信息中提取新闻价值，并自动生成高质量、独立的新闻报道和分析文章。自 ChatGPT 问世以来，多家传统媒体和新媒体相继推出了使用生成式人工智能的计划。新闻网站“嗡嗡喂”（BuzzFeed）宣布将使用 ChatGPT 为其著名的性格测验提供支持。《纽约时报》使用 ChatGPT 创建了一个情人节消息生成器。国内互联网企业百度开发的“文心一言”也宣布接入《新京报》《广州日报》《中国妇女报》等媒体，开始与新闻媒体进行深入的合作。其二，人工智能技术在新闻推荐和分发方面发挥了重要作用。传统媒体通常依赖于固定的发行渠道和订阅用户来获取读者，而人工智能技术可以基于用户的兴趣和行为数据进行精准推荐。这种个性化推荐的方式不仅提高了用户体验，也使传统媒体能够更有效地触达潜在受众。此外，人工智能技术还对传统媒体的商业模式产生了影响。随着数字化和互联网的发展，传统媒体的广告收入受到冲击，而人工智能技术为媒体提供了新的盈利方式。例如，通

① 党西民、李诺璋：《算法新闻的技术偏见和协同治理》，《特区经济》2023 年第 12 期。

过数据分析和用户画像构建，媒体可以更精准地投放广告，提高广告效果；同时，也可以基于用户付费模式提供个性化内容服务，实现多元化盈利。然而，人工智能技术对传统媒体产业的冲击也带来了一些挑战。一方面，随着自动化和智能化程度的提高，一些传统的新闻采编岗位可能会面临减少或转型的压力；另一方面，人工智能技术在应用过程中也可能存在数据隐私、信息安全等问题，需要媒体加强监管和防范。

人工智能技术为传统媒体产业带来了显著的冲击，既带来了内容生产、推荐分发和商业模式等方面的变革，也带来了一些挑战和问题。因此，传统媒体需要积极应对这一趋势，加强技术创新和人才培养，以适应数字化时代的需求和发展。

2. 新闻从业者面临职业危机

我们会不会被AI取代，AI会不会使人类失业这一问题又一次被搬上了屏幕。这个问题自人工智能诞生之初，就不断被人提出。北京大学的胡泳教授曾说过："凡是能够数字化的一定会数字化，凡是能够智能化的一定会智能化。"不可避免的是，对未来的忧虑是一定存在的。面对ChatGPT的模仿创作功能，只会写文案、集合文章的媒体人确实该感到焦虑，但是即便没有ChatGPT，这种焦虑也会出现。

其一，AI工具的发展与创造在新闻行业的其他工作上已经体现优势。在速度上，无人机前往现场比四个轮子、记者的双脚更快，对于地势复杂、条件恶劣的现场环境，更有可能逐一击破；在角度上，机器写作在写作方向上也能有所建树。人工智能技术在媒体行业的广泛应用，对就业市场产生深远影响。自动化内容生成和智能推荐系统的使用，可能导致一些传统媒体工作岗位的减少，如编辑、校对员等。随着人工智能技术的发展，越来越多的新闻生产和编辑工作被机器替代。例如许多新闻发布机器人能持续工作24小时，并且犯错几率微乎其微，这些机器人具备从大量数据中筛选出新闻线索、创作新闻报道以及执行自动编辑和排版的能力。这种高效、自动化的生产方式大大减轻了新闻从业者的工作压力，但同时也使一些传统的新闻采编岗位面临被裁撤的风险。

如今，机器人写新闻稿已不是大新闻。2015年腾讯财经开发写稿机器人Dream writer，除此之外，还有新华社的"快笔小新"、今日头条的"张小明”、采访机器人“云朵”。2018年蓝色光标推出的名为“妙笔”的写稿机器人，能够一秒钟产生一千个不同的标题，并自动产出不同的配图。[①]某些媒体机构可能依赖机器代替人工进行报道和分析，对记者和其他岗位人员的需求逐渐减少。这种就业市场的变革对从业者来说是一项重要的挑战。

其二，人工智能技术对新闻从业者的专业技能要求也发生了变化。在人工智能时代，新闻从业者不仅需要掌握基本的新闻采访、写作和编辑技能，还需要具备一定的数据素养和编码能力，以便更好地与机器进行协作，共同完成新闻生产工作。这种技能要求的转变对一些传统新闻从业者来说是一个挑战，他们可能需要重新学习新的技能，以适应新的工作环境。以新华社推出的“快笔小新”写作机器人为例，它可以根据程序抓取关键词快速地进行新闻写作，大大提高了新闻发布的效率。然而，这也意味着一些简单的新闻报道工作可能不再需要人工完成，从而对一些从事这类工作的新闻从业者构成了威胁。此外，人工智能在新闻分发和推荐方面的应用也使新闻从业者的角色发生了转变。过去，新闻从业者主要负责新闻内容的生产和编辑；现在，他们还需要考虑如何优化新闻的分发和推荐，以吸引更多的读者。这种角色的转变要求新闻从业者具备更强的市场敏感度和创新能力。人工智能的发展对新闻从业者产生了职业岗位的威胁和专业技能要求的转变两大危机。新闻从业者需要积极应对这些挑战，不断提升自己的专业素养和技能水平，以适应数字化时代的发展需求。

三　媒体产业智能化治理：人工智能技术的策略与路径探索

智能技术背后的安全问题越发令人担忧，技术一旦失控所引发的后果将会是颠覆性、毁灭性的。因此，在发展基于深度学习模型的AI技术和应用的同时，我们应该提前考虑整个链路中所产生的新安全问题。

① 李国威：《机器人会写新闻稿了，公关人好开心》，《中国广告》2018年第12期。

（一）政府：优化顶层设计，布局战略规划

从国家安全角度看，政府是应对智能媒体风险最主要的责任人，扮演着智能媒体发展政策的制定者、治理议程的设置者以及法律法规实施的监督者等角色。① 在媒体产业中，人工智能的运用日益广泛，从内容推荐、自动编辑到数据分析等多个环节都可见其身影。然而，随着人工智能技术的深入应用，算法偏见、数据滥用和隐私泄露等问题也逐渐显现。

作为一项尖端技术，人工智能进入新闻传播领域的时间并不长，新闻行业有关人工智能应用的法律法规还不够完善。一方面，要完善制度建设，夯实智能媒体治理基础。针对人工智能在媒体行业的应用，制定专门的法律法规，明确人工智能技术的合法使用范围、数据保护要求以及违规行为的处罚措施。对现有的媒体和信息技术相关法律法规进行修订，使其适应人工智能技术的发展，确保新旧法规之间的衔接和一致性。当前，为了解决因人工智能引发的法律难题，一些国家或地区已开展相关的立法及修订工作，并制定新的政策及更为严格的规定。② 按照相关规划，目前人工智能法律法规体系还处于初步建设阶段，AI 应用并非无法可依，但还远不够完善。2024 年全国两会前，《生成式人工智能服务安全基本要求》发布，从语料安全、模型安全等多个维度规定了生成式人工智能服务在安全方面的基本要求。

另一方面，对于 AI 应用在媒体产业中出现的算法偏见问题，要建立算法审查和监管机制，对媒体产业中使用的算法进行审查和监管，确保其公正、透明、无偏见，这意味着算法的决策过程应该是可解释和可理解的。媒体企业应当公开其使用的算法原理、数据来源和决策逻辑，以便监管部门、公众和其他利益相关者能够评估其合理性和公正性；建立算法审查制度，对算法的决策过程、输出结果等进行评估和监督。对可能产生不良影响或歧视性结果的算法，应采取措施进行限制或禁止，在算法设计阶段就充分考虑多样性和包容性，避免基于种族、性别、年龄等敏感因素的

① 张佳琪：《智媒体治理：人工智能赋能媒体产业的潜在风险与调适进路》，《东岳论丛》2023 年第 12 期。

② 喻国明、侯伟鹏、程雪梅：《“人机交互”：重构新闻专业主义的法律问题与伦理逻辑》，《郑州大学学报》（哲学社会科学版）2018 年第 5 期。

歧视性决策。同时，通过引入多元化数据集和平衡算法权重等方式，减少算法偏见的可能性。此外，对于已经发现的算法偏见问题，应及时进行纠正，并对相关责任人进行追责。

（二）媒体：聚焦人工智能，产业智能化治理

智能媒体作为技术、产品、服务的研发使用主体，同样也是智能媒体治理的社会责任主体。对智能媒体而言，人工智能技术是引擎，优质内容是根本，二者相辅相成。只有正确处理好内容和技术的关系，才能更好地防范风险，实现媒体更高层次的智能化转型。媒体聚焦人工智能和产业智能化治理，不仅是为了报道技术发展的最新动态，更是为了引导公众理解并适应这一时代变革。为此，媒体需要采取一系列措施来全面、深入地报道和分析这些议题。

1. 加强对人工智能技术的跟踪和研究

人工智能的发展日新月异，新的算法、应用场景和商业模式不断涌现。媒体需要建立由专业的具备人工智能技术背景、对行业发展有深入了解的记者、编辑和分析师组成的报道团队，紧跟人工智能技术的最新进展，深入了解其在各个行业的应用情况。同时，媒体还应加强与科研机构和企业的合作，获取第一手资料，确保报道的准确性和权威性。除了报道技术本身的发展，媒体还应该关注这些人工智能技术的实际应用场景与效果。

进入人工智能时代，数据是开展一切工作的基础，保护用户的数据安全是重要一环。提高人工智能在媒体产业中的用户数据保护意识是一个多方面的工作，需要从多个层面进行推动和实施。要让用户自己意识到数据的重要性，媒体产业应通过宣传、教育等方式提升公众对用户数据保护的意识。例如，在媒体平台上发布相关宣传文章、制作宣传视频等，向用户普及数据保护的重要性，教育他们如何保护自己的个人数据。人工智能技术是一个快速发展的领域，新的算法、模型和应用不断涌现。媒体从业者需要保持对新技术的敏感度和好奇心，不断学习和更新自身知识体系，以便更好地跟踪和研究人工智能技术的发展。

2. 关注产业智能化治理的政策和实践

产业智能化治理涉及政策制定、行业规范、数据安全等多个方面。媒

体需要密切关注政府和相关机构在产业智能化治理方面的政策动向，及时报道和解读相关政策。可以组建一个具备政策解读能力的团队，负责跟踪和解读与产业智能化治理相关的政策文件、法规条例。这个团队不仅要关注国家层面的政策导向，还要留意地方政府的实施细则和行业动态，从而为公众提供准确、权威的政策解读和评论，并追踪政策实施后的公众反馈。团队可通过实地采访、问卷调查等方式，收集企业和公众对政策的看法和意见，从而全面反映政策实施的实际效果。这有助于政府及时调整政策方向，推动产业智能化治理的健康发展。

此外，媒体还应关注企业在智能化治理方面的实践经验，挖掘成功案例和面临的挑战，为行业提供借鉴和参考。同时，媒体还可以邀请行业专家就案例进行深入分析，提炼出可推广的经验和教训。在报道产业智能化治理的过程中，媒体应敢于揭示和探讨其中的难点与痛点，包括数据安全、隐私保护、算法偏见，以及政策执行中的困难和挑战等。通过深入剖析相关问题，媒体可以引发公众的关注与思考，从而推动产业智能化治理的不断完善。

3. 加强国际化视野的报道

人工智能是全球性的技术革命，各国都在积极探索和应用。媒体应关注国际上的最新动态和趋势，报道其他国家在人工智能与产业智能化治理方面的经验和做法。媒体机构应建立专门的国际新闻采集和报道团队，负责跟踪报道全球范围内人工智能的发展动态和趋势。同时，媒体应密切关注各国在人工智能领域的政策动向和合作进展，特别是跨国合作和国际组织的相关活动，积极寻求与国际媒体和专家的交流与合作，共同策划和推出专题报道、系列访谈等形式的节目。通过与国际同行分享经验和资源，提升报道的专业性和影响力。还可以报道不同国家在政策制定、技术研发、产业应用等方面的经验和做法，为国内外读者提供全面的信息和参考。通过比较和分析不同国家在人工智能发展上的策略和路径，揭示各自的优势和不足。这种对比分析有助于深入了解各国的发展特点和趋势，为中国的发展提供借鉴和启示。

4. 不断提升自身的专业素养和创新能力

人工智能是一个高度专业化的领域，需要媒体从业者具备扎实的知识背景和敏锐的洞察力。媒体应加强对从业人员的培训和教育，提升他们的专业素养和报道能力。媒体从业者需要不断加强对人工智能领域专业知识的学习，包括机器学习、深度学习、自然语言处理等关键技术，以及它们在各个领域的应用情况。可以通过参加专业培训、阅读权威文献、关注行业前沿动态等方式，不断提升自己的专业水平。同时，媒体还应不断创新报道形式和内容，以更加贴近受众需求的方式呈现人工智能和产业智能化治理的相关议题。在人工智能发展的当下，创新思维和跨界思维尤为重要。媒体从业者需要敢于尝试新的报道方式、新的内容形式，不断探索和突破传统报道模式的束缚。同时，也需要具备跨界思维，将人工智能与其他领域进行有机融合，为读者呈现更加全面、深入的报道内容。

（三）公众：提高媒介素养，适应智能化生存

在智能化日益渗透我们生活的每一个角落的当下，提高媒介素养对公众来说至关重要。媒介素养不仅关系到我们如何有效地获取、分析和利用信息，更关系到我们如何在信息化社会中保持独立思考和理性判断的能力。

一方面，公众需要提高对智能媒体的认知水平，主动进行价值矫正。在信息爆炸的智能化时代，更需要学会辨别信息的来源和内容。在接受信息时，要学会质疑和分析，而不是盲目接受。这包括检查信息的来源，考虑其可能的偏见和动机，以及比较不同来源的信息以验证其准确性。可以通过检查信息发布者的资格、历史记录以及与其他来源的比较等方式来判断信息的可信度。

对于未经证实的信息，需要保持谨慎的态度，避免盲目转发或传播。智能化的生存要求公众不仅能够获取信息，还需要有深度分析和批判性思考的能力。并且除了媒体和技术知识，还需要有其他领域的知识（如社会科学、人文科学、自然科学等），以便更全面地理解和评估信息。

另一方面，公众需要提升智能素养，缩小智能差距。在智能化时代，个人隐私泄露的风险也在增加。公众需要增强隐私保护意识，注意个人信息的收集和使用方式，通过了解个人数据的价值，学习如何管理个人隐私设置，可以使用 VPN、防火墙、反病毒软件和其他安全工具保护个人信息。此外，公众需要提高网络素养，要学会从多个角度和来源审视信息，

避免单一视角。学习如何高效地使用搜索引擎和社交媒体工具，如何使用高级搜索技巧来找到准确的信息，不断提高自己的信息技术水平。提高媒介素养需要一种主动的、批判性的、开放的和终身的学习态度。智能化技术不断更新，我们可以逐步提升公众的智能素养，减少技术不平等，使更多人能够有效地利用智能技术，进而在信息爆炸的时代中更好地适应和发展。

在数字化浪潮的推动下，人工智能技术为媒体产业带来了前所未有的发展机遇，但同时也伴随着一系列潜在风险。从数据安全到隐私泄露，从内容质量到算法偏见，这些问题不仅影响着媒体产业的健康发展，更对社会文化和公众认知产生深远影响。面对这些风险，我们应关注到人工智能技术的双刃剑性质。在追求技术创新的同时，更应关注其对人类社会、文化和价值观的影响。展望未来，人工智能技术与媒体产业的融合将是大势所趋。我们应以开放、包容、审慎的态度，共同探索人工智能技术在媒体产业中的可持续发展之路。通过加强合作与沟通，共同应对挑战，实现媒体产业的创新与发展。

行 业 篇
Report on Sector

T.9 AIGC+在线音频应用发展报告

殷　乐　王泳清*

摘　要： 在在线音频领域，AIGC 技术的兴起显著降低了生产门槛，提升了生产效率，极大地推动了音频内容的爆发式增长，为“耳朵经济”的蓬勃发展创造了有利条件。各国政策和资本的介入推动着在线音频行业的加速扩张。在 AIGC 技术的助力下，在线音频产业链重构，应用场景延伸，全时段、多行业地渗透了人们的日常生活。在线音频平台加速转型，商业边界得以拓展。在当前的科技浪潮中，AIGC 技术的崛起为在线音频应用开辟了新的热点领域，如 AI 音乐、AI 音频主播以及 AI 语音识别在办公赛道的应用等。然而，当前的发展也暴露出诸多问题，声音版权争议突出、从业者职业危机频发、AI 语音骗局横行等。多类问题尚未解决，需要政府、平台、技术多方协作，共同推动 AIGC 在线音频行业的健康发展。

关键词： AIGC；在线音频；AIoT；生成式音频

AIGC 即 Al Generated Content，指利用人工智能技术来生成内容，是继 UGC、PGC 之后的新型内容生产方式，从 2010 年开始 AIGC 迎来突破性发展。特别是以 OpenAI 公司研发的新一代深度学习模型 ChatGPT 的诞生，标志着 AIGC 的发展进入了全面加速的时代。第 53 次《中国互联网络发展状况统计报告》的数据显示，中国人工智能企业数量已超 4400 家。[①] 生成

---

* 殷乐，中国社会科学院新闻与传播研究所研究员，广播影视研究中心主任，中国社会科学院大学新闻传播学院副院长，博士生导师；王泳清，中国社会科学院大学新闻传播学院硕士研究生。

① 《第 53 次〈中国互联网络发展状况统计报告〉》，2024 年 3 月 22 日，中国互联网络信息中心，https://www3.cnnic.cn/n4/2024/0322/c88-10964.html。

式人工智能在2023年吸引了即时通信、搜索引擎、在线教育、无人驾驶等多个领域的企业积极投入技术力量进行研发。文心一言、通义千问、讯飞星火等国产大模型产品不断涌现，在智能芯片、开发框架、通用大模型等多个方面实现创新。

非凡产研统计，2023年，全球AIGC行业融资总额达1902亿元，年度融资共计282起。从全球融资规模来看，B轮及以后轮次（含战略投资）融资规模占比93.2%。2023年，获最高融资金额的企业为OpenAI，年内融资705.8亿元，单个公司占全球整体AIGC行业融资约37%，其中包括老虎基金、Sequoia Capital和微软等多个投资方。国内AIGC行业融资总额达191.8亿元，年度融资共计168起，较2022年的215起有所减少。全国获最高融资金额的企业为百川智能，年内融资24.9亿元，单个公司融资占国内AIGC行业约13%。其中，投资方包括阿里巴巴、腾讯投资和小米科技等。①

各国政府及资本市场展现出了高度的敏锐性和前瞻性，纷纷积极布局，催生了在线音频行业的新发展。依托于技术的强大动力，AIGC与在线音频的深度融合应用成为引领行业发展的核心力量。大数据、云计算技术的运用以及深度学习智能模型的迅速迭代，使音频内容的创作与分发更加高效和精准。音频平台能够收集并分析包括听众喜好、行为偏好、地域文化等海量的关键用户数据，更好地了解用户需求，精准把握市场动态，从而优化音频内容的创作方向和内容策略。音频制作团队利用技术提供的强大的存储和计算资源，实现对音频内容的快速处理和渲染，加速内容的制作和发布速度，同时诞生了新的分布式协作模式，有效提高工作效率。AICG技术协助平台完成对用户行为和偏好的精准预测，进而为用户推荐更符合其口味和兴趣的音频内容，对音频内容的智能标注和分类，提高了内容的搜索和推荐效果，为用户带来更优质的听觉体验。随着应用场景的不断扩张，AIGC+在线音频的发展也在逐步深入人们生活的各个层面。无论是智能家居的语音交互，还是车载娱乐系统的智能导航，或是线上教育的语音辅助学习，都为人们的生活带来了便利和乐趣。技术带来的生产模

① 《行业报告丨2023年全球AIGC行业年报》，2024年3月1日，新浪财经网，https://finance.sina.com.cn/jjxw/2024-03-01/doc-inakuyaq8525552.shtml。

式革新与应用场景的拓展为 AIGC+在线音频行业的前景带来了更广阔的发展空间。

一　AIGC 赋能下在线音频行业加速扩张

在线音频行业是指通过互联网提供音频内容和服务的行业，涵盖了音乐、广播、播客、有声书籍等各种音频形式。在声音的传递中，每一个音符都如同细腻的笔触，描绘出大众内心的情感与向往。从激昂的摇滚到温柔的民谣，从历史的讲述到现代的评论，从知识的传递到娱乐的放松。在移动互联网普及的背景下，用户对高质量音频内容的需求日益增长。随着粉丝经济的蓬勃兴起、IP 衍生价值的不断挖掘，以在线听书、音频社交等为核心形式的在线音频平台正持续升级其服务体系，吸引越来越多的用户加入，逐步实现行业整体规模的扩增。

AIGC 技术未接入行业前，在线音频平台主要以 UGC（用户生成内容）和 PGC（专业生产内容）模式为核心，构建了一个多元化的音频内容生态场域。运用精心制作的音频作品、实时的音频直播等方式，搭建了平台与听众之间互动与连接的桥梁。平台为内容生产者提供了便捷的内容上传渠道，充分利用算法机制为收听者精准匹配合适的内容，满足用户多样化的需求。除此之外，平台引入打赏机制为内容生产者提供获取流量与现金分成的途径，激励内容生产者持续产出高质量的作品，推动平台内容生态的良性发展。其一，AIGC 技术引入后，促进了内容生产模式的创新。通过利用自然语言处理、语音识别等技术，平台能够辅助内容生产者进行音频内容的创作和编辑，提高生产效率和质量。其二，打破了原有行业的从业限制，降低了从业门槛。在技术的辅助下创造了一批新的从业者，推动内容生产者的多元化，同时加深了内容生产者与平台之间的合作关系。AIGC 技术极大地拓宽了在线音频的线下应用场景，为行业开拓新的市场空间，音频内容的形式更加多样，日益满足用户全时段、全场景的需求。在平台发展和技术创新的双重推动下，产业链边界得到了进一步延伸。如今，无论是在通勤途中、工作间隙还是休闲时光，在线音频越来越成为用户获取信息和娱乐的重要选择。

技术本身也成为新的经济扩张点。当前智能化变革对音频、语音处理领域提出更为迫切的需求，从教育到金融，各个行业对音频处理相关功能的依赖日益增强。国外 AI 语音大模型公司不断崛起，国产 AI 音频芯片获得资本青睐，以深圳波洛斯科技（POROSVOC）为例，目前该公司完成数千万元天使轮融资，推出多款创新性 AI 音频处理芯片，在智能语音识别、降噪、回声消除、远场拾音、声源定位、波束形成、TTS 语音合成等功能上占据竞争优势，未来将面向教育、军工、办公、金融和医疗等多个企业，实现商业化落地。① 根据 Market US 的数据，音频类工具的全球市场规模在 2022 年为 12 亿美元，预计到 2032 年将接近 50 亿美元，复合年增长率高于 15.40%。② 这一显著增长趋势充分展现了生成式音频技术的市场发展潜力，并预示着 AIGC 技术在音频领域的应用正呈现出日益加快的拓展态势，逐步成为推动整个音频行业创新发展的核心驱动力。《中国网络视听发展研究报告（2024）》显示，截至 2023 年 12 月，中国网络视听用户规模达 10.74 亿人，包括长视频、短视频、直播、音频等领域在内的网络视听行业市场规模达 11524.81 亿元。③ 随着技术的进步和消费者需求的不断提升，在线音频市场有望将持续保持高速增长，成为数字文化产业的重要组成部分。

就国内发展现状来看，2022 年第四季度国内在线音频巨头平台喜马拉雅在 AIGC 技术的辅助下迎来了创立十年来的首次千万元级的单季度盈利。目前，喜马拉雅已连续四个季度持续盈利（2022 年第四季度至 2023 年第三季度），其全场景 MUA（单月活跃用户量）从 2022 年第三季度的 2.84 亿元增长至 2023 年第三季度的 3.45 亿元，④ 彰显了 AIGC 技术在提升音频行业盈利能力方面的带动作用。同时，喜马拉雅全场景 MUA 的增长也反映出在线音频行业用户规模的持续扩大和市场份额的稳步提升，揭示了

① 《打造国产 AI 音频芯片，波洛斯获数千万天使轮投资》，2023 年 8 月 15 日，36 氪网，https://www.36kr.com/p/2383038103794182。

② 《AI 浪潮席卷"耳朵经济"：音频业"大模型"时代到来，情感陪伴需求难取代》，2023 年 3 月 27 日，21 财经网，https://m.21jingji.com/article/20230327/herald/b60fb38a7d3d0c7e4d806f8ca8802cc3.html。

③ 《网络视听用户 10.74 亿人 短视频人均单日使用 151 分钟》，《中国青年报》2024 年 3 月 28 日。

④ 《在线音频市场高速增长，喜马拉雅连续四个季度盈利》，2023 年 12 月 13 日，中国网，http://zjnews.china.com.cn/yuanchuan/2023-12-13/403243.html。

AIGC 技术在其中蕴含的潜在商业价值，为其他音频平台提供了成功的范例和借鉴经验，有望在未来吸引更多的资本和人才进入音频行业，推动整个行业的发展和繁荣。

二　AIGC+在线音频行业发展概况

随着 AI 大模型技术的迭代进步，推动在线音频行业的应用场景不断拓宽，从传统的广播、电视等媒介领域逐步扩展到社交媒体、广播剧等新兴场景。在线音频技术软件的持续更新与广泛运用，正成为新的商业热点。新的平台生产模式出现，促进了从业门槛的降低，激发了内容创造者的活力，让音频内容更加丰富多元，满足用户多元化的需求。

（一）技术迭代，在线音频产业链重构

在线音频产业链由上游 IP 与内容生产、中游在线音频平台、下游渠道与用户组成，AIGC 在产业全流程贯通发力。

上游产业链的传统内容生产模式以 UGC、PGC 为主。平台内容生产一方面利用 UGC 实现促新增长，通过培育新兴主播和创新活动运营激发用户内容创造活力，挖掘有潜力的主播成为从业者并提升平台内容产品总量。另一方面，平台内部 PGC 成为中流砥柱，通过邀请名家名声，签约大热 IP 版权，运用专业化团队制作等方式输出高质量音频产品。上述两方面相互促进成为上游生产的主要方式，但其局限在于从本质上都无法脱离对人声的依赖。AIGC 接入后，基于语音合成、人声模拟、声音特效等功能，正逐渐通过技术力量摆脱对纯人声的依赖。国内诸多在线音频平台自 2023 年起开始重点培育 AI 主播，以目前出现的行业模式为例，平台引入最新 AI 音频技术并进行“难度降级”，在平台内部上线简化版技能软件供 AI 主播从业者使用，运营方面增设 AI 经理人职位，对 AI 内容生产和 AI 主播培育进行全权负责，并由 AI 经理人完成对 AI 主播的综合管理和内容制作任务的发放。依托于简单的技术从业门槛，在新兴生产模式的引领下，行业内出现了一批新的就业群体，进一步激发了内容创造活力。

如今的 AI 音频模型已经强大到只需一条“Prompt”（指令）便能直接生成音频内容。目前，Pika Labs 公司已经可以做到直接为视频画面进行智

能配音。AI语音创业公司Eleven Labs为Sora的演示视频完成了精准匹配的配音，其即将上线的AI Sound Effects功能可以让用户输入Prompt自动生成声音，[①] 有效拓展AI音频模型的应用范围，进一步预示着音频内容创作的更多可能性，有望为在线音频、影视、游戏、广告等多个行业带来革命性的变革。国内目前暂无技术运用实例，但结合当前AIGC的强大变革能力来看，未来行业内容生产模式将会再次改写。AIGC技术的强大学习和生成能力能够让AI音频模型不断地优化和提升自身的性能，更准确地捕捉人类语音的特点，包括语调、情感等方面的细微差别，进而生成出更加贴近真实人类语音的音频内容。随着AI音频模型的普及和应用范围的扩大，生成式音频将逐渐成为音频内容创作的主流方式，相较于传统的人工录音和编辑方式，它具有更高的效率和更低的成本，可以根据需求快速生成大量的音频内容，将极大地推动音频内容生产的规模化和产业化发展。AI音频模型还可以充分满足用户个性化定制需求，生成符合特定风格和情感的音频内容，让音频内容生产更加灵活和多样化。综合来看，生成式音频将推动整个行业向着更加智能化、高效化的方向发展。

产业链中游的在线音频平台，作为内容传播的核心载体，汇聚了有声书、音频直播、音频社交等多元化形式与内容。根据传播形式与内容的差异，这些平台可细分为专注于全面覆盖各类音频内容的综合性音频平台，聚焦于某一特定领域或主题的深度耕耘垂直型内容平台，以及致力于音频内容的创新开发与跨界融合的音频衍生平台。AIGC技术的融入下，平台在内容把关、分发及反馈机制中获得了优化。目前，AIGC技术已全面渗透平台的审核流程中，显著降低了人力资源的消耗，大幅提升了审核的效率和精准度，推进了全天候的监管覆盖。例如，对于直播中的违规内容，AIGC技术能够实时进行拦截与预警，有效遏制不良信息的传播。通过线上数据挖掘和模型迭代训练，不断优化审核算法，对于误杀、漏杀案例的定期分析，以及敏感词库的定期更新，能使审核能力实现持续的提升。这种技术的积累与迭代，不仅为平台内部提供了有效的解决方案，也为未来形成对外输出的规模效应奠定了基础。在运营层面，AIGC能够推动算法

① “AI Sound Effects are Coming Soon” February 19, 2024, ELEVENLABS TEAM, https://elevenlabs.io/blog/ai-sound-effects-are-coming-soon/.

机制的智能优化，进一步提升内容分发的精准度和效率，切实满足用户的内容需求，增强平台的用户黏性和活跃度。同时，AIGC 技术有利于畅通反馈渠道，使得平台能够更及时地获取用户反馈，进而优化产品和服务，在运营管理和用户体验上实现提升。

产业链下游，通过智能手机、智能穿戴设备以及车载系统等多样化的线下终端渠道，嵌入通勤、亲子互动等多元化的应用场景中，实现了与终端用户的深度捆绑。在线音频以其独特的高伴随性、场景渗透性，能够更有效地拓展用户的内容消费场景，满足用户在不同场景下的需求，如通勤途中的娱乐放松、助眠时的宁静陪伴以及亲子间的互动时光等。在多样化的收听渠道中，智能音箱和车载终端以其便捷性和实用性，成为用户最常使用的收听方式，分别占据了 49.2%和 33.8%的市场份额。① 智能音箱依托于 AI 智能语音助手的功能，为用户提供了更为自然的交互方式，让内容的获取变得更加简单高效。嵌入家居场景的智能音箱更是催生了智能家居时代的到来，创造了新的家居生活方式。而车载终端则通过与车载系统的深度集成，为驾驶者提供了方便、快捷的音频收听服务和智能车载体验。AI+IoT（物联网）层面，音频平台通过与汽车厂商共建车联网、与家电企业合作打造智能物联家居等方式，加速推进 AI 音频在车载娱乐系统、智能音箱、智能家居、穿戴设备等终端的整合应用，覆盖更广阔应用场景的同时，拓宽 AI 音频的变现渠道。② 终端装置的进一步发展，能够让在线音频更加深度融入人们的生活，依靠技术的进步，实现产业链的再次延伸。

（二）应用场景：全时段陪伴，多行业渗透

AI 大模型技术的持续突破，推动在线音频行业步入一个全新的发展纪元。新技术高速发展带来的技术变革、产业变革应用于音频产业链制作、传输、播出的各个阶段，为音频生产提供了全方位技术支撑。

在音频创作上，在线音频行业应用 ASR 语音识别技术与 TTS 语音合成

---

① 《2023 年中国在线音频行业洞察报告》，2023 年 6 月 1 日，36 氪网，https://www.36kr.com/p/2281608690112518。

② 《2023 年中国网络音频产业研究报告》，2023 年 7 月，艾瑞咨询，https://pdf.dfcfw.com/pdf/H3_AP202308071593397289_1.pdf? 1691432534000.pdf。

技术产出高质量仿真语音，快速完成文本到语音的转化，加速了文字到音频内容的生产能力；在音频传输上，5G 网络的超高速、大容量、低时延、移动性强的特征将使信息传播不再受时间和空间的场景限制；在音频的播送环节，大数据将音频内容精准推送并双向反馈，为大众带来更加沉浸、专业且适配的娱乐体验，从而促进在线音频内容消费市场的快速发展。①《中国人工智能大模型地图研究报告》显示，中国 10 亿级参数规模以上大模型已发布了 79 个。② 从世界范围来看，拥有生成式音频相关专利最多的公司包括索尼（Sony）、亚马逊、华为、字节跳动、Adobe、苹果和腾讯。③在线音频行业在国内已进入成熟期，随着行业赛道的不断细分和音频模式的延展与再构，如今在线音频依靠场景多元化和主打“陪伴”属性，影响着用户的选择。音频媒介自身固有的强伴随属性，能够满足多场景需求，已几乎覆盖日常出行生活的全部场景，并与用户形成强绑定关系，提供业余充电、情感陪伴和互动社交等内容价值，最典型的应用场景例如睡前助眠、运动健身及家务劳动等。除此之外，在线音频在音乐、游戏等相关行业占据重要地位，可以说无所不在地渗透生活的每一个细微之处。

（三）平台加速转型，商业边界扩宽

在线音频产业经过持续的发展，伴随着供给端内容生产的极大丰富和用户付费意识的普及，订阅付费、广告营销、直播打赏等盈利模式也逐渐趋于成熟，行业整体勾勒出“平台+内容+主播+周边”的运作框架。④ 然而在行业发展进入平台期后，一方面传统的盈利模式增长乏力，亟须转型优化；另一方面各大音频平台也在开拓探索新的业务模式，试图打造新的产品线，发掘新的利润增长点。AIGC 加入后，为整体行业带来了新的商业空间。

在线音频平台通过长期的运营，使国内音频用户的付费意识已有极大

① 《2023 年中国在线音频行业洞察报告》，2023 年 6 月 1 日，36 氪网，https://www.36kr.com/p/2281608690112518。

② 《报告：中国 10 亿级参数规模以上大模型已发布 79 个》，2023 年 5 月 29 日，中国新闻网，https://www. chinanews. com. cn/cj/2023/05-29/10016032. shtml。

③ 《除了 AI 孙燕姿，生成式音频究竟能带来什么？》，2023 年 6 月 13 日，网易，https://www.163.com/dy/article/I74NH1JI05118O92. html。

④ 《2023 年中国网络音频产业研究报告》，2023 年 7 月，艾瑞咨询，https://pdf. dfcfw. com/pdf/H3_AP202308071593397289_1. pdf？1691432534000. pdf。

改观，向有价值的内容付费逐渐得到认同。平台续费订阅会员数量的用户稳健增长，激励优质内容的持续创作。相关财报披露，国内几家头部平台的订阅付费业务在总营收中的占比已过半，会员续费以及精品专辑订阅成为核心盈利来源。① 另外，在线音频市场的整体内容质量有显著的提升，这归功于良性的创作环境和可观的收益回报。而 AI 在其中起到降本增效的关键作用，音频平台不断投入技术研发和流程打磨，加码个性化、定制化内容创作，借助 AIGC 的强大生产力，实现内容创作质量和效率的提升。除了主流文化作品，平台有余力开拓出更多小众化内容商品，为内容付费注入更多吸引力。

当前音频平台正积极拥抱社交化趋势，借鉴短视频领域的成功变现模式，以创新驱动音频领域的发展。在受众互动层面，除了传统的打赏与连麦方式，头部主播开始尝试直播带货等新型变现形式，推动孵化主播私域流量，借鉴粉丝经济的运营技巧，拓宽商业渠道。AIGC 技术还促进了音频产业的跨界融合，音频内容通过与文字、视频、游戏等多种媒体形式进行融合，创造出更多元化的产品和服务。例如，猫耳 FM 收纳有声漫画、音乐、广播剧、听书、电台等二次元及泛二次元的内容与音频进行融合，开拓中文广播剧、网文广播剧等商业范式实现变现。除此之外还创造性地将音频与图片、文字进行融合，在广播剧中加入精美插图或漫画实现视听融合，开放观众互动弹幕，推动用户群体间的交流并增加平台活跃度和用户黏性，从而为平台带来更多的流量和潜在的商业机会。这种跨界融合不仅拓宽了音频行业的商业边界，也为相关产业带来了更多的合作机会和商业模式创新。

三　AIGC 在线音频应用热点

AIGC 在线音频应用正成为引领行业革新的重要力量。其中，AI 音乐以其独特的创意和无限的可能性，打破了传统音乐创作的界限，让音乐艺术焕发新的生机。AI 音频主播的崛起，促进了全民参与和创作，丰富了音频市场的多样性。同时，AI 语音识别技术的快速发展，切入了办公领域的

① 《2023 年中国网络音频产业研究报告》，2023 年 7 月，艾瑞咨询，https://pdf.dfcfw.com/pdf/H3_AP202308071593397289_1.pdf? 1691432534000.pdf。

应用场景，带来了智能化、高效化的办公体验。这三大应用热点不仅展现了AIGC在线音频技术的巨大潜力，也揭示了其在推动音频行业创新发展中的关键作用。

（一）AI音乐：打破想象天花板，音乐创意无限

随着科技的飞速发展，AI音乐不仅打破了传统音乐创作的想象天花板，更为音乐产业注入了前所未有的活力与创意。根据当前技术革新的步伐，呈现出三种代表性阶段。

在AI音乐的1.0阶段，AI换声是主要表现形式。最具代表性的当属AI孙燕姿演唱的诸多歌曲，在B站获得了百万播放量。这一阶段的AI音乐主要通过算法学习原歌手的音乐特征，再生成流畅的语音，实现了对原声的模仿与再现。

在AI换声的大热下，催生了AI歌手的新业态。AI通过算法学习数据中的音乐特征，再根据音乐特征生成出流畅的语音，从大量原歌手的原声数据中识别出歌手的歌声特征、确定音调，再作出正确的高音变化和节奏变化，至此一位AI歌手就能够出道。配合不同类型的背景音乐，AI可以随意模仿歌手的声音和风格进行演唱。对AI歌手创作者而言，整个过程只需要准备数据集、预处理音频、预训练模型、模型训练、模型推理这几个步骤，便可以完成AI歌手作品的生成。AI歌手也不仅仅局限在对歌曲的翻唱，基于当前的大模型技术，可以通过训练完成的模型，根据给定的主题、风格或者旋律，生成一首全新风格的歌曲。

AI音乐的2.0阶段是音乐创作工具的智能革新。在这一阶段，AI不再仅仅局限于模仿，而是能够根据海量的音乐数据，掌握音乐的内在规律和韵律变化，生成各种风格迥异、富有创意的旋律和节奏，协助音乐创作者、歌手的全业态能力提升。2022年，酷狗音乐的阿波罗声音实验室推出自研的AI黑科技“凌音引擎”，提供包含AI帮唱、词曲Demo爆款潜力评估以及歌曲智能封面制作等功能。[①] 腾讯音乐新推出零样本学习AI创作歌曲工具，可以使用10秒录音，实现零资源样本zero-shot音色复刻，让AI

① 《酷狗AI黑科技“凌音引擎”新玩法，AI帮唱功能助音乐人词曲售卖》，2023年2月20日，环球网，https://m.huanqiu.com/article/4BmCA7I0MlF。

模仿用户唱歌。在 AI 的助力下，音乐产业走势良好。腾讯音乐 2023 年第三季度财报中在线音乐付费用户数同比增长 20.8%，创 1.03 亿新高，订阅收入同比增长高达 42.0%，驱动在线音乐服务收入同比增长 32.7%，达 45.5 亿元，占总收入的比重已近 7 成，而调整后净利润等关键业绩指标也持续稳健增长。财报中提及的“AI 赋能技术”和“大语言模型（LLMs）赋能”，代表着在线音乐未来更大的可能性。①

AI 音乐 3.0 阶段进入“文生音乐”时代。这一阶段的 AI 音乐不仅能够理解并模仿人类的语言和音乐创作模式，更能够“理解”文本背后的情感与意境，从而生成与文本内容相契合的音乐作品。这种技术与文学、诗歌等艺术形式的结合，正在开启一个全新的音乐创意领域。2023 年 12 月，美国初创公司 Suno AI 正式发布音乐生成产品 Suno，用户只需输入简单的文本提示词，即可根据流派风格和歌词生成带有人声的歌曲，系统内包含多种音乐风格，并提供了多语言和不同性别的声音选择，用户可以使用命令来生成音频并进行个性化设置。2024 年 3 月中下旬，Suno V3 版本问世，在创意性、流畅度和音质等方面有较大进步。紧接着，音乐生成领域的新玩家 Udio 上线，与 Suno V3 相似，Udio 仅通过一些人工输入的文本提示就可以创作高保真音乐音频，但它拥有比 Suno 更多的自定义能力，风格更为多变，生成样式更为多样。除了可以生成音乐，Udio 还能通过自定义歌词生成其他音频，比如喜剧、演讲、商业广告、广播节目，甚至白噪音和 ASMR。昆仑万维制作的国内 AI 音乐大模型天工 SkyMusic，将华语音乐也带入了“文生音乐”的全新阶段。2023 年 4 月，网易云音乐在站内正式上线了 Suno AI 音乐专区，通过集成热门 Suno AI 歌单、热门 Suno AI 歌曲排行榜、Suno AI 新歌发现及专属社区讨论空间，为所有关注前沿 AI 音乐的用户打造了一个 AI 音乐的综合性空间。②

AI 音乐已经从简单的模仿阶段，逐步发展到了能够根据文本生成高度个性化的音乐作品。这种变化不仅打破了传统音乐创作的想象天花板，更将音乐创作的边界推向了前所未有的广阔领域。“文生音乐”时代的来临，

① 《腾讯音乐 Q3 财报：在线音乐订阅收入同比增 42.0%业务结构更具韧性》，2023 年 11 月 14 日，腾讯网，https://new.qq.com/rain/a/20231114A08Y3E00。

② 《网易云音乐上线 Suno AI 音乐专区，打造 AI 音乐交流新空间》，2024 年 4 月 11 日，网易，https://www.163.com/dy/article/IVGUO5BC05178FFG.html。

使音乐创作不再仅仅依赖于作曲家的灵感和技巧，而是可以通过对文本的理解和解析，生成与之相契合的音乐作品。这种技术的出现，正在重构传统的音乐产品生产流程。新技术的运用能够为音乐产业创造出新的商业模式和盈利点，为音乐产业注入全新发展动力。尽管 AI 音乐的发展取得了显著的成果，但仍有诸多问题值得探究，例如，如何保证 AI 生成的音乐作品的版权和知识产权问题，如何平衡 AI 音乐创作与人类音乐创作的关系，如何避免 AI 音乐创作的同质化问题等。这些问题需要随着技术的不断发展，音乐产业的不断进步，在未来的研究中加以关注和解决。

（二）AI 音频主播：打破行业门槛，开启全民创作

AI 音频主播作为新兴的职业方向，正以其独特的优势打破传统音频行业的就业门槛，为全民创作开启全新的可能性。在先进 AI 技术的助力下，音频主播不再局限于专业人士，普通用户也能轻松实现音频内容的创作与分享。这种技术的普及，降低了音频创作的难度，拓宽了创作群体的范围，使更多人能够参与到音频内容的生产中来。人工智能技术能够产生自然流畅的合成语音，在广播、有声读物和语音助手等领域广泛应用。此外，自动化工具和算法可应用于音频编辑的多个方面，包括去噪、混响控制以及音量平衡等，有效提高后期制作效率。在语音识别方面，可用于转写和语音指令处理，提高语音交互的准确性和效率。通过深度学习模型，人工智能还能够为视频、游戏等生成自动配乐和声音设计，为多媒体创作提供更为便捷的解决方案。

2023 年年初，国际顶级语音会议 ASRU（IEEE Automatic Speech Recognition and Understanding，自动语音识别与理解）的多通道多方会议转录挑战赛（M2MeT 2.0）落下帷幕，喜马拉雅珠峰实验室以出色的说话人和语音识别技术（ASR）摘得桂冠。[①] 该技术目前已广泛应用于喜马拉雅 App 的 AI 文稿功能，可对平台中无文稿的声音内容进行语音转写，输出相应的文字，使听众更好地理解声音内容。除了 ASR 技术，喜马拉雅的 TTS（语音合成）技术也位居行业前列，广泛应用于评书、新闻、小说等多种

① 《喜马拉雅获得 ASRU 2023 M2MeT2.0 挑战赛冠军》，2023 年 7 月 1 日，中新网，https://www.sh.chinanews.com.cn/kjjy/2023-07-01/113598.shtml。

内容的制作中。喜马拉雅成功复现了单田芳的声音，这一项目成为 AIGC 的典范之一，单田芳的 AI 合成音已上线 100 多张专辑，总播放量超过 1 亿。[①] 截至 2023 年 10 月，喜马拉雅珠峰实验室团队通过 AIGC 方式创作了超过 3.7 万部有声书专辑，AIGC 作品每日播放时长已超过 250 万小时。

技术难关逐渐突破，全民创造浪潮迭起。国内多家在线音频平台利用 AI 科技打造了智能创作工具，切实降低了音频内容创作门槛，提升了创作效率。在新技术应用的背景下，鼓励用户使用新技术成为主播。智能音量、智能配乐、音转文剪辑、AI 分段、智能检测、一键成片等功能陆续上线，以播客为例，录一期 100 分钟的播客，仅需 10 分钟即可完成剪辑制作。在为视频进行配音的工作中，只需要对生成式音频输入“Prompt”便能获得成效。便捷化的技术条件支持下，平台运作模式也积极配合，平台内的 AIGC 经理人负责搭建简化版的 AIGC 技术平台，为主播提供全套技术操作方法指导，运营团队制作专属 AIGC 流量赛道，对新兴内容给予流量支持，进一步提升 AIGC 作品的曝光度和影响力，推动 AI 音频主播账号的孵化。技术和平台的联动显著扩大了从业者的数量和参与意愿，越来越多的人开始尝试音频创作，形成了庞大的创作群体。来自不同领域和背景的创作者的参与为音频行业注入了新鲜“血液”。

（三）AI 语音识别：抢占办公新赛道，应用场景全覆盖

让 AI 发声已经实现，让 AI 听懂做到了吗？反向思维下，AI 语音识别技术正以其独特的优势，率先在办公领域得到开发并正在逐步实现应用场景的全覆盖。

AI 语音识别技术为现代办公领域带来便利与革新，无论是会议记录、语音输入还是智能客服，其都展现出了巨大的潜力和价值。通过深度学习和自然语言处理技术，AI 能够准确识别并转化语音信息，极大地提高了办公效率和沟通效果，引领办公方式的新转变。2024 年 3 月，阿里大模型产品“通义听悟”宣布迭代并发布多项新功能，作为定位于工作学习的音视频 AI 转写工具，“通义听悟”具备“听”与“悟”的能力，即“听力

---

① 《喜马拉雅稳居音频行业第一梯队 AI 创新助推行业良性发展》，2023 年 12 月 5 日，东方网，https://caijing.chinadaily.com.cn/a/202312/05/WS656ee1c0a310d5acd8771b76.html。

好”，能高准确度生成会议记录、区分不同发言人。“悟性高”，可形成摘要、总结全文及每个发言人的观点、整理关注重点和待办事项。[①] 截至目前，“通义听悟”已帮助用户处理20万次的音视频，约有500万注册用户。行业内最大的头部公司讯飞听见的公开资料显示，截至2023年年末，在智慧办公方面，讯飞听见智能会议系统及智慧办公产品累计成交客户数约3000个以上，重大活动服务超20000余场，覆盖人群超4亿。[②] 在AI语音识别市场的竞争中，已形成了以科大讯飞为首，百度、阿里、腾讯为领导者的头部集中格局，[③] 字节跳动、搜狗、网易有道等公司正积极跟上节奏。一场办公行业的AI语音应用竞争正在逐渐展开，并显示出广阔的发展空间。在知名语音企业、大型互联网企业以“平台+赛道”发展模式下，借助SaaS（软件即服务）服务基础，AI语音识别技术正持续拓展娱乐传媒、协同办公、在线教育、智能设备等应用领域。[④]

AI语音识别的高嵌入性有利于渗透多元应用场景，解放行业生产力。无论是线上还是线下，音频都是一种重要的信息传递和表达方式。从智能手机、平板电脑到智能家居设备、车载系统，再到复杂的企业级应用，语音识别技术都能够实现无缝集成。这种灵活性使语音识别技术能够适应各种场景和需求，为不同行业提供定制化的解决方案。AI语音识别技术的应用非常广泛，以医疗领域为例，医生可以通过语音识别技术实时记录患者信息、下达医嘱，甚至进行远程会诊。在智能交通领域，驾驶员可以通过语音指令控制导航、音乐播放等功能，从而减少了驾驶过程中的分心操作，提高了驾驶安全性。在零售和娱乐领域，消费者可以通过语音与智能设备进行交互，查询商品信息、预订服务或享受个性化的娱乐体验。这种智能化的交互方式不仅提高了消费者的满意度，还为企业带来了更多的商业机会。随着语音识别技术的不断进步和普及，越来越多的企业开始投入

① 《大模型应用竞争转写赛道，比谁更能“听懂”音视频》，2023年6月3日，腾讯网，https://new.qq.com/rain/a/20230603A08FN700。

② 《“人工智能+”行动！讯飞听见用AI助力全国两会高效记录》，2024年3月7日，腾讯网，https://new.qq.com/rain/a/20240307A0A0O200。

③ 《2023年中国语音识别技术突破界限，迈入智能交互新时代》，2023年4月，头豹研究院，https://pdf.dfcfw.com/pdf/H3_AP202310271605185908_1.pdf?1698436353000.pdf。

④ 《2022年讯飞听见生态用户破亿，用人工智能让用户“因AI而能”》，2022年12月21日，中华网，https://m.tech.china.com/hea/article/20221221/122022_1199143.html。

研发和推广语音识别产品，有效促进了技术的创新和升级，带动了相关产业链的发展，推动经济增长。

四　AIGC 在线音频应用的痛点及相关建议

（一）声音版权归属争议频发，行业规范亟待完善

随着人工智能生成内容（AIGC）技术的快速发展，其应用在在线音频行业中的范围与深度也在不断扩大。音频行业的规范制定显然滞后于技术的革新速度，导致在实际操作中存在着诸多不确定性。

其中，最为突出的问题便是声音版权归属的争议。在 AIGC 生成音频内容的过程中，涉及的声音素材、语音合成技术，以及最终生成的音频作品，其版权归属问题变得异常复杂。由于缺乏明确的行业规范与法律法规，各方对版权的界定与保护往往存在分歧，甚至引发法律纠纷。根据《中华人民共和国著作权法》对著作权的定义，“著作权是著作权法赋予民事主体对作品及相关客体所享有的权利”。其中，民事主体指公民、法人或非法人组织。[①] 在美国版权局的实操手册第 305 节中也提到，“在版权局注册作品的原创作品，前提是作品是由人创作的”，版权法仅只保护“以思想的创造力为基础的智力成果”。[②] 从实质上来说，目前著作权法的保护对象是人而非 AI，但由于 AI 技术可以模拟和生成人类声音，这使声音版权的界定变得更加复杂。一方面，AI 生成的声音是否享有版权、其版权归属何方等问题尚存争议；另一方面，AI 音频应用在使用过程中可能涉及大量声音素材的采集和使用，这也容易引发版权纠纷。以 AI 音乐为例，音乐人的创作与版权保护问题还未得到妥善解决，AI 音乐的新形势带来的全新问题已引起广泛讨论。目前来看，关于 AI 作曲、编曲的版权问题，在现有法律框架内尚不能提供相关的版权支持，但这并没有影响 AI 音乐公司的发展。AI 音乐是否构成侵权，成为行业内最大的争议。有律师指出，

① 《中华人民共和国著作权法》，2021 年 10 月 29 日，中国政府网，https://www.gov.cn/guoqing/2021-10/29/content_5647633.htm。

② “Should Copyright Protect Music Created By Artificial Intelligence?”, Stephen Carlisle of NOVA Southeastern University, https://www.hypebot.com/hypebot/2019/06/should-copyright-protect-music-created-by-artificial-intelligence.html.

AI 模拟的声音并不构成侵权，也不受著作权法保护，但是被翻唱的歌曲是有著作权的，需要取得授权才能使用。此外，行业规范的模糊还导致了音频内容质量的参差不齐。由于缺乏统一的标准与监管机制，AIGC 生成的音频内容在音质、内容、风格等方面存在着较大的差异。不仅影响了用户的收听体验，也削弱了音频内容的商业价值。

自 2021 年起，各国发布多项网络音频行业相关政策，从数字版权、信息安全和用户权益等方面规范音频内容产业链上游、中游、下游的生产协作，保障相关企业和用户的合法权益。2023 年 11 月，在首届人工智能安全全球峰会上，中国、美国、欧盟、英国在内的二十余个主要国家、地区和国际组织共同签署了《布莱奇利宣言》，这是全球首个人工智能安全声明。[①] 2024 年，全球第一部人工智能监管法案已经由欧洲议会正式投票批准通过，成为世界上第一部针对可信人工智能的全面、具有约束力的法规。[②] 美国政府于 2023 年 10 月底签署了《关于安全、可靠和值得信赖的人工智能的行政命令》，包含建立 AI 安全的新标准、促进公平和公民权利，保护美国民众隐私等八个部分。[③]

中国相关法律文件先后推出，为引导国内人工智能发展和监管提供法律依据。2023 年 6 月，国务院宣布有关人工智能法列入立法议程。同年 10 月，国家互联网信息办公室发布《全球人工智能治理倡议》，围绕人工智能发展、安全、治理三方面系统阐述了人工智能治理中国方案，强调各国应在人工智能治理中加强信息交流和技术合作，以共同促进 AI 治理规范和行业标准的框架搭建。[④]《科技伦理审查办法（试行）》对科技伦理审查的基本程序、标准、条件等提出统一要求。[⑤] 以上法案和条令等均强调了 AI 在社会安全、算法安全、科技伦理安全等领域存在的风险，并分

① 《首届人工智能安全峰会发布〈布莱奇利宣言〉》，2023 年 11 月 3 日，新华网，http://www.news.cn/world/2023-11/03/c_1129955096.htm。

② 《欧洲议会正式通过人工智能监管法案》，2024 年 3 月 15 日，人民网，http://world.people.com.cn/n1/2024/0315/c1002-40196038.html。

③ 《拜登签署行政命令，发布白宫首个生成式 AI 监管规定》，2023 年 10 月 30 日，澎湃新闻，https://www.thepaper.cn/newsDetail_forward_25116182。

④ 《全球人工智能治理倡议》，2023 年 10 月 18 日，中国网信网，https://www.cac.gov.cn/2023-10/18/c_1699291032884978.htm。

⑤ 《关于印发〈科技伦理审查办法（试行）〉的通知》，2023 年 9 月 7 日，科技部网站，https://www.most.gov.cn/xxgk/xinxifenlei/fdzdgknr/fgzc/gfxwj/gfxwj2023/202310/t20231008_188309.html。

别给出了相应的指导和建议。细化到在线音频行业，需要向上遵从上级法律规范，严格遵守国家版权法等相关法律法规，明确声音版权的归属与保护，为创作者提供有力的法律保障。同时，行业内的各平台与机构也应积极响应政策要求，建立起完善的监督机制，通过行业协会、第三方机构等多元主体共同参与，对音频内容进行严格把关，确保内容的合法性与规范性。此外，行业内各平台与机构之间也应加强合作，共同打击侵权行为，维护行业的良好秩序。在音频内容生产的全环节达成规范共识，从音频的录制、编辑到发布、传播等各个环节，都应遵循行业规范，确保声音版权的合法使用。行业内的创作者、平台与机构等各方也应加强沟通与协作，共同推动行业标准的制定与实施，为行业的健康发展提供有力支撑。

（二）行业职业危机频现，人机协同，打造优质内容生态链

AIGC 技术的广泛应用显著提升了生成式音频内容的数量和质量，也给传统配音人员带来了前所未有的职业发展冲击。传统音频行业从业者正面临着如何在 AI 技术面前重新培养职业竞争优势的重要问题。许多专业配音人员发现，自己的技能和经验在 AI 面前变得不再那么重要，甚至可能面临失业的风险。当声音的专属优势褪去，传统音频行业从业者将何去何从成为值得探讨的问题。尽管 AIGC 技术在音频生成方面取得了显著进展，但目前的人机协同机制仍然存在着诸多不足。机器生成的音频内容虽然效率高，但普遍缺乏人类的情感表达和个性化特征，难以完全替代专业配音人员的角色；另外，专业配音人员在与机器协同工作时，也面临着如何有效发挥自身优势、提高生产效率等挑战。优质内容的打造并不如想象中顺利，推动从业者的能力提升和人机协同的配合度提高是 AIGC 在线音频的重要难题所在。

为了解决这一问题，行业正积极探索新的解决路径。目前生成式音频公司正尝试建立“声音银行”对专业配音演员的声音进行采样收集，作为一种生产力资源进行合理分配并集中监管。参与其中的从业者通过分享自己的声音得到收益。当用户使用自己的声音从事内容生产时，声音提供者就能够获得分红。但是，目前尚未在行业内大面积推广使用。从这一设计理念出发，结合区块链技术的分布式账本和共识机制，在未来有望实现音频数据的安全可靠传输和存储，构建出可靠的“声音银行”体系。区块链技术可以确保音频数据的完整性和真实性，防止数据被篡改或伪造。在音

频内容传输阶段，维护安全传输，防止数据在传输过程中被非法获取或篡改，并实现音频数据的可追溯和可验证，确保数据的长期保存和有效利用。区块链技术的落地应用有望优化 AIGC 音频市场的资源配置和利益分配，加快实现音频内容的版权保护、收益分配和交易追溯等功能，从而激发创作者的积极性和创新力，推动 AIGC 音频市场的健康发展。

除此之外，在前文中提到的，国内头部音频平台主动承担起技术推动的责任，加强对从业人员的技术培训，将较难技术拆解并下放给主播团队，切实提升从业人员的 AI 技术运用能力，推动人机协同的稳步融合也是值得借鉴的做法。在 AI 的时代，人与技术的融合是大势所趋，平台进一步推进技术革命，从业者转变思维，运用 AI 打造自身就业新优势，积极融入 AI 浪潮，是未来打造优质内容生态链的关键一步。

（三）AI 语音骗局横行，紧跟技术前沿，构建良性利用安全网

AI 音频技术为音频行业带来了革命性的变革，使语音内容的生成与传播更为便捷高效。然而，技术的滥用与误用也导致了虚假信息的泛滥和诈骗活动的增多。利用 AI 音频技术制作的虚假语音信息，冒充他人身份进行诈骗活动，给广大用户带来了严重的安全隐患。用户在使用音频服务时，往往难以分辨语音信息的真伪，一旦受到欺骗，不仅会造成经济损失，还可能泄露个人隐私信息，甚至面临更严重的安全风险。虚假语音信息的泛滥加剧了在线音频行业的信任危机，大量的虚假信息在音频平台上广泛传播，误导用户，破坏了信息的真实性和可信度，损害了音频平台的声誉和形象，对整个行业的健康发展造成了不良影响，对新闻传播的真实性和公信力构成了严重威胁。

针对这一问题，技术靶向性应对显得尤为重要。ElevenLabs 推出的 AI 检测工具，便是技术自我修正的一个典型案例。ElevenLabs 在推出 AI 语音生成工具的同时，对应性地推出了 AI 检测工具，能够直接识别 AI 语音内容，与 PC 时代的杀毒软件有异曲同工之妙。[①] 但 ElevenLabs 的 AI 检测工具在面临复杂音频环境时仍存在局限性，如添加音乐或音频失真时检测失

---

① 《仅仅成立两年！这家 AI 语音初创公司轻松跻身独角兽行列》，2024 年 1 月 22 日，腾讯网，https://new.qq.com/rain/a/20240122A09J8O00。

败的情况。若结合区块链的智能合约功能，有望为 AIGC 音频造假问题的解决提供底层技术支持。通过智能合约，设定音频内容的生成规则、传输协议和存储标准，从而实现对音频内容的自动化监管和治理，降低人工监管的成本和难度，提高监管的效率和准确性。总的来说，从业人员的顶层规划和安全意识至关重要。在创造新应用的同时，需要进行反向思考，从人文角度出发，研制出更多人性化、安全的应用工具。对于已经造成的问题，积极运用新技术进行解决，加强技术监管和风险评估，建立健全的技术安全体系，确保 AI 音频技术的稳定性和可靠性。

T.10　2023年智能媒体产业投融资研究报告

陆朦朦　周雨荷　苟圆林*

摘　要：人工智能技术的迅猛发展，深刻改变了媒体产业的生产与传播方式，推动产业价值持续飙升。2023年，在智能技术的全方位渗透下，智能媒体产业持续发力，引起资本市场广泛瞩目。智能媒体产业投融资成交量屡创新高，年度投融资项目和规模也呈现新变化。本文旨在聚焦智能媒体产业发展的投融资状况，通过梳理和统计智能媒体产业的投融资数据，深入分析投融资数量分布、投融资轮次分布、投融资领域分布以及投融资机构分布四个关键维度的具体情况。本文集中分析并指出2023年智能媒体行业投融资的热点与重点，以期为智能媒体产业在投融资领域的发展提供趋势性的总结与前瞻性的观察。

关键词：智能媒体产业；投融资；人工智能；元宇宙；区块链

一　2023年智能媒体产业投融资宏观环境分析

（一）固本强基：政策指引AI赋能百业

为进一步加强数字中国建设，并将新兴智能技术全方位嵌入行业应用，2023年2月，中共中央、国务院在2022年印发的《关于推进实施国家文化数字化战略的意见》的基础上印发了《数字中国建设整体布局

* 陆朦朦，浙江传媒学院出版学院副教授，研究方向：数字文化产业、新媒体用户行为；周雨荷，浙江传媒学院新闻与传播学院硕士研究生，研究方向：数字媒体与智能传播；苟圆林，浙江传媒学院新闻与传播学院硕士研究生，研究方向：数字媒体与智能传播。

规划》（以下简称《规划》）。《规划》明确指出数字中国建设是数字时代推进中国式现代化的重要引擎，需夯实数字基础设施和数字资源体系两大基础，推进数字技术与经济、政治、文化、社会、生态文明建设“五位一体”深度融合，争取至2025年基本形成横向打通、纵向贯通、协调有力的一体化推进格局。智能媒体产业展现了智能技术迈向精细化发展阶段的生态面貌，尤其在2023年以ChatGPT为首的生成式人工智能的出现正引发新一轮的人工智能革命，众多企业纷纷将人工智能作为一种基础性技术动力与制造、教育、医疗、农业、交通、艺术创作等行业领域深度融合，推进国内智能媒体产业发展。以人工智能技术和智能媒体产业建设为先导，2023年9月工信部等部门联合印发了《元宇宙产业创新发展三年行动计划（2023—2025年）》，提出构建元宇宙技术和产业体系的战略目标，强化人工智能、云计算、虚拟现实等新一代信息技术在元宇宙中的集成突破。中央政策发布后，地方政府也纷纷响应国家政策号召，制定元宇宙产业发展规划，昆明、上海、成都、南京、重庆、山东、河南等地公布了有关元宇宙产业链、产业园、工业元宇宙建设的重大项目计划。与此同时，产业数字化步伐的加快也伴随着诸多安全问题。2023年4月，国家互联网信息办公室发布了关于《生成式人工智能服务管理办法（征求意见稿）》的通知，明确了生成式人工智能“提供者”在内容生产、数据保护及隐私安全等方面的法定责任，确立了人工智能产品的安全评估规定及管理办法，为智能媒体产业发展及技术应用确立了行业规范。总体来看，2023年有关智能媒体产业的政策依旧强调智媒技术的跨界融合、全面布局，力争在基础硬件、技术研发层面取得突破式进展，为数字中国建设打牢地基，拓宽智能媒体技术线上线下应用场景，持续优化智能媒体上下游产业链。

（二）深研技术：投融资热潮持续高涨

技术的深刻变革为智能媒体的发展赋予了强大的内核，引领着整个行业迈向新的高度。随着人工智能、区块链、元宇宙等前沿技术的深入研发与应用，数字产业持续升级，产业数字化进程日益加速，一批具备发展潜力的智能媒体产业集群正蓬勃兴起，不断迭代成长。例如继2023年ChatGPT火了一整年之后，OpenAI在2024年开年又发布重磅文生视频模型——Sora 模型，将大模型又向前推进了一步。Sora 采用 OpenAI 文生图模型 DALL-E 3 背后的强大技术，可将简短的文本描述转化成长达 1 分钟的高清视频。革命性技术的层出不穷显然也反映在投融资领域，智能技术所展现出的广阔应用前景为智能媒体产业的多元化发展提供了肥沃的土壤，吸引了大量资本进入。资本市场的积极投入成为智能媒体产业创新与发展的催化剂，有效缓解其在产业升级转型过程中所面临的研发投入、技术更新和业务拓展等环节的资金难题。例如，杭州奥创光年互联网科技有限责任公司在 2023 年 8 月获投 1000 万美元，本轮融资主要用于 AI 视频领域的智能算法、模型研发等技术投入，以进一步提升产品能力。有了资金的强力支持，智能媒体产业得以持续升级与转型，产业新热点层出不穷。技术与资本的深度融合，形成了产业与资本相互促进的正向循环，共同推动着智能媒体产业不断向前发展。例如，上海澜码科技有限公司在 2023 年 8 月已完成数千万元的 A 轮融资，该轮融资吸引了知名投资机构 IDG 资本、联新资本、Atom Capital 的参与，为澜码科技未来发展注入强劲动力，也填补了国内 AI 大模型中间层的空白，有望创造出更高的商业价值。可见，技术创新与落地不仅是智能媒体产业新生态建构的基石，更是其蓬勃发展的核心驱动力。在技术的驱动下，智能媒体产业得以突破传统模式的束缚，开发出交互服务和商业应用等多元场景，加速完成智能化发展。

二　2023 年智能媒体产业投融资概况

2023 年是智能媒体产业高速发展的一年，随着国家政策的利好和人工智能技术的迭代，涌现出一大批优质初创企业和科技创新成果。本文以 IT 桔子网站的分类为依据，选择行业 = “VR/AR”“元宇宙”“区块链”“人工智能”“文娱传媒”“游戏”，时间 = “2023”，地区 = “国内”，筛选出 2023 年智能媒体产业投融资事件 558 起，并从投融资数量分布、投融资轮次分布、投融资领域分布、投融资机构分布四方面归纳总结 2023 年智能媒体产业投融资整体情况。

（一）投融资数量分布情况

从投资时间来看，智能媒体产业的投融资事件多发生在下半年（见图1），1—5 月的投融资事件交易平缓，其中 2 月为上半年投资数量的最低峰，仅有 27 起。6 月开始投资热度上涨，相比 5 月增长 29 起，增长率高达 78. 38%。全年投资高峰出现在 8 月，高达 69 起。从季度来看，各季度投资数量波动较大。2023 年智能媒体行业投资事件集中在第三季度，投资数量为 189 起。第一季度是全年投资数量最少的季度，仅有 98 起，与第三季度相差 91 起。第二季度和第四季度投资数量大致相当，分别为 137 起和 134 起。

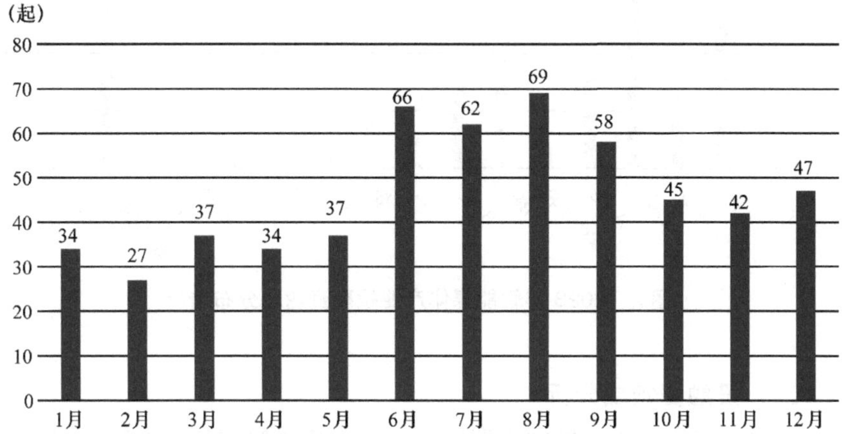

图 1 2023 年智能媒体产业投融资数量分布情况

（二）投资轮次分布情况

从投资的轮次来看，2023 年的智能媒体产业投融资轮次主要是早期轮次，集中在天使轮、Pre-A 轮和 A 轮（见图 2）。早期轮次的投融资事件共为 267 起，占比高达 47. 85%。从投融资轮次可以看出，获得投融资的智能媒体产业大多处于成长期，在行业内形成了初步商业规模并拥有一定口碑，但新业务的拓展还有所欠缺，竞争力有待加强。如何留住风险投资（VC）机构的跟投，或吸引私募股权投资（PE）机构的加入成为大部分初创智能媒体企业发展的重要课题。值得注意的是，战略融资轮次的投融资较多，共 89 起，可以窥见智能媒体领域的投融资吸引着更多在产业链中占据主导位置且拥有雄厚资金的企业参与。对战略投资者来说，抢抓智能媒体新兴产业和政策布局机遇，积极落实战略层面上的关键投资，以获取产业风口高成长性红利的项目。

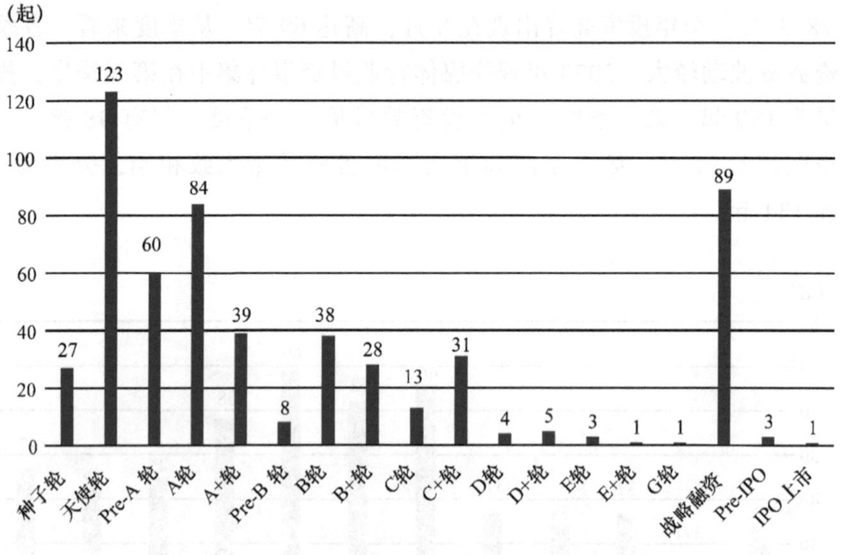

图 2　2023 年智能媒体产业投融资轮次分布情况

（三）投融资领域分析

在 2023 年的 558 起投融资事件中，人工智能领域获投次数远超其他领域，为 460 起（见图 3），占整体被投次数的 82.44%，游戏领域被投次数最少。2023 年人工智能获投企业涵盖了 AI 基础层、AI 技术层、AI 行业应用及 AIGC 等细分领域，大量企业开始探索人工智能广泛的场景适用能力，出现了写歌服务产品、工业智能制造解决方案提供商、虚拟数字人、一站式 AI 工具与内容生成平台等众多智能服务研发商，使人工智能技术渗入生产制造、数据运营及业务执行等过程，加快推进传统产业转型升级。而与 AR/VR、区块链、文娱传媒及元宇宙直接相关的投资事件虽然较少，但人工智能领域在底层技术上与其互联互通，共同驱动智能技术与多重场景的深度融合，不断为数字中国建设注入动力。

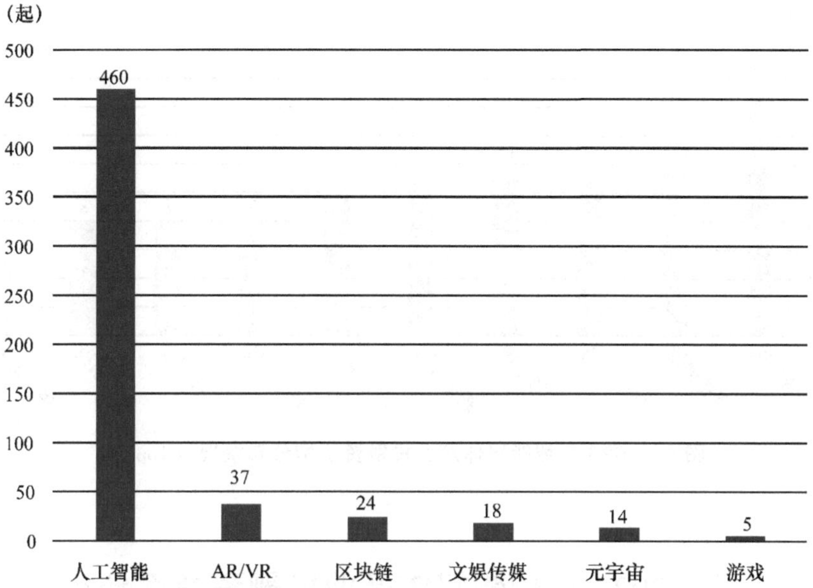

图 3　2023 年智能媒体产业投融资领域分布情况

（四）投融资机构分析

在 2023 年智能媒体产业投融资次数排名前十的机构中（见图 4），奇绩创坛位居榜首，共计投资 19 起，蓝驰创投、红杉中国、创新工场、腾讯投资和小米集团紧随其后。从投资机构的属性来看，专业投资机构占据主流。奇绩创坛成立于 2019 年，是专注于投资和创业指南分享的服务企业，开展了诸多“投资加速技术驱动”的项目，尤其偏好投资人工智能领域相关企业，如大模型、芯片、算力、基建、机器人等。成立于 2005 年的蓝驰创投是一家专注于早期创业公司的风险投资机构，随着人工智能技术不断进入大众视野，蓝驰创投也将触角延伸至前沿科技领域，成为活跃度仅次于奇绩创坛的投资机构。创新工场作为专注人工智能、机器人与自动化、芯片、半导体等领域早中期（A—B 轮）投资项目的企业，与红杉中国的投资次数均等。此外，与 2022 年相比，红杉中国的投资步伐仍旧稳健，腾讯投资与小米集团也积极将视野投向前沿创新赛道，共寻企业的长期价值和未来潜力。

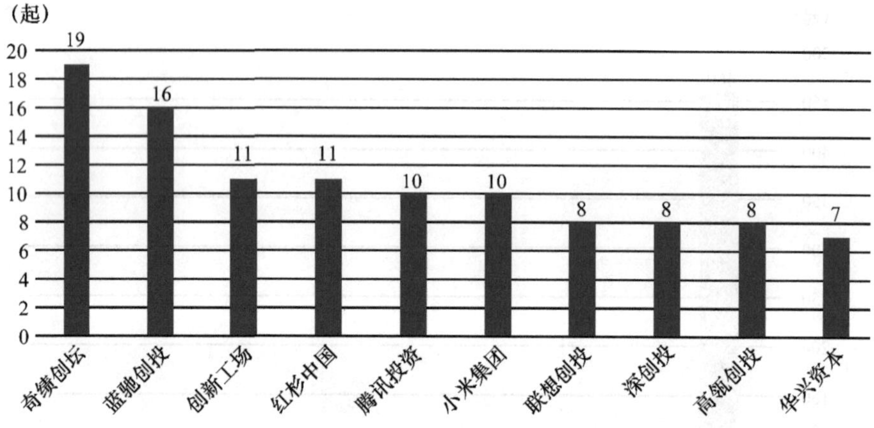

图 4　2023 年智能媒体产业投融资机构分布情况（Top10）

三　2023 年智能媒体产业投融资特点分析

智能媒体产业经过几年的技术积累和跨界融合，与 2022 年相比，2023 年产业投融资特征更为明显。具体来说，2023 年智能媒体产业投融资有以下几方面特征：从投资事件占比来看，人工智能相关概念项目独占鳌头；从投资偏好来看，兼具前瞻创新性与商业成长性的项目较受青睐；从投资地域来看，北上广成为产业投资高地，内陆地区获投数量较少；从投资金额来看，千万元级获投企业达到 40%，人工智能领域的 AI 行业应用类企业亿元级融资事件集中。

（一）投资领域：人工智能相关概念项目独占鳌头

根据 IT 桔子的数据，2023 年智能媒体产业投融资事件中，高达 82% 的项目属于人工智能领域，呈现独占鳌头之势。这一比例无疑彰显着人工智能正成为推动新一轮智能媒体产业变革的核心动力，① 也预示着该领域在未来将持续成为资本追逐的热点。人工智能作为国家战略的重要领域，

① 《〈2023 年中国人工智能行业市场前景及投资研究报告〉发布》，2023 年 5 月 18 日，中商情报网，https://www.askci.com/news/chanye/20230518/1349512684388991748532 83.shtml。

也是国际竞争的焦点，同时也是驱动数字经济的关键动力。2024年的政府工作报告在回顾2023年的人工智能发展时，给予了“关键核心技术攻关成果丰硕”的高度评价，并呈现“人工智能、量子技术等前沿领域创新成果不断涌现”的喜人景象。① 在此背景下，人工智能领域近年来呈现出如雨后春笋般的蓬勃态势，投资界对人工智能的关注度也持续升温，投资事件层出不穷，占据了行业投资的大头。人工智能的投资热潮离不开智能技术的迅速发展，深度学习、自然语言处理、计算机视觉等领域的显著突破，使人工智能在模式识别、智能决策等领域展现出了强大的实力。不少获投项目也是基于AI技术层，深耕业务创新。例如，于2023年8月获投的广州九四智能科技有限公司，基于人工智能语音交互和智能决策技术，专注优化金融客户服务体验。其研发的智能语音决策系统，支持多轮对话的任务型机器人，有效帮助企业降低成本、提升效率与营收。从搜集到的数据来看，“人工智能+”这一概念在近年来投融资领域备受瞩目，“人工智能+媒体”的商业落地彻底重构了媒体的生产与传播模式，推动着产业价值的持续攀升。从内容创作的角度看，人工智能的使用不仅从成本和可持续性的角度提高当前生产流程的效率，更在内容创作主体上将传统的PGC、UGC拓展到TGC（T指代物联网IoT），深刻改变智能媒体产业的生态格局。例如，2023年2月获投的广州布鲁米亚传媒有限公司是一家AI直播解决方案提供商，专注于机器学习、数据挖掘等人工智能和数据技术，为实体行业赋能。基于自身在短视频、直播等自媒体领域积累的多年行业经验，创新推出AI直播解决方案，为广大实体企业降本增效。

智能媒体行业投融资项目在直系归属领域上有所分散，但具体项目并非完全独立的分支，从商业场景落地来看整体是相互交织、相互辉映的关系。例如，2023年1月获投1.4亿元的青岛梦想绽放科技有限公司，旗下梦想绽放项目虽然归属于VR/AR领域，但主要从事的是视频娱乐相关领域、云端融合产品的开发和运营，以“内容+硬件”的模式提供娱乐服务，涉及平台布局和终端设备，跨越文娱传媒、人工智能和VR/AR等领域。此外，2023年11月获投的杭州炽橙数字科技有限公司致力于虚拟现实交互技术研发与

① 《两会受权发布丨政府工作报告》，2024年3月12日，百度网，https://baijiahao.baidu.com/s? id=1793327644772425575&wfr=spider&for=pc。

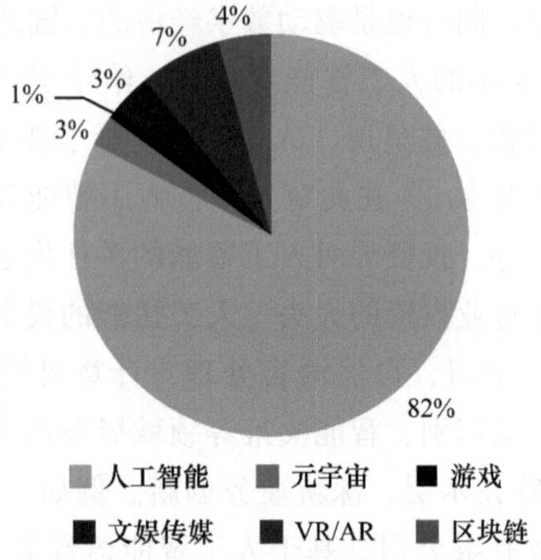

图 5　2023 年度智能媒体产业投融资领域分布情况

行业应用，为厂商、企业、工程提供虚拟现实行业应用整合解决方案。通过商业并购整合，实现 VR、AR、MR 技术的自行开发，融合全息影像、手势识别、3D 仿真等技术，提供全面的“虚拟现实+行业应用”方案，所涉及业务涵盖人机交互产品、AR/VR 影视、AR/VR 行业应用、元宇宙等。

（二）投资偏好：兼具前瞻创新性与商业成长性的项目受青睐

根据 IT 桔子提供的数据，过滤了未透露投资方的项目后，2023 年智能媒体产业投融资相关投资机构 Top3 分别是奇绩创坛、蓝驰创投、创新工场和红杉中国（见图 4），其中创新工场和红杉中国并列第三。从四家机构的投资偏好来看，高壁垒前沿科技应用与商业落地能力的项目备受投资方青睐。奇绩创坛的前身 YC 中国作为全球顶尖的早期投资机构，采取独特的“先投资，再加速”模式，专注于投资早期技术驱动型企业。其核心产品——创业营由奇绩合伙人亲自指导，以创业导师的身份助力入营项目加速产品市场匹配，并通过路演推动企业获得下一轮融资。创始人陆奇在 2023 年坚决跟进 AI 及大语言模型，被《中国企业家杂志》认为是国内目前投资 AI 和大模型赛道最为“激进”的机构之一。[1] 其全年投资的 19

① 《陆奇不创业这一年》，2023 年 12 月 5 日，百度网，https://baijiahao.baidu.com/s?id=1784455400292874600&wfr=spider&for=pc。

起智能媒体产业项目均属人工智能领域，涵盖了多模态空间推理生成模型、企业级生成式AI平台、视觉内容AI创作平台等业务。投资次数位列第二的蓝驰创投是中国市场化投资机构中稀缺的早期VC坚守者，投资轮次主要集中在Pre-A—A轮，主要覆盖新能源、新交互、新效率、新科学等领域。在投资的16起项目中，有9起类属于AIGC，业务涵盖了一站式AI视频工具与内容平台、交互式AI内容平台、人工智能服务研发等。蓝驰创投结合当下技术的发展趋势，对未来可能诞生大量指数型机遇的领域进行预测，冲进智能媒体产业的早期战场，给予许多处在成长阵痛期的企业以强力支持，主动加入新一轮智能媒体转型带来的经济增长赛道。蓝驰创投独立投资的两家初创公司——奇点森林（北京）科技有限公司和深圳鹿影科技有限公司，分别创立于2023年4月和2023年9月。两家公司均处于股权融资的起始阶段，所拥有的项目也局限于“蓝图”，需要获得一定的资金才能正式启动项目，从而将产品推向市场。在技术变革的前夜，蓝驰创投从国家政策风向和科技革命的迭代中看到早期科技投资机会。因此，相比成熟的产业模式，其更青睐具备前沿科技优势、兼具前瞻创新性与商业成长性的项目。蓝驰创投管理合伙人陈维广表示，投早期项目能提前洞察需求变化的拐点，抢占科技应用商业化前夕的布局，更早地连接技术与市场需求。①

表1　**蓝驰创投独立投资的公司概况**

公司名称	行业领域	子领域	业务	投资轮次	投资时间	投资金额	成立时间
鹿影科技	人工智能	AIGC	一站式AI视频工具与内容平台	Pre-A轮	2023年12月	未透露	2023年
奇点森林	人工智能	AIGC	交互式AI内容平台	天使轮	2023年11月	未透露	2023年
帝尔博格	人工智能	AI行业应用	重工智能机器人研发商	天使轮	2023年9月	数千万元人民币	2022年

① 《55亿，蓝驰创投募得成立以来最大一期双币基金》，2022年5月18日，投中网，https://www.chinaventure.com.cn/news/80-20220517-368913.html。

续表

公司名称	行业领域	子领域	业务	投资轮次	投资时间	投资金额	成立时间
元籁科技	人工智能	AI 技术层	人机交互产品研发商	天使轮	2023 年 3 月	数千万元人民币	2020 年

创新工场起初专注于早期互联网项目投资，成功投资众多互联网项目，基金体量显著扩张，现逐渐将布局重心转向 VC 风险投资，并重新定位为“Deep Tech VC”，① 重点投资 A—B 轮的技术类项目。目前，其投资领域包括人工智能软件、先进制造和生命科学，特别关注国内外科学家的原始创新项目。创新工场于 2023 年 9 月对北京才多对信息技术有限公司投资数千万元，资金主要用于数智化产品研发、自营业务团队扩张、海外布局等。从整体投融资项目来看，创新工场团队注重所投资项目的原始创新性和潜在商业落地机会，秉持“耐心资本+技术孵化”思路，旨在于提高科研转化效率。

相比于前三个机构，红杉中国作为创投的领军者，更倾向于聚焦核心赛道进行全方位投资布局，不仅关注人工智能、大数据、区块链等前沿技术不断创新带来产业变革的地带，还将触角延伸到更加细分的领域。投资次数 Top3 的四家公司总计 55 起投资事件，其中 53 起属于人工智能领域，另外两起是红杉中国在元宇宙领域的投资（见图 6）。被投项目分别是专注于多元化游戏+社交平台的元宇宙游戏开发商——上海妙世界科技有限公司，XR 技术开发服务商——万有引力（宁波）电子科技有限公司。在 2023 年的投资中，红杉中国瞄准新一代认知智能通用模型赛道，捕获了一家新晋独角兽公司——北京智谱华章科技有限公司。该公司成功研发了千亿级双语预训练模型 GLM-130B，构建了高精度通用知识图谱，形成数据与知识双驱动的认知引擎，并基于此推出 ChatGLM（chatglm. cn），其强劲的发展前景受到资本热捧。

① 《融资中国专访：李开复和“硬核”创新工场》，2021 年 11 月 29 日，百度网，https://baijiahao. baidu. com/s? id=1717736049333766805&wfr=spider&for=pc。

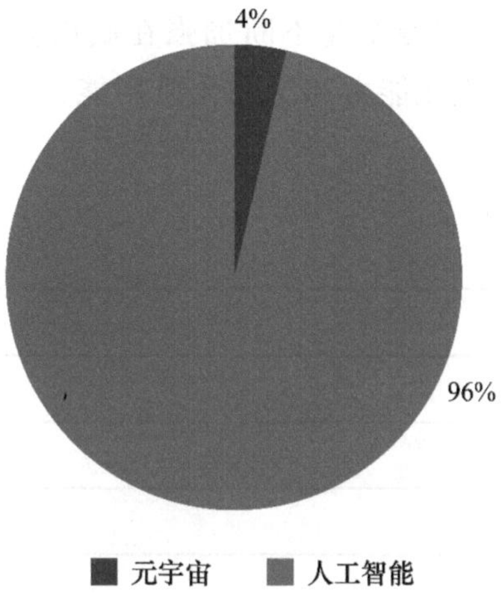

图 6　投融资次数 Top3 机构所投项目领域分类

（三）北上广成为产业投资高地，内陆地区获投数量较少

2023 年北京成为智能媒体产业获投企业数量最多的地区，获投高达 158 起，占获投总数的 26.9%，沿海地区如上海、广东、浙江、江苏持续发力，获投数量分别为 104 起、92 起、75 起和 51 起，占全国获投总数的 54.8%，展现出强劲的创新驱动能力和发展潜力，而内陆城市如四川、陕西、湖南、江西、湖北、重庆等省份获投数量较少（见图 7），发展动能不足，智能媒体产业地域发展的两极分化较为严重。总体来看，获投企业地区依旧沿袭了 2022 年的分布结构，但各省份获投数量均呈现出稳中求升态势。北京坐拥地理位置优势、人力资源优势和科技资源优势，成为政策指引下科技创新和模型研发的示范城市。《北京市人工智能行业大模型创新应用白皮书（2023 年）》显示，在 2022 年北京人工智能相关产值规模便已达到 2170 亿元，核心企业数量超过 1800 家，已在基础层、技术层和应用层积累了众多创新成果，为 2023 年智能媒体产业集群的快速壮大奠定了坚实的基础。在北京获投的 126 家人工智能企业中，AIGC 和 AI 行业应用分别获投 58 起和 47 起，表明以智能技术赋能及场景化落地为定位的企业吸金能力较强，企业纷纷围绕医疗、交通、物流、艺术创作、情感陪伴、职场招聘、数字营销等生产生活需求提供智慧化解决方案，力图打

造高效协同的智能媒体产品及服务。另外，随着大模型在国内外热度的不断高涨，北京地区人工智能企业不断加强在底层算力和模型研发上的投入，提升 AIGC 的内容生成能力和泛在化应用能力，从而满足更多样化的市场需求。

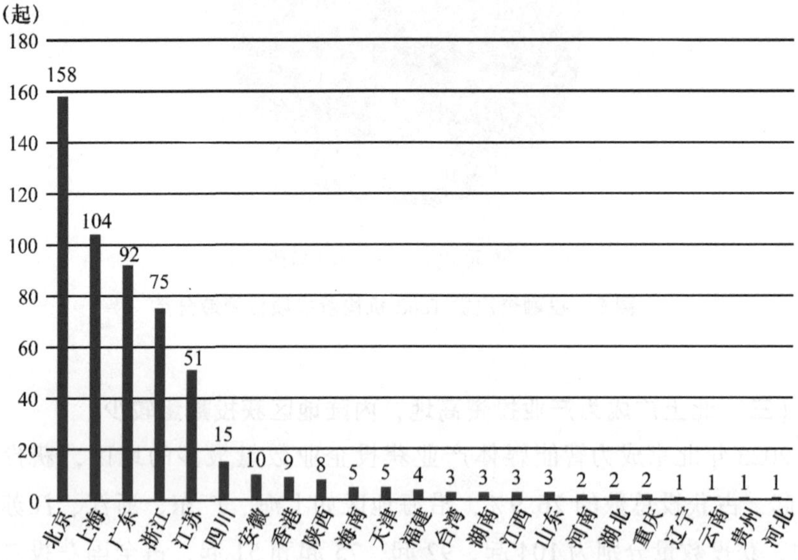

图 7　2023 年智能媒体产业投融资企业所在地区分布情况

2023 年，上海市累计出台人工智能产业相关政策百余条。2023 年 7 月，世界人工智能大会（WAIC）“聚焦·大模型时代 AIGC 新浪潮”论坛在上海举办，论坛聚焦生成式人工智能和大模型产业生态建设两大关键议题展开热议，促进了上海作为“人工智能高地”发展的进程。在科技热潮涌动和行业专家热议的共同作用下，上海紧跟北京步伐通过资源和产业集聚推动人工智能技术走向千行百业，AI 行业应用获投数占总体投资数量的 38.4%，获投企业业务领域涵盖工业制造、情感陪伴机器人、金融服务、文娱传媒、虚拟人、仓储服务、自动驾驶、医疗监测等多个应用场景，以人工智能技术为底座的产业生态逐渐成为上海经济腾飞的新引擎。上海作为人工智能产业的先导城市之一，着力打造世界级的人工智能产业集群，从 2023 年上海获投企业地理位置来看（见图 8），智能媒体产业显著集中于浦东新区、徐汇区、嘉定区及闵行区四大区域，尤其是浦东新区的企业总计获投 31 起，初具产业集群效应。

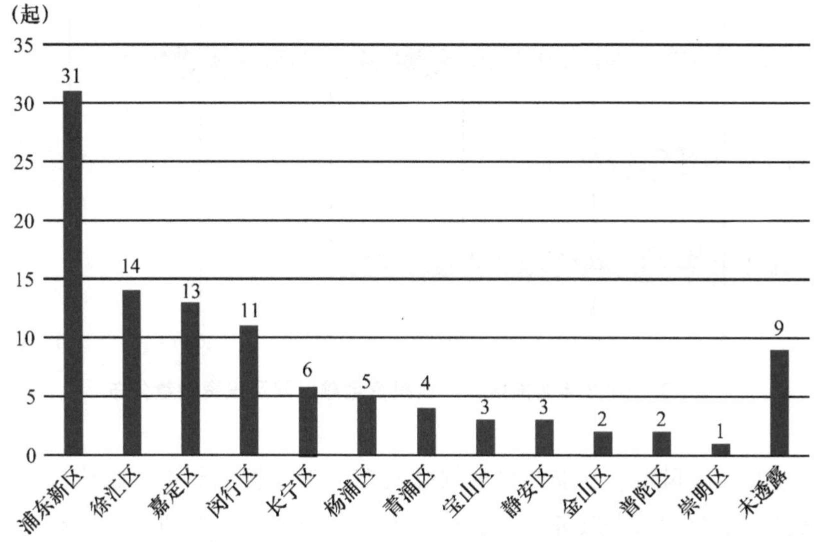

图 8　2023 年智能媒体产业上海市各地区获投情况

（四）千万元级获投企业达四成，AI 行业应用亿元级融资事件集中

2023 年，智能媒体产业共有 220 家企业单次获得千万元级投资，135 家企业单次获得亿元级投资，而百万元级投资事件仅 56 起。总体来看，反映出投资方对智能媒体产业尤其是人工智能领域未来前景的高度期待。2023 年，智能媒体产业新增企业数量为 81 家，新增企业获投千万元级金额最多，投资者对初创企业大规模地注入资金反映了社会对人工智能可能带来的社会变革的关注，有利于公司高效释放人工智能技术的生产能量，同时加速国内产业结构的转型升级。

在 2023 年智能媒体产业的 135 起亿元级投融资事件中，人工智能领域获投 124 起，AR/VR 和元宇宙分别获投 8 起和 3 起，人工智能市场成为高额投资的主阵地，人工智能技术在应用层多维布局的综合价值被资本关注。同时，人工智能技术也依据市场新增需求不断寻求深度互融，依附实体经济完成技术的场景转化和商业化落地。在 124 起亿元级投融资事件中，AI 行业应用为 79 起，占人工智能领域亿元级投资事件总数的 63.7%，

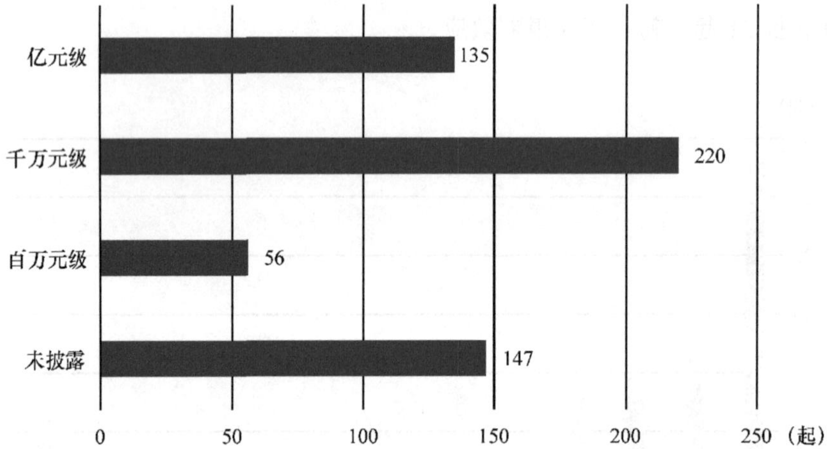

图 9　2023 年智能媒体产业投资金额区间及投资数量分布

业务涉及保险风控、新能源自动驾驶汽车、工业智能制造、临床医学智慧化服务、生命大数据服务、智能机器人、工农业无人机研发、智能运动控制技术、医美抗衰智能服务平台等内容。综合投资数额大小和企业估值，较为典型的企业有浙达能源、MINIEYE 佑驾创新、滴滴自动驾驶、速腾聚创等，在 AI 行业应用中获投亿元级投资排名前十的企业中，主攻自动驾驶智能技术的企业占比 50%，投资活跃度较高，以滴滴自动驾驶为例，滴滴自动驾驶于 2023 年 5 月获得法雷奥数亿美元的战略投资。另外，深圳的自动驾驶系统研发商也获得了资本支持，速腾聚创和 MINIEYE 佑驾创新分别于 2023 年 7 月和 2023 年 11 月赢得数亿元投资。事实上，深圳自 2022 年 8 月便正式施行《深圳经济特区智能网联汽车管理条例》，在全国率先支持 L3 级和 L4 级自动驾驶车辆上路测试。2023 年，深圳坪山区、宝安区、南山区又陆续出台智能网联汽车全域开放系列管理政策，特别是在无人环卫、自动驾驶出行等场景加大推行力度，为深圳自动驾驶技术研发企业提供了可供落地的应用场景和发展动力。另外，人形机器人及云端智能机器人研发商也成为大量级投资对象，其中以智元机器人最为典型。2023 年智元机器人分别于 5 月和 8 月获得十亿元级投资和亿元级投资，成立一年时间内共获 6 轮融资。2023 年 7 月，智元机器人凭借强劲的研发实力和融资数额入选福布斯“2023 上半年全球新晋独角兽全名单”，成为具有世界影响力的人形机器人研发企业。

表 2　　人工智能 AI 行业应用子领域获亿元级投资公司概览（Top10）

序号	公司名称	子领域	业务	地区	投资轮次	投资时间	投资金额
1	浙达能源	AI 行业应用	能源数字化服务运营商	浙江杭州	B 轮	2023 年 12 月	数亿元人民币
2	MINIEY 佑驾创新	AI 行业应用	汽车 ADAS 驾驶辅助系统研发商	广东深圳	E 轮	2023 年 11 月	数亿元人民币
3	智元机器人	AI 行业应用	人形机器人研发商	上海浦东新区	A+轮	2023 年 8 月	数亿元人民币
4	导远电子	AI 行业应用	定位感知解决方案供应商	广东广州	D+轮	2023 年 8 月	数亿元人民币
5	禾多科技	AI 行业应用	自动驾驶解决方案提供商	北京朝阳区	C+轮	2023 年 7 月	数亿元人民币
6	福瑞泰克	AI 行业应用	辅助驾驶解决方案研发商	浙江杭州	B+轮	2023 年 1 月	数亿元人民币
7	滴滴自动驾驶	AI 行业应用	自动驾驶技术研发商	上海嘉定区	战略投资	2023 年 5 月	数亿美元
8	智元机器人	AI 行业应用	人形机器人研发商	上海浦东新区	A 轮	2023 年 5 月	数十亿元人民币
9	速腾聚创	AI 行业应用	自动驾驶激光雷达环境感知解决方案提供商	广东深圳	G 轮	2023 年 7 月	11.9 亿元人民币
10	达闼科技	AI 行业应用	云端智能机器人运营商	上海闵行区	C 轮	2023 年 7 月	10 亿元人民币

四　2023 年智能媒体产业投融资热点与重点分析

2023 年智能媒体产业投融资热点及重点主要表现为以下几个层面：AI 行业应用新生态构建，正日益成为引领未来发展的关键力量；AIGC 行业应用成为资本青睐的细分领域，其中，大模型作为人工智能行业发展的原生动力获得资本关注；元宇宙叠加虚拟现实及人工智能技术，其行业应用投融资热度有所上升。

（一）AI+行业应用生态成熟，媒体内容创新成热点重点兼具领域

根据搜集到的数据，2023 年智能媒体行业获投次数最多的子领域前五位如图 10 所示，其中 AI 行业应用以 237 起斩获第一。此前，国家从顶层政策积极鼓励构建 A1+行业应用生态。例如，2023 年 7 月，国家网信办等七部门发布《生成式人工智能服务管理暂行办法》，旨在填补中国在生成式 AI 研发及服务规定领域的空白，为中国人工智能产业的发展创造一个相对公开透明的法律环境。于此，AI+行业生态加快成熟步伐，逐步迈向提升商用价值的新关卡。

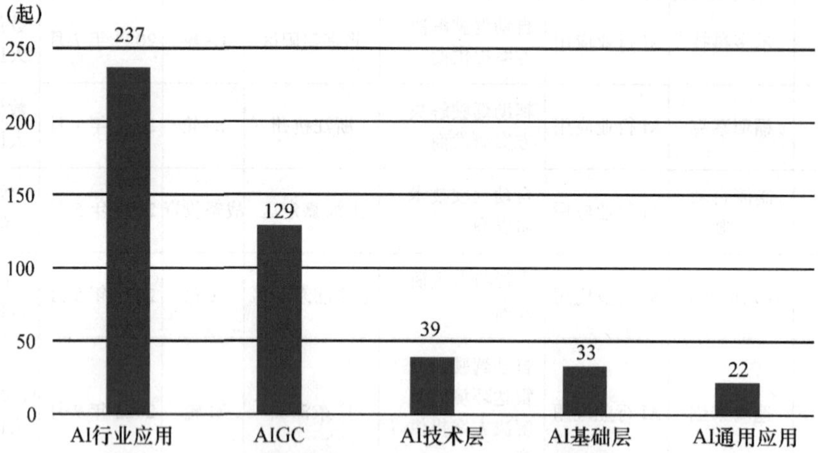

图 10　2023 年智能媒体产业获投次数最多的子领域 Top5

从获投数据来看，AI+媒体行业的项目无疑是当前市场上的投资热点，不少 VC 投资者将其视为投资新机遇，纷纷投入巨资进行布局。从投资案例来看，AI+媒体行业的投融资事件频发，且规模持续走高。有不少创新型企业通过融资获得了雄厚的资金支持，得以加速产品的研发和市场推广。2023 年 5 月，杭州波形智能科技有限公司成功获得数百万元种子轮融资，其业务聚焦于 AI 原生的全新娱乐体验——交互式内容生成。该公司

凭借自研模型，从工具端入手，逐步构建起覆盖娱乐全产业链的 AI 交互内容平台，为用户带来前所未有的创新体验。获得此次融资后，波形智能公司将资金主要用于技术研发、产品迭代以及运营推广，旨在进一步提升平台的技术水平和服务质量，加速项目的成长与发展。随着 AI 行业应用新生态建构的不断成熟和普及，产业链上游和下游的深度融合也越来越常见。例如，2023 年 9 月获投的广东虚拟现实科技有限公司是一家基于计算机视觉与人机交互技术而开发移动虚拟现实交互解决方案的科技公司。其光学跟踪技术以低成本、高性能的优势得到海内外同行与科技媒体的大力认可。本轮投资将用于混合现实技术与特种训练系统的研发和推广，助力其赋能国家重点项目、服务特种训练、工业数字化、职业教育信息化等重要市场，为不同行业打造领先的虚实融合数字化底座。也有不少企业开始将 AI 技术推广至不同领域的业务中，力图拓展出一条从技术研发、产品创新到市场推广的完整产业链。例如，上海虚实之间网络科技有限公司匠心打造的虚实之间 Unichat 是国内首屈一指专注于 AI 与 XR 融合领域的社交创新之作，其宏伟愿景是蜕变为下一代空间计算平台中的微信。虚实之间 Unichat 的核心业务涵盖了 C. AI 虚拟人社交、XR 话题兴趣社交以及跨平台熟人社交等多元化社交场景。值得一提的是，其独树一帜的 AI 自定义蓝图系统，以及 MR 交互优先的设计理念，助力该公司不断扩张商业版图，有望在新时代的浪潮中构筑一个全新的社交网络。综上，越来越多的企业在 AI+行业的应用和媒体内容的创新方面取得了显著成果，积极拥抱 AI 技术，实现了业务的快速增长和盈利模式的创新，各大资本也高度关注各赛道内具备商业潜力的项目。

（二）AIGC 细分赛道，大模型作为原生动力获得资本关注

在 2023 年获投的人工智能相关企业中，AIGC 细分领域获投 129 起，投资热度仅次于 AI 行业应用，AIGC 囊括了 AI 智能写作、AI 绘画、AI 主播服务、AI 招聘、时尚 AI 服务、智能对话机器人、算力服务和大模型研发等多种业务类型。在国家战略层面，根据“十四五”规划要求，企业应加大人工智能在关键技术上的突破，推动各行业深入挖掘人工智能场景应用，确立到 2025 年人工智能基础理论实现重大突破、技术与应用部分达到世界领先水平的阶段性目标。2023 年与大模型研发间接相关的 AIGC 获

投企业有47家，而专营大模型业务的获投企业达21家，纵观AIGC的业务类型结构可知，获得融资的大模型技术研发商最为集中，是AIGC企业中资本格外青睐的垂直领域。在21家大模型研发企业中，北京地区占据17家，海淀区在加快提升大模型技术和智能算力建设层面发挥了带头示范效应。通用大模型区别于特定应用场景训练生成的小模型，是基于对海量数据、多重场景、多个领域共性知识的学习而搭建的模型底座，在通用大模型的基础上，可依托通用大模型的数据积累低成本、高效率地训练垂直应用场景模型。大模型的基础架构作为新一轮科技革命和产业革命的关键动力，对公司业务转型升级和商业模式优化意义重大。

表3　2023年人工智能AIGC子领域大模型研发商获投情况概览

序号	公司名称	子领域	业务	地区	投资轮次	投资时间	投资金额
1	智象未来 HiDream. ai	AIGC	通用大模型开发商	北京海淀区	A轮	2023年12月	数千万元人民币
2	三蒂深模	AIGC	基于大模型的AI助手工具	重庆渝北区	天使轮	2023年11月	100万元人民币
3	零一万物	AIGC	人工智能AIGC大模型服务商	北京海淀区	战略投资	2023年11月	数亿美元
4	CoLingo	AIGC	快速开发基于大模型的AI原生应用	北京海淀区	天使轮	2023年10月	数百万美元
5	智谱AI	AIGC	中文认知大模型平台	北京海淀区	战略投资	2023年10月	25亿元人民币
6	OpenCSG开放传神	AIGC	垂直大模型研发	北京通州区	天使轮	2023年9月	数千万元人民币
7	智谱AI	AIGC	中文认知大模型平台	北京海淀区	B+轮	2023年9月	数亿美元
8	人生旷野	AIGC	AI大模型技术研发商	北京朝阳区	天使轮	2023年8月	未透露
9	智子引擎	AIGC	多模态大模型研究和开发商	江苏南京	天使轮	2023年8月	数千万元人民币

续表

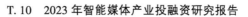

序号	公司名称	子领域	业务	地区	投资轮次	投资时间	投资金额
10	水木分子	AIGC	生物医药基础大模型研发商	北京海淀区	种子轮	2023 年 8 月	千万元人民币
11	生数科技	AIGC	多模态生成式大模型与应用产品开发商	北京海淀区	天使轮	2023 年 8 月	数千万元人民币
12	灵奥科技	AIGC	数据管道和大模型中间件服务商	北京海淀区	种子轮	2023 年 7 月	数百万美元
13	智谱 AI	AIGC	中文认知大模型平台	北京海淀区	B+轮	2023 年 7 月	数亿元人民币
14	reInventAI	AIGC	人工智能基础大模型开发商	上海浦东新区	天使轮	2023 年 7 月	数千万美元
15	生数科技	AIGC	多模态生成式大模型与应用产品开发商	北京海淀区	天使轮	2023 年 6 月	近亿元人民币
16	月之暗面 Moonshot AI	AIGC	AI 初创大模型公司	北京海淀区	天使轮	2023 年 6 月	数亿美元
17	Minimax 稀宇科技	AIGC	新一代通用大模型研发商	上海徐汇区	战略投资	2023 年 6 月	2.5 亿美元
18	聆心智能	AIGC	超拟人大模型研发商	北京海淀区	Pre-A 轮	2023 年 2 月	千万元人民币
19	面壁智能	AIGC	人工智能大模型加速与应用落地赋能公司	北京海淀区	天使轮	2023 年 4 月	数千万元人民币
20	智象未来 HiDream. ai	AIGC	通用大模型开发商	北京海淀区	种子轮	2023 年 4 月	数百万元人民币
21	零一万物	AIGC	人工智能 AIGC 大模型服务商	北京海淀区	天使轮	2023 年 5 月	数千万元人民币

放眼国际，美国和中国瓜分了全球80%的大模型研发市场。根据2023年5月发布的《中国人工智能大模型地图研究报告》，美国已在OpenAI+微软、Meta、谷歌等项目上积累了创新成果，如OpenAI以GPT4为模型底座不断完善上层研发生态，Meta则通过开源LLaMa大模型掀起全球大模型开源浪潮。虽然中国在技术跃升、模型颠覆和高端芯片研发等方面引领能力不足，但仍旧诞生了一些吸金能力较强的明星玩家。例如成立于2021年12月的AI创新企业"Minimax"，其于2023年6月获得腾讯投资的2.5亿美元首投，如今，Minimax已形成了文本到视觉、文本到语音、文本到文本三大模态的基础模型架构，成功登上大模型对战平台SuperCLUE琅琊榜第二的位置，国内大模型首次在公开测评中超过GPT3.5。从单模态大模型到多模态大模型，从通用大模型到垂类大模型，2023年大模型开发产业获得大量融资，在加快企业技术演进步伐的同时，也预示着大模型研发主体需要在商业落地模式上持续探索，使基础层工具回归行业应用及现实生产。

（三）元宇宙取得虚拟现实技术支持，行业应用项目融资逐渐展开

2023年获投的元宇宙企业分为数字人、元宇宙底层技术、元宇宙行业应用及元宇宙游戏四大子领域，各自获投情况如图11所示。其中，元宇宙行业应用企业获投数量最多，该领域致力于以虚拟空间技术打造元宇宙数字生态平台，从而解决行业痛点、助力产业变革。例如元上科技2023年5月获千万元投资，文旅元宇宙以景区文化内涵为支撑采用数智技术打造沉浸式、科技感体验空间，通过虚拟现实技术构建起虚实共生的文旅场景，有望成为文化与旅游深度融合的新兴突破方向。此外，元宇宙投融资还涉及技术平台、虚拟资产、数字版权、数字营销等业务板块，元宇宙产业链在技术创新和场景落地过程中不断延伸拓展。

元宇宙是以信息基础设置为载体，以虚拟现实（VR/AR/MR/XR）为核心技术支撑构建的数字化虚拟时空，具有虚实融合、去中心化、多元开放等特征。以元宇宙为目标的投资也散落于AR/VR、区块链、人工智能等领域，元宇宙在实际应用中显著依附于新一代信息技术，是集多种数智技术于一体的前瞻性产业，如2023年AR/VR领域共有37家公司获投。AR/VR作为元宇宙产业的核心技术，为元宇宙领域的实践和建设提供了坚实

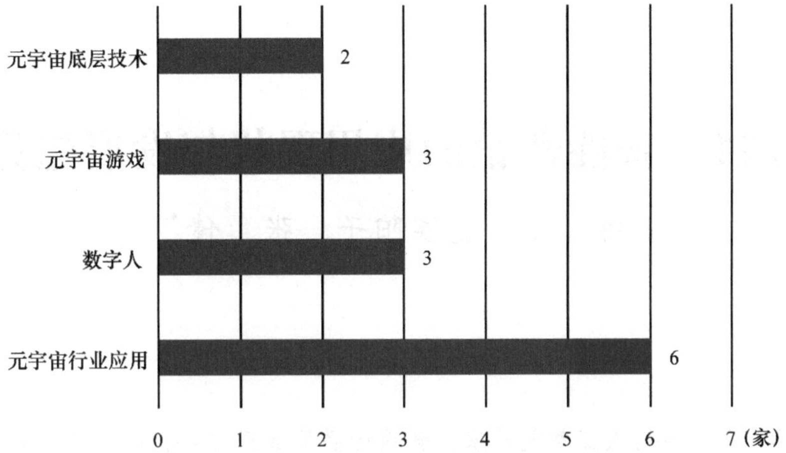

图 11　2023 年元宇宙子领域企业获投情况概览

的基础。2023 年与元宇宙企业直接相关的投资数量较少，仅为人工智能领域获投总数的 0.03%。但根据总体数据可知，元宇宙与人工智能、区块链、游戏领域界限模糊且存在大量交叉部分。人工智能广受追捧，能为元宇宙产业布局提供大量技术储备、应用示范及商业运作案例，为元宇宙应用场景建设提供实际经验。这从侧面达成了投资方对元宇宙市场前景的支持，元宇宙在政策和数字技术相关产业的双重驱动下持续向新的行业场景延伸。

T.11 智能营销的应用现状与发展趋势

刘 祥 夏侯阳子 张 倩*

摘 要： 借助人工智能技术，营销传播领域正在迈向被人工智能技术赋能的新时代。智能营销正逐渐成为市场营销领域的核心力量。在应用现状方面，智能营销实现了用户洞察的精准化、内容管理的个性化、交互投放的高效化和数据监测的实时化。这些变革对企业营销思维、组织架构和竞争格局产生了深远影响，同时推动了营销人才的复合化发展。展望未来，智能营销将继续朝着自动化、跨场景、具身互动和内容协同共创等方向迈进，旨在进一步提升营销效率并优化消费者体验。然而，为了确保智能营销的健康发展，需关注科技与人文的融合、自律与监管的强化，其重点在于保障消费者权益和数字安全，加强算法透明度，完善内部审核机制，并强化跨部门合作与自律监管。

关键词： 智能营销；智能化；人工智能

“现代营销学之父”菲利普·科特勒曾提出，营销1.0时代以产品为中心，2.0时代以消费者为中心，3.0时代以价值观为中心，[1] 每一个阶段的变革都标志着营销理念的深刻转变。而今，广告营销正迈向一个全新的“营销4.0”时代。在这个新时代中，营销的基础已经不再是单纯的产品或消费者，而是构建在价值观、连接、大数据、社区和新一代分析技术之

---

* 刘祥，博士，浙江传媒学院新闻与传播学院教师、硕士生导师；夏侯阳子，浙江传媒学院广播电视与融合新闻专业硕士研究生；张倩，浙江传媒学院广播电视与融合新闻专业硕士研究生。

① 王赛：《营销4.0：从传统到数字，营销的“变”与“不变”——“现代营销学之父”菲利普·科特勒专访》，《清华管理评论》2017年第3期。

上的多维体系。企业与消费者的互动不再局限于线下或线上，而是实现了二者的深度融合。品牌建设也从简单的形象与风格延伸到了更为丰富的内涵，通过人与人、机器与机器之间的互补连接，极大地提升了消费者的参与度和自我价值实现的可能性。① 在这样的时代背景下，“智能营销”这一新兴概念应运而生，逐渐在市场和学界引起广泛关注与讨论。

一　智能营销的应用现状

（一）用户洞察的全场景化

人工智能技术赋予营销产业新的发展契机。它极大地改变了数字媒体与消费者互动的方式，不仅使海量消费者数据的收集与分析成为可能，更提升了数据处理的效率与精确度，这有利于企业对消费者行为的洞察更加便利和深入。

在移动互联网时代，消费者的行为日益展现出场景化与流动化的特点。而人工智能在数据整合方面的优势显著，它能够跨越时间和平台的限制，重新连接消费者在不同时间、不同场景下的行为轨迹数据。这种整合不仅涵盖了企业 CRM 系统（客户关系管理系统）中的自有消费者数据，还包括通过广告投放获取的回流数据、线下智能感知设备收集的数据、基于 LBS 定位的特定地理位置人群数据，以及 App 用户数据等。更进一步地，人工智能还能基于种子用户，拓展出相似人群数据，从而实现对消费者多场景下多维行为数据的全面系统整合。②

事实上，早在 2013 年，微软的研究人员就表示，要想对一个用户进行性格评价，只需要 200 条推文，大约有 2500—3000 个单词的数据体量，就能完成该用户性格分析图的建构。在 BAT（百度、阿里巴巴、腾讯）中，利用海量数据和人工智能技术进行用户画像已经是司空见惯的操作。③ 例如，腾讯凭借其日常积累的庞大用户数据，对数据进行了精细化的分

---

① 杨扬等：《大数据营销：综述与展望》，《系统工程理论与实践》2020 年第 8 期。

② 王佳炜、陈红：《人工智能营销传播的核心逻辑与发展挑战》，《当代传播》2020 年第 1 期。

③ 刘珊、黄升民：《人工智能：营销传播“数算力”时代的到来》，《现代传播》（中国传媒大学学报）2019 年第 1 期。

类，包括账户、交易、商户、QQ 平台、微信平台以及安全平台数据。其每日高达 1.5 万亿次的计算量，确保了数据的精准与高效利用，为描绘用户画像提供了坚实的基础。通过多层次的身份分析、多维度的行为刻画以及多场景的风险评分，腾讯的营销策略得以更加智能化，更加贴近用户的真实需求。

智能营销正在掀起营销领域的变革，曾经以“大工匠”式创意为主导的时代已悄然落幕。如今，营销的主流趋势正逐渐转向针对消费者个人的“按需定制”模式。这种模式强调以消费者为中心，根据他们的个性化需求和偏好来量身定制营销方案，从而实现更精准、更有效的市场触达。在这个趋势下，营销不再是一成不变的套路和模板，而是需要根据每个消费者的个人特点进行灵活调整和创新。正如华院分析技术有限公司 CEO 唐岳岚所说，“大数据时代，我们看到的消费者，不是二维的、静态的、单向的，而是立体的、动态的、个性彰显的、活跃在不同场景中的”。[①] 智能时代我们不仅能更多维地看见用户，更能精准地识别和认知用户。

（二）内容营销的创意化生产

内容营销作为当前营销传播的重要策略，其核心在于创意的展现。内容营销不仅涵盖创造、组织、分配和详述等多个环节，还注重打造有趣、贴切且实用的内容，旨在与特定用户群体展开深入的内容对话。虽然智能技术的崛起为广告主和品牌方提供了更为多样且丰富的媒体平台，但这也对内容营销提出了更高的要求，尤其是在创意层面。在过去，广告代理商作为营销传播内容的生产主体，其创意生产过程往往受到多重限制。首先，创意的生成周期长、数量有限，使广告代理商难以满足快速变化的市场需求。其次，投放渠道有限，且对目标消费者的特征认知不够深入，导致营销传播的创意内容难以精准触达目标受众。最后，传统创意生产往往缺乏数据支持，难以对创意效果进行量化评估，从而影响营销传播的效率和效果。

然而，随着人工智能技术的广泛应用，营销传播的创意生产迎来了全新的变革。人工智能可以通过数据驱动，实现创意的批量、自动化生产。

① 唐岳岚：《智能技术时代的营销革命》，《中国广告》2017 年第 5 期。

基于 Creative DMP（创意数据管理平台）的程序化创意，通过标签化分析，将创意元素的表现转化为数据形式，从而实现了创意的精准匹配和高效生产。更重要的是，人工智能能够结合消费者的实时场景和个性化偏好，为每位消费者生成独特的营销传播内容。这种方式基于算法和 PCP（数据驱动的程序化创意），彻底改变了以往“千人一面”的品牌创意内容模式。通过人工智能技术，即使是同一位消费者，在不同场景下也能看到与其需求高度匹配的创意内容，从而实现了真正意义上的个性化营销传播。①

智能营销的变革不仅打破了传统技术与创意之间的壁垒，更以其独特的优势为营销传播的创意生产带来前所未有的颠覆。正官庄与珍岛集团的合作案例很好地印证了这一点。正官庄作为大健康行业的国际品牌，在电商渠道布局多年，但遇到如何更有效地管理和激活私域会员资产方面的挑战。珍岛通过其 Marketingforce DTC（Direct to Customer）私域会员资产管理平台，帮助正官庄打通数据中台、营销中台及会员管理体系，实现会员数据的整合与分析。珍岛为正官庄提供个性化的会员服务系统，通过对会员行为、偏好等数据的深度挖掘，珍岛能够精准推送符合会员需求的个性化营销内容，提升会员的满意度和忠诚度。同时，珍岛还利用 AI 技术优化会员的购物体验。例如通过智能推荐系统，为会员提供个性化的产品推荐，有效提升了转化率。这一合作不仅能够提升正官庄的会员服务和品牌体验，还能够实现其会员拉新、裂变、复购等运营指标的持续增长，正官庄的私域会员活跃度、购买频率和客单价均有显著提升。

人工智能技术的应用为营销传播的创意生产带来了前所未有的机遇和挑战。未来，随着技术的不断进步和应用场景的拓展，人工智能在营销传播领域的作用将更加凸显，为品牌实现大规模定制化营销传播提供有力支持。

（三）广告营销的精确性和匹配度

广告投放一直是企业营销获客的重要手段。迄今为止，广告营销行业经历了从 1.0 到 3.0 的深刻变革。这一变革不仅体现在广告形式的演变，

① 王佳炜、陈红：《人工智能营销传播的核心逻辑与发展挑战》，《当代传播》2020 年第 1 期。

更在于对目标受众的精准定位与影响方式的转变。在广告营销 1.0 时代，品牌广告占据主导地位，其影响范围广泛，力求无差别地触达所有潜在消费者。这一时期，传统媒体如报纸、杂志、广播、电视以及户外广告等是主要的广告载体，它们通过大规模的传播来塑造品牌形象，提升品牌知名度。随着互联网的兴起，广告营销进入 2.0 时代。这一时期，效果广告开始崭露头角，广告主开始追求品效合一，即品牌宣传与销售效果的双重提升。互联网媒体如邮件、网页、弹窗以及搜索引擎等成为新的广告阵地。“品效销”协同成为新的趋势，广告主开始关注广告投放的效果，并尝试通过技术和终端的变迁来优化广告策略。

2012 年是广告营销发展的关键节点，移动互联网的崛起使算法在广告产业中的应用成为可能，进而实现了精准推荐。此后，广告营销进入了 3.0 时代，至今仍在不断发展演变。在这一阶段，大模型技术的出现和生成式 AI 的应用使得为“一个人”打造专属广告内容成为可能。智能媒体如平台智能推荐等逐渐成为主流的广告形式。

在广告营销 3.0 时代，广告投放流程也发生了显著变化。平台视角下的广告投放更加注重对流量的筛选和识别，通过精准匹配用户搜索词和智能生成落地页面内容。同时，基于用户行为、位置等多维度的协同过滤，能够精准推荐适合用户的广告内容。排序算法也在同步优化中，通过粗排和精排交叉结合的方式，融合 CTR（点击率）、CVR（转化率）等指标，最大限度地满足用户的个性化需求，同时提升企业的品牌和产品转化效果。[①] 而 AIGC 的快速发展更是将广告与用户之间的精确性和匹配度推上一个新的台阶。2023 年 9 月，利欧数字率先发布营销领域大模型“利欧归一”，在通用 L0 级语言模型基础之上，结合利欧数字长期积累的大量营销行业知识、投放经验以及对客户需求的深入理解，训练出适配各媒体平台投放工作流的 SEMGPT 专属模型。面对用户多样化的搜索行为和个性化的需求，“归一妙计”作为“利欧归一”营销领域大模型推出的应用产品，创新性地提供了“千人千面”的落地页投放能力。它基于强大的 AI 生成能力，能够精准匹配用户不同的搜索词，智能生成与之相匹配的落地页面

① 《中国 AIGC 广告营销产业全景报告》，2022 年 1 月 4 日，“量子位”微信公众号，https://mp.weixin.qq.com/s/1XBQ8sbEGE85TEzkrfd-qQ。

内容，实现了“万词万创意万落地页”的个性化投放。通过这一创新策略，用户的个性化需求与企业的品牌、产品得以完美融合，为每个搜索关键词提供了精准匹配的答案和转化通道，有效减少了投放过程中的流失和损耗，提高了用户留资比例和转化效果。①

（四）营销数据监测的实时性

AI 技术在广告营销活动中所发挥的作用不仅局限于投放前和投放中的策略优化，更能对投放后的效果监测与分析环节进行深度优化。在当前的市场环境下，广告主对营销活动的结果关注度持续上升，他们渴望获得一个透明、真实的效果反馈。得益于 AI 技术所拥有的庞大数据库，我们能够精准地识别出投放效果中的作弊行为。同时，AI 还能够对用户后续行为进行多维度的跟踪与分析，从而判断是否存在人为的“刷效果”行为。针对这些虚假流量，AI 技术能够进行有效反制，打破产业链角色间在营销效果上的信息壁垒。这一系列的优化措施不仅帮助广告主有效节约了投放预算，更提升了品牌宣传度和安全性。通过 AI 的精准监测与反制，广告主能够更加放心地进行营销投放活动，实现营销效果的最大化，同时也提升了品牌在市场上的竞争力与信任度。②

同时，在营销效果监测领域，人工智能与大数据的深度融合正深刻改变着传统营销活动的后测方式。如今，对营销数据的检测不再局限于事后评估，而是能够实时追踪和监测广告营销的效果，并即时反馈详尽的数据报告。例如，谷歌的程序化广告产品矩阵，通过一条通用代码，即可同步监测并记录广告投放全过程中的曝光次数、点击行为、转化效果，以及消费者的具体行动数据。这一技术不仅实现了数据的全面收集，而且通过构建归因模型，广告主能够深入分析广告投放对直接点击、转化效果的影响，以及与品牌 KPI 提升效果之间的内在联系。在品牌传播效果的评估上，谷歌同样展现出了强大的实力。它采用了一系列具体的衡量指标，帮助品牌广告主精准判断哪些广告曝光能够给受众留下符合预期的品牌印

---

① 《「利欧归一」重新定义 AI 时代下的广告投放，营销领域大模型全面升级》，2023 年 12 月 22 日，“中国广告杂志”微信公众号，https://mp.weixin.qq.com/s/QMFXA7Kq1AjkMdvsnHk0pA。

② 《营销趋势解读：AI+营销的发展及落地》，2019 年 1 月 16 日，“艾瑞咨询”微信公众号，https://mp.weixin.qq.com/s/shOUc5S3zoBH4S_43G2bdg。

象。这些指标包括但不限于广告记忆的覆盖率、受众对品牌的认知深度，以及他们购买相关产品的潜在概率等。[①] 此外，人工智能技术还可以将不同类型广告的预算投放纳入同一套追踪和监测体系之中，以揭示广告与品牌、效果之间的因果关系，为广告主提供更为科学、精准的决策支持。

二　智能营销对市场的影响

（一）企业营销思维的变革

目前，国内各企业都面临着“人口红利消失”与“流量红利封顶”的两大难题。百度集团副总裁何俊杰更是在2022年百度联盟峰会上强调“流量滴灌”时期的到来：“以前的流量是猛灌型，不管用户喜不喜欢，都会看到很多垃圾内容、不想看的内容，更多是浪费时间和浪费广告主的曝光。现在更精准，用户精准匹配和精准表达。”由此可见，新兴科技的发展不仅改变了用户的行为习惯，也重塑了企业与用户之间的关系。传统营销模式的界限被打破，企业营销思维的转变成为其适应市场变化的关键驱动力。

流量红利时代的式微要求企业摒弃过去的流量思维，转向以用户为中心的新营销思路。以前，企业可能更关注获取大量的流量，而不考虑其质量和精准性。现在，随着流量成本的持续上涨和优质渠道的集中，企业需要更加关注如何精准匹配用户需求，实现长效经营。这种转变要求企业从用户的角度出发，思考如何提供更好的产品和服务，以满足用户的真实需求。私域营销、内容营销等新营销模式的兴起正是这种转变的产物。私域营销的本质是精细化的用户运营，这需要内容、营销玩法和价值闭环三轮驱动。首先，企业需要以用户为中心策划和传播内容，激发用户共鸣，让用户成为品牌内容的创作者与传播者。其次，通过创新的营销玩法实现流量裂变，让内容更广泛地传播和触达目标受众。最后，通过全链路的数据运营平台实现价值闭环，确保营销活动的有效性和可持续性。例如，联想集团通过乐呗商城和开设抖音学院等渠道推动线上、线下双渠道的导流互

① 王佳炜、陈红：《人工智能营销传播的核心逻辑与发展挑战》，《当代传播》2020年第1期。

动，赋能店面合作伙伴获取线上流量红利，帮助店铺实现销售转化；同时，其智能营销平台可实现数据抓取、多维度的数据标签化以及全链路数据分析的闭环，为私域运营提供了有力的数据支持。①

“以用户为中心”，而不是迷失在流量中，打通营销数据，善用数字化工具来深入洞察用户，精准触达用户，提升转化效率。联想集团成功的关键在于，它从观念层面实现从 Adtech（广告技术）时代的流量导向思维向 Martech（营销技术）时代的用户经营思维的转变。通过数据的深度挖掘、技术的不断创新以及组织架构的优化升级，企业能够进一步提升自身的 Martech 水平，实现企业数据资产化和用户资产化的目标，进而充分释放智能营销更深层次的潜能与价值。②

（二）企业组织架构的变革

企业营销思维的转变推动了企业组织架构的变革，传统模式下的“大市场部”概念逐步瓦解，“个性化”“精准化”的营销模式诱发了围绕各大社交平台如抖音、快手、小红书、知乎、微博等建立的小用户中心的崛起。在过去，市场部作为一个综合性的部门，承担着品牌发展、品牌建设、渠道营销以及用户洞察等多项职能。这些职能虽然各有侧重，但通常都围绕一个核心目标展开，即推动品牌的整体发展和市场扩张。然而，随着智能营销时代的到来，消费者行为的碎片化和市场的细分化使传统的组织架构模式难以为继。

现代消费者不再聚集在一个统一的市场空间，而是分散在各个社交平台上。每个平台都有其独特的用户群体、互动方式和内容形式。这就要求企业能够根据不同平台的特点和用户需求，制定精细化的营销策略。因此，企业需要将营销力量分散到各个平台，建立起多个围绕用户链路的小用户中心。每个小用户中心都专注于特定的平台或用户群体，通过深入了解该平台的用户行为、兴趣和需求，制定针对性的营销策略。这种变化要求企业的营销工作更加灵活高效，能够更快速地响应市场变化和用户需

---

① 《智能营销的联想打法：从流量思维转向用户思维》，2023 年 2 月 13 日，36 氪网，https://36kr.com/p/2129658397453575。

② 《营销趋势解读：AI+营销的发展及落地》，2019 年 1 月 16 日，“艾瑞咨询”微信公众号，https://mp.weixin.qq.com/s/shOUc5S3zoBH4S_43G2bdg。

求。同时，各小用户中心之间也可以相互协作，共享资源和经验，形成合力，共同推动企业的发展。

组织架构的变革也对企业的管理模式提出了新的挑战。为了确保各小用户中心能够高效协同工作，企业需要建立更加扁平化的管理结构，减少决策层级，提高决策效率和执行力。这要求企业具备更加灵活和高效的管理机制，能够快速响应市场变化和用户需求，及时调整策略与资源分配。此外，企业还需要加强对各小用户中心的协调和管理。这包括制定统一的战略规划和目标，确保各小用户中心能够按照企业的整体战略方向开展工作；同时，也需要建立有效的沟通机制，促进各小用户中心之间的信息共享和合作，确保它们能够形成合力，共同推动企业的发展。

企业组织架构的变革是智能营销时代的必然趋势。通过建立起围绕社交平台的小用户中心，企业能够更好地适应市场的变化和消费者的需求，提升营销效率和市场竞争力。同时，企业也需要不断优化管理模式，确保组织架构的变革能够真正发挥出其应有的效果。这将是一个持续的过程，需要企业不断探索和实践，以适应不断变化的市场环境。

（三）市场竞争格局的重塑

在智能营销的推动下，市场竞争的版图正在经历深刻的变革。这种变革不仅表现在竞争主体的日益丰富，更体现为竞争策略和焦点的根本性转变。过去，产品、价格、渠道和促销是市场竞争的四大支柱，但在数智化时代，尽管这些要素依然重要，却不再是唯一的决胜法宝。

在用户思维的导向下，用户体验跃升为市场竞争的崭新制高点。消费者对产品和服务的期望越发个性化和多元化，这就要求企业必须将用户体验置于战略核心。不仅要提供高品质的产品和服务，更需要在界面设计、操作流程、售后服务等细节上精益求精。同时，数据驱动的营销决策正成为市场竞争的新引擎。以淘宝平台为例，它不只是依赖传统的市场调研来了解消费者需求，而是建立了一套完整的数据分析体系。通过收集用户在平台上的浏览记录、购买行为、搜索关键词等数据，并结合第三方数据源，如社交媒体上的用户反馈和讨论，企业能够生成用户画像，精准地洞察每个消费者的购物偏好和潜在需求。这种数据驱动的营销策略为电商企业带来了巨大的竞争优势。一方面，企业可以根据用户画像进行个性化推荐，将最符合消费者需求的商品精准地呈现在他们面前，从而提高转化率。另一方面，企业还可以通过分析销售数据预测市场趋势，提前调整库存和供应链，以应对可能出现的市场变化。因此，数据资源竞争也成为当下市场竞争格局中的新高地。

此外，生态竞争逐渐成为市场竞争的新趋势。数智化时代的企业竞争，不再是单打独斗，而是需要构建一个多方共赢的商业生态圈。企业需要与合作伙伴、供应商、分销商等共同携手，实现资源共享、优势互补，共同推动整个行业的发展。例如小米品牌，它不仅仅关注手机硬件的研发和生产，还积极构建了一个完整的“米家生态系统”。通过整合自家的操作系统、应用商店、云服务等一系列软件和服务，该企业为用户提供了无缝的使用体验。此外，企业还积极与合作伙伴合作，推出了智能家居、智能穿戴、新能源汽车等一系列生态产品，进一步丰富了用户的生活场景。这种生态化的竞争方式，不仅提升了品牌的竞争力，也促进了各企业之间的互利共赢，打造欣欣向荣的市场环境。在市场竞争日益激烈的当下，企业需要时刻关注市场竞争格局的变化趋势，不断创新和变革自身的营销模式与策略，以适应数智化时代的发展需求。

（四）营销人才复合化发展

随着 AI 技术在营销领域的快速发展，智能营销已经取得了显著的进步。然而，人才稀缺仍然是这个行业面临的一大挑战。正如中国广告协会联合百度与知萌咨询机构的调研显示，在问到“随着 AI 技术在营销领域的普及，您认为 AI 营销未来将面临哪些挑战？”时，广告主和代理商都认为当前最具挑战性的难题是 AI 专业人才的严重匮乏，分别占比 53.3%和 54.6%（见图 1）。[①] 由此可见，传统的营销人才已经难以满足快速变化的市场需求，智能营销的深入推动着营销人才的复合化发展。

在智能化营销的新时代，广告主与代理公司均对智能营销人才寄予厚望，期待他们掌握智能广告投放与系统应用、产品技术理解及交互创意等核心能力。广告主尤为看重资源整合与战略规划能力，期望营销人才能够

① 《中国 AI 营销人才发展报告》，2022 年 4 月 9 日，中国广告协会网站，http://www.china-caa.org/cnaa/news_view/532。

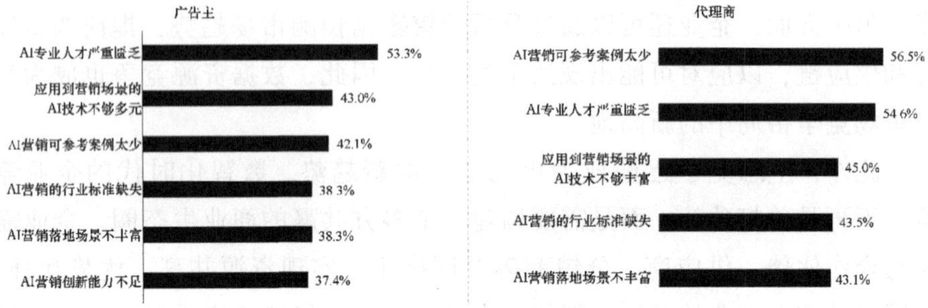

图 1　未来 AI 营销将面临的挑战

资料来源：2021 年 10 月，中国广告协会、百度与知萌咨询机构针对广告主和广告代理公司的数字营销决策者展开的在线定量调查，N = 359。

高效整合各类资源，并制订出具备前瞻性的战略计划，以推动业务持续发展。代理公司则更聚焦于行业应用拓展、成本效率优化及用户场景创新，期望营销人才能灵活应用 AI 技术于不同行业，通过成本优化与效率提升来增强业绩。这些能力共同构成了智能营销人才的核心技能体系，对广告主和代理公司的业务发展具有至关重要的作用。在技能构成上，智能营销人才需要展现跨学科的综合素质，涵盖数据分析和算法设计，如搜索引擎优化（SEO）、社交媒体分析等。同时更应拥有商业思维与行业洞察，能从数据、逻辑、算法的角度精准把握企业需求，提供量身定制的解决方案。例如运用数据洞察市场趋势和用户需求，为营销策略提供数据支持，以提高营销效率和优化营销效果。

为了培养具备跨界思维、创新能力和数据素养的复合型人才，企业需要采取一系列措施。首先，企业需要加强人才招聘和培训，注重选拔具有多元化背景和技能的人才，并通过培训提升员工的专业素养和综合能力。其次，企业需要建立激励机制，鼓励员工跨界合作和创新实践，为员工提供广阔的发展空间和机会。最后，企业需要加强与高校和研究机构的合作，共同培养具备跨界思维、创新能力和数据素养的复合型人才。营销人才的复合化发展已成为企业应对市场挑战的关键。通过持续的人才培养与技能提升，企业将能够更好地掌握市场机遇，实现业务的持续增长。

三　智能营销发展趋势

（一）自动化营销

随着5G、物联网等前沿科技的飞速发展，企业的营销方式正经历着前所未有的变革。传统的营销手段，如电视广告、报纸杂志等，虽然仍然有其价值，但在这个信息爆炸的时代，已经无法满足企业对实时性和互动性的高要求。因此，实时营销逐渐崭露头角，成为企业竞争的新战场。实时营销，是一种动态把握、动态适应消费者需要的全新的营销理念，[①] 强调的是对市场的快速反应和与消费者的即时互动。在5G和物联网的支持下，企业的自动化营销系统能够实时地收集和分析来自各个渠道的数据。这些数据包括消费者的浏览记录、购买行为、社交媒体互动等，能够为企业提供宝贵的市场洞察，使其迅速了解消费者的需求和偏好。这也就意味着，未来企业将可以实现自动化处理大量的营销任务，如客户咨询、售后服务等，从而能够及时调整营销策略，满足市场的实时变化，实现和顾客的及时互动，提高企业的效率和响应速度。

除此以外，数智时代发展下的人工智能还能帮助营销人定制个性化的营销方案，确定产品在货架上的陈列方式，在人工智能的辅助下成功实现新的自动化营销模式。以百事公司为例，其利用先进的人工智能技术，对每个零售渠道的合作伙伴进行个性化陈列方案的定制，包括详细说明特定零售产品在货架或展示中的最佳摆放位置等。这些方案并非简单的摆放建议，而是基于深入的数据分析和市场洞察，精确到每一个产品、每一个货架、每一个展示位的最佳摆放位置。这样的定制化陈列方案不仅提升了产品的曝光率和销售量，更提高了品牌形象和消费者满意度。同时，人工智能又能根据市场趋势和消费者反馈实时调整陈列方案，确保产品始终与市场需求保持同步，使产品能够以最具吸引力的方式呈现在消费者面前，从而激发消费者的购买欲望。

人工智能的应用为营销人带来了前所未有的便利和优势，不仅提高了营销效率、提升了营销效果，更为企业带来了实实在在的商业价值。智能

---

① 徐思远、李晓鹏：《实时营销：一种全新的营销理念》，《江苏商论》2000年第1期。

时代的营销活动将不再仅仅依赖于预设的规则，而是能够根据实时数据作出动态调整。通过深度学习和大数据分析，人工智能能够精准洞察消费者需求和市场趋势，为营销人提供有针对性的策略建议，还能实现从客户咨询、售后服务到产品陈列、推广策略等各个环节营销活动的自动化和智能化管理。自动化营销系统能够实时处理和分析海量数据，帮助企业在第一时间做出反应，抓住市场机遇。未来，人工智能、机器学习等技术的将会不断突破，自动化营销也将实现从基础的数据处理到高级的策略制定与执行的全面智能化。

（二）跨场景营销

作为“心理场”和“物理场”的集合体，场景反映了人与周围环境之间的关系，信息则在这两个“场”之间不断进行交换。因此，场景本身就成了一种信息传播渠道，而互联网和移动技术的发展极大地拓展了其渠道功能，以消费者为中心的链接与体验则构成移动互联时代场景营销传播的核心。[①] 移动互联网的发展使时空的边界不断模糊，人们的一切行为都处于一定的场景之中，场景营销的运用可以帮助企业升级用户思维，实现营销传播目标与用户需求的完美适配。场景营销的重点在于企业服务思维的深化与实践，它立足于用户所处的特定场景，以尊重并深入理解用户体验为基石，对用户在该场景下的各类信息行为进行细致的分析与研究。通过这一系列的分析，场景营销致力于构建一个以“兴趣引导、海量曝光、入口营销”为主线的网络营销新模式。此外，场景营销旨在通过深入挖掘用户在特定场景中的信息需求与服务需求，实现精准的信息适配，从而为用户提供基于其当前场景的高度个性化服务。这种以用户场景为导向的服务模式，不仅提升了营销效果，也进一步强化了用户体验，为企业的品牌形象塑造和市场竞争力提升奠定了坚实基础。

在智能技术的不断推动下，场景营销将得到进一步发展，跨场景营销逐步成为现实，打造出更具有个性化和沉浸感的营销方式。传统的场景营销往往仅局限在某一固定环境中，难以跳脱用户固有的思维模式，不利于企业线上、线下营销渠道的连接，也无法实现不同产品间的联动，没有跨

① 奚路阳：《链接与体验：移动互联时代的场景营销传播》，《新闻知识》2019 年第 10 期。

越出产品业态的边界。但是，消费者的行为（特别是消费行为和媒介接触行为）并非处在一个单一的场景里，而是处于连续、不断变化的场景之中。[①] 因此，随着技术不断发展，真正的“万物互联”将会实现，场景传播也越来越有可能将不同的场景进行连接，实现跨场景的营销传播。

一方面，跨场景营销通过运用先进的技术手段，实现了信息的全链路高效传输，从而能够更快速地识别受众的个性化特征和实时状态。这一过程中，不仅可以借助场景的应用实现线上渠道与线下渠道的联动和融合，而且能够同时对线上、线下的受众数据进行精准地收集与分析，为营销策略的制定提供了有力的数据支撑。同时，借助5G技术的高速率数据传输和低延迟的物联网传感器，跨场景营销能够根据从场景中收集到的数据，进行精细化的广告匹配，实现虚拟广告位和物理广告位的实时动态展示。这种定制化的营销传播方式不仅提升了广告的投放效果，也极大地增强了与受众的互动性和针对性，为企业在多元化的营销场景中创造更大的价值。

另一方面，沉浸感是场景的本质特征。[②] 新技术的融入意味着跨场景营销的内容创意和设计将发生更多的变革，必定会为用户带来更为丰富多元的消费体验。跨场景营销通过精心设计的场景，将消费者带入一个与现实世界紧密相连但又充满惊喜和新颖性的虚拟环境。这种环境不仅还原了消费者的日常生活场景，还通过技术手段进行了增强和拓展，使消费者在体验过程中能够感受到更强烈的沉浸感。跨场景营销利用AIoT技术，将各种传感器、智能设备和数据分析工具整合在一起，构建出一个高度智能化的营销场景。在这个场景中，消费者可以通过各种方式与产品或服务进行互动，从而更深入地了解它们的特性和优势。此外，通过深入了解消费者的需求和偏好，跨场景营销能够打造出更加符合消费者心理预期的营销场景。这种情感化的营销方式不仅能让消费者感受到品牌的温度，更让他们在沉浸式的体验中建立起与品牌的深厚情感纽带。

---

① 奚路阳：《链接与体验：移动互联时代的场景营销传播》，《新闻知识》2019年第10期。

② 程明、战令琦：《论智媒时代场景对数字生存和艺术感知的影响》，《现代传播》（中国传媒大学学报）2018年第5期。

（三）具身互动营销

不仅仅是跨场景营销会增强消费者的沉浸体验，企业对 AR（增强现实）、VR（虚拟现实）等智能技术本身的应用也将进一步推动沉浸式互动营销的发展，使营销的具身性特征进一步凸显。未来，企业的沉浸式互动营销传播将呈现出 VR、AR、MR（混合现实）、XR（扩展现实）四足鼎立的局面，为消费者带来更为丰富的临场感和极强的购物体验。[①] 以往企业的营销手段主要依赖于传统的广告、促销和线下活动，线上的宣传也大都以图文、视频为主。这些营销方式虽然在一定程度上起到了宣传的作用，但往往都难以深入消费者的内心，建立起深度的情感连接。依托 VR、AR、MR 和 XR 技术，企业能够构建出更加逼真的虚拟环境，提供更加个性化的互动体验，为消费者创造出更具沉浸感和互动性的体验，营造出由产品或服务带来的直观而亲密的感觉。

目前，已有不少企业已尝试运用 AR、VR 等技术来进行产品或服务的宣传。在房地产、旅游、家居等行业，VR 技术使消费者可以预先体验产品的实际效果，从而作出更加明智的购买决策。以及在一些品牌展示和新品发布会上，VR 的使用能为消费者提供身临其境的参与感，增强品牌的吸引力。AR 技术则为消费者带来了更加生动、直观的产品展示。在美妆、服装等行业，消费者可以通过 AR 试妆、试衣等功能，实时体验产品的效果，提高购买的满意度。然而，数据传输的限制、高延迟的信息互动与反馈等问题在一定程度上阻碍了 VR、AR 技术的应用。消费者在体验这些技术时，可能会遇到画面卡顿、反应迟钝等问题，从而影响整体的沉浸感和购物体验。在未来，随着 MR、XR 技术的融入，企业的沉浸式营销将会迎来新的变革。消费者也将享受到更加便捷、高效的购物方式，以及更加丰富多彩的娱乐体验。

随着社交媒体的普及和移动互联网的发展，以技术为支撑的具身互动营销将变得更加便捷和高效。企业可以通过社交媒体平台、移动应用等渠道，与消费者进行实时互动，快速传递信息和反馈。同时，社交媒体平台

---

① 程明、程阳：《智能技术时代营销传播的变革与智能营销传播的未来发展》，《现代广告》2020 年第 9 期。

上的用户生成内容也为企业提供了宝贵的营销资源，通过引导和挖掘这些内容，企业可以进一步拓展营销渠道，提升品牌影响力。传统的营销方式往往以单向传播为主，消费者处于被动接受的状态。而具身互动营销则通过各种形式的活动、游戏、体验等方式，让消费者主动参与到营销过程中来，亲身感受产品的特点和优势。这种参与感和体验感不仅有助于增强消费者对品牌的认知和记忆，还能激发消费者的购买欲望。

（四）内容的协同共创

在数字化浪潮的推动下，品牌营销的发展似乎已触及了传统模式的极限，而区块链技术的悄然崛起，则为品牌营销领域带来前所未有的深刻变革。区块链技术为品牌与消费者之间搭建起了一条直接互动的桥梁，消除了信息传递过程中的其他中介环节，使品牌与消费者之间的关系越发紧密。

区块链技术的核心特性——去中心化，是指信息、权力和控制从中心向外围扩散的过程，这与传统的中心化模式形成鲜明对比。去中心化的营销模式正在改变品牌与消费者的交互方式，使品牌营销进入一个全新的时代。在传统的中心化营销方式中，品牌信息往往通过中介渠道单向传递给消费者。然而，去中心化的营销方式彻底改变了这一模式，使消费者能够与品牌直接互动，甚至参与品牌的决策过程。这种新型的互动方式赋予了消费者更大的话语权，同时也让品牌更深入地了解消费者的需求，从而为他们提供更为精准的产品和服务。得益于区块链技术，所有的交易记录都实现了公开透明和不可篡改。这意味着消费者可以全面了解产品从生产到销售的全过程，包括产品的制造方式、原材料的来源以及是否符合环保和公平交易标准等。这种高透明度不仅增强了消费者的信任感，也提升了品牌的信誉。

从企业视角看，去中心化的核心属性——透明性、安全性和不可篡改性，也为品牌营销开启了新的可能性。透明性使每一笔交易和每一条信息都展现在公众视野中，消费者可以轻松地查看并验证品牌的所有声明，这无疑加强了品牌的信誉和消费者的信赖。安全性则确保了信息的完整性和保密性，有效防止了信息的篡改和滥用。而不可篡改性则意味着一旦信息被记录在区块链上，就永久地固定下来，无法被更改或删除，为品牌和消费者提供了一个值得信赖的信息平台。利用这些特性，品牌可以与消费者建立更为直接和紧密的联系，增强与他们的互动，从而优化消费者的体验。例如，通过区块链技术，品牌可以公开产品的所有信息，包括其来源、成分、生产过程等。这样消费者就可以对产品有更全面的了解，从而加深他们对品牌的信任。此外，品牌还可以借助区块链技术，打造公正、透明的广告平台，让消费者看到广告的真实效果，提高广告投放的效率和效果。

值得注意的是，去中心化的营销方式并不意味着品牌的角色会被削弱。相反，品牌需要在这种新模式中扮演更加积极和关键的角色。它们需要引导并激励消费者积极参与到品牌的各个环节，从产品设计、市场营销到售后服务，形成深度的互动和合作。同时，品牌也需要充分利用区块链技术，构建一个更为互动、透明、公正的品牌营销体系，从而在竞争激烈的市场环境中脱颖而出。

四 智能营销发展建议

（一）科技与人文并驾齐驱

1. 技术研发

科学技术作为推动企业发展和引领时代变革的关键动力，在今天的商业环境中发挥着不可或缺的作用。为了维持竞争优势并适应快速变化的市场环境，企业不应仅仅满足于现有的经营模式，而应积极拥抱并应用新兴技术，从而实现更高效、更智能的运营。在持续创新的过程中，企业应特别关注人工智能（AI）领域的发展。AI 技术以其强大的数据处理和分析能力，为企业提供了深入了解用户需求和市场趋势的契机。通过 AI 技术的应用，企业可以收集并分析用户数据，洞察用户的消费习惯和偏好，从而为用户提供更加个性化的产品和服务。这种个性化的消费体验不仅能够满足用户的多元化需求，还能够增强用户对品牌的忠诚度和黏性。

企业应当致力于对现有技术进行全面优化和升级，尤其需要重视区块链技术的研发和应用。区块链技术以其独特的去中心化、安全性和透明性等特点，预示着在数据管理、产品溯源和供应链管理等关键领域将引发深刻变革。通过采纳区块链技术，企业不仅能够构建更加健全和高效的营销体系，还能确保数据的真实可靠，进而提升营销活动的公信力和影响力。在追求技术创新的同时，企业还应积极探索技术的融合应用。例如，将虚拟现实（VR）和增强现实（AR）技术与混合现实（MR）和扩展现实（XR）技术相结合，可以为消费者带来更加沉浸式和多元化的体验。通过不断挖掘和整合新技术的潜力，企业能够向消费者提供更加优质的服务，从而在激烈的市场竞争中脱颖而出。

除此之外，在媒体信息技术的运用上，企业必须注重思维模式的持续革新，摒弃传统的思维框架，充分利用大数据技术的优势，为企业营销中的品牌传播搭建一个跨越不同领域和层次的传媒平台。这一平台的建立，将为企业实现品牌传播范围的最大化提供强有力的技术支持。[①]

2. 数字安全

数字经济快速发展，企业数字化转型的步伐不断加快，整个社会正迅速迈向数字文明的新时代。然而，随着数字化在社会各领域的深入渗透，网络安全所面临的风险与挑战也日益凸显。黑客攻击、网络威胁、数据泄露等过去仅在科幻电影中出现的概念，如今已逐渐融入我们的日常生活，离我们的距离越来越近，数字安全问题已经成为经济发展过程中不可忽视的重要议题。在数字经济的大背景下，企业必须要增强数字安全意识，提高对数字安全的重视程度。

未来企业在面对数字安全的挑战时，必须采取一种全面且前瞻性的策略，以确保业务的稳定与可持续发展。从技术层面来看，企业应始终站在技术的前沿，不断优化并升级其安全防护系统。一方面，企业应利用人工智能、大数据分析等前沿技术，精准地预测和识别潜在的网络威胁，从而采取及时有效的措施进行防范。另一方面，企业还应关注新兴的安全技术，如区块链、量子计算等，以便在未来的数字安全领域中保持领先地位。

在管理层面，建立完善的数字安全管理制度是确保企业数字安全的关键。这包括明确各级人员的职责和权限，确保数字安全工作的有序进行；

① 姚傲雪等：《大数据时代智能营销在品牌传播中的作用与应用研究》，《老字号品牌营销》2024 年第 3 期。

加强内部监管，防止内部人员泄露或滥用敏感数据；建立应急响应机制，以便在发生数字安全事件时能够迅速响应并减少损失。此外，作为企业数字安全的第一道防线，员工数字安全意识和技能的提高至关重要。企业应定期开展数字安全培训，让员工了解最新的网络威胁和防范方法，通过开展实战演练等方式，提高员工应对数字安全事件的能力。

企业还应积极与供应链合作伙伴、第三方安全机构等建立深度合作关系。通过共享安全信息和资源，企业可以及时发现并应对潜在的安全风险。未来，企业很有可能需要联合这些合作伙伴共同打造一个安全可靠的数字生态体系，以助力提升整个行业的数字安全水平。

3. 消费者权益

数字技术的进步并不总是能带来正面效应，物联网、大数据、算法等技术的发展普及意味着消费者的个人信息几乎处于完全公开的状态，消费者权益的保护越发面临着新的难题。为明确消费者的合法权益，《中华人民共和国消费者权益保护法》明确规定了消费者权益保护的相关问题。由于数字经济的快速发展和消费市场的不断变化，法律仍存在一定的滞后性，个人信息泄露等现象依然是需要全社会重点关注的问题。

保护消费者的知情权是维护消费者权益的基本前提。在数字经济时代，消费者的个人信息往往被用于各种商业活动，包括但不限于精准营销、数据分析等。企业应确保消费者的知情权得到充分保障，同时扩大消费者知情权的范围。这意味着企业不仅需要在收集和使用消费者个人信息前明确告知消费者，还需要以简洁明了的方式向消费者解释这些信息的具体用途和可能带来的风险。“知情—同意”制度作为保护个人信息的核心准则，在数字经济时代显得尤为重要。它赋予了消费者对自身数据信息的控制自决权，确保他们在充分了解相关信息的基础上作出是否同意个人信息被使用的决策。为实现这一目标，企业应提供便捷的知情同意途径，确保消费者能够轻松找到并理解知情同意的相关内容。

为了进一步捍卫消费者的合法权益，企业应当设立一个消费者撤销权的机制。[①] 这一机制的核心在于，当经营者向消费者提供的信息存在虚假成分或具有误导性时，若因此导致消费者产生误解并作出相应行为，消费

① 高诗宇：《数字经济下消费者权益保护问题研究》，《中国农业会计》2023 年第 20 期。

者便拥有撤销这些行为的权利。当消费者发现自己的权益受到侵害时，企业能够主动提供撤销权的保障，无疑会增强消费者对企业的信任感和满意度。这种积极的做法不仅有助于减少消费纠纷，还能够为企业赢得更多的忠实客户，推动企业的可持续发展。

（二）自律与监管双管齐下

1. 算法透明度

未来提高算法透明度的必要性日益凸显，这不仅是保护消费者权益的必要要求，也是企业可持续发展和数字经济健康发展的关键所在。随着数字经济和人工智能技术的迅猛发展，算法已经渗透到我们生活的方方面面，但消费者与企业之间始终存在着信息不对称的情况。智能营销时代，消费者与企业进行交易的过程大多是建立在企业收集了消费者海量的数据信息的基础上，消费者往往却对企业的商业模式、产品质量、价格机制等方面缺乏足够的认知，由此产生了两者之间信息的不对等。这种信息不对等导致消费者在购买商品或服务时无法作出明智的决策，从而利益受损。同时，企业算法的不透明性也为消费者带来了不确定性和潜在风险。在数字经济时代，企业普遍利用算法进行个性化推荐、定价优化等活动，然而这些算法往往缺乏透明度，导致消费者难以了解其具体运作机制。消费者对自己的数据如何被算法使用一无所知，也难以评估企业的行为是否公正合理。这种不透明性不仅增加了消费者的疑虑，也让他们难以有效维护自身权益。

为了提高算法透明度，社会和企业自身均应该积极采取措施。企业可以公开其内部基础算法的基本原理和决策过程，通过清晰、易懂的方式向消费者解释算法是如何工作的，以及它是如何基于数据和信息得出特定结论的。同时可以建立用户反馈机制，及时收集与处理消费者对算法的意见和建议，不断优化算法的性能和透明度。企业还可以加强与第三方机构的合作，通过权威认证与审核来确保算法的公正性和透明度。通过算法的公开和不断优化，消费者能够更好地理解和信任企业，也有助于提升企业的透明度和品牌形象。此外，在推动算法透明度的过程中，政府还可以推动建立算法透明度的评估体系，组织专业机构对算法的性能和透明度进行定期评估和公开，为消费者提供权威的参考依据。

2. 内部审核机制

在数智化时代，企业的内部审核机制将迎来重大变革。随着信息技术的深入应用，企业内部审核将更加注重数据的精准性、实时性和智能化，以适应快速变化的市场环境和企业运营需求。企业内部的审计工作不仅要实现对业务及财务数据的深度挖掘，更要在事前即能精准识别企业的经营风险，并据此进行有效的管控。这种转变不仅体现了企业内部审核机制在监督职能上的强化，更预示着其正逐步向防护、控制与决策支持职能的多元化发展。这一切的最终目标，都是助力企业实现价值增值，充分发挥内审对公司治理的积极作用。

传统的内部审核往往侧重于事后审计和合规性检查，但在数智化时代，这种理念已无法满足企业的需求。企业应该更加注重事前控制和事中监管，通过实时收集和分析业务及财务数据，及时发现潜在的经营风险，并采取相应的措施进行管控。同时，内部审核还应从合规性检查向价值增值转变，通过提供有价值的决策建议，帮助企业实现战略目标。内部审计智能化技术的核心是大数据分析和人工智能。因此，企业需要加强数据收集、存储和处理的能力，建立完善的数据分析体系，并培养具备数据分析能力的内部审核人员。通过对数据的精准分析，企业能够更准确地识别风险、发现问题，并提出有效的解决方案。此外，数智化内部审计还强化了内部审核的决策服务建议职能。通过对业务及财务数据的深入分析，内部审计能够为企业提供关于战略目标细化、战略实施进展、部门协同推进等方面的建议，帮助企业更好地把握市场机遇、应对挑战。

数智化时代是一个快速变化的时代，企业需要不断适应新的技术和市场环境，对内部审核机制进行持续改进和优化。企业应该定期评估内部审核机制的有效性和效率，及时发现问题并进行改进。同时，企业还应关注行业标准和最佳实践，不断学习与借鉴先进的内部审核理念和方法。

3. 跨部门合作

智能营销融合了数据分析、人工智能、内容创意等多领域的专业知识，这要求企业打破传统部门间的壁垒，形成协同作战的能力。第一，企业应当积极建立跨部门沟通机制，确保信息的流通与共享。企业应当定期召开跨部门会议，确保企业各部门负责人可以就业务进展、问题挑战等进行深入交流，共同商讨解决方案。这样的交流不仅能够增进各部门之间的理解与信任，还能够激发新的思维火花，推动企业不断创新。第二，企业可以建立内部协作平台，实现数据的实时更新与共享，保证各部门在决策时能够基于最新的信息取得最优结果，从而提高决策效率和响应速度。第三，企业还需要制定跨部门协作规范，明确各部门的职责与权限，确保各部门在共同目标下有序开展工作，避免出现推诿扯皮的现象。明确的协作规范还能够为团队成员提供合理的工作指引，使跨部门合作更加顺畅高效，从而形成强大的团队合力。

除此之外，在快速变化的市场环境中，企业还需要积极寻求与外部其他领域的深度合作。只有形成这种内外结合的合作模式，才有助于企业更好地整合资源、提升竞争力，实现持续稳健的发展。企业与外部其他领域的合作是企业拓展市场、提升创新能力的重要途径。通过与产业链上下游企业、科研机构、高校等建立紧密的合作关系，企业可以获取更多的市场信息和技术资源，为自身的发展注入新的动力。企业应积极寻求与产业链上下游企业的合作机会，共同开发新产品、拓展新市场。通过合作，企业可以降低成本、提高生产效率，实现互利共赢。同时，企业可以与科研机构、高校等合作，引进先进的科研成果和技术人才，提升企业的技术创新能力和核心竞争力。此外，企业还应加强与行业协会、政府部门等的沟通联系，了解行业政策和市场动态，为企业的发展提供有力支持。通过与这些外部机构的合作，企业可以更好地把握市场机遇，应对各种挑战。

结　语

在大数据时代，技术为营销领域带来了前所未有的机遇，也带来了全新的挑战。未来的营销将更加自动化、智能化和精准化，但这也要求企业付出更多努力，进行更严格的自我约束。无论技术如何发展、时代如何变革，企业在追求技术创新的同时，都不能忽视人文主义的基本原则。营销的本质是满足人的需求，传递价值。企业必须始终坚持价值理性与技术理性的统一，让行业自律与他律监管双管齐下，以人的需求为中心，提供真正有价值的产品和服务。

T.12 生成式AI背景下智能媒体内容生产的伦理困局与应对策略

周恩泽 卜彦芳*

摘 要：2023年，生成式人工智能（生成式AI）持续引发媒体与智能传播领域的热烈讨论。作为一种对已有技术的创新，生成式AI在提升内容生产效率方面表现突出，但也由此引申出诸多伦理风险，主要围绕在支撑大语言模型的数据、算力、算法三种要素及其与从业者、内容产品的互动方面。一是数据权利不明威胁隐私安全，可信度存疑引发真实性问题；二是算力、算法由平台和资本主导，缺少一定的透明度和客观性；三是智能机器与人力要素协同共生，AIGC模式催化从业者责任界定与利益冲突；四是用户消费端衍生虚实混淆和环境畸变等负面影响。针对生成式AI的这些新兴应用，从制度、组织、社会层面入手有助于突破伦理困局，建设可知、可控、可信的智能媒体生态。

关键词：生成式人工智能；智能媒体；内容生产；伦理

2023年以来，生成式AI、大型语言模型、ChatGPT、Sora等关键词无疑成为智能媒体技术领域的热点话题。在强势算力和海量数据的基础上，算法模型更新迭代，推动着人工智能从决策式、分析式工具向自动生成式工具跨越，个性化创造能力大幅提升。作为智能媒体的支撑性技术，人工智能的每一次创新演进都在切实变革产业运作的逻辑，而当前的生成式AI则集中体现在内容生产环节，即AIGC的全面涌现。新兴前沿技术促成高

* 周恩泽，中国人民大学新闻学院传媒经济学博士研究生，研究方向：传媒经济、传媒产业管理；卜彦芳，中国传媒大学教授、博士生导师，研究方向：传媒经济、媒体融合、新媒体运营。

效内容生产，但同时也潜藏政策法规、组织管理、业务流程等诸多层面的风险与挑战，对打造可知、可控、可信的智能媒体带来了困难。本文旨在从伦理角度梳理生成式 AI 驱动内容生产的系统风险，审视人工智能与人类智能协作共生的关系，总结应对策略以期为生成式 AI 在智媒的应用提供一些思考。

一　生成式 AI 加剧智能媒体内容生产的伦理困局

相比于之前的决策式、分析式人工智能，生成式 AI 的技术创新源于数据、算力和算法综合提升的结果，因而这三者也成为驱动智能媒体内容生产的关键要素。具体而言，生成式技术的内容生产应用主要依靠大语言模型（LLM）的输出，整体朝着通用化、多模态、人机协同的方向演进，能够实现更高的生产效率。同时，生成式 AI 也与数据依赖、平台和资本介入、人机关系以及用户消费等方面紧密关联，加剧智能媒体内容生产的伦理困局。

（一）数据权利不明威胁隐私安全，可信度存疑引发真实性问题

生成式 AI 的通用性建立在大型语言模型的基础上，对预训练数据的规模和质量要求较高。以 OpenAI 的 GPT 为例，所使用的公共爬虫数据集涵盖超万亿单词，从第一代到第四代已经进化为拥有千亿级参数量和至少 45TB 数据量的大型语言模型，展示出较强的语言生成、上下文学习等能力。[①] 于智能媒体而言，调用生成式 AI 可以显著拓展信息采集的时间和空间，提升信息源的深度和广度，辅助选题决策、可视化分析和多模态文本之间的转换。

然而，生成式技术一方面会加深数据要素介入智能媒体内容生产的程度，甚至是决定具体方向和文本；另一方面，无论是预训练还是微调阶段，生成式技术的运作促使数据成为一种基础资源，关联到智能媒体后续的分发和消费。推荐算法、客户端和虚拟人产品的落地离不开机器学习，

① 朱光辉、王喜文：《ChatGPT 的运行模式、关键技术及未来图景》，《新疆师范大学学报》（哲学社会科学版）2023 年第 4 期。

而完备的数据集充当着硬性的先决条件，其中也包括来自用户源源不断的反馈数据。因此，能否建立准确、全面、可靠的数据集将会影响智能媒体运作的全业务链条。然而，事实情况却并非如此，作为生产资料的数据往往会给智能媒体招致伦理问题。

一是数据权利面临不确定性。其一是所有权不明确。当前的信源数据包括公开或付费商业数据、传感器数据以及网络公开爬取的自采数据，其来源和归属不仅牵涉用户与互联网平台，而且关系到政府机构、网络运营商等第三方数据代理人。多重利益主体错综复杂，并且终端用户作为数据的主要生产者却很难掌握其所有权。其二是使用权泛滥。涉及用户基本资料、消费偏好以及地理位置等行为数据的价值不仅体现在权属之外，也重点体现在它的使用过程，保存、复制、转售等行为的正当性问题仍然悬而未决。由于缺少多方约束，互联网中未经用户允许而自动采集信息或者提醒一次后成为默许的行为较为普遍，跨平台的数据流动和共享往往也脱离用户意愿，威胁隐私安全，甚至以“生意参谋”的形式引起不正当竞争纠纷。①

二是数据本身存在局限，即数据来源和具体内容的可信度不能保证，带来智能媒体的真实性危机。即便由科学文章训练的模型都尚且存在曲解事实和知识的情形，更不用提本就从偏倚数据中训练出来的模型。当前的事实思维可能因为生成式 AI 的出现而被数据思维取代。② 实际上，生成式 AI 并未真正成为超越人力所及的强势工具，反而经常被质疑出现幻觉（Hallucination）——编造一种与现实无关却自信的回答。可以预见，随着生成式技术迭代更新，能力提升后的机器幻觉会越来越少，但未必会消失。而且，对媒体从业者和普通用户而言，无法识别幻觉或者信任一些难以验证的结果可能会成为新的困扰。

（二）算力、算法由平台和资本主导，透明度和客观性缺失埋下伦理隐患

除了以数据作为“基础燃料”，算力和算法也在生成式 AI 中发挥重要

① 林爱珺、陈亦新：《智媒传播中信息价值开发的伦理风险及综合治理》，《山东大学学报》（哲学社会科学版）2020 年第 6 期。

② 胡泳：《论事实：美丽、谎言与 ChatGPT》，《新闻大学》2023 年第 4 期。

作用，前者是决定训练和输出速度及其容量的“引擎”，后者是寻求问题解决的程序化路径，整体达成模型运算效率的最优。在算力方面，生成式 AI 的需求庞大。相关研究估计，GPT 三代模型运行 1750 亿参数需要上万个 CPU 或 GPU，所需能耗相当于开车往返地月之间，且单次花费达到 450 万美元。[①] 在算法方面，目前的生成式 AI 大多使用 Transformer 的网络架构，性能与先前相比有所优化。该架构引入注意力机制，在自然语言处理上对不同词句进行重点区分，更好地利用高性能算力设备的并行能力，减少大规模数据集在预训练阶段受到的限制。GPT、谷歌的 BERT 等模型都是以此为基础，结合不同的“预训练+微调”两阶段机制和人类反馈强化学习发展而来。[②]

生成式技术对算力和算法的高度需求再次强化资本介入内容生产的特征，结果是以互联网巨头为代表的平台方投入大量研发成本以取得突破，再向智能媒体机构提供调用接口。处于算力基础设施劣势方的智能媒体位于产业下游，可能会因为缺少对其算法透明度和客观性的评估而埋下伦理隐患。

一是透明度缺失导致的算法“黑箱”。从研发预训练到最终开放运行，大语言模型算法设计的目的、原理、责任主体及其所选取的数据与指标涉及一定的知识门槛和商业利益，没有专业背景的媒体从业者或者普通公众难以掌握，更不用提正确行使监督和评判的权利。政府公共部门也因算法的强隐匿性和复杂性而增加了治理难度，对及时遏制某些风险事件的发生提出了较高要求。

二是客观性缺失导致的算法偏见。来自用户交互行为、开发者潜意识观念等方面的内外部偏见，都会影响生成式算法的输出结果。传统媒体中职业把关人的存在能够避免偏见内容，层层审核并且立足专业素养实现一种平衡的报道方式。但转移到生成式内容生产工具的语境下，算法设计和运行的各个环节包含了人的意向和主观能动性的参与，其本质并未完全脱离人工产物，很有可能巩固旧有偏见甚至引起新的歧视，而且往往更容易

① 朱光辉、王喜文：《ChatGPT 的运行模式、关键技术及未来图景》，《新疆师范大学学报》（哲学社会科学版）2023 年第 4 期。

② X. Han et al.,“Pre-trained Models: Past, Present and Future”, AI Open, 2021.

被大众忽视。

（三）智能机器与人力要素协同共生，AIGC 模式催化从业者责任界定与利益冲突

数据、算力和算法加持的生成式 AI 推动机器成为媒体内容生产的类人行动者。进阶的大语言模型不再局限于早期自动化新闻的财经、气象、体育等特定主题，已经扩散到包括戏剧影视创作在内的传媒生产的广泛领域。智能媒体中人机协同的内容生产机制开始显现，有望构成极具创新活力的一环。尽管当前的各类应用普遍处于初级阶段，但是仍大幅提升了新闻和影视产品的生产效率，而在内容形态创新、数字资源整合等方面也同样表现突出。信息采集端汇聚的海量素材经过生成式 AI 的“创作大脑”直接生成稿件、图文和视频，精简人力和提升效率的程度是过去无法想象的。另外，大语言模型在文字、图片、音视频等多模态数据之间的转换也越来越接近人工劳动，显现出一定的创意生成能力，例如图像生成应用 Midjourney 以及 OpenAI 在 2024 年 2 月发布的首款视频生成模型 Sora。

随着生成式技术本身的发展及其在内容生产环节的嵌入，智能机器逐渐由辅助工具地位向与人力要素协同共生的新型关系转变。在这种关系中，机器呈现出某种拟主体性，即具有一定的主体能动性，而人力则在机器的发明和使用中重新定义自己。① 机器的人化与人的机器化交互演进，二者在内容生产中的要素边界逐渐模糊。理想的 AIGC 模式下，机器与人力优势互补，生产力水平的跃升可以使智能媒体从业者免于过多重复性劳动，从而将精力投入其他目标任务。但就具体情况而言，AIGC 模式的加入不可避免地衍生出人类与非人类要素责任界定和利益冲突的伦理议题。

关于责任界定，一方面针对“机器生成内容的著作权归谁享有”的问题仍有待商榷，以及机器所应承担的媒体伦理和侵权判定尚不明确。研发者、所有者、使用者均有可能成为机器创作物的权利主体，多方共同享有的情况抑或存在。相关的行为伦理缺少标准规范，难以约束机器与其他人力输出作品之间的侵权行为。另一方面，生成式技术应用还涉及平台、用户与从业者之间的多方主体。在平台经济的语境中，智能媒体从业者和提

① 段伟文：《控制的危机与人工智能的未来情境》，《探索与争鸣》2017 年第 10 期。

供数据“原料”的用户时常处于被支配地位，而代表资本力量的平台组织充当了数据“加工厂”，实现从要素向商品的转换和流通，形成数据富有者对少有者的控制，即数据霸权。[①] 生成式技术应用的兴起给编辑、记者的选题发现、内容呈现、把握受众精准需求带来了便利，使之触及以往工作经验场景中无法实现的时空范围。然而，能力提升也暴露出用户端的隐私危机和平台端的数据霸权问题，但平台及其技术往往隐匿其中，或者因为掌握较强的话语权，反而更易使从业者自身陷入伦理风险。

关于利益冲突，机器是否会完全冲击记者、编辑、编剧等角色的职业地位，即生成式 AI 与媒体从业者的替代关系。在实践层面，当前尚且处于人机协同的起步阶段，人类智能与人工智能共同协作。前者作为主体仍然占据主导权，而后者仅表现为承担了某些类人功能和属性的拟主体。例如，现在大多数自动化新闻遵循“模板+数据”的生产逻辑，对选题类型和数据质量要求较高，表达方式和语调、文风略显生硬，大多只在体育、财经、自然等特定领域发挥作用。但是假以时日，随着强生成式 AI 的成熟，机器写稿的可读性和复杂程度越来越高，或将进一步动摇新闻工作者的专业、权威和主体性地位，致使人机协同向利益冲突范式转变。

（四）智能内容产品体验升级，用户消费端衍生虚实混淆和环境畸变等负面影响

在消费环节，针对生成式 AI 的内容产品也会产生伦理问题，不利于智能媒体的长远发展。在 AIGC 所形成的拟态环境中，技术应用带来场景化、多感官的媒介接触方式，新闻和影视视听内容从阅读、观看升级为体验。生成式技术配合 VR、AR 全息建模打造沉浸式场景，协同 5G 和超高清视频增强真实临场感，用户仿佛置身其中，以“第一人称”获得平面视角缺少的代入体验。另外，以计算机视觉为代表的虚拟视听技术推出 AI 主播、聊天机器人等应用，刷新用户过往的认知体验，丰富智能媒体内容产品的呈现形态。

沿着媒介技术的人性化演进方向，感知和体验内容产品的维度不断拓展，但也难以回避虚假信息、群体极化等可能出现的负面影响。可视化生

---

① 蔡万焕、张紫竹：《作为生产要素的数据：数据资本化、收益分配与所有权》，《教学与研究》2022 年第 7 期。

成技术对真实性的影响，尤其是在细节方面处理不当，很容易误导大众甚至是造成精神伤害。近年来流行的深度伪造“Deepfakes”应用便是对眼见为实的颠覆，利用各种素材拼贴衍生出虚假新闻、谣言和数字骗局，给不法分子以可乘之机。有时候，机器或采编团队在画面中隐去可能会造成一种“无人在场”的伪真实。用户个人进入沉浸式新闻，凭借自己既往的认知经验感受现场，其结果可能会减弱客观力量。另外，针对敏感话题，如果没有做到提前告知，几近真实的新闻呈现可能会给部分人群带来心理冲击。上升到整个内容消费趋势，虚拟与现实的边界难辨，智能媒体与社会的融合越发深刻，场景要素和感知体验成为生产者连接用户的着力点。对此，媒体组织层面能否形成良好的行业生态显得尤为关键。如若无法减轻信息过载、脱离真实、信任低迷等拟态环境畸变的问题，新的伦理忧虑或将在消费环节滋生，反向影响智能媒体内容生产的可持续发展。

二　智能媒体内容生产伦理风险的应对策略

从构成要素来看，智能媒体内容生产需要应对的伦理困局，实际上就是生成式技术中数据、算力和算法所引致的伦理困局。① 从规章制度、媒体组织和社会公众三个层面思考应对策略，有助于解决生成式 AI 伴生的技术风险。

（一）制度层面：针对性完善伦理治理框架，提高政策执行和动态管控能力

制度层面的应对是从体制机制的角度规范技术使用和正当权益维护的强有力措施，包括法律法规、指导意见、规范性文件、暂行办法等多个层次。如表 1 所示，《中华人民共和国网络安全法》《中华人民共和国个人信息保护法》《中华人民共和国数据安全法》的出台，可以保障公民隐私权、公正权、人格权、产权等基本权益。围绕互联网信息服务算法的相关业务，也有更多内容更加落地的指导意见和行业规范。在伦理方面，《关于

① 王雪莹、邵国松：《延续和重构：人工智能伦理研究的多重视角》，《未来传播》2023 年第 1 期。

加强科技伦理治理的意见》《新一代人工智能伦理规范》《科技伦理审查办法（试行）》等文件明确了技术伦理的原则和目标要求，制定了审查的程序、标准、条件以及管控的具体措施。针对生成式 AI，网信办在 2023 年 7 月联合相关部门发布《生成式人工智能服务管理暂行办法》，进一步明确生成式 AI 及其服务提供者的概念和适用范围、内容规制、行为规范，引导技术应用向上向善。随后，百度的文心一言、字节的云雀等互联网公司的大型语言模型首批通过备案。另外，信息安全标准化技术委员会秘书处还组织编制了文、图、音视频等智能生成内容标识方法的规范文件，用于指导生成式 AI 服务供给者的安全管理。

表 1　**人工智能伦理治理相关的部分制度文件**

类型	发布时间	发布主体	具体文件
法律法规	2017 年	全国人大常委会	《中华人民共和国网络安全法》
	2021 年		《中华人民共和国数据安全法》 《中华人民共和国个人信息保护法》
	2022 年		《中华人民共和国科学技术进步法》
发展规划	2017 年	国务院	《新一代人工智能发展规划》
指导意见	2021 年	网信办、中宣部、教育部等九部门	《关于加强互联网信息服务算法综合治理的指导意见》
	2022 年	中共中央办公厅、国务院办公厅	《关于加强科技伦理治理的意见》
规范性文件	2019 年	国家新一代人工智能治理专业委员会	《新一代人工智能治理原则——发展负责任的人工智能》
	2021 年		《新一代人工智能伦理规范》
	2021 年	全国信息安全标准化技术委员会秘书处	《网络安全标准实践指南——人工智能伦理安全风险防范指引》
	2022 年	网信办、工信部、公安部、市监局	《互联网信息服务算法推荐管理规定》
	2023 年	网信办、工信部、公安部	《互联网信息服务深度合成管理规定》
	2023 年	科技部、教育部、工信部等十部门	《科技伦理审查办法（试行）》
	2023 年	网信办、发改委、教育部等七部门	《生成式人工智能服务管理暂行办法》
	2023 年	全国信息安全标准化技术委员会秘书处	《网络安全标准实践指南——生成式人工智能服务内容标识方法》

资料来源：笔者根据网络公开资料整理。

目前，仍是新兴产物的生成式 AI 在制度层面的规制处于探索阶段，完善伦理治理框架可以成为未来关注的重点。推荐算法、深度合成等业务的管理规范逐渐成熟，也是当前大多政策所聚焦的内容，可以由此参考相关的伦理要求、目标和准则。智能媒体行业的管理部门也可以出台更有针对性的规范性文件，落实主体责任，完善治理架构，保障智能内容产品与服务合法合规，例如央行在金融业发布的《金融领域科技伦理指引》等文件。领头企业和行业协会等组织也可以通过颁布自律公约等形式主动出击，规避因出现伦理争议而导致的经营风险。除了法律法规文件制定，政策的执行和动态管控也很重要，及时扫除管理盲区，不断细化伦理准则，平衡市场约束和正向激励，推动智能媒体内容生产的高质量发展。

（二）组织层面：调整战略目标、优化生产流程、加强人力资本投资

组织层面的应对是媒体机构如何从战略目标、生产流程、人力资本等多个角度规避因采纳生成式技术而带来的伦理风险，以此进一步推动智能化转型。随着生成式应用的扩散，智能生产工具的准入门槛和学习成本持续降低直至普及，智能媒体面临的内容产品和服务的竞争也会越来越激烈。2023 年 2 月，百度文心一言推出后，包括爱奇艺、新潮传媒的近 300 家企业宣布接入该模型，率先促成 AIGC 在内容产业的商业化运营。[①] 新华社正在打造专门服务于媒体行业的大语言模型 MediaGPT，各地广电系统也在积极筹建人工智能工作室，创意孵化各种内容生产工具和 AIGC 产品。

首先，智能媒体在战略目标方面应持审慎态度，将生成式 AI 的伦理要求融入其中，构成整体组织氛围的一环。一方面保有对社会负责任创新的思路，克服以绩效为中心的竞争逻辑的阻碍；另一方面，保有技术无法替代媒体主体性的信心和定力，借此资源重新分配的机会再建竞争优势。既要发挥生成式 AI 所长，又要警惕技术中心主义，避免盲目推崇，放大智能技术所具有的传播效能和社会影响力。

其次，在生产流程方面适应人机协作的新形态。智能媒体不仅需要解决“管人”的问题，也要考虑到“管机器”的问题。大多数媒体的智能化

① 袁传玺：《近 300 家企业成文心一言首批生态合作伙伴　AIGC 竞争白热化　百度胜算几何?》，《证券日报》2023 年 2 月 21 日。

水平较以往相比有明显提升，但在内部管理方面依然欠缺对伦理风险的把控。对此，可以在数据库管理、算法规则设计中纳入伦理考量，调整规章制度、绩效考核等内容以符合新的价值理念。基于智能技术建立互联互通的开放管理系统，整合不同价值链环节，提高组织决策的伦理水平，强调内容生产与用户价值共创的科学体系。

最后，在人力资本方面加强投入。无论是与外部科技企业合作，还是内部跨部门协调，促进算法工程师和媒体从业者的双向沟通，开展技术伦理与内容生产相关的职业培训，形成和谐统一的技术观念与行为规范。如前文所述，内容生产环节涉及从业者、用户、资本和平台等多方力量的角逐，彼此的冲突类型又可以分为人与机器、人与人的冲突。对此，媒体组织应该以不同利益主体的平衡为突破口，重视内部人才的复合培养和结构搭配，确保技术应用合理规范的同时促进人力资本的发展。

（三）社会层面：技术治理从根源纠偏，公众伦理素养教育多方协调

社会层面的应对关涉如何维护风清气正的智能媒体内容生态、公众如何提升伦理素养以抵抗技术与人本主义的冲突，推动技术向善发展，实现社会福利最大化。相关调研显示，面对人工智能，大多人持短期积极、中期期待、长期担忧的态度，其中文本写作、图片生成和视频处理类应用是近两年人们接触最多的人工智能产品，并且对内容创作和服务类行业表现出较大的负面忧虑。① 总体来看，当前多数用户对人工智能的发展持乐观预期，在智能媒体的内容消费方面非常活跃。就隐藏在消费环节的伦理风险而言，既可以从技术治理的思路入手，强化内容把关，也可以从用户主体入手，提升内容甄别能力。

其一，技术治理的思路具体指技术这一外生变量带来的问题依然可以交给技术解决，从根源纠偏生成式技术或引入其他技术，规避对社会公共空间的消极影响。例如，在互联网版权保护方面的区块链实践，对用户数据进行匿名处理和隐私保护的软件，嵌入反歧视和公平概念的算法等。类似 ChatGPT 的技术产品本身还启发了一种对话式治理的创新形式，尽管其

---

① 《澎湃调研丨最新 AI 公众态度调查发布：一边期待，一边担忧》，2024 年 3 月，“澎湃新闻”微信公众号，https://mp.weixin.qq.com/s/YJ8_DNKyE4VwfitEVmcyMQ。

自身还存在一定的问题，但促成良性友好的人机互动不失为另一种高效的解决方案。①

其二，从用户入手旨在发挥其主观能动性，提升公众伦理素养、辨别能力和参与意识。智能时代的公众伦理素养在于知情和参与，即明确作出机器伦理决策的负责主体，理解新兴技术系统的运作和社会影响力，同时积极践行负责任使用和监督权利。② 依托国家的《提升全民数字素养与技能行动纲要》，针对生成式内容的伦理道德也应该加入其中，成为一项长期任务。具体措施包括借助新闻、影视、公益广告等多种形式开展伦理教育，鼓励学校、民间组织和行业协会等多方力量参与科普活动等。

① 张辉等：《ChatGPT：从技术创新到范式革命》，《科学学研究》2023 年第 12 期。

② 赵瑜：《人工智能时代的新闻伦理：行动与治理》，《人民论坛·学术前沿》2018 年第 24 期。

社 会 篇
Report on Society

T.13 智媒时代残障群体无障碍应用与发展报告*

王武林　吴周妍　冉晨旭**

摘　要： 智能科技推动无障碍设施智能化及无障碍内容形态的高度定制化，以适应残障群体对于信息获取和消费的多元化需求。2018 年北京冬残奥会和 2023 年杭州亚残运会的举办，为无障碍智能应用提供了新的场景，但智能媒体的无障碍应用仍面临一系列问题，亟须提升智能媒体的无障碍应用环境，开发与创新无障碍智能设备，促进残障群体无障碍媒体内容的传播和应用。本文从残障群体的智能媒体无障碍应用背景、政策基础、无障碍智能技术应用现状以及目前困境和趋势展望等维度进行梳理，对残障人群无障碍智能应用的历程、现状及发展趋势进行梳理，并探讨无障碍智能应用的改善方向和未来趋势。

关键词： 残障群体；智能媒体；无障碍；智能设备；亚残运会

一　残障群体无障碍应用背景

无障碍（barrier-free）理念起源于欧洲的平权运动。该理念认为，以健全人为中心、忽视残障者需求的社会不是一个正常的社会，主张应通过无障碍设施和技术的支持，帮助残障者回归社会主流（mainstreaming），达

---

* 本研究为国家社科基金项目“信息无障碍智能传播设计体系研究”（项目批准号：23FYSB053）的阶段性成果。

** 王武林，博士，浙江传媒学院出版学院副教授，研究方向为信息无障碍、智能媒体传播、数字出版；吴周妍，浙江传媒学院硕士研究生，研究方向为数字媒体与智能传播；冉晨旭，浙江传媒学院硕士研究生，研究方向为数字媒体与智能传播。

到融入社会的目的。[①] 就其可行性而言，当下智能媒体以高速移动互联网、大数据、云计算、传感器等人工智能技术为基础，能够自主感知用户需求，针对特定的时空和场景，动态向用户推送所需信息，从而实现技术驱动、人机协同、智能传播、精准高效的媒体形态。[②] 其中以无障碍技术为核心的应用最具深远意义，这些技术赋予了残障群体具身传播的能力，使其能够平等地参与社会交流。例如，2020 年优酷与中国盲文图书馆共建无障碍网络视听平台，视障者可以使用读屏软件，以页面模块为单位读取模块信息，通过语音指引选择自己喜欢的影视作品。[③] 此外，智能导航与辅助驾驶系统则通过精准的定位与感知技术，为行动不便者提供了安全便捷的出行体验。这些应用是智能媒体在无障碍领域的创新成果，为残障群体的生活带来了实质性的改善，无障碍应用与建设也得到了更多关注。

（一）践行人文关怀：关注多元需求，共筑信息无障碍社会

国家统计局数据显示，截至 2023 年，中国残疾人总人数达 8591.4 万人。[④] 残障人士在生活中常遭遇出行难题、信息获取障碍及表达不畅等困境。作为社会大家庭不可或缺的一员，其身心需求亟待得到足够的尊重与正视。除了保障残障群体日常出行的便利外，信息的接收和传播也是一个社区、城市乃至国家拥有人文关怀的象征与体现。

2003 年，浙江图书馆创办省内首家为视障人群提供专门服务的公共图书馆，2011 年开设“浙江省视障信息无障碍服务中心”，2012 年牵头成立省视障信息无障碍服务联盟，实现了全省盲文资源共享。[⑤] 视障群体能够运用读屏软件对手机屏幕进行触摸等动作指令，从而得到信息内容。2022 年北京冬奥会上，腾讯 3D 手语数智人“聆语”作为“AI 手语翻译官”，

---

① 黎建飞主编：《残障人法教程》，中国人民大学出版社 2016 年版，第 147 页。

② 罗自文、熊庾彤、马娅萌：《智能媒体的概念、特征、发展阶段与未来走向：一种媒介分析的视》，《新闻与传播研究》2021 年第 S1 期。

③ 《优酷首创无障碍网络视听平台为 1700 万视障者建“文化盲道”》，2020 年 12 月 3 日，百度网，https：//baijiahao. baidu. com/s？ id = 1685037170349617782&wfr = spider&for = pc。

④ 《中央财政支持社会组织参与社会服务项目巡礼（十）》，2024 年 3 月 6 日，百度网，https：//baijiahao. baidu. com/s？ id = 1792759071167694085&wfr = spider&for = pc。

⑤ 《10 月 16 日起浙江图书馆之江馆无障碍阅览区正式启用》，2023 年 10 月 16 日，杭州网，https：//ori. hangzhou. com. cn/ornews/content/2023-10/16/content_8630166. htm。

提供了手语解说服务，让处于无声世界中的特殊人群也能“听”到中国举办冰雪赛事的盛况。据媒体报道，2021 年，两位重度智力残疾人庞坚和庞强（均为化名）进入北海市残疾人托养服务中心，其生活得到全天候的照料，兄弟俩也由孤僻内向逐渐变得开朗活泼。[①]以上种种，无疑都彰显出近年来国家和社会在残疾人事业方面所倾注的努力与心血。

信息无障碍是指任何人（无论是健全人还是残疾人，无论是年轻人还是老年人）在任何情况下都能平等、方便、无障碍地获取信息和利用信息。[①] 除先天残疾外，我们每个人在生命历程中的某个阶段都可能成为某种程度上的残障人士，或是需要得到无障碍方面的帮助。因此，无障碍建设并非仅惠及少数残障者，而是关乎社会中每个人的福祉。媒体曾报道，“90 后”小伙杨蒙蒙在一场车祸中失去了双眼，他与家人曾一度陷入无限的迷茫与痛苦之中。一年之后，在妻子的鼓励下，杨蒙蒙通过手机读屏模式跟着抖音里的教程学起了弹吉他，慢慢地，他对生活的希望又重新燃起，还创建了新的抖音号来记录自己的生活。杨蒙蒙说：“每个人生活中都会出现很多变故，但人生的活法有千万种，千万别选最悲观的那种。”[②] 由此可见，无障碍建设彰显着极高的人文关怀，它以人为本，将关爱的目光投向每一位社会成员。无论健全与否，均享有平等、尊严与自由。

（二）科技助障发展：优化信息交流，增强自我与群体认同

“认同”是一个心理学概念，指对自我和他人的接纳程度。自我认同强调个体对自身的反思、认定和追寻。吉登斯指出，自我认同是个体依据个人的经历所反思性地理解到的自我。[③] 由于肢体或感官的缺失，残障人士在外貌和社会行为等方面与健全人存在一定的区别。

许多残障者在特殊学校接受教育，学习一些特殊课程和技能，这在一定程度上限制了他们的工作选择范围、经济收入和社交圈层。社会和健全群体对残障人士的关怀与支持，有时可能无意中加强了残障者与社会的隔

---

① 孙祯祥、张家年、王静生：《我国信息无障碍运动研究综述》，《图书情报工作》2007 年第 11 期。

② 《从举债度日到年入百万，抖音电商助力平台达人拓展新事业》，2023 年 6 月 6 日，网易新闻，https：//www. 163. com/news/article/I6IINP2A00019UD6. html。

③ 转引自王丝琴《MBTI 趣缘群体的自我认同与群体认同研究》，《视听》2023 年第 12 期。

离感，从而使残障群体对自己的认知偏向于消极，产生自我怀疑等情绪。因此，我们需要以更加包容开放的态度来促进残障者全面融入社会，实现自我价值。无障碍技术的不断发展便带给了残障人士重新接入生活轨道的新途径与便利，使其能够更为顺畅地使用电子设备阅读信息、玩游戏、网购物品等，互联网继而也成了残障者线上寻找群体的一个桥梁。

群体认同是群体成员对群体规范、传统、仪式与目标的认同，以及怀有促进群体发展的意愿。[①] 技术的连接，让零散的残障人士个体能够找到具有群体属性的存在。以重庆听障律师唐婷为例，她通过网络平台与更多的听障人士交流，共同分享经验，学习法律知识。这激发了她为听障群体发声的决心，也切实地为残障人士争取了其应有的权益。群体的力量是强大的，当成员在情感上承诺于一个群体时，他们就会相互帮助并不断提供建设性的意见，同时成员忠诚度会随之增加，对于群体活动也会产生更高的参与动机。[②] 这不仅有利于残障人士找到归属感，共同努力，更有助于深化自我认知，拥有更多的机会去认识自己、了解自己，更好地规划自己的人生道路，还能激发大家更加积极地参与到群体的建设与发展中来。

“广东好人”李炜梅在 12 岁时视力陡然下降，限于当时的家庭经济条件和医疗卫生水平，她的世界从此失去了光明。然而她以热爱面对生活，坚持学习，在北京联合大学中医推拿专业拿到了本科学历后创办了“李炜梅盲人按摩所”及孵化基地，为广大盲人群体就业提供了支持。20 多年的坚持，“李炜梅盲人按摩所”累计为 1300 多位残疾人提供了就业机会，免费培训 1000 多人次，帮助 50 多位残疾人创业。[③] 从小患病导致视力出现障碍的刘玉霞在完成学业的路上得到了许多来自老师和同学的帮助，这些善举在她心中埋下了爱的种子，让她始终怀揣感恩之心去力所能及地回报

---

① R. Algesheimer，U. M. Dholakia，A. Herrmann，“The Social Influence of Brand Community：Evidence from European Car Clubs”，*Journal of Marketing*，Vol. 69，No. 3，2005，pp. 19-34.

② T. Wang，“Social Identity Dimensions and Consumer Behavior in Social Media”，*Asia Pacific Management Review*，Vol. 22，No. 1，2017，pp. 45-51；H. F. Lin，“Determinants of Successful Virtual Communities：Contributions from System Characteristics and Social Factors”，*Information & Management*，Vol. 45，No. 8，2008，pp. 522-527；H. T. Tsai，P. Pai，“Why do Newcomers Participate in Virtual Communities? An Integration of Self-determination and Relationship Manage ment Theories”，*Decision Support Systems*，Vol. 57，2014，pp. 178-187.

③ 《“广东好人”李炜梅：传播公益力量从“追光者”成为“发光者”》，2024 年 3 月 15 日，中国残联网，https：//www-current. cdpf. org. cn/hdjl/cjrfc/22d6570a5a1749f883ee17878fa492e3. htm。

社会。2020年，她创建了重庆市首支以残疾人为主体的“528·我爱帮”残疾人志愿服务队。自此，在重庆的大街小巷，一群身着志愿者背心的团队，总是像“及时雨”一样出现在残疾朋友身旁。不少队员表示：“帮助他人，生活变得更有意义了。”①

（三）观念更新变迁：社会共融互助，营造无障碍建设良好氛围

亚里士多德在《政治学》中谈道，城市由各种不同的人所构成，相似的人无法让城市存在。城市文明的魅力在于其开放性与包容性，异质群体在城市流动或共同栖居，形成复杂的、多层次的城市生态。② 健全群体与残障群体，如同社会的两块拼图，共同构成了丰富多彩的社会画卷。在这个大家庭中，每个个体都拥有其独特的身体感受与体验，这些不同的声音和视角共同汇聚成城市生活的多彩旋律，使社会更加多元、包容与和谐。

2022年11月，高德地图联合阿里公益研发上线了公益无障碍导航功能，它能在导航时避开台阶、陡坡，优先规划含无障碍电梯等无障碍设施的路线，尤其便于轮椅人群使用，因此也被称为“轮椅导航”。该导航已为相关人群提供2400万次无障碍路线规划，仅在2023年十一黄金周期间，就为用户提供了超过157万次无障碍路线规划。阿里巴巴合伙人、阿里巴巴公益基金会理事、高德地图总裁刘振飞表示，开发轮椅导航的初衷，就是期望用科技和数字化，让坐轮椅的朋友们尽可能提升走出家门的安全感和信心。“我们尽量多做一点，他们也许就更方便一点。”③

“Be My Eyes”软件是一款基于移动互联网的公益性质的视障辅助应用。其核心功能是通过远程连接，让健全用户通过实时视频通话，帮助视障用户解读他们生活中的各类视觉信息，比如识别产品包装上的文字、判断物品颜色、导航路况等。通过这款软件，视障用户能够在日常生活中得到及时的帮助，提升他们的生活质量和便利性。健全用户也能够更加了解

---

① 《刘玉霞：多重身份的残障朋友“娘家人”》，2023年8月24日，中国残联网，https://www-current.cdpf.org.cn/hdjl/cjrfc/5d447c37d1c9459aaa2043658b273288.htm。

② 陈刚、李沁柯：《“在技之在”：作为基础设施的数字“盲道”“盲杖”与视障者的城市生活》，《新闻界》2023年第5期。

③ 《高德地图联合阿里公益上线首个无障碍导航已覆盖全国30座城市》，2023年10月31日，上游新闻，https://www.cqcb.com/shuzijingji/2023-10-31/5411630_pc.html。

残障群体的日常生活，有不少用户在网络上表示帮助到视障朋友很开心，同时也对他们的生活状态有了更加清晰的认知。此类软件的意义不仅在于提供实用的辅助功能，更在于它搭建了一座连接健全群体与残障群体的桥梁，整个社会在此刻又紧紧联系在了一起。

除此以外，关于残障群体的线下活动也十分丰富。2024 年 3 月，河姆渡镇残联在新大“残疾人之家”组织开展了无障碍观影志愿服务活动；同月，镇江市图书馆开展了“文化助盲照亮‘视’界”无障碍公益观影活动。2024 年的“国际聋人日”，华为联合聋人协会，在全国 30 多个城市的线下门店，开展了听障朋友的线下课堂和体验活动。华为授权体验店（长沙春天百货）打造了完整的场景体验，通过工作人员现场讲解、演示、上手体验等方式，为到场的残障朋友们细致地介绍了华为智能设备的无障碍功能及其应用场景，并带领每一位到场的残障朋友利用自己的智能设备体验华为无障碍功能，让大家进一步了解科技为无障碍生活带来的便利。①

二　残障群体无障碍应用的政策基础

早在中华人民共和国成立之初，中国就开始探索信息无障碍的推行方案。70 多年来，从早期单一的盲文出版物、针对残障者的广播节目到如今的基于互联网的社交媒体、电子商务等新媒体应用，中国的信息无障碍体系建设、技术研发及实践应用均取得了卓越的成绩。② 在政策层面，政府连续发布《中华人民共和国残疾人保障法》《无障碍环境建设条例》等法规，明确要求公共设施建设和改造需考虑残疾人需求。各地政府也制定了相应政策，细化建设标准。这些政策举措为中国无障碍建设提供了有力保障。

1985 年 3 月，在“残疾人与社会环境研讨会”上，中国残疾人福利基金会、北京市残疾人协会、北京市建筑设计院联合发出了“为残疾人创造

① 《无障碍用机体验活动，助力听障朋友拥抱数字化时代》，2023 年 5 月 21 日，百度网，https://baijiahao.baidu.com/s?id=1766493113645503686&wfr=spider&for=pc。

② 李东晓、熊梦琪：《新中国信息无障碍 70 年：理念、实践与变迁》，《浙江学刊》2019 年第 5 期。

便利的生活环境”的倡议。[①] 1989 年 4 月，建设部、民政部、中国残联共同编制的《方便残疾人使用的城市道路和建筑设计规范（试行）》颁布实施。这是中国第一部无障碍设施建设方面的设计标准，标志着中国无障碍设施建设工作拉开序幕，无障碍事业全面推进，无障碍设施覆盖率稳步提升。[②] 1990 年 12 月，《中华人民共和国残疾人保障法》颁布。1996 年 8 月，《中华人民共和国老年人权益保障法》颁布。两部法律均有明确条文规定建设无障碍设施。自此，中国无障碍设施建设工作有了法律保障，中国开始走上依法推进无障碍建设的道路。

2012 年 3 月，《无障碍设计规范（GB 50763—2012）》国家标准正式发布实施，对于进一步规范中国无障碍建设具有重要意义。2019 年 7 月，《平等、参与、共享：新中国残疾人权益保障 70 年》白皮书正式发布，其全面介绍了中国残疾人事业取得的举世瞩目的历史性成就。2022 年 3 月，《中国残疾人体育事业发展和权利保障》白皮书正式发布，其介绍了残疾人竞技体育水平发展情况。为有力保障残疾人平等参与各项体育活动，中国政府积极推进无障碍环境建设。

《中华人民共和国无障碍环境建设法》于 2023 年 9 月 1 日起施行，这是中国首次就无障碍环境建设制定专门性法律。许多惠民便利需要完善，完善药品标签、说明书的管理规范，要求药品生产经营者提供语音、大字、盲文、电子等无障碍格式版本的标签、说明书；鼓励新闻资讯、社交通信、生活购物、医疗健康、金融服务、学习教育、交通出行等领域的互联网网站、移动互联网应用程序，逐步符合无障碍网站设计标准和国家信息无障碍标准，方便残疾人、老年人上网。支持城镇老旧小区既有多层住宅加装电梯或者其他无障碍设施，为残疾人、老年人提供便利。[③]

在该法案施行后不久，中国迎来了第 19 届亚运会及亚残运会。2018

---

① 《“图说“中国残疾人事业的温暖瞬间（无障碍环境建设篇）》，2022 年 7 月 29 日，百度网，https://baijiahao.baidu.com/s?id=1739666018049831212&wfr=spider&for=pc。

② 《从“有没有“到”好不好“30 年无障碍建设呼唤立法》，2022 年 3 月 15 日，百度网，https://baijiahao.baidu.com/s?id=1727360867151566611&wfr=spider&for=pc。

③ 《9 月起，这些新规将影响你我生活》，2023 年 8 月 30 日，中国政府网，https://www.gov.cn/yaowen/liebiao/202308/content_6900958.htm。

年8月，杭州全市开展“‘迎亚（残）运’无障碍环境建设行动”，各项无障碍环境建设工程如火如荼地开展。[①] 杭州全力推进政府网站、办事窗口、公共服务机构网点等信息无障碍建设，创新研发“无障碍服务在线”平台，有效破解特殊群体出行难、沟通难、融入难等问题。2024年年初，包括文体系列融合、观摩赛事优先、“有爱无碍”服务、亚运场馆共享等内容的《杭州喜迎亚（残）运惠残十条》印发实施，助力亚（残）运成果惠及更多特殊群体。220个市级亚运文明驿站和314个区（县）级亚运文明驿站，3400余个新时代文明实践中心（所、站），串珠成链、全情服务，成为一条亮丽的城市志愿服务“风景带”。[②]

同时，其他多个城市也出台了相应的无障碍环境建设条例。上海市于2023年1月通过了《上海市无障碍环境建设条例》，并于同年3月1日起实施。该条例对无障碍设施的建设与维护、信息交流、社会服务等方面做出了具体规定，还特别关注无障碍信息交流的推进，鼓励开发满足特殊需求的应用程序，并支持相关培训以提高特殊人群运用智能技术的能力。《大连市无障碍环境建设管理规定》自2024年1月1日起施行。该规章的修订，既考虑了大连市作为无障碍环境建设先进城市的历史因素，又结合了其作为新时代东北全面振兴“跳高队”的时代要求。广东省教育厅等部门制定了《关于加强残疾儿童少年义务教育阶段随班就读工作的实施细则》，在评估认定和就学安置方面，提出要做好适龄残疾学生的摸底排查，健全就近安置制度，同等条件下就近、就便优先安排残疾少年儿童入学，残疾少年儿童能够接受普通教育的，可申请转入或者升入普通学校就读，任何学校不得无理由拒绝残疾少年儿童的转介安置等。[③]

此外，多个行业的相关部门纷纷响应号召，针对当前无障碍建设在出行、医疗、诉讼等多个领域所面临的实际情况与突出难题，积极制定并落实有效措施。2024年1月，交通运输部、国家铁路局、中国民用航空局、

---

① 吴启星等：《参与式无障碍设计——以杭州亚残运会运动员村为例》，《浙江建筑》2023年第4期。

② 《两个亚运同样精彩——写在杭州第4届亚残运会圆满闭幕之际》，2023年10月29日，“杭州第19届亚运会”微信公众号，https://mp.weixin.qq.com/s/j6RqajKRMvPyETsRHzz8OA。

③ 《广东八部门联合发文：优先安排残疾儿童入学，制订个别化教育计划》，2024年1月10日，百度网，https://baijiahao.baidu.com/s?id=1787706538975610592&wfr=spider&for=pc。

国家邮政局、中国残疾人联合会、全国老龄工作委员会办公室等联合发布《关于进一步加强适老化无障碍出行服务工作的通知》。通知明确提出，要优化完善12306网站、手机客户端等购票功能，推动实现自动识别并优先安排老年人选择下铺，[①] 保障老年人和残障群体的出行权益。为优化药品说明书管理，满足老年人、残疾人用药需求，解决药品说明书“看不清”的问题，国家药监局制定了《药品说明书适老化及无障碍改革试点工作方案》，鼓励持有人提供药品说明书、标签的语音播报服务、盲文信息。[②] 最高人民法院、中国残疾人联合会在广泛调研的基础上联合印发《关于为残疾人提供更加优质诉讼服务的十条意见》（以下简称《意见》）及配套文件《人民法院诉讼服务中心无障碍环境建设规范》。《意见》对完善诉讼服务中心无障碍环境建设、加强残疾人诉权保障、创新调解化解模式等工作提出具体要求和规范指引。[③]

在企业层面上，越来越多的公司从自发到自觉，参与到无障碍建设当中。2023年国际残疾人日前夕，vivo和中国听力医学发展基金会共同主办“声声有息用户交流工作坊·国际残疾人日特别活动”。[④] vivo已推出多项无障碍功能，如“无障碍通话”和“AI字幕”，改善听障人士的沟通现状和生活品质，营造更友好的信息无障碍社会环境。2023年6月，中国残联公益组织与腾讯签订战略合作协议，共同探索无障碍产品与服务创新、宣传推广无障碍环境理念，助推中国无障碍事业高质量发展。[⑤] BrainRobotics团队研发智能仿生手，该智能手部假肢突破了以往依赖物理按钮或摇杆执行预设手势的局限，整合了AI技术与个性化编程功能，通过捕获残肢肌电图传感器中的神经电信号并将其转化为动作，截肢者能够

---

① 《六部门：优化完善12306购票功能，优先安排老年人选择下铺》，2024年1月15日，百度网，https://baijiahao.baidu.com/s?id=1788062985126907945&wfr=spider&for=pc。

② 《国家药监局关于发布药品说明书适老化及无障碍改革试点工作方案的公告》，2023年10月31日，中国政府网，https://www.gov.cn/zhengce/zhengceku/202310/content_6912986.htm。

③ 《鼓励有条件法院建设无障碍法庭，最高法、中残联联合出台为残疾人提供优质诉讼相关意见》，2024年3月6日，百度网，https://baijiahao.baidu.com/s?id=1792746442072041356&wfr=spider&for=pc。

④ 《“声声有息用户交流工作坊·国际残疾人日特别活动”顺利举行》，2023年12月2日，vivo网站，https://www.vivo.com.cn/brand/news/detail?id=1214。

⑤ 《助力“无障碍”惠民大事，科技企业要当好“标杆”》，2023年6月30日，央广网，https://mp.weixin.qq.com/s/-ldJEHOfi7hit4ymAayuow。

直观地实现预期的手势。[①] 在杭州亚残运会的开幕式现场，中国残疾人游泳运动员徐佳玲戴着智能仿生手，通过脑波控制点燃主火炬。

此外，2024年的政府工作报告和“两高”报告多处强调残疾人工作，充分体现了党和国家对残疾人的格外关心、格外关注。[②] 全国人大代表、中国肢残人协会主席卢林也在两会上提出了关于开展第三次全国残疾人抽样调查，以及“提升重点人群残疾预防，健全残疾人社会保障水平”的建议。随着国家经济发展，人民生活水平提升，诊疗服务能力加强，致残原因、致残类型、因病致残的疾病谱发生巨大变化。只有真实、准确、完整、及时的统计数据，才能更好、更精准地为残疾人进行服务，进而促进残疾人事业的高质量发展。

总的来说，关于无障碍建设的条例逐渐呈现出多层次、多领域的特点，从国家到地方再到行业企业，都在积极推动无障碍环境建设，以更好地满足残疾人、老年人等群体的需求。

三　残障群体无障碍智能应用进展

确保残障群体平等地拥有参与社会生活的权利是无障碍发展的基础，智能媒体技术成为促进信息无障碍应用的重要工具。一系列研究探索促进了残障群体智能媒体无障碍应用程序的研发，智能辅导系统和多模态媒体中心界面，可以改善聋人或失明者用户的应用程序可访问性。[③] 这些系统旨在提高残疾人的技能和独立性，其进一步强调了无障碍应用程序，特别是那些设计用于建筑物的应用程序的通用评估和认证框架的重要性。[④] 也有研究探索通过智能交互技术，使视力障碍者能够理解和探索通常需要

① 《2023中国设计智造大奖丨BrainCo强脑科技荣获产业组金奖》，2023年12月21日，百度网，https://baijiahao.baidu.com/s?id=1785892569638743816&wfr=spider&for=pc。

② 《中国残联传达全国“两会”精神》，2024年3月12日，“中国残疾人联合会”微信公众号，https://mp.weixin.qq.com/s/NcDoqFiBZhBINVjlkG4zdw。

③ M. Turunen, H. Soronen, S. Pakarinen, “Accessible Multimodal Media Center Application for Blind and Partially Sighted People”, *Computers in Entertainment*, No. 3, 2010.

④ E. Apostolidou, A. P. Fokaides, “Enhancing Accessibility: A Comprehensive Study of Current Apps for Enabling Accessibility of Disabled Individuals in Buildings”, *Buildings*, No. 8, 2020.

视觉解读的信息图表,[①] 并为身体残疾的用户提供了一个基于语音和多模式的媒体中心界面，强调了此类界面在改善该群体可访问性的潜力。创新的无障碍软件适配工具和不断更新的智能互动系统，正逐步提升残疾人的生活品质和残疾人行为的自主性。其中，出行、教育、公共服务是残障群体运用无障碍智能应用便利生活的三个主要方面。

（一）无障碍智能设备辅助交通与出行信息获取

1. 视障用户信息无障碍应用

智能设备为视障群体的出行和信息获取提供更多便利性。2024 年 3 月，复旦大学自然语言处理实验室基于多模态大模型“复旦・眸思”（MouSi）上线“听见世界”App。该 App 根据视障者日常生活需求设计“街道行走”“自由问答”“寻物”三种模式，“街道行走”模式通过扫描道路情况，提示潜在风险；“自由问答”模式会捕捉四周景象的每个细节，用声音构建丰富的生活场景；“寻物”模式帮助寻找日常物件。[②] 除此之外，智能盲道和智能盲杖也可以帮助视障者在马路上正确定位，助力盲人无障碍出行。智能盲道通过声音信号或触觉反馈设备，指导盲人保持在马路上的正确位置。以广西首条智能盲道为例，该盲道斑马线两端安装有射频识别设备，当佩戴有芯片手环的视障人士过街时，设备可以精准识别，激活智能指引系统，LED 显示屏上出现“行人过街，请文明礼让”的字幕，警示灯闪烁，播放语音提示，提醒过往车辆减速礼让。[③] 2021 年斯坦福大学团队研制的一款智能盲杖，使用基于人工智能寻路和机器人算法等功能，如即时定位与地图构建（SLAM）和视觉伺服来作出决定，引导用户走向地图中的一个目标。搭载激光雷达和 GPS 定位系统，可探测障碍规划路线；另外还有加速计、磁力计和陀螺仪，可以实时输出用

① S. Carberry, E. S. Schwartz, K. Mccoy, “Access to Multimodal Articles for Individuals with Sight Impairments”, *ACM Transactions on Interactive Intelligent Systems*, No. 4, 2013.

② 《复旦团队研发 AI 大模型，助力视障者“看见”世界》，2024 年 3 月 2 日，“复旦大学”微信公众号，https://mp.weixin.qq.com/s?__biz=MjM5OTUwMzIwMQ==&mid=2651449698&idx=1&sn=8109e9c5cb92143d7112573c1769121b&scene=21#wechat_redirect。

③ 《广西南宁首条智能盲道斑马线启用助力视障人士安全过街》，2022 年 10 月 12 日，中国新闻网，https://www.chinanews.com/sh/2022/10-12/9871834.shtml。

户的位置、速度、方向等信息。盲杖的顶端还安装了一个电动360度转向的轮子，可以时刻保持与地面的接触，引导视力受损的用户绕过障碍物。①

2. 听障用户信息无障碍应用

中国联通发挥5G、云计算、大数据等技术优势，在北京专门成立了信息无障碍科创智能实验室，为北京市残疾人服务示范中心免费研发并安装了"V智航"无障碍室内导航系统、残疾人士防跌倒系统、残疾人士服务流量统计系统，为听障人研发了听语灵·AR智能字幕眼镜、"联通畅听王卡"，为残障群体提供更智慧的无障碍生活服务。②

3. 肢体障碍用户无障碍应用

智能轮椅旨在提高肢体障碍人士的生活质量和独立性，配备自动导航、自动避障、自动平衡、语音控制等功能，使用户能够更方便地移动和进行日常活动。2022年年底，高德地图推出无障碍"轮椅导航"功能。③用户开启"无障碍导航"模式后，地图可自动为用户规划出一条无障碍路线。杭州市作为全国首批试点城市之一，已完成市域范围内无障碍设施数据采集2661条。其中，297个地铁出入口和1573个城市无障碍公厕实现了高德地图可搜索、可导航、可应用，成为智能轮椅的推广典范。肢体障碍者对停车位空间的需求远大于健全人群，对此支付宝为"无障碍停车位"设置专属图标，从视觉角度提高图标显眼度，联合中国美术学院设计团队以"让爱，无碍"为主题推出近50款色彩丰富的显眼标志，以多元化的视觉呈现改造了杭州市59个无障碍停车位。④

（二）无障碍智能设备辅助教育信息获取

2023年2月，中共中央、国务院发布《数字中国建设整体布局规划》，

① "DIY 'Smart' White Cane Works Like A Self-Driving Car", March 12, 2024, Futurity, https://www.futurity.org/blindness-white-cane-smart-technology-robotics-2643062/.

② 《无障碍环境建设再迈"新台阶"北京联通科技赋能让残疾人士有爱无"碍"》，2023年6月30日，网易，https://www.163.com/dy/article/I8FSH6BU0511BBQE.html。

③ 《全力确保"两个亚运同样精彩"》，2023年10月22日，中国青年网，https://t.m.youth.cn/transfer/index/url/qnzs.youth.cn/tsxq/202310/t20231022_14861269.htm。

④ 吴彦妫：《支付宝让无障碍停车位变成"显眼包"》，《销售与市场》（管理版）2023年第12期。

旨在推动包括教育在内的各个行业的数字化转型。① 规划包括执行国家教育数字化战略和发展国家智慧教育平台，增强公共服务的数字化能力，并利用现代技术支持需要无障碍材料和资源的人的教育需求，使用辅助技术能帮助残疾学生获得学习资源。辅助技术分为两类：一是实际使用的设备；二是选择和使用这些工具时提供的服务，其范围包括盲文显示器和盲文书籍、文本转语音软件、智能轮椅。

视障学生可以利用辅助技术（如屏幕阅读软件）将文本内容转换为语音，利用盲文显示器将信息转换为盲文。例如，"讯飞听见" App 可利用科大讯飞的自然语言处理、声纹识别、语音识别和翻译等核心技术，提供语音转文字、录音转写、AI 写作等服务；② TactPlus 盲文打印机可以精确加热特种泡沫纸，在 1—2 分钟内创建一页盲文，且配备音频说明，以合理指导视障用户；Speechify 也是一款文本转语音软件，可以捕获文本并将其转换为音频格式，这对视障者阅读教科书、PDF 文档作业大有帮助。

潍坊市盲童学校和上海市盲童学校积极利用辅助技术搭建信息化数字平台，让视障学生主动适应数字化时代，并开设各种类型的实践课程，如 3D、AR、VR、机器人等，通过智能技术提升视障学生融入社会的能力。腾讯携手深圳市信息无障碍研究会共同面向盲童群体定制开发了"AI 编程第一课"无障碍版，针对小学 4—6 年级视障学生的实际情况，在课件内容、教学辅具、教学形式等方面引入了多项无障碍优化设计。③ 江苏省残疾人辅助器具中心向徐州市特殊教育学校捐赠 49 套听语者 AR 字幕眼镜，通过辅具科技提高课堂学习效率。④

智能手机的无障碍功能为听障者提供帮助。例如，小米手机的小米闻声、AI 通话分别实现了面对面场景与远距离通话场景下的文字和语音互

① 国家图书馆研究院：《中共中央　国务院印发〈数字中国建设整体布局规划〉》，《国家图书馆学刊》2023 年第 2 期。

② 《产品案例：讯飞听见 App》，2021 年 12 月 14 日，人民网，http://finance.people.com.cn/n1/2021/1214/c441548-32307751.html。

③ 《腾讯携手研究会面向视障学生发起"AI 编程第一课"公益项目》，2024 年 3 月 1 日，"信息无障碍"微信公众号，https://mp.weixin.qq.com/s?__biz=MzA3MDA3ODIzMA==&mid=2650033379&idx=1&sn=3aa918f40f98f140652cd062950b0bd3&scene=21#wechat_redirect。

④ 《徐州市特殊教育学校：辅具科技，改变生活》，2024 年 3 月 14 日，徐州教育在线网，http://86516edu.com/news/newsinfo289173.html。

转，听障学生可以利用语音识别软件将口语转换为书面文字，利用手语翻译器将口语翻译成手语。“vivo 手语翻译官”提供实时语音转手语和手语转文字功能，并支持语音播报；“vivo 看见”功能对信息有较高的识别度和准确度。听障者大多伴随言语障碍，因此 2022 年 5 月小米正式公布“声音配型捐赠”项目，旨在运用超级拟人先进算法与技术为言语障碍者开发一款定制声音，具体操作原理是通过声纹适配算法，将志愿者捐赠的声音特点与受赠者的声音特点进行匹配，并调整声学参数形成原创音色来保护志愿者的声音隐私。① 这款项目在满足语障用户基本使用需求的基础上，创造性地运用新技术优化、赋能语障用户的使用体验，还有特殊设计的键盘和鼠标可以帮助那些有物理障碍的个体使用电脑，抑或是使用眼动追踪技术让运动能力受限的学生能够无须使用双手操作电脑。

（三）公共服务领域的无障碍信息应用

智能技术正在公共服务领域逐步普及，这对于推动无障碍服务具有重要作用。近年来，智慧图书馆的设立以及无障碍化展馆的普及提升了公共服务的可及性。国内公共图书馆在服务手段的改进上作出了创新性尝试，特别是针对视障群体，通过引入更加多样化的阅读辅助设备，显著提升了这一群体的阅读体验，包括听读机、读屏软件、盲文显示器、助视器及扩视器等高科技辅助设备。通过这些设备，视障人士不仅能够将纸质资料扫描转换，而且还能将扫描得到的信息转化为网页文本或听觉资料，极大地丰富了他们的信息获取方式。2021 年，中国残联与国家语委依托华夏出版社和中国盲文出版社，在已有研究、出版和资源中心的基础上，共同建立“国家通用手语数字推广中心”“国家通用盲文研究和推广中心”，旨在加大国家通用手语与国家通用盲文推广力度，加强国家通用手语与国家通用盲文的规范标准建设、推广应用和人才培养。② 山东省图书馆发挥省级图书馆的引导动员作用，将无障碍数字化设备、优质数字资源免费送到全省

① 《小米为语障用户打造“声音配型捐赠”项目》，2022 年 5 月 13 日，百度网，https://baijiahao.baidu.com/s? id=1732690598018256115&wfr=spider&for=pc。

② 《“国家通用手语数字推广中心”、“国家通用盲文研究和推广中心”正式成立》，2021 年 6 月 29 日，中国残疾人联合会网站，https://www.cdpf.org.cn//ywpd/jyjy/jy2/gzdtjy/c69970c51258465dabe566b8cbe2feaf.htm。

17个市的特殊教育学校。[①] 广东珠海市图书馆为提升盲人无障碍获取数字资源能力，出台“盲人数字阅读推广工程”，并为珠海市盲人协会提供智能听书机60台，为视障读者提供海量数字阅听资源。[②]

此外，无障碍智能应用在公共程序和服务网站方面的应用越来越受到重视。“中国盲人数字图书馆”网站遵循 WCAG 2.0 进行无障碍网页设计，符合 XHTML1.0 技术规则，适用于盲用读屏软件；网站图片标示文字说明，网站链接添加提示文字，并设置导盲快捷键。[③] W3C 无障碍指南工作组发布了 Web 内容无障碍指南（WCAG）2.2 正式推荐标准，新增9项成功标准，重视视觉、行动和认知障碍用户的可访问性，例如扩展了关于触摸输入的无障碍指南。另外，还在标准 1.4.8 视觉呈现和 1.4.13 文本间距中增加了附注，以更好地支持不同语言的可访问性。[④] 杭州推进政府网站、办事窗口、公共服务机构网点等信息无障碍建设，创新研发“无障碍服务在线”平台，可提供无障碍交通出行，24小时智能在线手语翻译，无障碍旅游、观影、生活，检察院无障碍公益诉讼等一站式集成服务。[⑤] 阿里健康设计团队通过无障碍设计的方式，推出了“阿里健康体”，实现中文与盲文的轻松互译，目前该字体对全社会开放免费商用下载。[⑥]

四 2023年亚洲残疾人运动会无障碍智能应用

2023年，第四届亚洲残疾人运动会在浙江杭州举办，亚残运会成为

① 《山东省多方联动建设光明之家让视障者无障碍“悦读”》，2016年5月26日，文化和旅游部网站，https://www.mct.gov.cn/whzx/qgwhxxlb/sd/201605/t20160526_788087.htm。

② 《打造无障碍文化服务，广东珠海市图书馆：为视障人士提供听书机》，2024年2月8日，中国残疾人联合会网站，https://www.cdpf.org.cn//xwzx/dfdt1/08b9fb252e3645de912ac606101fc5a9.htm。

③ 《“残疾人信息和交流无障碍服务”中国盲人数字图书馆》，2014年7月31日，“吉林残联”微信公众号，https://mp.weixin.qq.com/s/2sfRa3CaWSNpav-ZzSlSwA。

④ 《专家解读丨W3C 正式推荐标准：Web 内容无障碍指南（WCAG）2.2》，2023年10月9日，“信息无障碍”微信公众号，https://mp.weixin.qq.com/s?__biz=MzA3MDA3ODIzMA==&mid=2650032363&idx=1&sn=b104b0615922925d55a13a70584b03b4&scene=21#wechat_redirect。

⑤ 《“无障碍服务在线”正式发布》，2023年8月2日，浙江政务服务网，https://www.hangzhou.gov.cn/art/2023/8/2/art_812269_59085488.html。

⑥ 《第八届 DIA 获奖作品专访丨阿里健康体：无障碍设计，让对话触手可及》，2024年3月20日，“中国设计制造大奖”微信公众号，https://mp.weixin.qq.com/s/8Z5H-f5yI85kNApvw0mZXg。

《中华人民共和国无障碍环境建设法》实施后的首个残疾人大型国际赛事。作为一项重要的体育盛事，亚残运会不仅提供了残疾运动员展示的平台，同时也推动了无障碍技术的发展和应用。杭州向来享有“数字之城”的美誉，此次亚残运会充分发挥数字化改革优势，重点凸显信息无障碍建设水平，提升无障碍体验的科技感。在建设完善智能手语平台和智能亚运一站通的基础上，进一步延伸“数字助残”的概念，按照推动数字化改革走向纵深的目标，进一步加强全市信息无障碍环境建设，在多领域、多行业务力实现更大规模突破。例如加强本市重要生活类App无障碍适配改造，打造具有杭州特点的信息无障碍数字平台，推动无障碍地图导航等数字化建设。① 通过筹办亚残运会，主办城市提升了城市无障碍水平，促进了包容性社会建设。

（一）无障碍智能应用辅助运动员更好备赛

智能辅助设备、辅助器具技术旨在为残障人士提供生活、学习、工作等方面的帮助，以提高他们的生活质量和自主能力。在亚残运会上，高科技辅助器具为残障运动员提供了强大的支持，在提升残疾运动员的比赛表现和训练效率方面发挥了关键作用。此次出现在亚残运会的高科技辅助器具包括智能假肢、智能电动轮椅、智能导盲犬和外骨骼康复机器人等。

1. 智能假肢

高性能的智能假肢对截肢者和肢体不全的运动员来说至关重要，这些设备利用最新的材料和技术，如碳纤维和微处理器控制的关节来模拟自然肢体的运动，提高运动员运动性能和佩戴舒适度。杭州第四届亚残运会开幕式上，肢体残疾运动员徐佳玲所佩戴的智能仿生手，成功点燃了主火炬。这款智能仿生手利用算法和传感器让控制变得无障碍，原理是通过提取手臂上微弱的肌电和神经电信号来识别穿戴者的运动意图。依靠意念来控制仿生手臂的技术，正是脑机接口技术与人工智能算法的融合应用。② 除此之外，新型智能膝关节假肢和智能动力碳纤维小腿假肢，可根据人体

---

① 周益斌：《推进无障碍环境建设　打造“有温度”的亚运会》，《杭州》2022年第20期。

② 《亮相开幕式参与点火智能仿生手有何超能力?》，2023年10月23日，百度网，https://baijiahao.baidu.com/s?id=1780520128532794423&wfr=spider&for=pc。

生物学结构设计并融合人工智能算法控制，实现在多种步态和复杂地形运动中自主识别人体运动意图。① 智能假肢的应用象征着无障碍智能技术的突破，展示了科技赋能人类潜能的美好前景。

2. 智能电动轮椅

轮椅运动（如轮椅篮球、轮椅网球等）中使用的轮椅采用全碳纤维材料，不仅轻巧耐用，而且运行速度极快。② 此次出现在亚残运会中的包括全碳纤维电动轮椅和智能电动代步车，前者以高强度碳纤维材料组成轻便车架，网布材质的靠背保证了良好的透气性和舒适性。后者则带有麦克纳姆轮及驻坡安全系统，可以实现前行、横行、斜行、旋转及各类组合运动方式；拥有智能电动站立系统、后置防倾翻轮、可拆卸电池，还能连接蓝牙进行智能操作，方便其应对各种复杂地形。③ 经过特别设计，轮椅的速度、敏捷性和稳定性得到提高，能够为运动员提供稳定且强大的支持。

3. 智能导盲犬

智能导盲犬通过人工智能技术训练，集成激光雷达等多种传感器，能够准确地识别路况和障碍物，为盲人提供精准的导航服务。亚残运会视障火炬手蔡琼卉在智能导盲犬的引路下，顺利完成了火炬传递。④ 升级版的智能导盲犬与残疾人的出行配合度更高，其续航可以通过自动充电以及户外更换电池两种方式实现。⑤ 这些智能辅助设备在亚残运会中为盲人运动员和残障观众提供了安全、高效、细致的服务。此外，智能泳衣采用特殊的面料且配备有心率检测器和传感器，在帮助运动员更好地掌握游泳技巧的同时，也能够帮助教练员实时监控运动员的身体状况和训练效果。这些数据有助于优化训练计划、防止过度训练并及时调整比赛策略。

---

① 《亚残运会“黑科技”，中国造》，2023 年 10 月 29 日，百度网，https://baijiahao.baidu.com/s?id=1781042349553276707&wfr=spider&for=pc。

② 《杭州亚残运会丨助力残疾人生活赋能残疾人事业——杭州亚残运会中的助残“黑科技”》，2023 年 10 月 25 日，新华网，http://www.xinhuanet.com/gongyi/20231025/0dc17f4b41534e688df1af70d99fdcfd/c.html。

③ 《智能科技助力，这些辅具给残障人士带来惊喜》，2023 年 10 月 20 日，“杭州第 19 届亚运会”微信公众号，https://mp.weixin.qq.com/s/SoQhSWTgVPWhtsU2c1TI5g。

④ 《“黑科技”让残障人士开启“无碍”生活》，2023 年 11 月 30 日，百度网，https://baijiahao.baidu.com/s?id=1783940949017006787&wfr=spider&for=pc。

⑤ 《升级版电子导盲犬“小西”6 月量产》，2024 年 3 月 14 日，北青网，http://news.ynet.com/2024/03/14/3738451t70.html。

4. 康复机器人

亚残运会期间，运动员除了参加比赛外，日常的康复和训练也是重要一环。踝关节康复训练机器人根据人体生物学结构设计而成，能够针对踝关节运动功能障碍，定制个性化、娱乐化的康复方案，通过机器人的辅助训练，可以帮助运动员更快地恢复健康并取得更好的成绩。外骨骼康复机器人可以根据用户的身体状况和康复进程进行个性化设置，提供精准而有效的康复训练。它让残疾人重新站起来的梦想成为现实，也为医疗工作者提供了更有效的康复治疗手段。单下肢偏瘫康复机器人通过采集残障人士健康一侧肢体主动运动的步态信息研判运动意图，分析并学习步态特征，从而带动患侧肢体进行与健侧相适应的运动。①

（二）现场无障碍设施

亚残运会竞赛场馆共有 19 个，其中 17 个与亚运会场馆共用。为了方便残疾人观赛，19 个亚残运会竞赛场馆全部完成永久无障碍环境建设。位于杭州高新区的奥体中心体育场，是亚残运会开闭幕式和重要赛事的举办地。为确保实现功能完善、安全舒适的无障碍环境，场馆共改造完成无障碍卫生间 36 个、无障碍厕位 108 个，并在每个无障碍卫生间安装了中英文语音引导系统，帮助视觉障碍者快速找到设施位置；优化 35 台无障碍电梯、5 部无障碍楼梯与 3 处无障碍坡道，让盲文按键触手可及。② 针对运动员比赛场地和居住场地的无障碍改造着重在以下两部分。

1. 赛事场馆无障碍改造

为保障赛事顺利运行，方便残障人士能够安全参赛、观赛，更新无障碍设施、完善无障碍公共服务成为护航亚运会、亚残运会的重要内容。③ 不同类型、不同项目的比赛场馆对无障碍建设有不同的要求。

对于视力残疾运动员的场馆，如进行盲人柔道、盲人门球、游泳等项目的场馆，场馆内部要增加临时的盲道，包括行进盲道和提示盲道，应该

---

① 《智能科技助力，这些辅具给残障人士带来惊喜》，2023 年 10 月 20 日，“杭州第 19 届亚运会”微信公众号，https://mp.weixin.qq.com/s/SoQhSWTgVPWhtsU2c1TI5g。

② 柳文、李景、张雪：《同心圆梦向未来》，《经济日报》2023 年 10 月 29 日。

③ 《用检察匠心绣出亚运精美画卷》，2023 年 9 月 28 日，法治网，http://www.legaldaily.com.cn/index_article/content/2023-09/28/content_8907947.html。

在运动员行进的路线上铺设行进盲道，帮助运动员能独立在场馆内行走，并保证信息无障碍，如盲文导览图、语音提示等。除此之外，盲人足球运动员比赛时，要按规定佩戴遮光眼罩，确保完全隔绝视线，为此赛场特别设置了亚克力挡板，避免运动员受伤。

对于有肢体残疾运动员的场馆，除了要满足一般轮椅使用的空间要求外，还要考虑满足竞赛轮椅的使用要求，因为竞赛轮椅往往比生活轮椅宽，所以需要重点考虑通道、门的通行宽度以及轮椅回转空间等。例如轮椅篮球和轮椅网球项目，场馆内运动员使用的门要求大于 1 米，这些场馆内的厕位也需要做得更宽。[①] 场馆内无障碍卫生间的改造针对上肢残疾者设计凸起马桶按钮，方便运动员通过手肘按压。

此外，杭州亚运会把人文、包容和文明的理念落实到场馆建设的细节中。例如，浙江塘栖盲人门球基地、杭州文汇学校等亚残场馆对标北京冬奥会无障碍建设要求，以无障碍人士的现场体验来检验建设成效。杭州文汇学校采用了无障碍语音二维码、无障碍语音交互卫生间、智能 AI 手语翻译等技术，真正实现了无障碍观赛、无障碍参赛、无障碍服务。[②]

2. *居住场地无障碍改造*

亚残运村是赛时重要的非竞赛场馆之一，将满足运动员和随行官员的居住需求。亚残运村内设置了约 1100 个无障碍床位，房间内配备了手把式门锁、辅助洗浴座椅、安全扶手等设施，并对床位的高度进行了调整，方便运动员更好地休息。同时，还配套有轮椅就餐区、爱心就餐区等个性化餐饮服务，设置了分级中心、轮椅充电桩、辅助器具维修中心等配套服务功能区，配备 30 多辆各类接驳车提供全天候无障碍交通服务。197 辆公交车进行无障碍改造，并在运动员发车区等地安装无障碍上下客设施、设备，便于轮椅出行人士乘坐。[③]

---

① 李沈飞、张茜、朱珈莹：《杭州亚残运会竞赛场馆无障碍环境建设的研究》，《浙江建筑》2023 年第 4 期。

② 杭州第 19 届亚运会组委会场馆建设部：《杭州亚运会场馆建设管理实践》，《浙江建筑》2023 年第 4 期。

③ 《无碍助有爱归零再出发杭州亚残运会，我们准备好了》，2023 年 10 月 20 日，百度网，https://baijiahao.baidu.com/s?id=1780261581694677715&wfr=spider&for=pc。

（三）无障碍信息系统

为迎接亚（残）运会，杭州市先后发布多款无障碍信息系统，保障残障人士无障碍获取赛事信息，从细微方面入手优化观赛体验。亚运会组委会在支付宝推出的一站式数字观赛服务平台“智能亚运一站通”，运用高新技术，整合杭州、宁波、温州、湖州、绍兴、金华六座亚运城市信息，打通各类亚运场景，集成各类城市服务。2023 年 9 月，推出“智能亚残运一站通”，重点涵盖了票务通、出行通、爱心展示点、知识通、智能客服和手语翻译六个主要功能，[①] 推动残障群体积极融入社会生活。

1. 赛事信息获取

杭州亚残运会公众售票网站爱心版聚焦视力障碍、色觉障碍等人群的购票痛点，并考虑老年人实际使用诉求，借助声音处理、焦点定位、缩放防抖、视觉强化等交互技术，帮助各类用户实现了“无忧看，闭眼听，随心用”的购票和观赛体验。支持全流程文字读屏功能，选座交互由图片升级为列表形式，视障用户可以听到选的是几排几座，便于其自主购票。这也是国内大型体育赛事首次支持在线无障碍自主购票。高峰时，杭州亚残运会公众售票网站爱心版在线用户达千人。[②]

2. 智能导航系统

“无障碍服务在线”由杭州市残联牵头，联合浙江蚂蚁公益基金会等社会助残资源，共同打造全国首发高质高效的应用场景。用户在支付宝页面搜索“无障碍服务在线”即可享受服务，服务涵盖了无障碍导航、无障碍打车、AI 手语翻译、人工手语翻译四个主要功能。[③] 无障碍畅行服务依托广州华途的高精度采集设备，对全市主要的亚（残）运会竞赛场馆、城

① 《涵盖六大功能！智能亚残运一站通正式上线》，2023 年 9 月 3 日，百度网，https://baijiahao.baidu.com/s?id=1776023095427169122&wfr=spider&for=pc。

② 《科技与温暖并行，杭州亚残运会公众售票官网“有爱心”》，2023 年 10 月 28 日，“杭州第 19 届亚运会”微信公众号，https://mp.weixin.qq.com/s/GdqgRu0iZJ3js0XXNnc6HA。

③ 《喜迎亚（残）运会大美无障碍杭州市残联上线发布“无障碍服务在线”》，2023 年 8 月 2 日，杭州第 4 届亚残运会网站，https://www.hangzhou2022.cn/paragames/sp/202308/t20230802_68796.shtml。

市道路等4720个公共建筑、7.9万多个设施点位进行数据采集与汇总，形成“无障碍一张图”，并进一步对接高德，形成覆盖更广、服务更优、导航更精的无障碍导航模式。考虑到特殊群体的乘车便利，在亚（残）运会期间引入吉利集团“礼帽出行”无障碍车辆，为特殊群体提供尊享打车优惠券和无障碍乘车预约服务。在杭千高速桐庐服务区，“亚残运青年V站”成为浙江省唯一一个通勤路上的亚残运会服务保障站点。亚残运会期间，每天有8辆跨场馆接驳车从此经过。

3. 观赛体验优化

首先，安检区域设置专用无障碍安检通道，无障碍指示和标识在比赛场馆入口处和重要位置，装备无障碍智能服务桩，① 视障人士在手机上安装指定软件后，走到无障碍智能服务桩两米内，便能通过手机自动获取语音播报，了解当前所在位置、盲道路线、周边无障碍公共厕所、无障碍地铁口等。安排手语和外语志愿者现场引导。对残疾人实行“柔性安检”，特别是对视力、听力、肢体等其他类别、类型的残疾人分类细化制定具体的安检措施。现场准备轮椅等辅助器具，并提供专业的维修服务，同时加强志愿者岗位知识和专业技能的培训，充实了一批有助残经验的志愿者力量。②

其次，赛事场馆提供无障碍观赛区，区域内安装护栏装置，与观众通行线隔开，无障碍座位确保轮椅使用者和其他需要特殊座位的观众能够舒适地观看比赛。观赛过程中，残障人士有需求可以随时向志愿者寻求帮助，志愿者会根据具体情况提供观赛服务。除此之外，无障碍卫生间里还设置了可中英文切换的播报器，以及方便轮椅观众洗漱的斜面镜。

最后，AI智能手语翻译“小莫”作为听障人士的翻译官和手语转播员，可帮助听障观众更好地观赛。“小莫”是阿里云数字人手语翻译机器人，具备手语识别和手语播报的双重能力，既可以将自然语言翻译成手语，也可以识别听障人士的手语并翻译成自然语言。在赛场外，“小莫”已经“出现”在了“掌上西湖西溪”微信小程序中，它还覆盖了西湖38

① 《以亚残运会为契机和助力杭州无障碍通行环境全面提升》，2023年10月22日，北青网，http://news.ynet.com/2023/10/22/3682780t2518.html。

② 《杭州亚残运会开幕式全程贯穿“残健共融”理念》，2023年10月23日，百度网，https://baijiahao.baidu.com/s?id=1780279669607423812&wfr=spider&for=pc。

处景区、643个景点，并在南宋德寿宫遗址、中国茶叶博物馆等场所提供手语翻译服务。①

五　残障群体智能媒体无障碍应用的现实困境

近年来，无障碍信息技术水平大幅提升，残障群体得以接入智能媒体使用的网络，但技术“可及”并不意味着技术“可用”。残障群体在使用智能化设备的过程中往往会面临不适配的信息媒介以及数字设备短缺等问题，需要准确、及时和具有可访问性的信息，以适应日常生活中可能遇到的挑战和风险。然而智能媒体在服务残障群体的过程中仍然存在各种问题，包括缺乏技术设备和针对性的辅助功能软件、不通畅的信息传播渠道，以及缺乏相关政策支持。残障具有复杂性，在数字化信息时代，尤其是在数字媒介和信息通信技术成为公共政策中心的背景下，残障人士的信息获取和使用权利在客观上存在被剥夺的情况。②

（一）个人层面：教育门槛与技术障碍的双重挑战

首先，受教育程度低导致数字使用能力不足。根据2006年的数据，中国残障人士的文盲率高达43%。③受教育程度低也是导致残障群体接入智能设备困难的原因之一。中国视障群体大多数能够接受并完成义务教育阶段的学习，但最终学历普遍为中专、高中，具备高学历的人很少。④一方面，国内针对视听障碍群体的特殊教育大部分为隔离式教育，学生往往没有自主选择的余地，通常会受环境所迫选择进入特殊教育系统学习；特殊教育的授课模式大多比较单一，且脱离主流社会，以定向职业培训为培

① 《涵盖六大功能！智能亚残运一站通正式上线》，2023年9月3日，百度网，https://baijiahao.baidu.com/s?id=1776023095427169122&wfr=spider&for=pc。

② 张爱军、杨程曦：《可供、可及、可见：ChatGPT赋能下的无障碍视听传播前景展望》，《泰山学院学报》2023年第5期。

③ 《2006年第二次全国残疾人抽样调查主要数据公报（第二号）》，2009年5月8日，中国政府网，https://www.gov.cn/fuwu/cjr/2009-05/08/content_2630888.htm。

④ 高和荣、陈凤娟：《残障人教育机会不平等影响因素及测度——基于J省的实证分析》，《济南大学学报》（社会科学版）2022年第4期。

养方向，如盲人按摩。① 另一方面，残障家庭的经济水平往往不足以支撑残障者完成学业，农村地区因为缺乏资源和设施而难以提供适合残障人的教育。目前中国融合教育的发展较为有限，普通高校缺乏必要的无障碍设施，盲文教材、语音转换器等设备在普通学校配备率不足，残障群体获取信息、利用现代技术以及参与社会活动的能力受到限制。此外，残障群体较低的文化素养导致他们在就业市场上面临部分障碍，限制了他们的经济自主能力和社会参与度。这使残障人士在社会融合和个人发展方面处于不利地位。

其次，技术可供性和信息可及性为残障群体带来数字生存考验。虽然技术可供性能够在某种程度上打破残障群体在信息获取和传播中遇到的障碍，但可供性提升并不意味着信息的可及性随之实现。

一是信息可及并不代表信息可理解。信息的可及性为用户提供了自我表达以及与社会交往的新途径。然而，对于视障群体，网络中截图和表情包传达的微妙含义往往难以把握。他们虽然能够访问互联网，但难以充分参与公共话题的讨论；并且个性化的内容推送可能会进一步使他们与信息环境脱节。在以视觉为主的网络娱乐文化中，表情包的使用反映了一种圈层的区隔，这对希望获得信息并参与讨论的视障群体是不利的。物理环境的复杂性会加大视觉识别难度，视障者在利用智能设备扫描识别日常物品或说明书时，由于需要处理的文本、图像等多模态信息繁多，经常会遇到图像失焦或构图错误等问题。这会导致 AI 系统无法提取出关键信息，进而导致人机交互失败。

二是技术可供并不代表技术可用。技术的可供性，不仅取决于技术本身，还依赖于使用这些技术的人。企业在对其产品功能设计时缺乏必要的无障碍认知，会导致应用程序不完全符合目标用户的需求，降低了这些工具的有效性和可用性。以“可及测评”联合“凰家评测”对 43 款 App 进行无障碍测评为例，其结果显示，虽然近八成用户反映 App 无障碍体验有所提升，但从障碍用户整体反馈来看，他们在使用过程仍会遇到一些问题。反馈的问题包括 App 内广告未准确添加标签导致误触、App 内容未设

① 李东晓、熊梦琪：《可及”之后：新媒体的无障碍传播研究与反思》，《浙江学刊》2017年第6期。

置焦点导致操作效率低、多媒体内容没有对应替代的文本或字幕、App 闪退以及操作卡顿导致使用难度增加等。[①] 这一结果显示目前智能应用仍需加强完善。

最后，智能无障碍产品使用成本过高导致使用率不足。近几年，无障碍智能设备的成本因生产规模扩大和技术进步而有所下降，但这些设备的价格仍会因类型、功能和品牌不同而有很大差异。有些基础版本的无障碍设备对普通消费者来说相对容易承担，例如具有基本功能的智能助听器或简单的语音识别软件。那些高端设备，比如先进的电子视觉辅助设备或复杂的可穿戴技术，则价格更昂贵。而能帮助残疾人用于肢体运动和认知功能的康复训练的虚拟现实技术，涉及更高额的设备费用。智能无障碍设备的高价格不仅限制了残障群体的使用，也加大了他们的经济负担，使这些技术的普及和接受度受到影响。

（二）企业层面：产品无障碍改造与推广存在困难

产品设计理念与用户实际操作需求之间的差距可能会导致残障群体在使用智能媒体无障碍应用时遇到困难，企业或 App 设计者面临如技术限制、成本考量，抑或是市场导向等多种挑战。这些因素可能导致他们在实现无障碍功能上投入有限。资金和技术上的限制以及对无障碍设计的认识不足，往往使中小型企业在产品开发中忽略了残障群体的特定需求。对于一些大型上市公司，尽管它们认识到提供无障碍服务的重要性，但常将其视为附加的情感价值，而不是产品设计的核心元素，这导致功能的细致度和深度略显不足。以 2024 年凰家测评对 iPhone、华为、vivo、小米等 6 款主流机型测评为例，主要对其无障碍功能、设备核心功能、设备自带 App 以及 AI 功能等进行评测。整体结果显示，苹果和华为两家公司在无障碍方面仍处于行业领先水平，vivo 整体水平提升较明显，而剩余机型则无较大改进，[②] 国产手机无障碍功能开发仍有较大发展上限。残障群体和健全

① 《可及评测特别版丨43 款 App 齐上阵无障碍体验究竟如何？》，2021 年 11 月 19 日，百度网，https://baijiahao.baidu.com/s?id=1716852358819119437&wfr=spider&for=pc。

② 《一年一测无障碍横评：基础功能依旧无法使用丨看见 2024》，2024 年 2 月 1 日，“信息无障碍”微信公众号，https://mp.weixin.qq.com/s?__biz=MzA3MDA3ODIzMA==&mid=2650033298&idx=1&sn=b25c0143dd3073b48919db0698a4feec&scene=21#wechat_redirect。

人之间的差异包括认知和新事物接受与学习等其他更隐性的方面。例如快递柜的设计，原本是为了提高物流配送效率，满足一部分用户对隐私安全或无接触配送等方面的需求，但对快递柜的滥用以及快递柜设计对无障碍的忽视，降低了一些使用快递服务用户的满意度，也将很多残障群体排除在外。① 技术应该服务于人类而不是成为阻碍，快递柜的设计和使用，需要得到更明确的规范，以确保这些设施在未来更好地服务于所有用户。包容性是双赢的局面，提高某一群体的可访问性可以提高所有人的可访问性。例如人行道上的坡道状下坡，设计之初是方便坐轮椅的人，后来婴儿车和孕妇等群体也因此设计受益；App应用设计开发图片文字提取功能时，视障者能了解包括屏幕截图在内的一系列含有文本的图像所要表达的具体信息，普通人也可以更便捷地提取文字信息。

公平和无障碍是中国《人工智能法示范法1.0（专家建议稿）》的核心原则。② 作为大语言模型的开发主体，科技公司应保证残障群体能平等地使用大语言模型。大语言模型依托先进的算法、算力基础，以海量文本、图像、声音多模态数据作为输入或输出，拥有多层次、跨领域、解决复杂环境中复杂目标的能力，是对狭义人工智能的拓展。③ 在无障碍领域，大语言模型有其标准化的实现方法。截至目前，大语言模型只有在使用交互和价值对齐环节实现了无障碍化，残障人士只是能够平等地使用，而在个人研发环节依然面临障碍。各大智能媒体平台能否实现代码层面的兼容，直接决定了大语言模型在现实可应用场景的广泛性。要让每个人都能无障碍地实现属于自己的大语言模型，平等地拥有“超级个体”的机会，先要做到开源社区的无障碍交互。如果残障人士没有办法直接参与技术和治理创新的开源过程，事后再做无障碍可能是事倍功半。④

① 《中华人民共和国交通运输部令》，2023年12月17日，中国政府网，https://www.gov.cn/gongbao/2024/issue_11206/202403/content_6937896.html。

② 《“全球治理话语竞赛下人工智能立法的中国方案”研讨会在京举行》，2023年8月16日，21经济网，https://www.21jingji.com/article/20230816/herald/0e230d9d8196c86594aca67690ad28aa.html。

③ 《AI大模型落地观察：数智化营销赋能价值初显》，2023年12月23日，新浪财经网，https://finance.sina.com.cn/jjxw/2023-12-23/doc-imzyzfys5432825.shtml。

④ 《无障碍的大语言模型还有多远》，2024年2月14日，“法治周末报”微信公众号，https://mp.weixin.qq.com/s?__biz=MzI3MTYzODg0Mg==&mid=2247561878&idx=2&sn=c9433bca5042546c9e04862abfb8ba69&scene=21#wechat_redirect。

（三）管理层面：无障碍环境建设管理体系有待健全

从国家政策与法规来看，当前中国无障碍环境建设的法规政策、行业标准、示范成果已经充分具备，但无障碍环境建设具体有力的工作制度与实施规则执行起来仍不到位，存在形同虚设的现象，缺乏完备的强制性监督措施，不利于无障碍环境高质量建设与规范化管理。① 2023年6月出台的《中华人民共和国无障碍环境建设法》以立法形式保障了无障碍环境建设，但法条中关于智能媒体的无障碍传播规则和义务的相关条例，其细节界定仍不够清晰，且《残疾人保障法》和《无障碍环境建设条例》等法律文件对主体责任的界定较为模糊。这导致了无障碍的法律法规缺乏明确的法律责任主体和救济措施，设备的无障碍化仍存在一些缺陷。

从行业标准来看，无障碍环境建设缺乏对新技术、新设施的适应性指导。例如，随着智能化技术的发展，智能建筑和智能交通系统中的无障碍设计标准尚未形成统一规范，这导致残疾人在使用这些智能系统时面临诸多困难。此外，现有的行业标准在实施过程中存在监管不严、执行力度不够的问题，缺乏有效的监督机制和处罚措施，导致部分建设项目在无障碍设施方面只是形式上符合要求，而在实际使用中仍然存在障碍。从监管和执行层面来看，虽然中国已经建立了一定的无障碍环境监管体系，但在具体执行中仍面临着监管力量不足、专业知识缺乏、社会参与度不高等问题。这些问题的存在导致无障碍环境建设的质量和效率受到影响，残疾人和其他行动不便群体的权益无法得到充分保障。

六 残障群体智能媒体无障碍应用趋势与展望

残障群体事业是新时代中国特色社会主义事业的重要组成部分，扶残

① 《中国人的故事丨全国人大代表吕世明：无障碍环境建设应当纳人公共信用制度体系中》，2022年3月9日，百度网，https://baijiahao.baidu.com/s?id=1726810364349293624&wfr=spider&for=pc。

助残是社会文明进步的重要标志。[①] 随着智能媒体技术的发展，残障群体在无障碍应用方面的趋势朝着更加智能化、个性化和便捷化的方向迈进。人工智能技术为残障群体提供了更多获取信息的途径；无障碍设计标准的实施，提高了智能媒体产品的可用性；辅助移动和智能导航技术的应用，为残障群体的出行提供便利。依托智能技术的智能设备共同促成了无障碍环境建设的广阔发展前景。

政府部门自上而下，极力推动相关政策落实。党的二十大报告提出，完善残疾人社会保障制度和关爱服务体系，促进残疾人事业全面发展。一系列顶层设计和战略部署陆续出台。[②] 2023 年全国两会期间，“辅助技术产品”和“无障碍学习支持”等成为提案中的热门关键词，并引发了社会各界对智能辅助技术领域的广泛关注。2023 年 9 月 1 日开始实施的《中华人民共和国无障碍环境建设法》丰富了无障碍发展的内容，为智能媒体无障碍应用提出了新的发展方向。同年 12 月，第 18 届中国信息无障碍论坛暨全国无障碍环境建设成果展示应用推广论坛发布“2022—2023 年信息无障碍创新成果典型案例”，聚焦视障听障特殊困难群体需求，以国家高科技龙头企业为引领，发挥科技智能企业的技术优势。[③]《“十四五”特殊教育发展提升行动计划》进一步给出政策指引，提出到 2025 年高质量特殊教育体系初步建立的主要目标。[④]《工业和信息化部、中国残疾人联合会关于推进信息无障碍的指导意见》鼓励互联网网站无障碍建设，以及推动移动物联网应用无障碍优化与研发。[⑤]

企业组织自下而上，积极落地创新举措。2023 年信息无障碍研究会与微软合作，针对障碍人士提供以提升就业能力为目标的“数字技能赋能”项目，助力相对缺乏数字技能学习机会的障碍伙伴，在数字经济时代获得

---

① 李静：《论残障人信息无障碍权：数字时代下的理论重构》，《中外法学》2023 年第 3 期。

② 柳文、李景、张雪：《同心圆梦向未来》，《经济日报》2023 年 10 月 29 日。

③《第 18 届中国信息无障碍论坛暨全国无障碍环境建设成果展示应用推广活动在京举行》，2023 年 12 月 29 日，百度网，https://baijiahao.baidu.com/s?id=1786617889285603057&wfr=spider&for=pc。

④ 赵福君、孙立华：《数字技术赋能特殊教育高质量发展——基于省级“十四五”特殊教育发展提升行动计划的政策分析》，《中国特殊教育》2023 年第 8 期。

⑤《两部门：鼓励信息无障碍终端设备研发与无障碍化改造》，2020 年 9 月 23 日，光明网，https://wwwcdpf.org.cn//ywpd/xcwh/gzdt6/56bbd0bd08fb459d86f1424d2174d5d3.htm。

更广阔的职业发展空间，应对经济和劳动力市场的转型。此次“数字技能赋能”项目，为障碍人士开放了 Office 课程、人工智能培训课程两大课程和一对一就业辅导。[①] 2023 年 3 月，《快递市场管理办法》的最新规定正式实施，规定经营快递业务的企业不得擅自将快件投递到智能快件箱、快递服务站等快递末端服务设施。此规定不仅关注了用户权益的保护，更考虑到了无障碍服务的需求。[②] 2024 年年初，腾讯视频和中国盲文出版社、中国盲文图书馆联合上线“无障碍剧场”专区，分批次上线 600 多部热门经典影视作品的无障碍版本，充实视障者文化世界。[③]

在智能化和数字化不断进步的时代，无障碍智能技术进一步提高残障群体的生活自主性和社会融入度，支撑其在各个领域的深入探索。未来应聚焦无障碍智能产品需求者的痛点和难点，以全要素、全体系的视野，营造一个良好的无障碍智能环境。

一方面，在标准之上，政府和社会力量共同着力创建一个更为包容和便捷的环境，方便残障群体能够更充分地参与社会生活；企业组织为提升残疾人舒适度做有特色的优化设计，为失聪用户设计智能辅助系统，提高他们的生活技能并消除认知障碍；为实现建筑物可访问性的移动应用程序提供特性和功能，使残疾人能够更独立地浏览空间；设计无障碍应用程序，提供有关建筑物内无障碍入口、电梯、坡道和其他设施的信息；提供实时导航辅助、无障碍路线和其他个性化功能，以适应不同类型的残疾等。

另一方面，需投入科研和开发资源，推动跨学科合作，结合人工智能、大数据等前沿技术，创造更加精准的个性化解决方案。加强对残疾人日常需求的关注，开发可被理解和分析的智能辅助工具，比如为视障人士

---

① 《2023 微软数字技能赋能培训报名开始啦!》，2023 年 10 月 11 日，“信息无障碍” 微信公众号，https://mp. weixin. qq. com/s? __biz = MzA3MDA3ODIzMA = = &mid = 2650032433&idx = 1&sn = 0ea7bf4550 5428eac9fe04ea3ab6b175&chksm = 86c2b348b1b53a5e7e0d51a2946e10001d3a89ac5f2f96b5865e6897ce07af100faea9032530&scene = 21#wechat_redirect。

② 《中华人民共和国交通运输部令》，2023 年 12 月 17 日，中国政府网，https://www.gov.cn/gongbao/2024/issue_11206/202403/content_6937896. html。

③ 《腾讯视频将上线“无障碍剧场”，视障人士可免费观看 600 余部经典影视作品》，2023 年 12 月 3 日，中国日报网，http://ex. chinadaily. com. cn/exchange/partners/82/rss/channel/cn/columns/j3u3t6/stories/WS656c1e89a310d5acd87715f0. html。

开发的图像识别软件，能够识别和解读周围环境，提供语音反馈，帮助他们更安全地进行户外活动。

此外，对于智能设备的交互设计，也应更多地考虑易用性和可访问性，确保残障群体能够平等地享受科技进步带来的便利环境。未来，我们可以预见更多的创新应用以及个性化工具，同时持续地研究和发展，再加上跨领域合作，将确保无障碍技术保持与时俱进，满足日益多样化的需求。这些举措将推动构建一个全方位、无障碍的社会环境，确保每个人都能够享受到技术发展带来的便利。智能媒体无障碍智能应用的改善不仅仅是解决现有问题，更是在探索一种助力于残障群体融入社会的更加包容和普惠的无障碍环境建设与应用模式。

T.14　数字赋能中华优秀传统文化对外传播研究*

隗静秋　袁晶晶　秦小雅**

摘　要：数字媒体时代，利用技术力量赋能中华优秀传统文化走向世界、丰富传统文化内容表现形式、拓宽传统文化传播渠道成为提高国家文化软实力的重要环节。本文探讨数字技术与传统文化融合的呈现形式，剖析数字技术增强中华文明影响力的应用现状，思考传统文化对外传播中的困境，提出破局的措施与建议。借助数字技术、平台媒体、游戏虚拟社区等现有成功出海案例，为其他传统文化国际传播提供可借鉴的路径，回归“用户”主体需求；利用技术力量的同时，激发海外受众对中国传统文化的共情。

关键词：新媒体技术；人工智能；传统文化；国际传播

在全球化的汹涌浪潮与信息技术的迅猛发展中，传统文化的国际传播已跃升为国家文化软实力的重要增强途径，同时也成为促进文化多样性的关键手段。特别是在人工智能、智能媒体等前沿技术的推动下，传统文化的传播方式、效率及效果均实现了前所未有的深刻变革。党的二十大报告中提出了“增强中华文明传播力影响力”的明确要求，① 并强调“坚守中

---

* 本研究为故宫博物院第二期开放课题“文化传播何以‘雁过留声’：盘活存量与做优增量的故宫文化传播路径探索”的成果，得到龙湖—故宫文化基金、北京故宫文物保护基金会公益资助。

** 隗静秋，浙江传媒学院出版学院副教授，副院长，硕士生导师，研究方向为传统文化传播，用户信息行为，出版新媒体运营等；袁晶晶，浙江传媒学院硕士研究生，研究方向为数字媒体与智能传播；秦小雅，浙江传媒学院硕士研究生，研究方向为广播电视新闻。

① 习近平：《高举中国特色社会主义伟大旗帜 为全面建设社会主义现代化国家而团结奋斗——在中国共产党第二十次全国代表大会上的报告》，人民出版社 2022 年版。

华文化立场，提炼展示中华文明的精神标识和文化精髓，加快构建中国话语和中国叙事体系，讲好中国故事、传播好中国声音，展现可信、可爱、可敬的中国形象”。这不仅是在国际传播内容、机制及目标等方面对讲话的系统性高度凝练和理论升华，而且将加强国际传播建设、构建国家形象、强化中华文化感召力上升到了重要的战略高度。① 中华优秀传统文化作为中华文明的文化精髓及核心精神标识，一直是当下国际传播建设的重要议题。

全球化的大背景下，传统文化的国际传播面临着多重困境。文化差异与语言障碍如同隐形的壁垒，使传统文化的精髓难以被国际社会深入理解与接受，进而难以形成广泛而深远的影响。与此同时，传统的传播方式，如书籍、展览等，虽在一定程度上展现了文化的魅力，但其受限于时空的束缚，传播范围与效率均显有限。更为重要的是，随着全球化的加速与互联网的普及，多元文化在虚拟空间中交织碰撞，传统文化在国际传播中面临着前所未有的竞争与冲击。

人工智能、智能媒体等技术的快速发展为传统文化的国际传播带来了崭新的机遇。这些前沿技术不仅突破了传统传播方式的局限，使传统文化的呈现方式更加生动、多元，更通过大数据、云计算等手段，实现了文化的精准传播与个性化推广。然而，技术的运用并非一帆风顺。在享受技术带来的便利与效率的同时，我们也必须面对一系列问题与挑战。如何将这些前沿技术与传统文化有机结合，确保传播内容的准确性与完整性？如何在商业利益与文化价值之间找到平衡点，避免文化的过度商业化与扭曲？这些问题都需要我们进行深入思考与研究。

一 数字赋能中华传统文化应用现状

（一）数字技术发展与传统文化之间的联系

20世纪中叶，网络与数字技术的诞生及持续演进，无疑在人类发展史上书写了浓墨重彩的一笔，深刻影响了人类的生产方式、生活方式、思维

① 刘爽、张昆：《国宝类节目讲好中国故事的创新路径》，《中国广播电视学刊》2023年第9期。

方式和交往方式，引领人类历史进入了全新的“网络与数字时代”。在这一时代背景下，中华文化对外传播的主题、内容、渠道、受众及效果也经历了前所未有的变革。

智能媒体的发展，可谓互联网技术与多媒体设计完美结合的产物。计算机性能的飞速提升和互联网的广泛普及，为人工智能技术在多媒体设计领域的应用提供了广阔舞台。20 世纪 90 年代，设计师们便已开始利用人工智能技术处理图像、分析音频、合成视频，使多媒体作品呈现出前所未有的生动与趣味。进入 21 世纪，随着技术的不断进步，虚拟现实、增强现实等前沿技术逐步融入智能媒体设计之中。近年来，深度学习技术的迅猛发展更是为智能媒体注入了新的活力，图像识别、语音识别、自然语言处理等技术的广泛应用，让多媒体作品更加智能化、人性化。

智能媒体技术的成熟，为中华传统文化的传承、保护和推广提供了有力支撑。以故宫博物院为例，该院利用智能媒体技术将大量珍贵文物进行数字化处理，不仅实现了文物的永久保存，还通过线上展览、虚拟漫游等方式，让更多人能够近距离感受中华文化的魅力。此外，一些设计师还利用人工智能技术进行艺术创作，将传统文化元素与现代审美相结合，创作出了一系列富有创意的数字作品。例如某动画公司推出的以中国古代神话为主题的动画片，不仅保留了传统故事的精髓，还通过现代技术手段呈现出震撼的视觉效果，深受观众喜爱。智能媒体还为传统文化的传播提供了更加丰富的路径。通过社交媒体、短视频平台等渠道，传统文化得以迅速传播至全球各地。同时，智能媒体还能够根据用户的兴趣和需求进行个性化推送，使传统文化的传播更加高效、精准。

可以说，网络与数字技术的发展为中华文化的国际传播插上了翅膀，使其在全球范围内焕发出新的生命力。未来，随着技术的不断进步和应用场景的不断拓展，我们有理由相信，中华文化的对外传播将迎来更加广阔的发展前景。

（二）数字技术在传统文化中的应用历程

1. 中华传统文化数字化保护与传承

在数字化保护与传播方面，数字技术为传统文化的保存和传承提供了重要支持。通过高清扫描、三维建模等技术手段，传统文物、古迹得以数字化保存，有效防止了文化遗产的损坏与流失。以中国敦煌壁画数字化保护项目为例，通过高精度数字技术的运用，成功实现对敦煌壁画的数字化保存和传播，使这一珍贵的文化遗产得以永久保存并向全球传播。

《八十大成就者》壁画在四川省少数民族古籍中心平台展出，浏览者可足不出户，零距离欣赏300多年前的全长32米、宽3米的明末高清壁画大图。① 传统的展览方式往往需要将壁画从原处移动至展馆，在一定程度上会加剧壁画的损伤。而数字化展览则避免了这一问题，壁画可以在不离开原处的情况下被更多人欣赏，从而减少了因移动和人为接触造成的损害风险。

建立数字化档案库，将传统文献、手稿、历史文物等资料进行数字化存储和管理，方便检索和传播。中国国家图书馆数字化文献馆集数字化文献资源、数字化档案资源和数字化地方文献资源于一体，利用先进的数字化技术，将大量的传统文献、手稿等进行了数字化处理，并在网络上提供了便捷的检索和浏览服务。中国故宫博物院通过数字化技术对文物进行高精度数字化扫描和建模，实现对文物的长期保护和数字化展览。中华传统文化数字化保护与传承的意义在于，它不仅能够有效地保护和传承传统文化，使其得以源远流长、繁荣兴盛，还能够增强人们对传统文化的认同感和自豪感，进一步推动文化产业的发展，实现文化的创新性发展和创造性转化。

2. 数字化内容创作与传播

数字化内容创作与传播为传统文化注入了新的活力。借助数字技术，传统文化元素得以与现代艺术手法相结合，创作出具有时代特色的文化作品。数字内容创作与传播不仅丰富了传统文化的表现形式，也提升了其社会影响力。2021年被称为元宇宙元年，中国不少博物馆也开始探索利用元宇宙技术更好地向海内外展示中国文物、传播中华文化的新形式。中国国家博物馆、故宫博物院等多家知名文博机构如今都将馆藏文物搬进了“元

① 《科技入圈，文化出圈！数字化保护让中华优秀传统文化“活起来”》，2024年3月25日，百度网，https://baijiahao.baidu.com/s?id=1794505947751739278&wfr=spider&for=pc。

宇宙”，还有近 20 家文博机构发行了数字藏品。2021 年 12 月，由四川博物院、三星堆博物馆和金沙遗址博物馆馆藏文物构建的全沉浸交互式数字文博展厅“神与人的世界——四川古蜀文明特展”面向全球发布，短短 5 天时间就有 13 个国家的超过 70 家媒体持续报道。① 在西安不夜城景区，身穿汉服、站立在不倒翁底座上翩翩起舞的“不倒翁小姐姐”的视频在抖音走红之后，被转发至 TikTok 平台，收获了超 320 万人次观看和 40 万人次点赞。中国传统文化借助短视频平台在一片欢闹中收获了一大批海外受众的好感。

在大型活动方面，2023 年 5 月在陕西西安举办的中国—中亚峰会，不仅开启了中亚各国合作新篇章，同时也传播了唐文化，举办了以大唐盛礼为主题的文艺演出“携手同行”。其中，“八佾舞”“长安春”等向来宾全方位展现了唐文化，体现了中华文化兼容并蓄的精神风貌。利用数字技术丰富传统文化，以最大力量推动传统文化出海，成为全球文化传播中的一抹亮丽色彩。

3. 中国传统文化国际交流与合作

数字技术促进了文化交流与合作的深入发展。以中国的数字丝绸之路项目为例，该项目旨在通过数字化技术促进全球文化遗产的保护、研究和交流，利用先进的信息技术，如虚拟现实（VR）、增强现实（AR）、3D 扫描和大数据分析等，对丝绸之路沿线的文化遗产进行数字化记录和展示。通过这些技术手段，丝绸之路的历史遗迹和文化艺术品得以在全球范围内得到更加广泛的传播和分享。数字化平台使不同国家和地区的研究人员与文化工作者能够轻松地远程访问和研究这些珍贵的文化资源，促进了跨国界的学术交流和合作。

故宫博物院与腾讯公司共同推出的“‘纹’以载道——故宫腾讯沉浸式数字体验展”② 利用数字化手段，将故宫的文物展览“搬运”到远离故宫的地方，突破了物理空间的限制。通过综合运用三维可视化、人工智能、体感识别等数字技术，观众可以近距离欣赏到高达 5.3 米的裸眼 3D

① 《2022—2023 年度“中华文化国际传播十大案例”发布》，2023 年 5 月 29 日，百度网，https://baijiahao.baidu.com/s?id=1767219148533434588&wfr=spider&for=pc。

② 《数字化让美景“活”起来》，2023 年 2 月 27 日，光明网，https://m.gmw.cn/baijia/2023-02/27/36394192.html。

"数字文物",① 并与传统纹样进行实时互动。这种沉浸式的体验方式让国际观众能够更直观地感受到中华文化的魅力，从而增强了文化的传播效果。此外，数字技术+文旅成为新兴传播手段。陕西省西安市的"长安十二时辰"街区是中华优秀传统文化创造性转化和创新性发展的文旅融合项目，游客可通过角色扮演、剧本杀等方式，沉浸式体验唐文化，因此，该项目吸引了大批游客前去参观。VR 技术与西安旅游业相结合，可以帮助景区打造 3D 立体影像，为游客提供虚拟导览服务；同时，借助 VR 技术，可以"复原"许多已经消失的唐代建筑，帮助游客沉浸式体验唐文化。以西安大明宫遗址公园为例，如今的大明宫只剩下遗址，曾经巍峨的宫殿已经不复存在，景区利用模型的方式还原宫殿，带给游客的只是视觉上的体验。借助 VR 技术，可以让游客身临其境，感受"九天阊阖开宫殿，万国衣冠拜冕旒"的盛大场面，感受百官上朝时"剑佩声随玉墀步，衣冠身惹御炉香"的严肃隆重。②

4. 数据分析与个性化推广

中国传统文化利用数字技术、数据分析与个性化推广，正在经历一场前所未有的文化革新与传播革命。数字技术不仅为传统文化的保存、传承提供了全新的手段，更为其推广和普及开辟了新的道路。比如，广东省文化和旅游厅联合广东省工业和信息化厅发布了 2022 年文化和旅游领域数字化应用之一——粤读通。粤读通是广东省文化和旅游厅联合广东省工业和信息化厅发布的基于人工智能、大数据、云计算、虚拟现实、增强现实等技术在文化和旅游数字化应用的典型案例之一。该平台依托广东数字政府的"粤省事"平台和广东省身份统一认证平台，联合省内各级图书馆逐步实现区域内用户信息互联、互通、互认，有效促进了馆际间公共文化资源和服务的共享。通过人脸识别、图像识别联网技术，粤读通创新了公共文化服务形式，提升了公共服务效能。

此外，基于大数据和人工智能技术的个性化推荐系统，能够根据用户

---

① 《数字化创新实践案例丨数字技术为文物保护和文化传承保驾护航_ TOM 旅游》，2022 年 10 月 28 日，百度网，https://baijiahao.baidu.com/s?id=1747921284103037915&wfr=spider&for=pc。

② 卢欣怡、艾格平、徐丽华：《唐文化海外沉浸式传播策略研究：以虚拟现实技术为例》，《文化学刊》2023 年第 12 期。

的个人喜好为其推荐相关的传统文化内容，提升传播效果和用户满意度。例如，可以根据用户的年龄、性别、地域等信息，推送符合其兴趣和需求的传统文化内容；还可以通过分析用户的互动和反馈数据，优化推广内容，提高传播效果。百度推出的文化遗产地图通过整合百度的搜索数据、位置数据等，分析用户对不同文化遗产的关注度和访问模式，为文化遗产的保护和宣传提供数据支持。具体实践需通过分析用户对某个文化遗址的搜索量和访问路径，可以优化旅游路线设计，提升游客体验。

个性化推广是传统文化利用数字技术实现精准传播的关键环节。借助机器学习和人工智能等技术，可以实现个性化的内容推荐和定制服务。例如，可以根据用户的浏览历史、搜索记录等信息，为其推荐相关的传统文化内容；还可以根据用户的反馈和建议，不断优化推荐算法，提高推荐的准确性和满意度。腾讯的“文化+互联网”项目是个性化推广具有代表性的案例，腾讯利用其庞大的用户数据，分析用户对传统文化的兴趣和消费行为，推出了一系列结合传统文化元素的数字产品和服务。例如，通过微信小程序推出的传统节日主题游戏，结合了传统文化和现代科技，吸引了大量用户参与。

5. 智能化体验与互动

其一，数字技术的智能化体验与互动丰富了传统文化的传播形式。随着虚拟现实（VR）、增强现实（AR）等技术的普及应用，传统文化体验逐渐实现了智能化与互动化。

虚拟现实（VR）技术以其独特的沉浸式体验，让观众得以穿越千年时光，置身于古代的文化场景中。故宫博物院的VR游览项目，不仅将紫禁城的辉煌壮丽重现于观众眼前，更通过高度仿真的场景和互动功能，让观众能够亲自体验古代皇家的生活与礼仪。这种深度的沉浸体验，不仅令观众对传统文化有了更为直观和深入的了解，更在心灵深处与之产生了强烈的共鸣。

其二，增强现实（AR）技术则通过虚实结合的方式，为传统文化注入了新的活力。在博物馆的文物展示中，AR技术能够将文物背后的历史故事、制作工艺等以生动形象的方式展现出来，使观众在欣赏文物的同时，也能够了解其背后的文化内涵和价值。这种技术不仅丰富了观众的视觉体验，更在无形中提升了他们对传统文化的兴趣和热爱。例如，央视数码 AR 团队圆满完成中央广播电视总台 2023 年《原声天籁——中国民歌盛典》共十期 AR 植入的节目内容设计制作及现场实施。[①] 在整个项目运行中，团队始终秉持“思想+艺术+技术”的融合创作理念，使不同风格的 AR 内容更好地融入不同的节目中，大体量、高规格地完成了整个项目的 AR 包装设计制作及现场实施，为热爱民歌的观众带来了多场视觉盛宴。

在数字化互动展示方面，博物馆和文化机构也借助数字技术，打造了一系列富有创意和互动性的展示项目。这些项目通过触摸屏、投影仪等数字化设备，将传统文化元素以游戏、动画等形式展现出来，让观众在参与互动的过程中，深入了解文化的内涵和价值。这种数字化的互动展示方式不仅提升了观众的参与感和体验感，更在潜移默化中推动了传统文化的传承和发展。

（三）数字赋能推动传统文化国际传播的应用现状

1. 数字技术、智能算法应用塑造传统文化国际传播新范式

随着数字技术的不断发展和普及，传统文化国际传播正逐渐进入一个全新的范式。虚拟现实（VR）、人工智能、大数据算法等数字媒体技术的创新性发展，为传统文化海外传播带来广阔的发展空间与传播机遇。尤其是虚拟现实技术，为中华优秀传统文化传播提供了新思路。2021 年 3 月，中国信通院发布的《2021 年虚拟（增强）现实白皮书》数据显示，2020 年，全球虚拟现实市场规模约为 900 亿元人民币。从终端出货量来看，2020 年，全球虚拟现实终端出货量约为 630 万台，VR、AR 终端出货量占比分别为 90%、10%。同时，美国 Steam 2021 年度报告显示，新增 VR 用户达 188.7 万人，月活 VR 用户为 279.84 万人，相比 2020 年 VR 新增用户为 18.7 万人，月活 VR 用户增加 174.84 万人。[②] 可见，虚拟现实技术在世界范围内的受众基础在不断扩大，虚拟现实近年来拓展至教育、娱乐、

---

① 《2023 央视春晚舞美视觉设计全揭秘!》，2023 年 2 月 2 日，中国照明网，https://www.lightingchina.com.cn/News/108480.html? btwaf=86441452。

② 《2021 年虚拟（增强）现实白皮书》，2021 年 3 月 30 日，中国信通院，http://www.caict.ac.cn/kxyj/qwfb/bps/202103/t20210330_372624.html.

医学、建筑、旅游等多个领域。① 以传统的书籍、报刊、视频等方式来传播文化，其效果已然逐渐下降。未来，网络技术的提升将进一步拓展 VR 使用的流畅率，进一步提升传统文化沉浸式传播的可行性。2023 年，党中央、国务院将新时代 VR 技术发展摆在重要位置。《虚拟现实与行业应用融合发展行动计划（2022—2026 年）》提出将虚拟现实与文化旅游相结合，让优秀文化和旅游资源借助虚拟显示技术“活起来”。②

北京中轴线申遗“数字中轴系统”项目借助数字化手段打造大型古建筑与街区文化遗产数字化沉浸互动再现场景，能够让更多人沉浸式体验北京中轴线的恢宏气势和历史变迁。项目对 7.8 千米的核心遗产区进行了完整场景重建，结合生成式人工智能产出超大规模的地形、植被和建筑群。借助 5G+AR 技术，融合传统文化的《唐宫夜宴》凭借实力出圈，其正是借助表达方式的创新唤醒了传统文化的巨大魅力。③

在内容形式上，人工智能助力提升传统文化海外传播的传播效率。人工智能模型的规模不断增大，其性能实现了巨大的飞跃。大语言模型的涌现特征使其具有了更符合人类思维的语言表达、逻辑思维甚至推理创造能力，能够自动生成文本、图片、视频等多模态内容。大语言模型通过处理和分析大量的文本数据，能够深入理解传统文化的内涵和价值。它可以提取关键信息、识别文化元素，并生成相关的解释和说明，帮助受众更好地理解和欣赏传统文化。

这类生成式 AI（Generative Artificial Intelligence）所产生的人工智能生成内容能够使传统文化传播的效率飞跃提升。生成式 AI 可以通过个性化推荐和内容定制，将传统文化与受众的兴趣和需求紧密结合。它能够根据用户的偏好和行为数据，推荐与其兴趣相关的传统文化内容，实现精准传播。CopyAI、贾斯帕人工智能（Jasper AI）和 Writesonic 等几家初创公司

① 卢欣怡、艾格平、徐丽华：《唐文化海外沉浸式传播策略研究：以虚拟现实技术为例》，《文化学刊》2023 年第 12 期。

② 《虚拟现实与行业应用融合发展行动计划（2022—2026 年）》，2022 年 11 月 1 日，中国政府网，https://www.gov.cn/zhengce/zheng-ceku/2022-11/01/5723273/files/23f1b69dcf8b4923a20bd6743022a56f.pdf。

③ 《新时代新征程新伟业丨“虚拟”照进现实与文旅双向奔赴》，2024 年 4 月 3 日，百度网，https://baijiahao.baidu.com/s?id=1795284603570408738&wfr=spider&for=pc。

正在通过生成式 AI 帮助开拓内容的个性化营销；而网络新闻媒体平台"嗡嗡喂"（BuzzFeed）已宣布将使用知名大语言模型 ChatGPT 的开发商 OpenAI 的技术，通过问卷收集订阅者的喜好，并据此制定宣传文案。① 中国传统文化在对外传播时最大的困难之一便是受众的解码语境不同，由于不同的文化背景，中国传统文化传播效果大打折扣。借助生成式 AI 可生成针对海外受众的传播文案，根据具体传播内容和情境挑选合适的表情符号与热点标签，为海外受众了解中国文化提供极大的便利。

算法技术提高了传统文化出海的精准度。在算法分发时代，需要顺应互联网"用户第一"的思路，借助大数据、人工智能等技术手段，可以对受众的文化需求、兴趣偏好进行深入分析，为传统文化内容的精准传播提供数据支持。根据用户的个人喜好为其推荐相关的传统文化内容，提升传播效果和用户满意度。例如，中国驻大阪领事馆就曾在 2021 年春节利用《原神》中的游戏角色，向日本民众科普春节与公历元旦的区别，并提供相关主题贺卡。这一策略通过借用跨越文化差异的人气 IP 来吸引受众的注意力，有效拉近了中国政府与海外受众尤其是"Z 世代"的距离。② 以满足受众需求为出发点，智能技术通过大数据分析，精准把握海外受众的兴趣和习惯，为传统文化的国际传播提供了精准化策略。

2. 数字化平台构筑传统文化国际交流新枢纽

数字化平台在传统文化国际传播中发挥着举足轻重的作用。短视频平台、社交媒体、流媒体等的兴起改变了用户的媒介消费习惯。平台化媒体提供了即时的内容获取和分享方式，鼓励用户参与互动，通过点赞、评论、分享等方式，深入地参与到内容消费中，形成更强的参与感和归属感。平台已作为基础设施渗透人们的日常生活，深刻影响了文化内容的生产、分配和流通。③

2015 年 7 月，国务院印发了《关于积极推进"互联网+"行动的指导

① 《倪峰：失衡与分裂——"美利坚合众国总统"特朗普治下的美国政治》，2018 年 7 月 12 日，世界社会主义研究中心网站，http://socialism-center.cass.cn/ddzbzy/201807/t20180712_4502120.shtml。

② 张莉、叶昊尔：《新兴媒介技术在中华文化海外传播中的应用策略探析》，《对外传播》2023 年第 10 期。

③ 张景全：《美国政治极化的深层根源》，《人民论坛》2021 年第 35 期。

意见》，旨在推动互联网由消费领域向生产领域拓展，与经济社会深度融合。① 不少数字平台借助政策支持，灵活发挥，取得不错的传播效果。包括短视频平台 TikTok、电子商务平台 SHEIN 等在内的四大数字媒体平台在海外市场获得了热烈的反响，因此被称为中国平台出海的“四小花旦”。② 平台媒体的成功“出海”打破了西方在国际传播中的垄断地位，为中国传统文化传播提供了新的方向与优势。

社交媒体平台为网友提供交流空间，社交媒体平台作为其中的重要一环，也为传统文化爱好者提供了一个广阔的交流空间。通过社交媒体平台，如微博、Instagram 等，传统文化爱好者可以分享自己的见解、体验和创作，与全球范围内的网友进行互动和交流，促进了传统文化的国际传播和理解。李子柒通过 YouTube 成功地将中国传统文化和工艺以生动、直观的方式呈现给全球观众，为外国友人提供了全新的看待中国文化的窗口。以中国人真实、古朴的传统生活，以及中华民族引以为傲的美食文化为主线，围绕衣、食、住、行四个方面展开。她用心呈现原汁原味的中国传统文化和工艺，无论是桃花酒、琵琶酥等美食，还是文房四宝、缫丝、刺绣等工艺，都按照古法流程一步步精心制作。这种真实、深入的展示方式，让全球观众能够更加直观地感受到中国文化的魅力。

目前来看，短视频可以被视为更高效的传统文化传播途径。文旅产业指数实验室曾以 TikTok 为主要数据分析源，发布《2022 年非物质文化遗产在海外短视频平台影响力报告》（以下简称《报告》）。《报告》显示，TikTok 上非物质文化遗产相关内容视频播放总量目前已超过 308 亿次。其中，武术、太极等在 TikTok 的视频播放量为 222 亿次，春节民俗的播放量为 46 亿次，木兰传说的播放量为 27 亿次，京剧等中国传统戏剧的播放量为 3.3 亿次。“滇西小哥”制作的云南美食生活视频，在 YouTube 上单期视频播放千万次；做了 50 余年木匠的“阿木爷爷”在海外走红，他的榫卯技艺不用一根钉子、一滴胶水，就能制作出鲁班凳、世博会中国馆模型、拱桥等精美木制品，视频海外播放量为 2 亿次；“80 后”陶艺师王文

① 《国务院印发〈关于积极推进“互联网+”行动的指导意见〉》，2015 年 7 月 4 日，共产党员网，https://news.12371.cn/2015/07/04/ARTI1435990337727581.shtml。

② 张莉、叶旻尔：《新兴媒介技术在中华文化海外传播中的应用策略探析》，《对外传播》2023 年第 10 期。

化制作的微型陶艺品走红海外，最火的一个视频在 TikTok 上的播放量超过 4500 万次。[①] 除了网络达人和市场化机构，一些主流机构也意识到短视频在传播中国文化中发挥的巨大作用，纷纷“入场”。北京市文化和旅游局此前在海外平台推广系列短视频《京·粹》，收获了上百万国外“驴友”的关注。短视频平台的社交属性随其功能的发展变得更为突出，在短视频中外国网友不仅能够欣赏中华优秀传统文化，在评论区的互动和参与中更增添了对中国传统文化的好感与向往。

此外，平台化媒介具有明显的年轻化特征，“Z 世代”作为平台媒介的主力军对中国的接受度和认知具有更开放的心态，在互动和参与中更加主动积极地表达意见。因此，在平台媒介进行中国传统文化内容传播时，可以采取更加年轻的叙事策略和表现形式，用更活泼、互动性高的方式展现中华文明的魅力。

3. 虚拟游戏助力传统文化出海

国产游戏在近年来不论是形式上还是传播效果上都取得颇丰的成果，游戏相比于其他的媒介形式，具有更强的互动性。不少中国游戏将文化价值元素融入游戏场景、角色设定等方式进行传播，收获了海外受众的一度好评。

2022 年，中国自主研发游戏海外市场实际销售收入达 173.46 亿美元，同比十年前增长了约 30 倍。尤其是在手游方面，2022 年全球手游发行商收入榜前 100 家中，中国厂商超过四成。[②] 《2021 年中国游戏产业报告》显示，2021 年，中国游戏市场实际销售收入为 2965.13 亿元，比 2020 年增加了 178.26 亿元，同比增长 6.40%；游戏用户规模保持稳定增长，用户规模达 6.66 亿人，同比增长 0.22%。以美国为例，据 Statista 数据，2021 年美国游戏市场销售收入约为 204.54 亿美元，玩家数为 1.56 亿人，人均支出为 137 美元。[③] 其中，有许多现象级的大热门游戏，都在游戏中

① 《特别策划丨乘风破浪的传统文化短视频》，2023 年 9 月 11 日，网易，https://www.163.com/dy/article/IECOPIND0517CM0B.html。

② 《美国 Z 世代：最不信任美国的一代人》，2021 年 3 月 5 日，中青在线，http://qnck.cyol.com/html/2021-03/05/nw.D110000qnck_20210305_1-06.html。

③ 《2021 年中国游戏市场实际销售收入 2965 亿元　游戏用户规模已趋于饱和》，2021 年 12 月 16 日，百度网，https://baijiahao.baidu.com/s?id=1719278937931371259&wfr=spider&for=pc。

融入了大量中国传统文化元素。例如，《原神》在游戏中设计了一个充满“中国风”元素的虚拟国家；《明日方舟》作为一款充满“赛博朋克”科幻感的游戏，在游戏中设计了以敦煌壁画九色鹿为灵感的特别版角色；《剑与远征》不仅在游戏角色中设计了木兰、武松、孙悟空等传统英雄，更是在全球宣发的视频中，用京剧脸谱、皮影戏等元素生动地讲述了木兰从军、武松打虎、大闹天宫等角色背后的故事。[①] 让玩家进一步了解角色的性格特征，以及故事中所隐含的忠孝、侠义等中国传统文化价值观，让全球玩家在虚拟世界里也能感受中华文化之美。网络游戏借助开发技术、硬件设备以及宽带的更新升级，让玩家在精美的画面中具有更高的沉浸度，丰富实感的游戏场景刺激用户对游戏的沉浸与喜爱，在游戏中的设定和背景作为了解游戏的必备过程，能够有效、主动地让海外受众了解到中国文化，有助于向玩家传播积极的中国国家形象。有历史背景的游戏能够帮助玩家培养文化意识，尤其是对历史事件发生的地点、社会背景、宗教信仰、节日等能够有更清晰的认知。除了游戏本身的故事线与世界架构，游戏还会衍生出跨国界的虚拟社区，也是游戏文化中重要的互动形式，对于跨文化传播具有重要意义，在创建的虚拟世界中有助于培养玩家对多元文化开放的心态，培养对现实世界的跨文化素养。这些为中国游戏搭建虚拟社区时提供了借鉴，可与外国游戏公司进行合作，在游戏中融入中国传统文化元素，有利于吸引更多海外受众了解中国传统文化。

二　数字赋能传统文化国际传播有待解决的几个问题

（一）信息流动不均与消费主义盛行

在中国传统文化国际传播过程中，文化差异常常成为一个重要的障碍。不同国家和地区的文化背景、价值观念、传统习俗等差异性，使传统文化在跨文化传播中面临着理解和接受的挑战。例如，某些传统文化元素在国外可能会因为文化差异而被误解或遭受扭曲传播，导致传播效果不

① 张莉、叶旻尔：《新兴媒介技术在中华文化海外传播中的应用策略探析》，《对外传播》2023 年第 10 期。

佳。因此，如何在传统文化国际传播中妥善处理文化差异，增进不同文化之间的相互理解与尊重，成为一个亟待解决的问题。人类学家爱德华·T.霍尔（Edward T. Hall）提出高低语境的概念，他提出这一概念的目的在于根据高低语境的差异来说明世界文化的多样性。高低语境是指语言使用中语境的高度或深度。具体来说，高语境是指语言使用中包含的信息量多、深度大的语境。这种语境通常会涉及更多的背景知识和更复杂的语用情况，因此需要使用者具有较高的语言能力和较多的背景知识才能理解与使用。

由于西方国家长期以来的文化霸权影响，欧美文化在全球网络中占据了主导地位，而中国传统文化在网络空间的影响力却微乎其微，被边缘化。更为遗憾的是，中国传统文化在国际传播中的主动意识依然薄弱，缺乏足够的推广力度。中国传统文化是典型的高语境文化，强调人际交往中的意会神交、心领神会以及崇尚具象思维，即从具体的经验性事物出发，逐渐上升到抽象的本体层面，借助“象”来启发人们的想象与体验。而西方人在交际时则更侧重于言传，即强调语言的直接表达。这种文化差异在跨文化传播中往往导致误解甚至冲突。

作为高语境文化的代表，中国人在处理含蓄信息时表现出极高的敏感性，能够准确阐释复杂的信息，如难以言表的情绪、微妙的手势和特定的指代等。这些复杂信息的准确传达和默契回应，只有在彼此相知的社会文化环境中才能实现，从而使人们能够对同一社会文化现象进行相似或相近的意义解读。然而，对低语境文化的西方人而言，由于缺乏与中国人共同的生活经验和传统习惯，他们往往难以形成如中国人一般约定俗成的固定用语、表意意象、不言而喻的价值观念和行为方式。加之国际传播中信息流动的长期失衡，西方受众在接收中国传统文化信息时，往往会对一些非语言信息视而不见，难以理解中国文化词语背后的丰富内涵和微妙含义。

相反，西方受众更倾向于用预先设定的、先入为主的观念来判断中国传统文化。一旦无法通过语言获得清晰明了的信息，他们就可能将中国人的退守隐忍、委婉含蓄误解为思路不清或缺乏诚意，认为中国传统文化秘而不宣或藏头露尾。这种误解不仅阻碍了中国传统文化的有效传播，也加深了中西文化之间的隔阂与误解。

（二）技术应用同质与普及不足

尽管技术在推动传统文化国际传播方面发挥着重要作用，但在一些地区或群体中，技术应用仍存在普及不足的问题。从平台基础设施主导的国际传播数字把关结构来看，技术驱动的信息分发是表象，规则主导的信息控制是内核，最终由国家利益和意识形态决定的信息把关是本质。随着西方数字平台向发展中国家的市场扩张，部分传统文化机构或从业者缺乏对数字技术的了解或应用能力，导致他们无法充分利用现有的数字化平台和工具进行文化传播。① 这种技术应用的不平衡现象不仅影响了传统文化的传播效果和覆盖范围，也阻碍了传统文化在国际舞台上的更广泛传播。

目前，传统文化的数字化处理系统尚未形成，加之传统文化本身既有无形、渐变等特性，其核心难以进行数字化展示。比如京剧作为中国传统文化的瑰宝，其独特的唱腔、表演形式和丰富的文化内涵深受人们喜爱。然而，由于技术应用的不足，京剧在对外传播时面临诸多挑战。传统的京剧表演形式受限于舞台和地域，难以在全球范围内广泛传播。具有独特的艺术风格和民族特色的中国传统手工艺品如剪纸、刺绣等，缺乏现代营销手段和数字化技术的应用，这些手工艺品的推广和普及受到很大限制。数字技术融入传统文化往往缺少创新性，只是将传统文化内容照搬至网络空间，内容与形式同质化，针对传统文化的表现与传播没有建立起完整的体系。

其一，传统文化具有高度的系统性和复杂性，承载着深厚的民族精神和价值观念，其含义深远且隐性度高。很多时候，数字技术只能转换传统文化的外在形式，而无法完全呈现其文化底蕴和思想核心，导致数字化产品往往停留于艺术表层。其二，传统文化是在人的集体智慧和劳动中形成的，以人为主体参与或负载，进行过程性创造的文化遗产。这种以人为核心的文化特性，使传统文化在数字化过程中难以被完全复制和呈现。数字技术虽然可以在一定程度上模拟和再现传统文化的某些方面，但无法完全替代人的主观体验和创造性。

① 王沛楠：《从反向流动到模式出海：中国互联网平台全球传播的转型与升维》，《中国编辑》2023 年第 Z1 期。

（三）版权保护困难与“娱乐至死”泛滥

在数字化时代，版权保护问题逐渐成为传统文化国际传播中的一大挑战。由于传统文化作品的特殊性和历史性，一些文化遗产可能存在版权归属不清晰、易被冒用或挪用的问题。在国际传播过程中，一旦遭受侵权或挪用，不仅损害了原作者或文化机构的权益，也削弱了传统文化的独特性和真实性。因此，如何加强对传统文化作品的版权保护，防止文化挪用现象的发生，成为推动传统文化国际传播的关键环节。

费瑟斯通把当今大众文化泛滥的客观状态，称为后工业社会的文化狂欢。后现代主义喜剧式甚至荒诞的精神气氛在如今愈演愈烈的消费主义环境中，使中国传统文化不可避免地受到侵害。波兹曼认为，随着电视等新媒体的普及，公共话语逐渐以娱乐的方式出现，并成为一种文化精神。这导致人们越来越倾向于接受碎片化、肤浅化的信息，而忽视了对深层次、严肃性内容的思考和理解。

数字化时代，“娱乐至死”的现象更为严重，人们可轻易地随时随地获取各种娱乐信息，超链接允许网民按照自己的兴趣延伸至各个领域，人们随心所欲地分割、跳跃、粘贴、改写和逆转，以自我词语层序代替传统文化的原有层序，眼花缭乱地观看而很难深入细致地品味。传统文化在虚拟空间受众的自主玩味下，原有的逻辑关系被割裂，甚至蜕化为无深度、无意境、无内涵的电子快餐文化，而对传统文化的深入了解和传承却变得越来越少。这导致传统文化在国际传播中难以引起人们的深度关注和兴趣，也限制了其在全球范围内的传播和影响力。

三 数字化时代传统文化国际传播发展趋势

（一）因势而新的多元化传播边界重塑

数字技术的广泛发展使中华优秀传统文化对外传播呈现泛化趋势，传播边界不断延展。一方面，当前国际传播正在由单一主体走向多元化，信息技术的广泛应用降低了国际传播的专业性门槛，主流媒体及社交媒体用户都参与到了中华优秀传统文化对外传播过程中，社交媒体用户的文化生产内容呈现明显的去政治化的特点，在极大程度上打破了过去国际传播中以政治宣传议题为主的传播内容，打破了对外传播中政治色彩过重的障碍。在当前中华优秀传统文化的传播中，视觉化内容表达形式被极大程度地运用，能够更好地规避文化高低语境所带来的传播隔阂，使海内外受众更好地了解中华优秀传统文化的丰富内涵，抑制“文化折扣”现象。另一方面，国际传播的渠道也在不断泛化，过去以传统大众媒介为主的传播渠道，其传播范围和用户触达效果相对有限。当前中华优秀传统文化可以通过网络文学、网络游戏、网络动漫、社会化平台等新兴渠道进行传播，传播空间进一步延展，传播效果进一步提升。

（二）人机交互的智能化叙事方式变革

以人工智能为代表的信息技术成为当前文化对外传播的核心竞争力，为中华优秀传统文化的传播提供先进的技术媒介，其中人机交互式的智能化叙事转向格外明显。在当前开放式叙事空间中，个体能够作为具有不同文化背景及文化模式的具身，与算法技术等非人类主体共同参与跨文化叙事。① 人机交互的智能化叙事方式变革呈现以下特点：首先，智能化叙事可以根据用户的个人偏好、历史浏览记录及社交媒体使用习惯等为用户提供个性化内容，根据用户的动态情境提供“反馈式创意”；其次，智能化叙事可以借助数据挖掘及分析与人类进行更加紧密的文化意义共创，结合语音、图像、视频等形式进行多模态交互；最后，智能化叙事变革构建起了由“传感器+智能终端+算法群+人”所组成的行动者网络，向着人机协同的智能化方向发展，创造出更加引人入胜的文化传播作品。

（三）深度融合的数字化文化产业转型

随着人工智能、大数据等新型数字技术的发展以及在文化领域的广泛应用，数字化文化产业已经成为中国对外传播的新窗口和文化产业转型的新动能。数字文化产业指的是以文化创意为核心，利用数字技术与网络平台生产、传播和消费丰富文化产品的产业，涵盖了数字媒体、数字艺术、数字游戏、数字音乐、数字影视等诸多领域。数字文化产业让中华优秀文

① 匡文波、张晓妍、匡岳：《变局中的中华文化国际传播及其数字化路径分析》，《对外传播》2023 年第 4 期。

化产品可以通过互联网等数字平台直接输出到国际市场，有力拓展了文化输出渠道，提升了中国文化产业的国际影响力。同时，数字技术的应用使文化产品的形式更加多样化和丰富化，通过网络平台和数字技术促进不同文化之间的交流与融合，重塑数字文化产业格局。

四 数字化背景下传统文化国际传播的发展建议

（一）技术赋能：加强数字化技术研发与应用

数字技术创新是加快形成新质生产力的重要支撑，中华优秀传统文化国际传播需要充分借助新兴数字技术优势，打造智能媒体技术传播媒介，推动国际传播发展。一方面，需要树立数字化技术发展的创新性思维，积极投入数字时代新产品研发当中，不断推动前沿传播技术更新换代，确保对外文化传播的手段的有效性。例如中国日报社于 2022 年设立的探“元”工作室，借助元宇宙技术推出了其首位数字员工“元曦”并将其身份定义为“中华文化探源者”，其一经推出便受到广泛关注。另一方面，在新一轮数字技术革命中，中国的技术发展优势明显，在中华文化对外传播中需要依托算法技术及大数据技术实现内容的精准化推送，运用新技术创新媒体传播方式，积极打造“一国一策”的传播模式，不断扩大海外用户的数量和规模，使文化传播效能得到最大限度的发挥。

（二）内容为先：明确中华文化国际传播的重点议题

中华优秀传统文化“走出去”，一方面需要深度挖掘中华文化的丰富内涵。中华文化博大精深、源远流长，为中华文化传承与创新提供了丰富的知识资源与精神标识。中华优秀传统文化对外传播需要立足于丰富的文化资源，开发具有世界影响力的中国数字文化 IP，激发中华文化持续发展的内生动力，以更为优质的文化内容、更为丰富的内容表达、更为生动的内容呈现满足海内外用户的文化需求。2023 年，《中国日报》与国家文物局联合开展“文明瑰宝，互鉴使者”全媒体传播作品推介活动，推动数字敦煌项目的海外传播，让中国文物“活起来”。另一方面，需要寻找海内外文明交流的交融点，考虑不同国家语境和历史文化的差异，避免自说自话。凝练中华优秀传统文化中具有当代价值及世界意义的文化精华，弘扬平等、互鉴、对话、包容的文明观，通过共情传播的形式讲好中华优秀传统文化的故事，引发不同文化背景受众的情感共鸣，增大双方交流的共通空间。例如在成功出海的《崩坏3》《明日方舟》等现象级游戏中，都能够体现对友情、亲情、思乡之情等人类共同向往的美好情感的歌颂,① 也奠定了游戏出海的基础。

（三）平台融合：构筑多元主体文化传播体系

在当前对外文化传播中，需要统筹好中华优秀传统文化国际传播的各类传播媒体和要素，顺应平台化发展趋势，推动国际传播的常态化及长效性发展。一是建立起主体多元的传播体系，顺应互联网平台“出海”趋势，将政府、企业、媒体、个人等多元主体纳入国际传播媒体矩阵当中，提升中华优秀传统文化的国际传播矩阵合力效能。政府及媒体的参与可以确保文化传播的专业性与权威性，企业与个人等可以丰富传播内容的多样性，采取不同的叙事视角，增强文化传播的可信度。二是重视高水平、多层次的国际文化传播人才队伍培养，以平台化优势统筹多方资源，整合人才要素，完善国际话语人才培养体系，建立长效发展机制。在这个过程中，要重视拟定明确的文化对外传播发展战略，保证文化传播工作的稳定性与持续性，打造全产业链条的文化“走出去”服务体系。

（四）体制保障：构建中国特色战略传播格局

顺应数字产业化和产业数字化发展趋势，加快发展新型文化业态，改造提升传统文化业态，提高质量效益和核心竞争力。② 党的二十大报告对“实施国家文化数字化战略”作出战略部署，把实施国家文化数字化战略作为繁荣发展文化事业和文化产业的重要举措。在推动中华优秀传统文化对外传播中，需要构建具有中国特色的战略传播格局，及时预测国际文化传播形势，应对对外传播中的风险与挑战。尤其是要重视数字文化产权的保护，完善相关领域的法律法规，强化数字文化版权保护机制，为文化

① 周翔、仲建琴：《智能化背景下“中国故事”叙事模式创新研究》，《新闻大学》2020年第9期。

② 《推动文化数字化建设迈上新台阶》，2022年11月22日，百度网，https://baijiahao.baidu.com/s?id=1750172603331327128&wfr=spider&for=pc。

“走出去”提供完善的版权保护机制，以数字治理创新助力对外文化传播远航。[①] 同时，需要建立更加完善的内容生产全流程监管审核机制，以应对人机合作中的技术陷阱，引导技术向正确的方向发展。

五　结语

面对百年未有之大变局，中华文明迎来走向世界的重要契机。人工智能、智能媒体等前沿科技为传统文化带来创新表现形式与多样化传播手段，国际传播的主体、内容、渠道、展现形式等都有了较大提升，顺应数字时代的规律已是定局。在此背景下，我们应当厘清数字技术在赋能中国传统文化国际传播中的内在逻辑，思考在数字时代下的国际传播优化策略与进路，在此基础上从传播主体、传播质量、传播效力、传播动力、传播渠道等多个方面综合发力，通过技术研发、体系完善与人才培养等举措，提升中华文化全球影响力。展望未来，中华传统文化将在数字化浪潮中绽放更绚丽的光彩，为世界文明进步贡献中国智慧。

① 张莉、叶旻尔：《新兴媒介技术在中华文化海外传播中的应用策略探析》，《对外传播》2023 年第 10 期。

T.15 数字赋能：智能媒体在传统文化传播中的应用与发展

王 润 黄雨欣*

摘 要：随着人工智能技术的逐渐应用，智能媒体以其算法驱动、人机协同、深度互动等特点重构着传统文化。与以往的传播方式相比，当前的传统文化智能化传播不仅呈现出数字化、短视频、直播式、游戏化等多种传播形式，还打造出沉浸化、互动式的文化内容，实现体验式传播。数字赋能的过程中，可使传统文化历久弥新，实现文化实体的修复与永久保存，并显现政治、经济、文化等社会价值。未来，在智能技术的不断发展与完善下，传统文化的传播将探索出以文化为核心和以智能技术为引领的新路径，推进新技术形态下的多样化创作，深化在场感，促进算法纠偏。

关键词：传统文化；数字化；智能媒体；文化传播

一 引言

传统文化是中华文化的重要组成部分，对于中华文化的传承和发展起着不可替代的作用。一直以来，习近平总书记多次强调传统文化发展传承的重要性，他指出弘扬中华优秀传统文化，要处理好继承和创造性发展的关系，① 重点做好创造性转化和创新性发展，并提出“两个结合”重大论断，即把马克思主义基本原理同中国具体实际相结合、同中华优秀传统文

* 王润，浙江传媒学院新闻与传播学院副教授，研究方向：智能传播、媒介社会学；黄雨欣，浙江传媒学院新闻与传播学院硕士研究生，研究方向：智能传播、媒体融合。

① 习近平：《加强文化遗产保护传承 弘扬中华优秀传统文化》，《求是》2024 年第 8 期。

化相结合。这是我们党对马克思主义中国化时代化历史经验的深刻总结，是对中华文明发展规律的深刻把握。“第二个结合”要求中华优秀传统文化在马克思主义开辟的中国式现代化道路上，实现进一步的创造性转化、创新性发展。

当前，随着人工智能技术的不断开发与运用，人类迎来了智能媒体时代。智能媒体是以大数据为基础，以人工智能作为核心，借助物联网技术全场景的数据采集、5G 技术高速率和低延时的信息传播、云计算技术强大的算力和区块链技术独有的信任机制，而逐渐形成的具有强连通性和强交互性的智能化媒体系统。2024 年的政府工作报告中也提出中国将开展“人工智能+”行动，推动 AI 大模型的飞速发展。[①] 作为当前数字时代的重要信息技术，人工智能为中华优秀传统文化的数字化转化和传承开辟了新的途径。

从社会环境来看，传统文化是民族的灵魂，是维系民族生存和发展的精神纽带，对中华儿女来说具有重要的民族意义。当前，各短视频平台已经涌现出越来越多的文化传承者，它们传播的内容涵盖服饰、手工艺、戏曲等，展现出传统文化的风采，成为传统文化传播的出圈者与传承人。本文试图从智能媒体的传播形态出发，立足于传统文化的创新传播，探究传统文化在智能媒体时代的实际应用，剖析其社会价值，从而展望传统文化的智能发展前景。

二　智能媒体传播传统文化的具体运用类别

以往的传统文化大多在口耳相传、书本记载、年年践行、影视播放中被记录，我们可以通过这些既有的渠道回顾历史，传承中华优秀传统文化，而随着大数据、人工智能、云计算、物联网、移动互联网等为代表的数字技术的发展，传统文化开始以崭新的样貌展现在用户面前。

智能媒体时代的传播形式呈现出多样化和深度化的特点，一方面在数字技术、虚拟现实技术等的支撑下，传统文化打破实物存储方式，实现云

---

① Mark Coeckelbergh, *New Romantic Cyborgs*: *Romanticism*, *Information Technology*, *and the End of the Machine*, London: MIT Press, 2018, p. 228.

展示、虚拟现实化呈现。2023 年全球 VR 终端出货量为 765 万台，预估 2024 年全球出货量将突破 810 万台。[①] 另一方面，随着社交媒体的发展、平台的不断打造，短视频与直播等传播形式不断成为当下的主流。根据中国互联网络信息中心（CNNIC）发布的第 52 次《中国互联网络发展状况统计报告》，截至 2023 年 6 月，中国网络视频用户规模为 10.44 亿人，占网民整体的 96.8%；网络直播用户规模达 7.65 亿人，占网民整体的 71.0%；网络游戏用户规模达 5.50 亿人，占网民整体的 51.0%。[②] 因此，根据当前的技术发展态势、网络传播形式及网民分布情况，本文将从智能媒体时代的技术本身以及平台的主流传播形式出发，详细考察传统文化在智能媒体的五种运用类别。

（一）实体云展示

数字化采集和存储技术可以更好实现文化的完整与长久保护，使珍贵文物、稀有遗产能够以电子化的形式进行网络云展示。比如古籍典藏、文物遗产、文化遗址等可不再局限于实体的展览，在网络中实现二维、三维等形式的展示，使公众全方位感受文物的历史厚重感。

古籍云展示，即将所收集的历史纸质文献进行微缩拍照，再用高速胶片扫描仪将胶片扫描成数字资源，收进数字资源库中。文物云展示，即运用数字技术形成数字化模型，将其上传到网络平台，以完整、真实化的形象出现；同时，借用三维激光扫描技术、近景摄影测量技术和 3D 打印技术，将文物等的三维信息完整采集到电脑之中，并通过解析计算与测量构建出三维模型，可以很好修复文物与历史古迹。通过这样的方式，既满足了公众细致化观赏阅读古籍的需要，又能很好地保护它们，还能实现随时随地接受历史文化熏陶的设想。

“中华古籍资源库”是国家图书馆（国家古籍保护中心）建设的综合性古籍特藏数字资源发布共享平台，目前在线发布资源包括国家图书馆藏善本和普通古籍、甲骨、敦煌文献、碑帖拓片、西夏文献、赵城金藏、地

① 《2024 年中国虚拟现实（VR）行业研究报告》，2024 年 3 月 22 日，“艾瑞咨询”微信公众号，https://mp.weixin.qq.com/s/6yZyes3_B8zSfsMm3LkCIw。

② 《中国互联网络发展状况统计报告》，2023 年 8 月 28 日，中国互联网络信息中心，https://cnnic.cn/n4/2023/0828/c199-10830.html。

方志、家谱、年画、老照片等，以及馆外和海外征集资源，总量约 10 万部（件）故宫博物院打造的数字多宝阁运用高精度的三维数据，绘制了多种馆藏文物，在网站之中按照文物的制作工艺进行了细致的分类。打开其中一个数字文物，文物的名称及朝代便显示在界面中，通过鼠标或手指的操作，文物的各类细节包括时代遗留下的磨损痕迹都清晰地展现出来。目前，故宫博物院已完成 90 多万件馆藏文物的数字化，超 10 万件文物的高清影像已向社会公布。据统计，中国已累计在线发布古籍数字资源 13 万部（件），全国博物馆藏品数量为 4665 万件/套。①

（二）虚拟现实体验

当前，VR、AR 和 MR 等虚拟现实技术不断发展完善，为智能媒体时代的传统文化发展和运用提供了新的可能。虚拟现实技术作为可极大地刺激和延伸身体感知能力的媒介技术手段，弥合了以往媒介的“中介性”，不断推进媒介使用的“退场”与身体体验的“返场”。② 用户通过移动设备或虚拟现实技术设备进入技术搭建起的新环境，以身体的入场消弭媒介的中介性，在与环境中的虚拟人物、场景的互动中感受传统文化所带来的震撼，留下独一无二的专属体验。传统文化的虚拟性呈现，最直接体现在如西安秦始皇陵、敦煌莫高窟等的历史遗迹数字化呈现，以中秋节、春节等传统节日为依托的节目中，可使人们在虚拟数字技术的帮助下遨游在历史文化的世界里。

表 1　　中国部分运用虚拟现实技术的数字博物馆

名称	虚拟呈现形式
全景故宫	集全景、科普于一身，以地理位置为线索，用三维空间整体展示故宫全貌
中国国家博物馆数字展厅	按照专题设置实景观展模式，可以看到过往的 360 度全景展览，也可以看到当前的重磅展览

① 《数字技术建设让传统文化焕发时代活力》，2024 年 1 月 6 日，“中国历史研究院”微信公众号，https://mp.weixin.qq.com/s/si8wk11gDmbY8OuMUp2m_w。

② 段鹏、李芊芊：《叙事 · 主体 · 空间：虚拟现实技术下沉浸媒介传播机制与效果探究》，《现代传播》（中国传媒大学学报），2019 年第 4 期。

续表

名称	虚拟呈现形式
陕西历史博物馆数字展厅	其中的“韩休墓壁画虚拟展”以生动的动画讲解与“修复文物”的互动游戏打造虚拟现实的参与感
南京博物院虚拟展厅	利用VR、语音、视频、3D等多媒体手段实现展览布局、藏品细节的在线展示

资料来源：数字文旅Online。

除了线上的虚拟现实体验，线下许多遗迹景点联合科技公司打造VR虚拟现实项目，运用“科技+文化”的沉浸式体验让文物“活”起来，让文化延续下去。例如秦始皇陵博物馆就联合西安可视可觉网络科技有限公司打造了兵马俑VR影院项目，游客戴上VR眼镜，坐在凳子上360度旋转，便可观看兵马俑在战场上所向披靡。①

文化节目虚实呈现。随着对传统文化的重视不断加深，大量根植于传统文化、非遗传承等的文化节目应运而生。春晚作为中国春节文化的重要组成部分，一直以来在传统文化与现代技术之间不断探索，2024年的春晚更是在传统文化的虚实呈现中迈进了一大步。西安分会场的《山河诗长安》运用增强现实技术，让李白跨越时空、乘鹤而来、饮酒对诗、观今日长安，李白与演员张若昀跨越古今的“对诗”将时空打破，不仅提升了艺术表现力和观赏性，也展现了科技与传统文化之间融合的可能。

（三）短视频展演

短视频行业的发展经历了从早期“从无到有”的增量市场到如今“从多到优”的存量市场的转变，其发展蒸蒸日上，在传媒市场中占据举足轻重的地位。2022年的短视频垂直细分领域中，知识传播、文化传承、助农惠农等成为短视频行业的年度热点和重要特征。② 在智能媒体时代，传统文化抓住了短视频的发展态势，各大短视频平台的传统文化内容创作者呈上升趋势。抖音不断推出“非遗合伙人计划”“看见手艺计划”等话题活

① 《“科技”+“文化”=“复活”的秦俑》，2023年7月24日，“西安日报”微信公众号，https://mp.weixin.qq. com/s/m_fdk7DotuPIEeGmRPwulw。

② 黄楚新：《2022年中国短视频发展报告》，《人民论坛·学术前沿》，2023年第13期。

动。抖音《2023年非遗数据报告》显示，有116位30岁以下认证非遗传承人活跃于平台上，超1000位“00后”在抖音传承弘扬非遗传统文化。截至2023年1月，有超过5847万名非遗创作者在快手生产内容，非遗视频总播放量达4688亿次，点赞量达109.5亿次。①

在短视频短、平、快特点的支撑下，传统文化不再是抽象化的冗长内容，而是幻化为极具视听特点的具象化内容，颇受用户喜爱。2023年上半年，66.5%的短视频用户看过传统文化短视频，历史故事/人物/遗迹、特色民俗是他们最感兴趣的内容类型，用户比例均超五成；对传统服饰/礼仪习俗、传统表演艺术、传统技艺/手工艺感兴趣的用户占比也超四成。②将热门内容进行整合可大致划分为剧情类、纪实类、变装类等，每种类型虽都具有不同的传播特点，但内容都聚焦于传统文化，打造出传统文化的特色，推动传统文化的创新性发展。

表2　**传统文化短视频类型**

类型	内容特点	典型代表	传播情况
剧情类	以传统文化为主题和意象，打造相关剧情，在故事的发展中以及镜头语言的表达下将传统文化潜移默化地传播出来	煎饼果仔、夏天妹妹——《逃出大英博物馆》	截至2024年3月初，抖音播放量高达4.9亿次，逃出大英博物馆话题下的短视频播放量达23.9亿次
纪实类	以亲身展示与示范直观地去呈现某类传统文化项目或非遗手艺，达到文化的传播，具有宁静、慢节奏特点	江寻千——《带你去看曾经最极致的浪漫，千年绝技——打铁花》	视频在快手上获得2023年最高评论量68万条，截至2024年3月初，抖音点赞量高达6658.8万次
变装类	以传统、戏曲等文化服饰为切口，或融入剧情等其他视听文化元素，进行妆造切换，制造出传统文化的惊艳震撼感	朱铁雄	虽只发布了34条作品，却在抖音拥有超2000万的粉丝，累计获赞1.5亿次

① 《2023年快手非遗生态报告：两千年的慢传承，正在快手爆发新生机》，2023年6月10日，“快手”微信公众号，https://mp.weixin.qq.com/s/5LCqL7KvqZYodPykHdiI0w。

② 《重磅丨CSM发布2023年短视频用户价值调研报告》，2023年12月21日，“收视中国”微信公众号，https://mp.weixin.qq.com/s/lUfMpbEnQyqZTCJqlknxZw。

这些博主都致力于用自己的方式传播传统文化，无论是哪种类型，传统文化都依托短视频的特点，将晦涩厚重的内容打造出极具视听享受的新形态。

（四）直播式普及

网络直播是新兴的高互动型视频娱乐，如今的直播平台已进入了“随走、随看、随播”的3.0移动视频直播时代，越来越多的人愿意参与其中直播并分享自己的生活，全民直播渐成趋势。① 截至2023年5月，快手上的传统文化主播数量超过15.5万人，平均每天有超过4万名包括非遗在内的传统文化主播在快手开播。同时，2023年9月快手直播发布“国艺传承计划”，面向快手全站曲艺、戏曲、民族乐器、民间技艺等各品类主播，通过流量扶持等形式，帮助传统文化传播者更好地传播。② 不仅如此，抖音直播也在持续扶持优质传统文化内容，自2022年起先后推出“DOU有好戏”“DOU有国乐”“舞蹈传承”等扶持计划。在这些计划的助力下，抖音传统文化类演出开播场次同比增长205%，主播总数同比增长157%，直播间已经成为传统文化类演出的第二舞台。③

基于丰富的传统文化内容，当前传统文化类直播的形式十分多样，有最普遍的科普演出型传统文化直播，也有加入竞技的PK演出型传统文化直播，还有互动性与体验感双满足的弹幕游戏直播。

表3　传统文化直播类型

传统文化直播类型	传统文化运用	展现形式	典型代表
科普演出型	耍牙、川剧、民乐、民舞等各类传统文化艺术	在一个直播间里轮流演出，类似于将线下的文艺表演搬进直播间	曹云金的“茶馆擂台”

① 赵梦媛：《网络直播在我国的传播现状及其特征分析》，《西部学刊》（新闻与传播）2016年第8期。

② 《每天4万国潮大咖快手开直播，平台海量流量助力“国潮”，让传统文化被更多人看见》，2023年9月19日，“都市快报”微信公众号，https://mp.weixin.qq.com/s/HnPE9JaupPFiOdp49B4xhg。

③ 《从直播间走向大舞台，抖音这些传统文化主播火出圈》，2024年1月4日，“娱乐棒棒唐”微信公众号，https://mp.weixin.qq.com/s/GKlkKNuztFJLZVVZyqKv9g。

续表

传统文化直播类型	传统文化运用	展现形式	典型代表
pk 竞技演出型	唢呐、古筝等各种民乐器	通过直播打 pk 的方式进行民乐表演，吸引用户进行点赞、刷礼物等互动，达到竞技比赛的激烈效果	“南腔北调丰收季”
弹幕游戏互动型	场景设计（古战场）、角色设计（秦兵俑）、环节设计（攻城）	用户自主选择攻守方，通过点赞或赠送礼物等方式，召唤各种高级兵种，进行大决战	《复活的军团》

通过直播这一传播形式，传统文化得以更广泛地展现在用户面前。在智能媒体的互动性、参与性的推动下，用户在互动交流中了解传统文化、感受传统文化，从而实现传统文化的传承。

（五）游戏化设计

网络游戏作为虚拟文化空间的典型业态，成为数字化趋势下传统文化内容呈现的新载体，具有再现、凸现、活现的特点，是传统器物的数字化再现，也是传统艺术的创意性凸现，更是传统精神的融入性活现。[①] 随着互联网的普及与5G、虚拟数字技术的快速发展，网络游戏的运行速度与画面设计的真实度都得到了很大提高。智能媒体发展下，游戏的互动性、自主性等进一步强化，用户可以在游戏中创造并找到独属于自己的游戏领域。

游戏化中的传统文化设计体现在多个方面，可谓实现了游戏与传统文化的深度融合。这里根据网络游戏呈现传统文化内容的三大特点，可大致分为三个方面。一是场景的传统文化打造，通过将古建筑、古器物、中华美食等设计进游戏场景之中，并加入古风背景音乐，构建出一个具有古风古韵的游戏画面。二是游戏角色的传统文化打造，设计出穿着传统服饰、具备传统文化底蕴等的人物形象，赋予这些角色一定的礼乐射御书数等技

① 胡钰、朱戈奇：《网络游戏与中华优秀传统文化的当代传播》，《南京社会科学》2022 年第 7 期。

能，又或直接将历史人物作为游戏角色原型。三是游戏模式的传统文化打造，通过将传统文化故事、节日等人文历史内容设计出游戏的特殊活动、游戏剧情与任务关卡等，营造出传统文化的沉浸式游戏体验。中国音像与数字出版协会发起的“中国游戏影响力”问卷调查结果显示，最能代表中国游戏的Top3产品分别是《王者荣耀》《和平精英》《原神》,① 以下将主要分析这三款游戏中的传统文化运用。

表4　**游戏中的传统文化运用**

游戏名	传统文化呈现形式
《王者荣耀》	人物设计（神话、历史人物）、台词设计（诗歌、词曲）、背景音乐（古琴、琵琶等）
《和平精英》	道具设计（虎符、狼烟、烽火台）、场景与互动设计（传统节日场景元素、活动安排）
《原神》	场景塑造（中国建筑、民俗文化）、环节设计（祭祀、制作中华美食）、角色设定（装造、服饰、精神理念）、音乐创作（笛子、二胡、古筝等）

各游戏为更好地丰富用户体验、推动游戏与传统文化的融合，都纷纷推出新版本及新活动。为迎接2024年农历龙年，《王者荣耀》推出以“龙太子”为原型的新英雄“敖隐”，《和平精英》推出“龙跃长城”版本，《原神》也打造出新boss隐山猊兽、舞狮少年等新形象。可见，各大游戏在不断更新的过程中加强了与传统文化的结合，增进了游戏用户对中华传统文化的了解，进一步加深民族情怀与文化认同。

三　传统文化智能发展的社会价值

一直以来，对传统文化的探索与发展都是从未停止的，“取其精华，弃其糟粕”是发展传统文化一直秉持的理念。以往的传统文化传承是通过家族传统、学校教育等方式来实现的，系统化的体系学习对社会正确价值

① 《夯实“中国游戏”内容底座，铸就传统文化新容器》，2023年12月18日，“中国音数协游戏工委”微信公众号，https://mp.weixin.qq.com/s/dil5DyLbyA-eBITajWtnPg。

观的树立具有一定意义。而随着智能媒体时代的到来，传统文化借助技术与平台的发展，实现了数字化转化、多样性传播。传统文化的智能发展打破局限，超越时空，对政治、经济、文化等方面都产生了一定影响，创造出新的时代价值。

（一）从民族覆盖到国际传播：以多样形式扩散文化的影响力

中华传统文化记录的是中华大地的历史文化故事、历史文化遗产，具有很强的民族属性，以往的传统文化传播立足于中华大地，是为了让历史印记能够牢牢烙印在中国人民的心中，形成中华民族大团结的情感联结，从而更好地传承中华优秀传统文化。虽然传统文化也曾尝试跨越海洋，传播到世界各国，但宏大的单一叙事造成“文化折扣”，形成传统文化海外传播受阻的情况。

在智能媒体时代，传播平台的丰富、传播形式的多样为国际传播提供了更多的机会，借助各视频平台，一种多元主体个体化叙事的传播风格出现。如今，从美食到工艺、从知识到非遗，TikTok 等短视频平台成为海外网友了解中国传统文化的一个重要载体。TikTok 在面向海外用户的过程中发起了标签为“Chinese Culture”的话题，视频内容可大致分为中国传统节日、中国美食文化、中国陶瓷文化、中文学习、汉服文化等。可见，这些内容都是中国独具特色的传统文化，生动形象、通俗易懂、表现形式多样，能够实现传播效果的最大化。不仅如此，网络游戏作为中华文化的新文化符号，也在走向海外。《原神》自上线以来，现已经在全球 175 个国家和地区上线。该游戏的全球月活跃用户已超过 5500 万人，其话题视频在 TikTok 的播放量也已超过 400 亿次。①

可见传统文化在智能媒体时代的传播一定程度上减少了传统文化在海外传播的“文化折扣”，以优质的国际传播推动文化影响力的扩散，继而在文化软实力的不断提高下强化中国的国际影响力，从而讲好中国故事，传播好中国声音，展示真实、立体、全面的中国。

① 《从〈原神〉看“游戏出海”推动“文化出海”的可行性》，2024 年 1 月 18 日，“新闻世界”微信公众号，https://mp.weixin.qq.com/s/fVjiB_TJoRxj9qe46jL7hg。

（二）从非遗传承到非遗经济：以文化变现助长产业经济发展

非遗传承是传统文化传承的重要部分，也是非遗传承人的责任与使命。以往的非遗工艺是单一、零散的传统家庭手工作坊，虽然具有强烈的文化情怀，但市场意识薄弱、制作周期长、产业化程度低等问题让非遗只停留在文化传承方面，而未拓宽非遗产业化发展的道路。随着数字技术与智能媒体的发展，非遗开始探索文化传承与经济发展的融合。

其一，非遗文化可以在数字技术的发展下搭建非遗产业平台，呈现跨时空交流，充分拓展受众群体，创造非遗全新的数字价值。例如贵州黔西南州依文·中国手工坊搭建“绣娘数据库”，将非标的技能标准化，让每一个绣娘都有机会与世界各地的设计师合作，接收全球订单，利用数字技术推动苗绣产业快速成长。①

其二，“非遗+电商”的形式更是进一步拉近了非遗产品与消费者之间的距离，为非遗产品带来更大的经济价值空间。宜兴市丁蜀镇建立全国首个紫砂产业抖音直播基地，呈现“紫砂+电商+直播”热卖模式。成立仅三年，入驻商家从2000多家增长至8000多家，其培育的账号“斑斑紫砂”已发展成为月商品交易额超过1500万元的直播间。②

2023年2月，文旅部发布《关于推动非物质文化遗产与旅游深度融合发展的通知》，要求“非遗走进现代生活”“见人见物见生活”。“非遗+旅游”借助旅游的热潮，将地方的非遗文化与地方生活相结合，延伸出非遗产业链，推动非遗经济发展。例如云南发挥地区资源优势，通过非遗与旅游的深度融合，将非遗赋能转化为旅游“金名片”。2022年，云南省接待游客达8.4亿人次，实现旅游总收入9449亿元。③ 在非遗传承的同时打造非遗新经济，在“非遗+”的探索过程中，不断实现传统文化在智能发展中的经济价值。

---

① 《非遗新经济的赛道，你真的抓住了吗?》，2023年10月10日，“睿途旅创”微信公众号，https://mp.weixin.qq.com/s/QEm30otqbUlI6b4OxxGNJQ。

② 《非遗+旅游：深度融合，双向赋能》，2023年8月12日，“中国文化报”微信公众号，https://mp.weixin.qq.com/s/RvI1s_nsZQDmzNjHw3TjBg。

③ 《非遗+旅游：深度融合，双向赋能》，2023年8月12日，“中国文化报”微信公众号，https://mp.weixin.qq.com/s/RvI1s_nsZQDmzNjHw3TjBg。

（三）从实物展览到数字呈现：以科技力量深化文化的本土性

以往的传统文化像古籍、文物、遗迹等实物类的文化遗产，通常是静态展出的，在相关介绍下可以了解到相应的文化历史。虽然也能在观光讲解中塑造共同的历史价值观与现实价值观，但是固化的传播模式也会让传统文化失去其应有的活力，在公众身上很难达到想要的传播效果。

当前，传统文化不再停留于实物展览，而是在智能技术的支持下实现了数字化建设。一方面从传播方面来看，相较于以往的实物展出观看形式，数字化的展出创新文化传播形态，以立体、生动的展览形式和精细化的细节，全方位展现文化资源。不仅能很好地保护文物，以数字化身的不灭性让文物存在千秋万代，还能打造虚拟现实情境，让传统文化活起来。另一方面，在“无屏化”的情景空间中，人、媒介、环境彼此交融，受众体会到身临其境的感觉，获得身心满足，在虚实交织中渐入文化体验佳境。① 在科技力量的打造下，受众从被动获取浅显深奥的历史文化知识到沉浸式地体验传统文化的魅力，在这样的过程中，文化的传播与传承才有机会实现从飘浮到扎根的跨越。

四　传统文化智能发展的反思与展望

智能媒体为传统文化的传播提供了实物云展示、虚拟现实体验、短视频展演、直播式普及、游戏化设计等传播方式，均有效实现传统文化的传播与传承，推动传统文化在新时代的创造性转化和创新性发展。同时，在智能媒体推动下，传统文化的传播相较于过去也发生了较大变化，进而使其社会价值得到了拓展，形成了政治、经济、文化等方面的价值成果。不过，传统文化要想在智能媒体时代乘技术之风、站稳传承的脚跟，就需要紧跟技术的发展，让生成式人工智能、元宇宙、算法等技术在其不断地完善中赋能传统文化传播，探索出以文化为核心和以智能技术为引领的新路

① 姜文悦：《数字化博物馆的沉浸式传播研究——以开封市博物馆为例》，《视听》2023 年第 11 期。

径，让传统文化在智能媒体时代以新的姿态活起来，以崭新的形态承载历史的意蕴，代代传承下去。

（一）多样化创作：生成式人工智能下的大众参与

传统文化作为具有文化属性的创作元素，具备一定的创作难度与深度。而传统文化的传播与发展离不开内容的多样创作，号召并鼓励更多用户参与到传统文化的多样化传播中是推动其传承的关键一步，因此借助技术来推动大众的广泛参与创作是必然的手段。

当下，生成式人工智能便是平衡这一矛盾的工具，按照全球著名 IT 研究机构 Gartner 给出的定义，生成式人工智能是可以通过各种机器学习方法从数据中学习对象的特征，进而生成全新的、完全原创的、逼真的内容（如文字、图片、视频）的人工智能。ChatGPT、Sora 则是当前讨论最热烈的文字与视频生成式人工智能。Sora、OpenAI 发布的人工智能文生视频大模型，于 2024 年 2 月 15 日（美国当地时间）正式对外发布，Sora 可以生成长达一分钟的视频，同时保持视觉品质并遵循用户提示。除了能够仅由文本指令生成视频外，该模型还能够获取现有的静态图像并从中生成视频，并精确地将图像内容动画化，创作出符合期待的具有色彩风格、情感表达的视频内容。①

在传统文化视觉化表达的当下，推动人工智能技术与传统文化内容创作的融合发展，将是推动传统文化创作多样化的一大尝试。在 Sora 等生成式人工智能的不断完善发展，以及大众的广泛参与下，可实现技术的普及与适用，推动传统文化的传播与传承。

（二）深化在场感：打造元宇宙下的传统文化盛宴

在虚拟现实技术等的支撑下，传统文化的传播已经具备了一定的沉浸式与互动性，人们可在历史景点通过虚拟现实设备进入当时的时代环境中，切身感受当时的时代故事，也可以通过虚拟身份进入游戏中，感受游戏中的传统文化元素……但这些呈现方式都是分散的，或许是一个时代的某一个故事，又或许是其中的建筑、服饰等传统文化元素的运用，一定程

---

① 杨光：《文生视频 Sora 出世　引爆 AI 市场》，《中国信息化周报》2024 年 2 月 26 日。

度上会存在理解上的割裂感和浅薄化，因此打造一个整体性的传统文化虚拟世界将是未来元宇宙发展的新方向。

元宇宙是数字娱乐的新形式，具有极强的传播沉浸感和互动性。它既不同于现实世界，也有别于虚拟游戏。随着互联网和移动设备及其他硬件的普及与相关软件功能的不断完善，元宇宙将成为智能手机后大众消费的另一个重要媒介，也可能成为未来新媒体平台中的主流。① 因此，抓住当前元宇宙的发展趋势来塑造传统文化内容也是大势所趋。通过还原各时代环境、人物、故事等，打造出源远流长的具象化传统文化内容；同时融入传统风俗等抽象化文化内容，最终塑造出一个整体性的超越现实社会的传统文化虚拟社区或世界。用户可通过注册信息，以自己的虚拟分身进入这个虚拟世界，参与到传统文化故事中，以虚拟身份强化身体的在场感，增强传统文化体验感。不仅如此，用户还可以在虚拟环境中推出传统文化产品的消费，真正实现元宇宙下的传统文化盛宴。

（三）算法纠偏：技术领域合作下的“反信息茧房”

在互联网、5G 等技术的支撑下，各类网络平台的发展越发多样与平稳，而平台背后的算法技术也在影响着平台的运行与用户的体验。“算法”（algorithm）概念早期源于计算机科学领域，指“为解决特定问题而输入机器的一系列步骤”。② 到了移动互联时代，算法逐步应用于信息传播领域，而该技术当中的算法推荐技术可以实现内容供需双方的精准匹配，满足双方需求的同时使平台的用户黏性不断增强。事实上，算法技术在提高传播效率的同时，也通过隐秘的规则设计改变着包括自媒体创作者和平台运营者在内所有内容生产参与者的行为方式。③ 一方面，算法会根据用户的喜好为用户推送内容，有些用户接触到的传统文化内容是有限的，对传统文化的理解也会存在片面化，陷入桑斯坦笔下“信息茧房”的桎梏；另一方面，内容生产者也会根据流量，在算法的隐性操作下调整自己的生产内容，出现同质化现象。这也会从生产源头阻碍传统文化内容的多样性

---

① 何佳雨：《元宇宙与中国传统文化沉浸传播融合策略探析》，《对外传播》2023 年第12 期。

② M. Fuller, *Software Studies: A Lexicon*, MA: MIT Press, 2008, p. 16.

③ 黄淼、黄佩：《算法驯化：个性化推荐平台的自媒体内容生产网络及其运作》，《新闻大学》2020 年第 1 期。

传播。

因此，算法技术的纠偏与调整对传统文化的进一步传播发展显得尤为重要，而算法技术的更新发展离不开技术领域的支持，平台需要与技术领域达成合作，让更多的技术手段加入传播行业中。一是从用户角度看，需要加入主流算法，使用户在接受自己感兴趣的信息的同时，推送并让用户接收到他们应该关注的信息。为进一步推动传统文化的传播与传承，可以设计传统文化类的算法推荐，让用户更多地接触到传统文化内容，推动传统文化在智媒时代的传承发展。二是从生产者角度看，可以完善算法的流量运作机制，为传统文化内容生产者提供一定的流量支持，让他们挣脱算法操控下的同质化内容生产桎梏，在多样化内容呈现下推动“反信息茧房”。

国 际 篇
Report on Intellectual Communication Abroad

T.16 全球人工智能版权规制比较研究*

崔　波　蓝　榕　刘舒予　杨淳淇**

摘　要： 人工智能技术的发展与应用，正在不断冲击传统版权法的利益平衡机制，其不仅对传统版权法律制度提出了挑战，还使著作权制度面临着新的法律风险。本文通过对全球主要国家的比较分析发现，各国均开始反思并调整现有法律制度以适应人工智能技术的发展，完善在人工智能时代新的立法模式和侵权认定标准，对现有人工智能生成内容的可版权性、版权归属、数据侵权风险等进行适当的扩张或限制，以实现在人工智能时代合理地保护著作权人权利和社会公众利益。

关键词： 人工智能；可版权性；版权归属；数据侵权

近年来，生成式人工智能如雨后春笋般涌现，各国都在快速地部署这项技术。麦肯锡的最新全球调研表明，许多生成式 AI 虽然推出时间不长，但已有 1/3 的受访者表示，他们所在的部门会在至少一项业务职能中频繁使用生成式 AI。然而，机器深度学习的训练数据通常包含大量受版权保护的作品，而 AI 生成的作品能否具有可版权性以激励创作和技术进步成为一个复杂的问题。对此，学界与司法实践也在就相关问题持续展开争论，许多版权大国都发布了关于人工智能和知识产权保护与规制方面的规定。

---

* 本研究是国家社科基金重大项目"'双循环'新格局下中国版权贸易国际竞争力研究"（项目批准号：21&ZD322）的阶段性成果。

** 崔波，博士，浙江传媒学院出版学院教授；蓝榕，浙江传媒学院新闻与传播学院硕士研究生；刘舒予，浙江传媒学院新闻与传播学院硕士研究生；杨淳淇，浙江传媒学院新闻与传播学院硕士研究生。

综合万方数据库以及谷歌学术的统计，在“人工智能知识产权”这一主题下的关键词排名前三的分别是“可版权性”“权利归属”“数据侵权”。因此，本文将就这三个焦点问题，比较出版大国针对人工智能版权规制的态度、立法以及司法实践的共性与差异，以期推动全球人工智能版权良性生态的构建。

一 “独创性”之谜：人工智能生成内容的可版权性

随着人工智能技术的不断优化更新，生成式人工智能的技术优势日益凸显。“算法+AI”的方式催生了智能出版、智能写作等新型出版业态，并以不可阻挡之势推动着出版产业向数字化、智能化方向发展。在这一过程中，人工智能生成内容的大量涌现，更是引发了关于人工智能生成内容可版权性的争议。一是认为人工智能生成内容是应用某种算法和规则的结果，并不能体现出创作者的独特个性和情感表达，与人类的创作存在本质的区别，不符合独创性的要求。① 二是认为人工智能生成内容不再是一种纯粹的运算，而是已经融入了人类的主观价值标准。② 在两种理论对立中，人工智能生成内容始终无法摆脱人机关系与主体地位的桎梏，这就造成目前无法确立明确的人工智能生成内容独创性判断标准的制度困境。

在著作权领域，独创性的认定是著作权立法的重要内容。根据各国著作权法的规定，独创性是指“作品在创作过程中，智力劳动所达到的程度”。人工智能作为人类的“创作工具”，其生成内容是否具有独创性，是判断其是否具有可版权性的关键标准。然而，“独创性”这一概念本身并非一种与生俱来的评判标准。

古希腊时期人类对艺术创造的认识停留在对自然的模仿呈现，“独创性”尚不属于人们评价作品常用的特性。③ 例如亚里士多德认为，艺术的主要任务是再现观察到的世界，而不是彰显人类的努力。直到 18 世纪，

① 王迁：《再论人工智能生成的内容在著作权法中的定性》，《政法论坛》2023 年第 4 期。

② 丛立先、李泳霖：《生成式 AI 的作品认定与版权归属——以 ChatGPT 的作品应用场景为例》，《山东大学学报》（哲学社会科学版）2023 年第 4 期。

③ 韩江枫：《生成与消解：论艺术观念史中的独创性原则》，《文艺争鸣》2021 年第 10 期。

随着启蒙思想的解放，“人”的意识开始觉醒，作品创作才逐渐成为人类的专属。进入工业时代后，随着工业和科学技术的进步，大量作品被创造出来。由于作者与作品之间的利益关系难以确定，“独创性”被赋予了新的内涵。新的内涵下，“独创性”不再是艺术家或作者对作品所享有的专有权利，而是对创作过程及结果的肯定。由此，在新的时代背景下，独创性的判断标准逐渐从“天赋”转变为“创作过程”。19 世纪后，著作权法将独创性正式纳入制度体系。这也表现出法律对作者创作个性的尊重。

然而，在如今人工智能技术高度发达的时代，独创性的判断标准又出现了新变化。有学者指出，随着人工智能技术的不断发展，人工智能生成内容与人类创作之间界限逐渐模糊，其生成内容与人类创作之间是否具有“相似”甚至“等同”关系有待探讨。这意味着，虽然人工智能生成内容有其自身特征和独特之处，但如果仅以此作为判断标准来判断其独创性仍有待商榷。

（一）美国：对可版权性持谨慎态度

在早期著作权法历史上，英、美、法系采取“额头冒汗标准”，认为“独立的技能与努力”与“独创性”等同，即“创作过程中有付出且值得复制，就可以获得版权保护”。随着经济社会的发展，美国的著作权法制度也不断完善，到了 20 世纪中后期，逐渐形成了从抽象到具体的独创性认定思路。当作品具备了一般意义上的“独创性”时，即被认定具有“创造性”。典型案例是 1991 年美国的“Feist”案，在这一案中美国最高法院确立了美国法现行的独创性标准，即将“最低限度的创造性”视为构成作品的独创性要求。[①] 具体而言，判断一项作品是否具有独创性，必须以创作者具有最低限度的创造性为前提。即如果一个人在创作过程中只付出了个人努力、智力劳动，但其创作的作品仍然具有较高的创造性，就可以认定其符合独创性的要求。

然而，根据美国版权局在 2023 年 3 月发布《版权注册指南》，受版权保护的作品的作者必须是人类。[②] 如果作品完全由人工智能生成，且没有

① U. S. Feist Publications v. Rural Telephone Service，1991.

② U. S. Copyright Office & Library of Congress，*Copyright Registration Guidance*：*Works Containing Material Generated by Artificial Intelligence*，2023.

人类作者的创造性投入或干预，那么这个作品将不会被美国版权局注册。因此，不能仅依据作品是否具备“最低限度的创造性”这一要素来认定人工智能生成内容的独创性。

美国版权局发布的《版权注册指南》是美国对人工智能生成内容可版权性问题的回应，进一步澄清了实践中美国版权局对人工智能生成内容进行审查和注册的基本政策。《版权注册指南》明确指出，缺乏人类作者身份的作品将不被准予注册，主要原因在于美国宪法和版权法使用的“author”一词，排除了非人类作者，并且根据司法案例，美国版权局长期以来一直要求作品必须是人类作者的产物。此外，即使人类作者使用了人工智能工具来创作作品，只要作品中的传统作者要素（如文学、艺术、音乐表达或内容的选择、编排等）是由人类完成的，这部分作品仍然可以获得版权保护。这意味着，如果人工智能生成的内容是在人类作者的指导下创作的，并且人类作者对作品进行了创造性的选择、编排或修改，那么这部分由人类创作的内容是可以获得版权保护的。正如美国版权局在回复《黎明的扎里娅》（“Zarya of the Dawn”）的注册申请时说明的，版权保护不适用于由人工智能绘画工具 Midjourney 生成的部分，而仅针对这部人工智能辅助完成的漫画中人类完成的部分给予版权保护。①

由此可以看出，美国对人工智能生成内容的可版权性是持谨慎态度的，并没有“一刀切”式地否定人工智能生成内容的可版权性，而是考察、对比人工智能工具的运作与人类创作的关系，进而判断人类是否在生成物中进行了具有独创性的创造，从而使人工智能生成内容存在受到版权法保护的可能。

（二）中国：积极探索最佳处理方案

《中华人民共和国著作权法》以要件的方式规定了考察作品构成的制度标准，核心内容包括智力成果、表现形式、可复制性以及独创性。其中，独创性的构成要件是判断任何形式的智力成果是否具有可版权性

① U. S. Copyright Office, *Zarya of the Dawn*, 21 February, 2023.

的关键标准。[①] 但是中国独创性标准的立法模糊，导致理论与实践中出现了主观论与客观论两种解释模式。

主观论从作者与作品的关系出发，认为作品的独创性源于作者的思想投入和创造性智力劳动。比如 2019 年 4 月，北京互联网法院发布了国内首例针对人工智能生成内容可版权性的判决。在本案中，北京互联网法院认为受著作权保护的作品应由自然人创作，因此对计算机软件智能生成的具有独创性的输出作品，不予著作权保护。主观论基于"作品源于作者独立的、富有个性的创作，打上了其聪明才智的独特烙印，是作者精神与意识的产物"，认为人工智能生成内容是人工智能模型自动生成，并未体现创作者的个性特征和创作意图，因而不具有独创性。[②]

客观论则从作品客体而非创作主体出发，认为只要人工智能生成内容本身"具备区别于其他创作的独有思想与表达"，不具有抄袭等嫌疑，便符合独创性的要求。在 2019 年 12 月的另一起案件中，深圳南山区法院认定计算机软件自动生成的输出具有著作权性，认为智能书写软件 Dreamwriter 生成的审查符合书面作品的形式要求，可以给予著作权保护。法院在此案中的判决强调了人类智力活动参与人工智能生成内容的生成。虽然内容是在人工智能的帮助下生成的，但它并不是由人工智能独自创造的。法院强调，文章的创意团队在深圳腾讯的智力活动涉及编排、选择和具体表达。因此，法院认定该作品具有一定的独创性，受著作权法保护。

从以上两个案例不难看出，中国在人工智能生成内容的法律属性模糊，其可版权与否问题缺乏切实可行的法律和行业界定标准。但与此同时，中国也认识到这一领域的复杂性和挑战性，正在寻求合适的法律和政策框架来解决这些问题，并表现出了积极的探索和讨论。

在 2024 年全国两会上，全国政协常委、中国作家协会副主席邱华栋提出一份关于"加强人工智能领域版权保护"的建议：完善相关立法，充

---

① 蔡琳、杨广军：《人工智能生成内容（AIGC）的作品认定困境与可版权性标准构建》，《出版发行研究》2024 年第 1 期。

② 王迁：《论人工智能生成的内容在著作权法中的定性》，《法律科学》（西北政法大学学报）2017 年第 5 期。

分发挥行业政策、国标、行标等“软法”的作用，建立人工智能开发者与权利人组织良性对话机制，加快落实人工智能领域版权保护多方主体责任，共建充分尊重和保护版权的网络清朗空间，推动数字经济高质量发展。①

此外，中国信息通信研究院知识产权与创新发展中心主任李文宇也表示，并非所有的人工智能生成作品都属于著作权的保护范畴，应当遵循中国现行著作权相关的法律规则，对人工智能生成内容是否属于作品进行客观判断。同时，实践中也应从促进创新和平衡产业的发展角度出发，去考量权利归属的最佳方案。②

（三）欧盟：体现灵活性与适应性

欧盟在处理人工智能生成内容的版权问题上显示出了一定的灵活性和适应性。尽管目前尚未有专门针对人工智能生成内容的版权保护规则，但欧盟议会法律事务委员会（JURI）在2017年就提出了关于机器人技术和人工智能技术的议案。这表明欧盟早已关注人工智能相关的法律和伦理问题，并寻求适时的干预。在该议案“EXPLANATORY STATEMENT”板块下，提及了关乎“AIGC可版权性”的内容——要求为计算机或机器人制作的受版权保护的作品制定“自主智力创作”（own intellectual creation）的标准。③

面对人工智能空前发展的趋势，2020年，欧盟委员会又发布了名为“Trends and Developments in Artificial Intelligence-Challenges to the Intellectual Property Rights Framework”的报告。该报告的整体结论认为，人工智能当前的技术发展水平不需要欧洲的版权法和专利法立即发生实质性的变化，版权法和专利法的现有概念、规则足够抽象和灵活，可以应对人工智能当

① 邱华栋：《加强人工智能领域版权保护，推动产业高质量发展》，《中华读书报》2024年3月6日。

② 《“AI文生图”版权归谁？聚焦人工智能“成长的烦恼”》，2024年1月16日，澎湃新闻，https://m.thepaper.cn/kuaibao_detail.jsp?contid=26029758。

③ “Committee on Legal Affairs, Report with Recommendations to the Commission on Civil Law Rules on Robotics”, Jan. 27, 2017, https://www.europarl.europa.eu/doceo/document/A-8-2017-0005_EN.html.

前的挑战，邻接权制度可能会扩展到各个领域“未经授权”的人工智能生成物。①

由此可以看出，欧盟在人工智能生成内容的版权问题上持开放态度，并认为现有的版权法和专利法规则足以应对人工智能生成内容可版权性带来的挑战。同时，欧盟也在不断探讨和评估人工智能技术在知识产权保护方面的应用和影响，以期建立更加完善的法律和道德框架。

（四）其他国家：对可版权性态度明确

英国在人工智能生成内容的版权问题上持较为明确的态度。早在1973年，英国便成立了专门的委员会——版权法修正委员会，对计算机创作物的版权进行研究。随后，英国在《版权、外观设计和专利法（1988年）》的第九条明确提及“计算机生成的文学、戏剧、音乐或艺术作品”，将这些作品纳入版权保护范围，并且规定了其版权归属。② 这意味着完全由AI生成的作品在英国是有可能获得版权保护的。然而，英国法律对由AI生成的作品的保护期设定较短，只有50年；相比之下，由人类作者创作的作品的保护期为70年。这表明英国在承认AI生成内容版权的同时，也在考虑如何区分人类创作和AI创作，以及如何调整版权期限以反映这种区别。

日本在人工智能生成内容的版权问题上态度也非常明确。日本政府公开表明不会对人工智能训练中使用的数据实施版权保护，这意味着人工智能可以自由使用任何数据进行创作，无论是出于非营利还是商业目的，也不论是否是复制以外的行为，甚至包括从非法网站或以其他方式获得的内容。日本针对人工智能生成内容的著作权研究也经历了较长时间。早在1982年，日本著作权审议小委员会③就针对相关问题进行了研究。2016年5月，日本知识产权战略本部发布《知识产权推进计划2016》，针对人工智能生成内容以专章形式讨论其法律保护，重新审视日本现行知识产权法

① C. Hartmann et al.，“Trends and Developments in Artificial Intelligence：Challenges to the Intellectual Property Rights Framework：Final Report”，2020，Publications Office，https://data.europa.eu/doi/10.2759/683128.

② 杨利华：《人工智能生成物著作权问题探究》，《现代法学》2021年第4期。

③ 日本的审议小委员会指专业性更强的预备审查机关。

律体系，分析在现行法律体系下对人工智能生成内容进行著作权保护之可行性。其中指出，“人工智能自动生成的内容不属于著作权的客体”，这主要是因为“人工智能生成内容不属于日本《著作权法》所规定的‘表达思想感情的作品’”①。此外，日本政府还认为“对于人工智能自动生成的内容，其著作权归属应依据‘谁投入谁取得’的原则确定”。基于以上原因，日本将不会对人工智能自动生成的内容实施著作权保护。也就是说，在日本现行法律体系下，人工智能生成内容并不构成著作权法意义上的作品。

二 “归属权”之争：人工智能生成内容的权利主体

著作权的权利主体是指依法享有著作权的自然人、法人或其他组织。自从人工智能辅助创作火热至今，针对 AI 生成内容的权利主体尚未明晰，其著作权归属的判定在全球范围内仍旧莫衷一是，争议难以停止。人工智能生成内容大致可分为两大类，即完全人工智能生成内容和有人类参与的非完全人工智能生成内容。大部分国家著作权相关规定中均坚持保护自然人的合法权益而非机器自身的权益。因此，目前各国学界与司法实践针对归属权的争议主要围绕可构成作品的非完全人工智能生成物的主体身份类型展开，已得到普遍认同的主体有以下三种：一是人工智能使用者，即通过关键词键入、修改等方式引导人工智能生成作品的用户；二是技术设计者，拥有控制、指示、操作与监控算法程序的权力，作为算法的设计者，人工智能生成内容也会体现出其思维模式与行为习惯，故被列为版权归属者之一；三是技术的投资人，承担着对人工智能创作成果管理的责任，在财产与价值层面理应获得人工智能生成物著作权。② 对于究竟哪一主体应取得最终归属说法不一，更有认为应根据各主体在创作过程中投入生产要素的比例进行综合考量的观点，也有对将人工智能生成内容归入公共领域

① 《知识产权推进计划 2016》，2016 年 5 月 9 日，知识产权战略本部，https://www.moj.go.jp/housei/shihouseido/housei10_00064.html。

② 唐一力、牛思晗：《论人工智能生成作品的权利主体及其著作权归属》，《福建论坛》（人文社会科学版）2023 年第 11 期。

的呼吁。这不仅关乎著作权的保护和创作的激励，更紧迫的是在人工智能发生侵权行为或引发伦理问题时能够及时进行明确的归责。

著作权归属界定对人工智能版权规制具有重要意义，表现在以下三个方面。第一，有助于认知偏向问题的归责。生成式人工智能打破了人类对知识的垄断，人类在信息获取与内容生产上越发依赖人工智能。意大利都灵大学副教授西蒙尼·纳塔莱在 *Deceitful Media* 一书中提出，人工智能作为工具，这并不意味着欺骗不会发生，因为这些工具调动了诸如共情、刻板印象和以往的互动习惯等机制来塑造我们对人工智能的感知和使用。[①] 因此，若人工智能生成内容的版权归属不明确，则难以防范技术背后的权力有意引导公众认知偏向的风险。第二，有助于情绪引导风险的归责。以ChatGPT为例，人工智能已能够根据不同使用者的兴趣、喜好提供个性化定制的知识服务。技术迎合用户，不仅会加剧"信息茧房"，若其内容生产以游戏指导、情感陪伴、虚拟教师等形象呈现，与用户的情绪、欲望和意志深度结合，便有可能导致用户产生极化情绪。因此，在人工智能生成内容为人类提供情感支持的背景下，明晰著作权权利主体可以在出现情绪引导的伦理问题时及时进行规制。第三，有助于数据侵权危机的归责。人工智能的创作是基于大模型的训练数据，然而在数据获取与搜集的深度学习全流程中，可能侵犯人类作者的著作权、汇编权、复制权、演绎权等。例如2023年9月，美国作家协会就组织包括电视剧《权力的游戏》原著作者在内的17位作家向法院提起诉讼，指控OpenAI在未经许可的情况下批量复制他们授权保护的作品。[②] 可见，在人工智能侵权类型逐渐增多的当下，划定人工智能生成内容的版权归属迫在眉睫。在人工智能生成内容归属权这个关键问题上，不同国家有不同的认识。

（一）美国：版权归属公共领域

美国版权法对"人类"创作者身份三令五申。先前就有过摄影作品由于是"猴子按下快门"[③] 而非人类亲自拍摄被判决为不受版权法保护的先

---

① Simone Natale, *Deceitful Media*, New York: Oxford University, 2021, p. 11.

② 《ChatGPT抄书被告！〈权游〉作者等17位作家起诉OpenAI》，2023年9月21日，澎湃新闻，https://baijiahao.baidu.com/s?id=1777612405623535714&wfr=spider&for=pc。

③ Naruto v. Slater, 2018.

例，在人工智能生成内容产生著作权纠纷后，相关司法实践也一而再、再而三地将版权法规定的作者身份严格定义为人类，认为人工智能不具有法律意义上的“人格”，不能成为版权持有者。因此在美国版权法下，没有人类创作者参与或对其进行创造性贡献的完全人工智能作品不受版权法的保护。例如，在2023年史蒂芬·塔勒的案件中，塔勒有意限制人类的创造力并强调工具的作用，华盛顿特区地方法院再三声明，原告史蒂芬·塔勒所开发的人工智能生成的内容无法拥有所有权。①

美国对人工智能研发与使用过程中产生的版权问题的处理与规制方式，更倾向于“先产业发展后立法”。在人工智能研发过程中不提及版权，而是依靠社会舆论、企业自觉以及司法和行政系统的事后回应来解决相关争议。2023年7月，美国七大AI企业与拜登政府签署协议，承诺采取自愿监管措施管理人工智能开发过程中的法律风险，其中就包括为人工智能生成内容添加数字水印和制定知识产权保护政策。② 目前根据美国的法律，人工智能的开发者以及通过关键词输入利用人工智能进行创作的人均没有版权所有权，其版权归属于公共领域。因为美国版权局始终认为，人工智能使用者提供的关键词、参数、模型等信息仅能称之为“思想”，不构成独创性的表达。如果有明确的人类创作者参与了创作过程，并对作品有独创性贡献，那么版权通常归于这些人类作者。美国版权局和美国国会图书馆在2023年3月发布了《版权登记指南：包含AI生成材料的作品》，③ 指出在涉及AI创作时，需区分作品由人类主导还是由机器构思，只有在人类主导的情况下才能谈版权问题。《黎明的扎里娅》案④如今已成为美国人工智能生成内容版权归属司法实践的经典案例，虽然美国版权局拒绝保护该漫画中Midjourney创作的图像，但肯定了人类作者克里斯·卡什托诺娃对文本创作以及对图像和文本的选择与安排的贡献。

---

① 《全球范围内：生成式人工智能产出的版权归属因地而异》，2024年2月19日，百度网，https://baijiahao.baidu.com/s?id=1791290254471527143&wfr=spider&for=pc。

② 《解决生成式人工智能知识产权难题的三个途径—新华网》，2023年10月11日，百度网，https://baijiahao.baidu.com/s?id=1779419240767787716&wfr=spider&for=pc。

③ U. S. Copyright Office & Libarary of Congress, *Copyright Registration Guidance: Works Containing Material Generated by Artificial Intelligence*, 2023.

④ U. S. Copyright Office, *Zarya of the Dawn*, 21 February, 2023.

总而言之，美国对有人工智能参与的作品的作者身份界定十分严格，过分否定人工智能作为工具的成果，并且相关的法律法规也较为欠缺。另外，美国强调人类作者的干预必须足够多，才有可能主张版权。但也有学者认为，“人的贡献度”在具体的人工智能生成作品中很难判定。不过，虽然美国版权法对人工智能生成内容的知识产权归属存在真空地带，但《美国统一计算机信息交易法》（UCITA）将知识与信息区分开来，在计算机信息交易中，UCITA 对知识产权的转让、许可、保护等进行规定和规范，同时也对数据的所有权、使用权、保护、隐私等进行规定与规范。[①]因此，中国有学者提出，美国将著作权的归属与人类作者紧紧绑定，若是出于对相关产业的创作激励目的，其确立对数据财产的保护或可成为良策。

（二）中国：根据实质性贡献确定所有权

中国同样不承认人工智能技术本身的权利主体身份，但在 2023 年 7 月出台的《生成式人工智能服务管理暂行办法》中具体规定了不同主体的法律责任。对人工智能技术的开发者、使用者、投资者等主体来说，著作权归属可能是单一主体，也可能重叠或交叉存在，[②] 在法律方面通常以约定优先。若无特殊约定，则可以借鉴中国对计算机软件版权的相关规定，如《计算机软件著作权登记办法》等法规，可认为版权归属于人工智能技术开发者。而根据《中华人民共和国著作权法》第十二条，改编、翻译、注释、整理已有作品而产生的作品，其著作权由改编、翻译、注释、整理人享有。在生成式人工智能领域，技术使用者借助人工智能创作独创性作品，可将人工智能使用者视为演绎授权人，在无特殊约定的情况下版权归属于人工智能使用者。在北京互联网法院裁定的由 Stable Diffusion 生成图像的相关案例中，法院首次判定用户输入提示文本和设置参数属于智力贡献，因此人工智能生成作品反映了用户的个性化表达，而平台开发者没有

① Uniform State Law Commission of the United States，“Uniform Computer Information Transactions Act”，Washington，D. C.：US Government Printing Office，1999.

② 丛立先：《人工智能生成内容的可版权性与版权归属》，《中国出版》2019 年第 1 期。

意图创建图像，也没有确定输入，因此该作品版权归属于用户。① 总而言之，中国目前对人工智能生成作品版权的态度需根据具体的实质性贡献确定。一方面，在技术开发者与程序训练者之间，双方未有约定则版权归属于技术开发者。另一方面，在涉及借助人工智能创作独创性作品的场景下，若技术开发者和所有者与用户未订立约定，则其作品的知识产权归使用者所有。同时，《中华人民共和国著作权法》中也提到了对投资者的保护。例如，视听作品的著作权由制片人享有，编剧、导演等作者仅享有自己创作部分的署名权。② 因此在人工智能生成内容中涉及此类特殊职务行为，或使用者必须依靠投资者完成创作，则倾向于确立投资者为权利人（见图 1）。

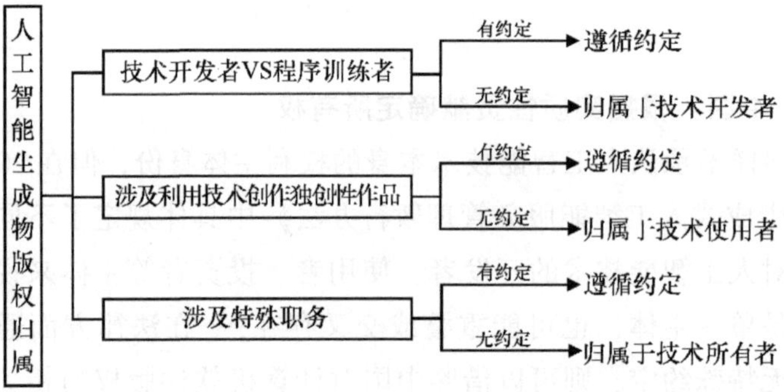

图 1　人工智能生成物版权归属各种情形

因此，在中国司法实践中最容易发生争议的便是如何区分人工智能的创作者身份与工具身份，以确定使用者的贡献是否符合“独创性”原则。例如，在中国首例“AI 生成图”《春风送来了温柔》案件中，原告虽然输入了大量关键词，但大多是以打包形式由他人实现选定的形式，且部分关键词含义相互重合，而中国对“独创性”设置的门槛并不高，因此法院仍然判定原告的关键词选择、排序与参数设置等行为为智力成果。③ 在此背

① 《全球范围内：生成式人工智能产出的版权归属因地而异》，2024 年 2 月 19 日，百度网，https://baijiahao.baidu.com/s?id=1791290254471527143&wfr=spider&for=pc。

② 《中华人民共和国著作权法》，中国人民大学出版社 2020 年版，第十七条。

③ 李某某诉刘某某侵害作品署名权、信息网络传播权纠纷案，北京互联网法院民事判决书（2023）京 0491 民初 11279 号。

景下，中国学界也在积极探讨人工智能生成物版权的分配路径。刘斌、杨志鹏提出，将人工智能的版权转移到背后的人类利益相关者，或可通过将人工智能视为人类主体的“雇员”来实现。[①]

（三）欧盟：以足够的人类贡献判定人类所有权

2024 年 3 月，欧盟通过的《人工智能法案》明确要求人工智能在投放市场前要遵循版权法规定。[②] 欧盟版权法对作者主体身份的理解将人工智能排除在外，《人工智能技术发展的知识产权》则强调了“遵守与自然人有关的原创原则”。[③] 欧盟的司法实践将人工智能生成作品的著作权主体解读为人类作者。例如在“标准出版社案”中，法院就指出只有人类创造受到著作权保护。在“Infopaq International A/S v Danske Dagblades Forening”（C-5/08）案中，欧洲法院裁定版权只有在来源于“作者自己的知识创造”时才存在。[④] 当人工智能技术的使用者对人工智能生成物进行具有独创性的编写、培训与指导时，该使用者可以根据其独创性贡献判定为作者。在欧盟 2020 年发布的《关于发展人工智能技术的知识产权的报告》中便强调了，区分人工智能辅助人类创作与人工智能自动生成的创作，在人工智能发挥工具属性时，现有的知识产权框架适用。[⑤]

欧盟现有的知识产权相关法律由两项法规与 13 项指令构成。这些规定虽然对人类作者的主体身份判定是较为明确的，但都未曾明晰人工智能生成作品的版权归属。在欧盟成员国的司法实践与学术讨论中，大多将

---

① 刘斌、杨志鹏：《“人—机”关系视角下 AIGC 的可版权性与版权分配路径刍议》，《中国编辑》2024 年第 2 期。

② European Commission, *Proposal for a Regulation of the European Parliament and of the Council Laying Down Harmonised Rules on Artificial Intelligence* (*Artificial Intelligence Act*) *and Amending Certain Union Legislative Acts*, May 11, 2023.

③ European Parliament Resolution of 20 October 2020 on Intellectual Property Rights for the Development of Artificial Intelligence Technologies.

④ 《全球范围内：生成式人工智能产出的版权归属因地而异》，2024 年 2 月 19 日，百度网，https://baijiahao. baidu. com/s? id = 1791290254471527143&wfr = spider&for = pc。

⑤ 《欧盟联合研究中心发布知识产权与人工智能报告》，2020 年 2 月 18 日，“中国科学院知识产权信息”微信公众号，https://mp. weixin. qq. com/s? __biz = MzA3NTYzNjEwMw = = &mid = 2650912756&idx = 1&sn = db67a311aa7e7a1d67a9ad685d79cd23&chksm = 84989b1cb3ef120ae2a3390e13e4。

"人类贡献是否足够"视作人类作者能否获得作品所有权的重要指标。无论是德国版权法要求的"独特知识创造"，还是法国的"个人触感或知识努力""自动和约束性逻辑的实施"等要求，均体现出衡量人类作者的独创性，并将人工智能排除在作者身份之外。

（四）其他国家

印度是全球首个在版权作品中承认人工智能作者身份的国家。RAGHAV是由印度知识产权律师安吉特·萨尼资助开发的人工智能绘画应用程序，萨尼利用RAGHAV创作了绘画作品"Suryast"，并为其申请版权。虽然版权局拒绝了他将RAGHAV列为唯一作者的申请，却将萨尼与RAGHAV作为合作作者授予版权登记。在萨尼看来，印度版权局此举是大胆且具有前瞻性的举动。[①] 虽然根据目前的印度版权法规定，著作权通常归属于作者，但对人工智能生成作品的所有权仍然存在争议。如果有明确的人类参与了创作过程，例如编写、培训或指导AI系统，那么版权通常会归属于这些人类创作者。如果作品完全由人工智能生成，没有人类参与或对其作出创造性的贡献，则其著作权仍然可能由人工智能的所有者或使用者所有。

英国已提及将AIGC作者视为AI"雇用者"，并且对人工智能生成物的版权归属借鉴了英国对计算机生成作品版权归属的相关规定。在《版权、外观和专利法》中详细阐述了计算机生成作品的作者身份："由计算机生成的文学、戏剧、音乐或艺术作品，其作者应该是对作品创作进行必需安排的个人。"[②] 因此在人工智能领域，英国法律也更倾向于为使用者赋权。对于人工智能的开发者与设计者，英国立法与其他国家的不同之处在于，英国普遍认为计算机程序设计者"对最终生成物并没有任何创造性投入"。谷歌在官宣Deep Dream的同时将其开源程序也一并公布，且并未主张用户由此程序创作的作品的所有权。[③]

① 《印度承认人工智能可作为艺术品版权的合作作者》，2021年8月11日，中国保护知识产权网，http://ipr.mofcom.gov.cn/article/gjxw/gbhj/yzqt/yd/202108/1963986.html。

② UK Intellectual Property Office，"Copyright，Designs and Patents Act"，1988.

③ 慕晓琛：《人工智能生成物著作权归属之域外法研究——以英国、美国、欧盟和澳大利亚为例》，《上海法学研究》集刊2019年第9卷。

日本政府认为人工智能生成物不具有版权，人工智能仅仅作为工具被人类使用，所生成的内容不属于日本著作权法规定范围，因而不存在对其享有著作权一说。①

三 “侵权识别”之难：数据爬取与清洗的侵权风险

算法、算力、数据是人工智能技术发展的核心三要素，数据作为核心之一，其重要性不言而喻。② 然而，随着人工智能技术的迅猛发展，数据爬取与清洗带来的侵权问题越发严重。主要国家在人工智能数据侵权方面积极探索与实践，以期为人工智能数据侵权问题的解决提供有效参考。

（一）美国：以四要素、变革性使用为依据的开放性立法

AIGC 输入端著作权纠纷的争议焦点在于，大模型利用他人作品（数据）训练是否侵犯他人著作权以及是否属于合理使用。美国作为全球科技创新的引领者，其在人工智能数据侵权认定方面的规制备受关注。本文将从事实案例和规则认定两方面，对美国人工智能数据侵权认定的现状进行深入剖析。

“Stable Diffusion AIGC 模型版权侵权”案为全球首例控诉 AIGC 侵权案件。2023 年 1 月，美国三名漫画艺术家在加州北区法院发起集体诉讼，状告 Stability AI、DeviantArt 和 Midjourney 这三家公司在“未经原作者同意的情况下”，从网络上采集近 60 亿张图像来训练其人工智能，侵犯了“数百万艺术家”的权利。同年 10 月，美国北加州地区法院以清晰性（clarity）和具体性（specificity）不足为由，驳回了三名艺术家原告的大部分起诉，并颁布法庭许可，允许其在调整、补充起诉事由和证据材料后另行起诉。

针对“Stable Diffusion”案，加利福尼亚州的一名专业律师 Jake Watson 认为，是否侵权与 AIGC 软件开源没有太大关系，并指出解决侵权问题的

① 王迁：《论人工智能生成的内容在著作权法中的定性》，《法律科学》（西北政法大学学报）2017 年第 5 期。

② 鞠雪楠、欧阳日辉：《新一代人工智能领域数据要素定价的困境与出路》，《价格理论与实践》2023 年第 4 期。

关键在于了解 AIGC 的性质。一方面，AI 训练的图像可能是衍生作品，AI 软件通过降噪让程序进行视觉重构，不是完全的复制，属于二次创作。另一方面，某些 AIGC 用了新的表达方式，被赋予新的意义、传达了新的信息或增加新的价值，属于转化作品，原版权作品的性质改变，其使用就不再构成侵权，即 AI 创作衍生作品需要版权所有者的认可，而转化作品不需要。

由此出发，Jake Watson 以同性质的版权纠纷案件为例进行分析，指出法院关键的判决依据——美国版权法上的“四要素分析法”。[①]

（1）作品新用途的目的和性质，是否对原作品进行转化。

（2）受版权保护的原作品性质。

（3）新作品中使用原作品的数量和实质性。

（4）作品新用途是否破坏了原作品的价值和市场。

“变革性/转换性使用”是美国判定是否为合理使用的另一重要标准，由美国法官皮埃尔在 1991 年编写的《迈向合理使用标准》（“Toward a Fair Use Standard”）法律评论文章中提出。1994 年，美国联邦最高法院在 Campbell 诉 Acuff-Rose 音乐公司案中，首次采纳了“变革性/转换性使用”规则，判定 2 Live Crew 说唱乐队采用滑稽模仿（戏仿）的方式使用 Acuff-Rose 的歌曲“Oh，Pretty Woman”创作新歌曲“Pretty Woman”属于合理使用。关键在于新作品是否以及在多大程度上具有“变革性”，[②] 新作品的变革性越强，其他因素（如商业主义）的重要性就越小。自“Campbell 案”以来，变革性/转换性使用在合理使用判例中逐渐占主导地位。

在“Stable Diffusion”案中很多美国学者和律师认为，结合美国版权法中的“四要素分析法”，很难将 AIGC 对作品的使用纳入合理使用的范畴。在“转换性使用”方面，Stable Diffusion 生成的绝大部分内容，并未在原作品的基础上增加新的表达形式，产生区别于原作品的新功能或价值，不符合“转换性使用”的要求。此外，在版权作品授权许可市场已经十分成熟的背景下，AIGC 生成的内容很大程度上挤压与替代了被利用作品的原有市场。

---

① 海淀法院课题组：《网络游戏侵犯知识产权案件调研报告（三）——游戏侵犯改编权相关问题》，《中关村》2016 年第 10 期。

② 袁锋：《论新技术环境下“转换性使用”理论的发展》，《知识产权》2017 年第 8 期。

通过“Stable Diffusion”案的判决可以看出，人工智能数据侵权认定是一个复杂而重要的法律问题。举证是法官关注的重点，其对原告提出了较高的举证要求，体现了其面对新技术相关法律争议时的审慎态度。美国作为人工智能发展的先驱者，通过不断完善法律框架、加强实践探索以及应对发展趋势，有望在保护个人数据权益和推动人工智能健康发展之间找到平衡。同时，其经验也为其他国家在人工智能数据侵权认定方面提供了有益的借鉴和启示。

（二）中国：以著作权法为基础，不断发展完善规制

中国的著作权法以“一般条款+特殊情形”的模式规定了合理使用制度，按照现行《中华人民共和国著作权法》关于合理使用的规定，能适用于AIGC数据训练的情形主要有以下三种：个人使用、适当引用、科学研究。[①]2023年国内诸如文心一言等产品的问世，进一步要求中国人工智能版权规制的完善，《生成式人工智能服务管理暂行办法》正是在这样的背景下出台的。

2024年2月，中国广州互联网法院生效了一起全球范围内首例生成式AI服务侵犯他人著作权判例。该案认为，被告（某人工智能公司）在提供生成式人工智能服务过程中侵犯了原告对案涉奥特曼作品所享有的复制权和改编权，并应承担相关民事责任。广州互联网法院率先作出全球首例生成式人工智能平台侵权责任判决，认定AI文生图平台应当采取一定的技术性措施来避免生成与权利人作品实质性相似的图片。此外，平台作为人工智能服务提供者应当尽到合理的注意义务，包括建立投诉举报机制，提示潜在风险，进行显著标识等。[②]

中国在现有著作权法的基础上，出台了各类暂行规定对数据的收集、使用、处理以及侵权行为等方面进行了明确规制。这些法律法规为AIGC数据侵权的规制提供了基本框架。最高人民法院等司法机关也通过发布司法解释和指导性案例，对AIGC数据侵权的认定、责任承担等问题进行了解释和明确，为司法实践提供了指导。

---

① 吕秋桐：《著作权法视角下人工智能生成物的作品属性探究》，《中国高新科技》2019年第11期。

② 《生成式人工智能服务管理暂行办法》，《中华人民共和国国务院公报》2023年第24期。

（三）欧盟：基于风险的监管模式

2022年2月，欧盟委员会颁布《人工智能白皮书》，《人工智能白皮书》的出台意味着欧盟对AI的监管从伦理指引转向了立法监管。随着生成式AI的爆发，2023年6月，欧洲针对生成式AI的治理作出了应对，在数据管理、算法透明度和版权规则方面引入针对大语言通用模型的规则。2024年3月，欧盟通过《人工智能法案》。该法案对人工智能系统的几个风险等级进行明确的“关键词金字塔”定义，基于风险的组织原则，旨在平衡对创新的经济关注和创建具有国际竞争力的数字单一市场，同时保护包括个人权利和自由在内的民主价值观。[①] 在该金字塔中，最高临界值表示人工智能系统具有“不可接受的风险”，应予以禁止。第一级则表示人工智能的潜在风险为零或可忽略不计，无须采取相应的监管措施。欧盟立法具有保护主义色彩，涉及风险评估、算法透明、训练数据公开等方面的内容。

第一，大模型的提供者必须评估和减轻可能的风险（对健康、安全、基本权利、环境、民主和法治的风险），并在向欧盟市场发布模型之前的欧盟数据库注册。在数据管理方面，大模型底层的训练数据处理将会受到更多的重视，包括训练数据的筛选流程、底层训练数据的存放模式以及训练数据的安全规范等。

第二，在算法透明度方面，基于大模型的生成式人工智能系统如ChatGPT，必须遵守透明度要求（向用户披露其内容是人工智能生成的），并确保防止生成非法内容。

第三，在版权规则方面，模型训练的受版权保护的数据的详细摘要也必须公开。此外，按照目前的草案框架，闭源公司的大算力模型将会受到更为严格的监管，这将给开源模型以及垂直行业的人工智能应用提供更大的发展空间。[②]

欧盟议会法律事务委员会委托法国国立阿尔图瓦大学撰写的研究报告

---

① European Commission, *Proposal for a Regulation of the European Parliament and of the Council Laying Down Harmonised Rules on Artificial Intelligence* (*Artificial Intelligence Act*) *and Amending Certain Union Legislative Acts*, May 11, 2023.

② 王荣：《中美欧AI监管与治理：新进展和启示》，《服务外包》2023年第10期。

《欧洲机器人民法规则》针对人工智能数据侵权提出建议，认为侵权责任应与给予机器人指令的实际程度成正比，机器人的学习能力或自动性越高，设计、生产、使用各方的责任就越小；相反，给予机器人指令的时间越长，则相关方的责任越大，给予机器人指令不包括机器人自我学习的能力。[①]

除此之外，欧盟《单一数字市场版权指令》也为文本和数据挖掘规定了“两项例外”的情况：一是科研机构与文化遗产机构为科学研究目的进行文本和数据挖掘，对其合法获取的作品或其他内容进行复制与提取的行为；二是以文本和数据挖掘为目的对合法获取的作品或其他内容进行复制与提取的行为，但著作权人反对的例外。[②]“两项例外”的适用要件为，限于合法访问的数据，使用目的限于非营利性学术和科研单位，著作权例外的方式主要包括复制、提取和适合目的方式的储存。

从欧盟发布的一系列涉及人工智能责任的文件与法案可以看出，欧盟对人工智能在发展过程中的侵权问题也始终保持审慎的态度。

（四）其他国家

英国的数据挖掘政策与欧盟版权指令相比有所拓展，英国知识产权局提出了两个方面的新动向：在使用目的方面，是否可以覆盖商业目的的数据挖掘；在适用主体方面，是否扩张到研究机构和文化遗产保护机构以外的主体。除了主要争议之外，英国知识产权局还补充说明了以下几点。

（1）在数据挖掘完成后，若使用者在未经版权人许可的情况下输出所使用的作品，仍有可能构成版权侵权行为。

（2）除非获得许可或者例外，数据挖掘系统复制数据将构成版权侵权。

（3）权利人是否有权选择退出以及对退出行为有何限制尚无定论。

Getty Images 是一家媒体公司和知名的图片供应商，就 AI 训练中的版权侵权行为在英国起诉 Stability AI。本案是英国首起涉及 AI 的重大知识产权纠纷，涉案 AI 使用了未经许可授权的创意作品进行训练。Getty Images 认定 Stability AI 非法复制和处理了数以百万计的 Getty Images 拥有或

① 华劼：《人工智能时代的隐私保护——兼论欧盟〈通用数据保护条例〉条款及相关新规》，《兰州学刊》2023 年第 6 期。

② 刘航：《著作权合理使用制度的司法认定标准研究》，硕士学位论文，上海师范大学，2021 年。

代表的受版权保护的图像以及相关元数据，这些行为并未获得任何授权许可，在给 Stability AI 的商业利益带来收益的同时，侵害了内容创作者的权益。Stability AI 似乎目前尚未就这些声诉作出公开评论，但 Stability AI 的首席执行官 Emad Mostaque 在推特中讨论训练数据套件时表示，“我认为他们都是通过合乎规范、道德和法律标准的方式获得并使用的”。

日本文部科学省大臣 Keiko Nagaoka 认为，法律不保护 AI 数据集使用的版权材料。无论它是用于非营利还是商业目的，无论是复制以外的行为，还是从非法网站或其他方面获得的内容。日本政府认为版权可能会阻碍 AI 技术的进展，因此为保持竞争力而采取了不管版权的方法。不是所有人都认同政府的这一决定，画师担心 AI 会降低其作品的价值，而学术界和商界则督促政府利用宽松的数据法律推动日本成为全球 AI 的主导者。日本目前采用著作权合理使用制度的解释，以此来应对文本和数据挖掘。2018 年，日本的著作权法修订中增加了“灵活的权利限制条款”，为人工智能技术爬取与利用版权作品创造了条件。[①] 新条款规定，如果互联网公司对作品的使用“不侵害著作权所有者利益”或者“对所有权的损害程度轻微”，则可不经权利人许可而直接使用。

四 结语

在全球人工智能规制的比较研究中，我们不难发现各国在这一领域的政策制定和实践上存在差异和共性。各国在推动人工智能发展的同时，也面临着数据隐私、安全、伦理等多方面的挑战，因此制定合适的规制措施成为共同的需求。

从共性来看，各国都认识到了人工智能对经济社会发展的重要性，纷纷出台政策支持人工智能的创新和应用。同时，各国也普遍关注到人工智能可能带来的风险和挑战，如数据侵权、算法歧视等，因此在规制中均强调了对这些风险的防范和治理。然而，在具体的规制措施上，各国则因国

① 徐小奔、杨依楠：《论人工智能深度学习中著作权的合理使用》，《交大法学》2019 年第 3 期。

情、文化传统、法律体系等因素而呈现出不同的特点。例如，一些国家更加注重对人工智能技术的监管和限制，强调技术的安全性和可控性；而另一些国家则更加倾向于鼓励创新和自由竞争，为人工智能的发展提供更加宽松的环境。

未来，全球人工智能规制将面临更多的挑战和机遇。一方面，随着技术的不断进步和应用场景的拓展，人工智能将涉及更多的领域和层面，需要更加全面和深入的规制措施来应对。另一方面，随着国际合作的加强和全球治理体系的完善，各国在人工智能规制上的合作与协调也将更加紧密和有效。因此，我们需要进一步加强全球人工智能规制的比较研究，借鉴各国的经验和做法，推动形成更加合理、有效、可持续的规制体系，为人工智能的健康发展提供有力的保障。

T. 17　2023—2024 年美国智能媒体发展报告

张薇薇　陈美娴*

摘　要： 作为全球媒体市场的风向标之一，美国在智能媒体领域的发展趋势和特点对理解全球媒体行业的未来具有重要参考价值。本文通过分析美国智能媒体发展的主要趋势，包括生成式人工智能在新闻生产、呈现、推荐中的应用，大模型引领下的创新突破，以及传统媒体架构调整、流媒体兴起等现象，总结了美国在智能媒体领域的经验与启示。研究发现，新兴技术在提升新闻生产效率、增强新闻消费体验和推动行业转型升级方面发挥了重要作用。本文还提出了促进智能媒体可持续发展的策略，为其他国家的媒体发展提供了可借鉴的参考路径，旨在推动新闻产业的创新发展与商业模式的优化升级。

关键词： 美国智能媒体；生成式人工智能；传统新闻转型；媒体产业创新

一　美国智能媒体发展趋势

（一）大模型引领智能媒体创新：探索生成式人工智能的应用前景

2022 年年底，OpenAI 率先推出了生成式预训练变换模型 ChatGPT。随后，谷歌、TikTok 等多家互联网公司也相继加入开发大模型的行列。这一技术的突破不仅在科技界引发了剧烈轰动，更为美国智能媒体带来了全新的发展机遇。生成式人工智能逐步嵌入新闻采集、生产和分发的全流程。

* 张薇薇，中国社会科学院大学新闻传播学院院长助理、传播系主任、副教授、硕士生导师；陈美娴，中国社会科学院大学新闻传播学院硕士研究生。

各媒体平台与公司也在不断探索大模型的应用途径，以更有效地传播信息，更精准地触达受众，从而增加收入、改善运营状况。

这一趋势的兴起标志着美国智能媒体行业正处于一次重大的变革之中，传统媒体的生产方式面临颠覆性挑战，但同时亦伴随着创新发展的机遇。技术的辅助，一方面，使内容呈现方式更为丰富多样，多模态跨场景的协作成为可能；另一方面，可以辅助实现更为精准的内容推荐，为用户打造个性化、智能化的服务体验。

1. AI 辅助新闻生产：快速、高效、交互性

生成式人工智能技术以大模型为基础，根据学习到的模式和规律，可以生成流畅、自然的文本，在自然语言处理领域有着独特且显著的优势。AIGC（Artificial Intelligence Generated Content，人工智能生产内容）已经突破了前期基础算法使用门槛高、训练成本高、内容生成简单等问题，可以实现多任务、多语言、多方式的输出。

新闻摘要生成器是生成式人工智能技术在智能媒体领域的一大应用。其通过 AI 算法识别新闻文本中的关键信息，按照各个关键词的重要性程度匹配分数，最终生成包含重要程度最高的关键短语的新闻摘要。新闻摘要生成器可以迅速处理大量的新闻内容生成摘要，节省了人工编辑处理文本和写作的时间，提高了新闻生产的效率。目前，Google News、Apple News 等应用都已开始使用 AI 算法辅助生成新闻摘要，帮助用户快速了解新闻要点。

ChatGPT 是基于大型语言模型（Large Language Model，LLM）预训练的新型生成式人工智能，是一种以“对话+创作”为基础的生成式人工智能应用。ChatGPT 的接入使得对话式新闻成为可能。对话式新闻是将新闻以聊天对话的形式展现给用户，而人工智能是新闻对话式交互这一功能的强大助手。人工智能通过持续与用户对话，不断对用户的个性化要素进行识别、学习和整合，并将输出要素进行结构化处理，最终以贴近用户的方式对新闻内容进行有机呈现。这种对话式新闻已成为现阶段重要的新闻消费形式之一。

2023 年 2 月，《纽约时报》推出了一款基于 ChatGPT 的情人节消息生成器，[①] 用户可以选择自己喜欢的风格为伴侣、朋友等创建独特的情书。

① “A Valentine, from A. I. to You”, 2023, *The New York Times*, https://www.nytimes.com/interactive/2023/02/13/opinion/valentines-day-chatgpt.html.

定制化的交互体验获得用户赞誉，相关话题在美国社交媒体平台 X（原名 Twitter）上的浏览量超 21 万次。

传统的新闻生产中，媒体大多依托自身的记者团队设计交互议题，制作新闻作品。基于人工智能技术，媒体可以通过接入生成式 AI 辅助人工创意的表达。生成式 AI 会根据输入的指示词自动生成新闻产品，在很大程度上简化了人工操作的流程，节约成本。并且，能够为用户带来个性化定制化的交互体验，为智能媒体增强用户黏性、拓展用户群体提供了全新的突破口。

2. AI 丰富新闻呈现：多样、协作、智能化

生成式人工智能技术以大模型为基础，能够处理各种类型的媒体数据，丰富新闻作品的呈现形式，产出多模态的新闻作品，包括文字、图片、视频等多种形式的内容。智能媒体利用生成式人工智能技术，为文字报道搭配相应的图片或视频，丰富新闻报道的呈现形式。另外，视频报道中的字幕可以通过生成式 AI 工具自动生成，便于用户理解相关内容。

生成式 AI 在数据新闻、可视化报道方面也拥有巨大的发展潜力，其可以快速、大量地处理数据，自动生成新闻图表或对数据进行简单的解释。《纽约时报》在报道巴以冲突问题时，采用了人工智能技术追踪卫星图像，相关数据的呈现有效增强了报道的可信度和说服力。生成式 AI 在数据处理方面的能力甚至超越人类的基准水平，未来在新闻传播领域仍有巨大的发展前景。

在新闻播报方面，智能媒体陆续推出虚拟数字人。相较于人类主播，虚拟数字人可以随时随地提供新闻报道，不受时间限制。在自然语言处理和语音合成技术的介入下，虚拟数字人可以随意切换不同的语言版本进行新闻播报，扩大新闻覆盖的区域。基于生成式人工智能技术的驱动，虚拟数字人在外观、行为、语言特征等方面与人类更为接近，能够为用户带来更自然、流畅的交互体验。并且，虚拟数字人可以根据用户的兴趣和偏好调整播报内容，提供智能化的新闻播报服务。

3. AI 助推新闻推荐：精准、有效、个性化

大模型可以辅助智能媒体制作用户画像，助力个性化的新闻推荐。用户在浏览智能媒体上的各种信息时会留下各种足迹，包括搜索记录、点击

行为、浏览时长、评分喜好等。AI工具能够从这些数据当中提炼用户特征，制作出用户画像。根据用户的兴趣和行为模式，AI可以预测用户对不同内容的喜好程度，从而生成个性化的推荐列表。

美国社交媒体平台X利用生成式人工智能技术分析用户的兴趣、关注列表、互动行为等数据，为用户推荐个性化的推文内容。该推荐系统利用深度学习算法和自然语言处理技术，对推文内容进行智能化理解和分析，帮助用户发现符合其兴趣的话题和内容。X的推文推荐系统还会根据用户的互动行为和反馈不断优化推荐结果，以提高用户对推荐内容的点击率和满意度，实现最大化的用户留存。精准的个性化推荐能够有效减少信息过载，提升内容的转化率，从而实现智能媒体的收益增长。

4. AI应用新趋势：垂直化智能媒体的发展

智能客服自动化平台Aquant的首席执行官Shahar Chen预测，生成式人工智能技术在未来的发展中会划分成两个不同的类别：通用和垂直。①ChatGPT和Google Bard是通用型人工智能的典型代表，其通用功能适用于多个领域；而相对应的垂直型人工智能则指将生成式人工智能技术应用于特定的行业，在模型的设计中体现出专业化的优势，以解决特定的问题或提供定制化的解决方案。这也是当前美国智能媒体发展的一大趋势所在。

垂直人工智能（Vertical AI）专注于特定的行业或领域，能够积累更为深入的专业知识和经验，产出的解决方案更加符合用户的需求。针对出现的问题，垂直人工智能也能够及时进行相应的优化，以提升问题解决的效率和准确性，而高质量的解决方案无疑会给投资者带来直接而显著的回报。麦肯锡的一项研究就表明，在一家拥有5000名客户的公司中，生成式人工智能技术的应用使每小时的问题解决率提高了14%，处理问题所花费的时间减少了9%；并且减少了代理人的流失，与经理通话的请求也减少了25%。②

AI在智能媒体中的应用越来越呈现出垂直化的发展趋势。针对特定行业的专业媒体平台可以根据细分利基市场的需求以及关注点，提供定制化

---

① "Vertical AI: The Next Revolution in Generative AI", 2023, *Forbes*, https://www.forbes.com/sites/forbestechcouncil/2023/07/21/vertical-ai-the-next-revolution-in-generative-ai/..

② "Vertical AI: The Next Revolution in Generative AI", 2023, *Forbes*, https://www.forbes.com/sites/forbestechcouncil/2023/07/21/vertical-ai-the-next-revolution-in-generative-ai/..

的新闻报道和行业资讯。同时，生成式 AI 能够基于对用户行为的分析，有针对性地进行精准营销和广告投放，为智能媒体吸引广告资本投放。未来，垂直化智能媒体将朝着定制化、专业化、个性化的方向发展，依托 AI 实现内容生产的智能化，打造个性化的用户体验服务。

（二）产业复苏出现新态势：媒体布局的变化与资本的涌入

2023 年，新冠疫情之后的世界经济逐步回升。伴随产业复苏，美国智能媒体行业呈现新发展态势：传统媒体架构调整，流媒体平台持续火爆，新技术吸引资本大量投入。

1. 传统媒体架构调整

巴以冲突、日本排放核污水入海以及美国总统等一系列重大事件占据了美国的新闻头条，引发用户讨论参与。初步证据表明，美国的新闻兴趣和新闻信任度在经历大幅下降后正在反弹。路透社一项针对美国受众的调研发现，73%的受访者每天至少访问一次新闻媒体，相较于 2022 年，增加了 6 个百分点；同时，用户对新闻的兴趣和信任度都有所增长。①

尽管如此，由于全球性新冠疫情的影响，美国新闻行业仍在经济困境中挣扎，多家媒体公司已进行多轮大规模裁员。2022 年年底，美国最大的连锁报业甘尼特公司宣布，将裁减公司美国媒体部门 6%的员工，其中包括《今日美国》等多家报刊的工作人员。美国有线电视新闻网（CNN）裁撤数百名员工，CNN 的姊妹频道 HLN 宣布停止直播节目。美国国家公共广播电台裁员 10%，以解决数千万美元的预算赤字。②

地方性新闻报刊在疫情浪潮中所受影响最大。美国西北大学发布的《地方新闻现状》指出，在 2019 年之后的五年间，美国有超过 360 家报纸企业倒闭，其中绝大多数均为服务于中小型社区的周报。③ 为保护地方性报纸的发展，多方主体都贡献了有益措施，比如针对地方性报纸的非营利

① “Digital News Report 2023”, 14th June 2023, Reuters Institute, https://reutersinstitute.politics.ox.ac.uk/digital-news-report/2023/united-states.

② “Digital News Report 2023”, 14th June 2023, Reuters Institute, https://reutersinstitute.politics.ox.ac.uk/digital-news-report/2023/united-states.

③ “Digital News Report 2023”, 14th June 2023, Reuters Institute, https://reutersinstitute.politics.ox.ac.uk/digital-news-report/2023/united-states.

性商业模式，地方和国家提供的资金支持，等等。

2. 流媒体平台持续火爆

流媒体平台指通过互联网向用户提供音频、视频等内容的服务机构。这些流媒体平台通常采用订阅制，即用户支付费用来获取平台内容库的访问权限。美国知名的流媒体平台有 Netflix、Amazon Prime Video、Disney+等。

美国数字媒体用户数量总体呈上升趋势，越来越多的用户选择订阅流媒体平台的服务。不断增长的相关需求也为流媒体平台带来了持续的收入增长。据统计，美国超 90%的受访者表示了解流媒体平台，而超过 40%的人使用过这项服务。① 目前，美国视频流媒体平台估值超五千亿美元，预计 2024 年收入达 430 亿美元。② 音乐流媒体平台已达九千万付费用户，十倍于 2014 年的数据。③

美国视频游戏流媒体平台发展迅猛。视频游戏是一个充满活力、快速发展的行业，2022 年的市场规模已达 2170 亿美元。据预测，到 2030 年，预计以每年 13%的速度增长。④ 技术的进步、游戏体验的多样化以及游戏作为一种娱乐和社交形式被越来越多的人认可，都推动了该行业的发展。视频游戏玩家数量、市场规模的不断扩大，为视频游戏流媒体的火爆提供了持续的动力。Twitch 是视频游戏流媒体领域的领先者。截至目前，Twitch 拥有超 1.4 亿的月用户，每月共计有 18.6 亿小时的观看时长。⑤ 这一数据凸显了游戏玩家对视频游戏流媒体平台的关注和参与热情。

3. 新技术吸引资本大量投入

新冠疫情过后，美国宏观经济环境向好，但通货膨胀压力仍然普遍存在。在这种环境下，新技术的出现和发展无疑为美国智能公司应对经济危

① "Streaming in the United States: Statistics & Facts", 2023, *Forbes* , https://www.forbes.com/home-improvement/internet/streaming-stats/.

② "Streaming in the United States: Statistics & Facts", 2023, *Forbes*, https://www.forbes.com/home-improvement/internet/streaming-stats/.

③ "Streaming in the United States: Statistics & Facts", 2023, *Forbes* , https://www.forbes.com/home-improvement/internet/streaming-stats/..

④ "Streaming in the United States: Statistics & Facts", 2023, *Forbes*, https://www.forbes.com/home-improvement/internet/streaming-stats/.

⑤ "Streaming in the United States: Statistics & Facts", 2023, *Forbes*, https://www.forbes.com/home-improvement/internet/streaming-stats/.

机、改善运营状况提供了全新的机遇。依托人工智能、机器学习等创新技术，智能媒体公司能够简化业务工作流程、提高效率，为消费者创造更加个性化、智能化的服务体验。

新闻集团2023年财报显示，其年度净利润达1.87亿美元，同比减少75%。① 但新闻集团CEO罗伯特·汤姆森公开表示，他对公司未来感到乐观，理由是新闻集团正在加快布局生成式人工智能，并通过AI创作文字内容、音频和图片。这些举措可以大幅减少该公司的人工支出成本。他预计，由人工智能生产的数字内容未来将贡献50%以上的收入。

与此同时，社交媒体平台发展前景广阔，有望成为未来电子商务的中心。便捷性是其规模不断扩大的重要原因，用户在常用的社交平台上就可以直接购买商品。在美国前三大社交媒体平台中，Instagram拥有最高的投资回报率，Facebook次之，TikTok的受众增长潜力大，备受资本青睐。② 另外，智能媒体平台的直播业务持续发展。直播购物、体育直播、教育直播、游戏直播等形式广受欢迎。媒体对其投资亦是与日俱增，力图使直播成为用户最熟悉的获取信息的方式。

（三）智能媒体年度案例分析：前沿技术在实践中的应用

1. NewsGPT：全球首个人工智能生成新闻网站

2023年3月，全球第一个完全由人工智能生成新闻的网站NewsGPT面世。③ NewsGPT基于先进的机器学习算法和自然语言处理技术，实时扫描世界各地的新闻信息，包括社交媒体、新闻网站、政府机构等。在AI算法的支持下，NewsGPT能够快速整合分析各种数据，生成最新、准确、公正的新闻报道。

NewsGPT首席执行官艾伦·利维（Alan Levy）称，该平台的出现将改写世界新闻行业的规则。他认为，新闻业长期以来一直被偏见和主观报道

---

① 《新闻集团2023财年净利润1.87亿美元，同比减少75%》，2023年8月11日，百度网，https://baijiahao.baidu.com/s? id=1773914954775063157&wfr=spider&for=pc。

② "Live Streaming: Statistics & Facts", 2023, Statista, https://www.statista.com/topics/8906/live-streaming/.

③ "World's First AI-Generated News Channel Launches: NewsGPT", 2023, New Media Wire, https://finance.yahoo.com/news/worlds-first-ai-generated-news-224448989.html.

困扰，而 NewsGPT 能够为用户提供不含偏见的事实和真相。

作为由人工智能驱动生成新闻的平台，NewsGPT 不受时间、空间的限制，能够全天候地为用户提供持续更新的新闻服务。AI 算法驱动生成的新闻报道，避免“人”的主观参与，独特的视角生产出非人化的真相，在一定程度上能够避免偏见。NewsGPT 鼓励用户参与，通过报告假新闻、分享事实来帮助 AI 学习，提高报道的准确性。用户的反馈是大模型更新优化的关键，有助于完善生成式人工智能的产出内容。除了文字、图片报道，NewsGPT 还推出新闻直播、纪录片等，丰富新闻呈现的形式。

2. Channel 1：人工智能新闻主播个性化报道

Channel 1 计划于 2024 年全面上市，以 AI 主播播报人工智能生成新闻为特色。① Channel 1 从全球可信新闻来源收集信息，基于人工智能进行内容整合、数据分析，从而生成“准确、无偏见”的新闻报道。其承诺不会以人工智能生成的故事为来源，打破公众对“假新闻”的质疑。此外，Channel 1 仍旧保留人工编辑的职能，对人工智能生产的内容进行校对核查，保证新闻内容的准确性和真实性。

Channel 1 的主播由 AI 生成，在真实的人类形象基础上进行创建，并且可以随时切换各种语言。人工智能主播会模仿人类主播播报新闻的语言、动作、风格等，并尝试以幽默的方式发布新闻。

人工智能技术的发展使个性化内容生产与实时新闻推送成为可能，颠覆了传统的新闻媒体生产方式。人工智能在内容采集、分析、生产方面的卓越能力，甚至超越了人类。然而，公众对其生成的内容的信任感、对深度造假的忧虑仍旧是其努力优化的方向。

3. ReelFramer：人工智能辅助新闻词条生产

ReelFramer 是一个人机联合创作系统，支持将新闻报道转化为适合发布在社交媒体平台上的新闻词条。② 该系统能够帮助新闻记者撰写脚本和故事提纲，在此基础上，新闻记者可以进一步写作新闻词条。

---

① “AI-generated News Anchors to Present Personalized Peports on Channel 1 AI in 2024”, 2023, Cointelegraph, https://cointelegraph.com/news/ai-generated-news-anchors-to-present-personalized-reports-on-channel-1-ai-in-2024.

② S. Wang et al., “ReelFramer: Co-creating News Reels on Social Media with Generative AI”, 2023.

ReelFramer 使用生成式人工智能技术为新闻记者提供新闻词条的框架。首先，新闻记者需要输入一篇完整的新闻报道。系统会基于大语言模型从文章中提取关键信息，比如人物、时间、地点、事件等。然后，记者可以从叙事性框架、事件重现框架、戏剧性框架中选择一种叙事框架。在算法的驱动下，系统会根据指定的框架为记者提供关键要素的内容生产建议。记者可以接受、重新生成或手动编辑这些建议。最后，系统会根据用户最终接受的建议版本自动生成新闻词条脚本。记者在这一环节仍旧可以选择接受或修改脚本，接受后系统会自动生成相关角色和故事提纲，包括不同角色的服装、道具建议，以及角色的情绪、动作、对话等内容。基于以上素材，新闻记者可以制作相应的视频短片。

ReelFramer 最显著的特征为互动性。用户在每一个阶段都可以对系统生成的内容表示同意或不同意。人与生成式人工智能的协同创造，进一步提高了系统输出内容的质量和准确性。在这一过程中，机器可以为人类提供词条生产的灵感，有助于推动新闻作品的创新。然而，人工智能在处理复杂性问题上的能力仍旧逊于人类，且会产出虚假信息危害新闻真实性。这一切迹象都表明，人类的决策作用在生成式智能内容生产中仍不可或缺。

二 美国智能媒体发展建议

（一）内容本位：以新闻业核心功能为中心

智能媒体发展势头强劲，其背后技术的角色日益凸显出来。技术在媒体内容生产中越来越重要。一方面，技术的更新迭代有助于丰富新闻报道的形式，满足受众的需求和品位；但另一方面，要警惕唯技术论的倾向，新闻作品的生产不能沦为各种技术简单地拼凑或杂烩的结果。

新闻业的核心功能是为受众提供真实可信的新闻信息，而技术仅是为新闻作品增光添彩的辅助，不能掩盖新闻作品本身的价值。内核的“新闻故事”才是新闻作品的灵韵所在。新闻行业的立足点一直是内容，只有将内容放在首位，才是健康发展的长久之计。

（二）技术加持：以新兴技术为创新机遇

在智能媒体时代，技术已经成为构建传播体系和促进传播效果的关键支柱。特别是 2023 年以来，生成式人工智能技术的迅猛发展为新闻媒体行业带来了全新的机遇，使内容生产更具创新性，加强了与受众之间的联系。

生成式人工智能技术的进步为新闻行业带来了许多创新的契机。其一，新闻线索的来源更为多元化。通过分析海量数据，人工智能能够发现隐藏在数据背后的趋势和模式，从而为新闻报道提供更丰富的素材和更深入的洞察。这种多元化的线索来源使得新闻报道更全面，也增加了报道的可信度和深度。生成式人工智能在数据分析和处理方面的显著优势能够成为新闻从业者强大的辅助力量，未来在深度报道和调查性报道中将有更大的发展空间。

其二，生成式人工智能技术使新闻内容的呈现形式更为多样化。通过自然语言处理、图像识别等技术，人工智能可以实现自动化的内容生产和编辑，提高生产效率的同时降低了成本。对迫切改善运营状况的美国媒体而言，无疑是一次突破发展的机会。媒体行业应顺应趋势、调整策略、加强创新。

生成式人工智能技术在促进新闻媒体与受众的互动方面起到了积极的推动作用。通过智能化的推荐系统和个性化的服务，新闻媒体可以更好地了解用户的需求和反馈，及时调整内容策略，提高用户的参与度和忠诚度。未来，可以尝试推出更为智能化的互动形式，比如通过鼓励用户撰写提示词的形式，提高用户在新闻内容生产中的参与度，促进定制化新闻报道的普及。

总体而言，生成式人工智能技术的发展为智能媒体时代的新闻媒体行业带来了巨大的变革和挑战。在这个过程中，新闻媒体需要不断学习和探索，充分利用人工智能技术的优势，创新内容生产和传播的形式，加强与受众的互动，以更好地适应时代的发展和用户的需求。

（三）权利保护：以维护受众权利为重点

在当今万物皆媒的时代，用户在网络媒体上留下的一切痕迹都可以被捕捉和记录，这种对人类行为监控的全面化、细致的数据化已成为技术更新发展的基础和关键。然而，技术公司所掌握的大量数据如果被滥用或泄露，将严重侵犯用户的隐私权。因此，对用户隐私权利的保护迫在眉睫。这不仅需要监管部门对信息采集的边界进行明确的规定，还需要技术掌握者合理、合法、合规地运用算法。

另外，技术的发展必须以人类的利益为优先考量。在利用生成式人工智能等技术工具时，必须牢记算法模型的核心逻辑，不得违背社会公允的价值判断。生成式人工智能是在各种大模型的基础上训练出来的技术工具，其接收到的信息亦是多元化的，可能真实也可能虚假，可能正确也可能违法，其生成的内容也存在同样的复杂性。因此，在算法层面，技术创造者必须着眼于规避以上问题；而在使用方面，用户也需要提升自身媒介素养，不轻信生成式人工智能生成的内容，加强个人判断。

此外，生成式人工智能的发展需要大量的数据输入，这可能侵犯他人的知识产权。由生成式人工智能驱动生产出来的内容可能引发其他版权纠纷问题，如著作权的归属、争议和侵犯等。生成式人工智能可能会产生虚假信息，这可能对公众造成严重的误导，而这种误导的结果却是难以追责的。因此，针对技术发展引发的违法、违规问题，国家政府亟须出台新的法律、法规来进行规范和约束。

对技术的规范和受众权利的保护，需要技术公司、监管部门和用户之间建立起有效的合作机制，确保技术的发展能够符合社会公众的利益和法律规定。只有在充分考虑人类利益和社会价值的前提下，技术的发展才能取得长足进步，为社会带来更多的福祉。

（四）人员转型：以提升媒体工作者创造力为核心

生成式人工智能技术的突破，标志着新闻产业进入了智能化和自动化的新阶段。随着人工智能技术的广泛应用，新闻生产的过程变得更加高效、智能化，提高生产效率的同时为媒体企业节约了成本。

新闻生产通过算法和模型自动完成，意味着不再需要大量的人力投入。一些传统的新闻生产岗位已经被机器取代。面对巨大的不确定性，许多媒体工作者感到前所未有的职业危机，他们需要转变思维，寻找新的发展方向。

对于新闻从业者而言，要摆脱传统生产模式的固定思维，接受新技术的挑战。其一，需要认识到人工智能技术的出现和应用并不是要取代所有的媒体工作者，而是要作为辅助以更高效地完成工作。生成式人工智能技术可以处理大量的数据并生成内容，但仍然需要编辑来审核确保内容的准确性和客观性。因此，新闻从业者应当不断学习、更新自身的知识和技能，学会如何与人工智能技术高效协作，发挥各自的优势，提高整体的工作效率。

其二，新闻从业者需要提高自身的创造力。虽然人工智能可以生成大量的内容，但就独创性而言，仍旧不及人类。在信息爆炸的时代，用户更加渴望原创性和独特性的内容。这就需要新闻从业者通过深度思考，创造出更具有吸引力和影响力的专业内容，从而保证在新闻行业中的竞争优势。

T.18 2024年欧盟智能媒体发展和应用研究

巩述林　毛毅洵　张羽迪　于佳欣*

摘　要： 随着数字技术的不断进步与全球经济的数字化转型，欧盟意识到智媒数字经济对于促进经济增长、创新和社会发展的重要性。因此，欧盟近年致力于推动智媒数字化转型，并通过制定政策、加强技术创新和投资等方式，促进欧盟智媒时代的建设与发展。在法律层面，欧盟委员会陆续颁布和完善了《人工智能法案》《欧洲媒体自由法案》《网络弹性法案》《数据法》等关键法规，并推进“人工智能创新计划”，以培育具有创新性的人工智能欧洲生态系统。在技术层面，欧盟致力于投入人工智能、大数据与云计算、高性能计算机等智能技术领域，促进智媒技术的健康、可持续发展。在产业层面，欧盟不断深化数字身份、广告、媒体、电子竞技、版权和Metaverse等关键领域的布局，推动智能媒体产业的多元化与深入发展。此外，欧盟与美国签订了网络安全和基础设施安全合作协议，共同提升数字技术能力，并增强欧盟在全球数字价值观中的影响力。总体而言，欧盟智能媒体近年发展迅猛，其未来发展前景也不可小觑。然而，欧盟智能媒体产业仍面临诸多挑战，如全球数字巨头的垄断、数字技术的风险控制、中小企业的不平衡发展、龙头企业的缺乏等。因此，欧盟智能媒体发展需要持续的战略扶持与资金投入，广泛部署战略数字能力与智媒技术，以塑造一条具有欧盟特色的智能媒体发展道路。

关键词： 欧盟；智能媒体；数字化转型；数字经济

---

* 巩述林，英国卡迪夫大学新闻学博士，浙江传媒学院新闻与传播学院讲师、硕士生导师，浙江省互联网传播研究中心成员；毛毅洵，浙江传媒学院新闻与传播学院硕士研究生；张羽迪，浙江传媒学院新闻与传播学院硕士研究生；于佳欣，浙江传媒学院新闻与传播学院硕士研究生。

一　欧盟智能媒体发展应用战略分析

（一）欧盟智能媒体法律法规的举措背景

欧盟在 21 世纪初即明确了数字技术对经济发展的重要性，并积极采取行动以推动数字化转型，其先后提出了“数字化单一市场”政策和“塑造数字时代欧洲”战略。这些举措旨在利用互联网和信息通信技术促进经济社会发展，实现宏伟战略目标。欧盟持续通过强化数字治理和利用“布鲁塞尔效应”，在全球范围内推动数字贸易规则的制定和推广。早在 2021 年，欧盟便提出了“数字罗盘”计划，明确了 2030 年数字化转型的目标，其中包括增强欧洲的数字主权和数字竞争力，以构建一个以人为本、可持续发展的数字社会。为了实现这些宏伟目标，欧盟委员会密集推出了一系列数字化转型相关的法律和政策，包括《数字市场法》《数字服务法》《数据法》《人工智能法》《网络弹性法案》《欧洲媒体自由法案》等，旨在提升数字市场的监管效果和欧盟范围内法规的一致性，并在国际数字贸易规则制定中发挥示范作用。①

面对数字经济领域缺乏先发优势的竞争形势，欧盟利用其统一的经济体和成熟的市场优势，积极开展数字经济方面的立法和执法活动，一定程度上掌握着全球数字经济规则制定的话语权。② 欧盟数字化程度高且用户规模庞大，但由于缺乏市场领军企业，欧盟通过立法完善数字市场监管体系，并坚定维护其国内监管自主权。在一定程度上，这也基于其目前数字贸易地位，并从维护地区经济利益出发作出了政策权衡，以积攒数字人力资本、进行数字技术追赶、培养龙头企业并争取时间。欧盟认识到当前拥有垄断地位的美国数字企业对市场的重要影响力，因此，欧盟不仅在数字治理方面加强立法，还加大对数字技术的研发投入，力求在数字经济领域取得更大的话语权和影响力。此外，2024 年 1 月，欧盟委员会宣布启动“人工智能创新计划”，旨在支持人工智能企业规则和中小企业开发符合欧

① 张雪春、曾园园：《欧盟数字贸易现状及中欧数字贸易关系展望》，《西部金融》2022 年第 9 期。

② 郑孜青：《解读欧盟〈人工智能法案（审议稿）〉》，《中国外汇》2023 年第 18 期。

盟价值观的可信人工智能。该计划涵盖了一系列战略举措，包括建立人工智能工厂、设立人工智能办公室、加速开发与部署欧洲共同数据空间、建立欧洲数字基础设施联盟等。这些措施旨在培育具有创新性的人工智能欧洲生态系统，为部分企业和创新者提供与工业用户密切合作的机会。① 通过这些举措，欧盟旨在提升其在人工智能领域的主导地位，并充分利用人工智能在科学领域的潜力来提升欧洲在全球竞争中的地位。这些政策举措也将被纳入“欧盟人工智能战略”“人工智能协调计划”等，以确保其与欧盟整体战略的一致性和协调性。

当前拥有垄断地位的美国数字企业掌握着重要的物质和非物质力量，欧盟意识到主权的真正挑战不只在于数字空间的虚拟性，还在于“数字巨头”的市场势力，中美之间日益加剧的技术竞争也为欧盟争取“数字主权”提供了参照。② 维护“数字主权”便成为欧盟摆脱依赖、避免在未来大国竞争中失势的关键，加强自身在数字空间领域的规范性力量，提升了欧盟在数字技术能力和欧盟整体价值观方面的影响力，寻求获得技术带来的经济和地缘政治方面的利益，塑造了一条具有欧盟特色的数字发展之路。③

当前数字化带来的便利也伴随着新的挑战和风险。数字技术的发展可能侵犯个人的权利和自由，对人类的尊严、平等、自由、安全和隐私构成严重威胁。为此，欧盟出台了一系列政策和法案，围绕数字民主参与、虚假信息风险、数字技术监管和风险控制、人工智能和算法的威胁监管、虚拟世界通信等议题，取得了良好的成效。④ 为进一步加强网络安全和基础设施安全，欧盟网络安全局（ENISA）与美国网络安全和基础设施安全局（CISA）签署了一项合作协议，以加强在能力建设、最佳实践交流和态势感知方面的合作。欧洲经济的未来竞争力取决于先进的数字网络基础设施

① “Zhide Artificial Intelligence Monthly Report January Issue”, January 31, 2024, Meritsandtree, https://www.meritsandtree.com/index/journal/detail? id=7311.

② 郝诗楠：《“自由”与“不自由”：高科技跨国公司的政治化与国家化》，《国际展望》2021年第3期。

③ 闫广、忻华：《中美欧竞争背景下的欧盟“数字主权”战略研究》，《国际关系研究》2023年第3期。

④ “Interpretation of the European Digital Decade 2023”, December 30, 2023, Tsinghua University Intelligent Rule of Law Research Institute, https://www.secrss.com/articles/62357.

和服务，因此，欧盟委员会提出了未来数字基础设施的新举措，以促进数字基础设施的创新、安全，以及增强复原力。①

（二）欧盟智能媒体法律法规的举措指向

随着数字智能技术的飞速普及与发展，全球各个领域都在经历着前所未有的数字智能化转型。欧盟作为全球数字经济的重要参与者，面临着严峻复杂的挑战。欧盟积极采取了一系列专业化的法律和政策举措，以促进数字经济的可持续发展，并在全球数字智能化的浪潮中发挥引领作用，积极应对人工智能技术治理、新闻媒体信息传播、数字市场领域管理、数据安全保护以及网络安全防护等多方面的挑战，不断规范数字经济发展、公民权益保障、促进数字市场的公平竞争。这些举措的实施不仅体现了欧盟对数字化转型的重视，也为欧洲乃至全球数字经济的可持续发展提供了有力支撑。

在人工智能技术治理方面，欧盟于 2023 年 12 月通过了《人工智能法案》。2024 年 2 月，欧洲议会内部市场和公民自由委员会批准了与成员国就《人工智能法案》进行谈判的结果，该文本将在欧洲议会全体会议上正式通过，并得到欧盟理事会最终认可。历时多年，该法案的立法进程进入尾声阶段，预计于 2026 年全面适用。近年来，全球人工智能技术的迅速发展引发了公众对其潜在风险和挑战的关注，欧盟把人工智能技术监管作为关键政策，采取“以人为中心”的发展路径。2019 年开始，欧盟通过非强制性的“软法”逐步着手监管人工智能，最终转向了全面制定法律法规的进程。《人工智能法案》的主要目标是为全球 AI 技术应用和发展设定全面标准，以确保其符合道德和法律双重标准，同时提升欧盟在 AI 领域的竞争力和影响力。法案适用于欧盟内部和第三国相关方，并采用了审慎的风险权衡方法，将 AI 风险分为四个层级：不可接受的风险、高风险、有限的风险以及最小风险。② 此外，法案还强调了公民监督的重要性，由国家市场监督机构负责执行新规，并特别鼓励创新，关注中小企业和初创

① “Commission Presents New Initiatives for Digital Infrastructures of Tomorrow”, February 21, 2024, Johannes BAHRKE, https: //ec. europa. eu/commission/presscorner/detail/en/ip_ 24_ 941.

② Chen Fucheng, Cai Zongxiu, “Interpretation of the EU Artificial Intelligence Act”, May 24, 2023, https://www. anjielaw. com/view/article-info. html? id = 1909.

企业。同时，法案对教育体系和学科课程的影响也是显著的。法案将人工智能素养纳入教育体系和项目中，强调了将人工智能素养和技能纳入各个学科课程的迫切性。①《人工智能法案》的出台不仅对欧盟内部有着深远影响，也给其他国家和地区带来了挑战和压力。它意味着其他国家也需要加快自己的人工智能立法进程，以提出自己的立场和理念，维护自身利益和主权。为确保欧洲在人工智能领域保持重要地位，欧盟委员会计划在2024年前两个季度与27个成员国密切合作，制定一项“人工智能驱动”的机器人战略。该战略将保证负责任地、合乎道德地使用机器人，并考虑隐私、网络安全、透明度、问责风险及措施。AI机器人战略将进一步推动欧洲在人工智能领域的规范发展，并有望对全球AI产业产生深远影响。②《人工智能法案》也将对机器学习、AI模型的开发和传播形式作出规定，并对其在教育、就业、医疗保健等领域的应用产生影响。

在新闻媒体信息传播方面，欧盟采取保护媒体独立性和多元化的法律举措，欧洲议会议员和欧盟27个成员国于2023年12月达成一致通过《欧洲媒体自由法案》。人工智能的兴起给新闻媒体带来了挑战，虚假新闻的传播给公民社会和政治稳定带来了风险，新闻媒体需要新的方案来确保其独立性和编辑室的正常运作。③ 强大而独立的媒体是维护公民知情权、对权力进行监督的重要角色，然而算法数据驱动的不公平竞争行为严重影响了新闻媒体的商业模式，使其面临更大的挑战。《欧洲媒体自由法案》旨在更好地保护编辑独立性、促进媒体多元化、确保透明度和公平性，并通过新的欧洲媒体委员会促进媒体当局更好地合作。④ 这些新规则将帮助媒体更轻松地在欧盟内部市场实现跨境运营，而不会受到过度压力。EMFA的制定倡导记者保护、维护公共服务媒体标准和透明的媒体所有权，

① “How does the EU Artificial Intelligence Act Affect Education?”, January 29, 2024, China Education Network, https: //www. edu. cn/xxh/ji_ shu_ ju_ le_ bu/rgzn/202401/t20240129_ 2557001. shtml.

② “Cultivating ‘Ethical’ AI Robots, the EU Plans to Develop a ‘Robot Strategy’ ”, January 26, 2024, Li Jingtong, https: //www. investgo. cn/article/gb/gbdt/202401/705368. html.

③ Chen Xi, “Should Press Freedom be Protected by Law?”, February 23, 2024, https://feja. org. tw/74710.

④ “Defining the ‘Media’ in Europe: Pitfalls of the Proposed European Media Freedom Act”, July 31, 2023, Theresa Seipp, https: //www. tandfonline. com/doi/full/10. 1080/17577632. 2023. 2240998.

补充了《数字服务法》的目标，并将欧盟对电子媒体的监管立场扩展到了广泛的电子互动领域。

在数字市场领域管理方面，欧盟推动数字服务领域的公平竞争，公布并实施了《数字市场法》和《数字服务法》，这两部法律都是“欧洲塑造数字未来”战略的核心内容之一。近年来，欧盟对在线平台尤其是大型国际在线平台，存在的虚假信息、非法内容、不公平竞争等现象高度重视，并出台了有针对性的法律以制约在线平台行为。欧盟各成员国也不断出台或完善数字领域相关法律，然而，不同的法律标准对欧盟内部市场产生了负面影响，导致商品和服务的自由流动受到严重限制。[①] 为防止国际大型服务平台对欧洲数字市场造成不良影响，《数字市场法》制定了一套狭义定义的客观标准，使大型在线平台有资格成为所谓的“看门人”，通过建立竞争规则解决网络效应造成的市场集中问题，有针对性地解决大型系统性在线平台问题。这有助于创新者和技术初创企业在平台环境中竞争与创新，而不必遵守限制其发展的不公平条款和条件，为中小企业和新公司创造更加平等的监管环境。[②] 2023 年 9 月，欧盟委员会任命了首批六名“看门人”，包括 Alphabet、亚马逊、苹果、字节跳动、Meta 和微软等。另外，《数字服务法》于 2024 年 2 月中旬正式在所有网络平台生效。该法案涵盖了社交媒体审核、电商广告推送以及打击假冒商品等多个方面，旨在确保用户在使用过程中的安全，并促使相关企业对有害内容、虚假信息、广告跟踪行为和反竞争行为等承担法律责任。欧盟委员会指定的 22 个超大在线平台必须遵守附加规则，包括 Twitter 和 TikTok，以及亚马逊、苹果、谷歌、Meta 和微软的主要服务。[③] 2023 年 12 月，欧盟委员会对马斯克的社交媒体平台 X 发起了该法案下第一项正式调查；2024 年 2 月，欧盟委员会宣布对 TikTok 启动的调查是基于《数字服务法》的第二项正式调查。欧盟“数字双法”注重培育初创企业和小型企业发展平台业务，可加快欧洲本

---

① 徐德顺、张宇嫣：《欧盟“数字双法”对数字经济的影响研究》，《国际贸易》2024 年第 1 期。

② “Questions and Answers：Digital Markets Act：Ensuring Fair and Open Digital Markets”，September 6，2023，European Commission，https://ec.europa.eu/commission/presscorner/api/files/document/print/en/qanda_20_2349/QANDA_20_2349_EN.pdf.

③ “The European Parliament Passes the Digital Services Act and the Digital Markets Act”，October 9，2022，Meritsandtree，https://www.meritsandtree.com/index/journal/detail?id=3615.

土数字化进程，促进欧洲一体化建设与欧洲创新数字经济的发展。同时，中国企业应抓住契机，利用在算法、数据等领域的优势与欧盟相关企业进行交流合作，与欧洲在基础创新和监管规则等方面优势互补，促使数字经济为中欧经贸合作注入强劲动力。①

在数据安全保护方面，2023 年 11 月欧盟理事会正式通过了《数据法》，进一步保障数据价值的公平分配。在数字技术不断创新和网络普及率持续上升的背景下，数据已经成为引领第四次工业革命的关键生产要素。当前数字经济时代下数据成为经济发展的新推动力，同时数据资源的挖掘、开发和利用也已经成为各国部署国际竞争战略、提升国际竞争力的战略要地。为了推动欧盟单一数据市场的建立，欧盟委员会于 2022 年 2 月发布了《数据法》草案，与已经生效的《数据治理法》共同发挥作用。这不仅为欧盟提供了一套较为完善和可行的数据流通利用方案，也为新服务的开发提供了有力支持，尤其是在基于数据与算力的人工智能领域，此举同时为中国未来制定数据流通利用规则提供了重要的参考。②《数据法》构建了完善的数据共享体系与规则，明确了各方主体在数据共享中的权利与义务，促进了数据在市场流动中的价值释放，为企业的数据治理提供了新的方向指引。③

在网络安全防护方面，2023 年 11 月欧盟理事会与欧洲议会就《网络弹性法案》达成临时协议，旨在为数字产品制造商引入通用网络安全规则，加强联网产品的网络安全。④ 近年来，随着软件产业的快速发展，复杂的软件生产链产生了一系列安全问题，给信息系统的整体安全防护带来了巨大挑战。针对软件供应链的安全攻击事件呈快速增长态势，其造成的

① 李清扬：《欧盟〈数字市场法〉对我国数字经济反垄断的启示》，《中国价格监管与反垄断》2024 年第 2 期。

② “The Data Bill is about to be Passed: How can Europe Regain its Former Glory in the Digital Age?”, November 16, 2023, Compliance Technology Research, https://www.secrss.com/articles/60813.

③ “Understanding the EU Data Act”, January 25, 2024, Kaamel, https://www.kaamel.com/blogArticle?id=aa899ac2-10e5-45d0-ad5c-a60389eea76d.

④ “The EU has Reached Agreement on the Cyber Resilience Act: How Should Digital Products Implement a Vulnerability Reporting Mechanism?”, December 6, 2023, Safety Internal Reference, https://www.ahdjbh.com/dengbaozixun/960.html.

危害也日益严重。[①] 由此，欧盟将网络安全的范围扩大到整个产业链，尤其关注软件供应链的安全。《网络弹性法案》一定程度上能够解决硬件和软件中的漏洞问题，让欧洲大陆更安全、更有弹性。随着供应链安全风险日益凸显，各国加大了在国际合作、政策立法、监督管理等方面的力度，着力提升产业链、供应链安全水平成为构建新发展格局和推动高质量发展的主要内容。这一举措不仅有助于维护网络安全及规范相关市场主体行为，而且有助于实现长期稳定发展，对应对复杂国际形势具有重要意义。[②]

二　欧盟智能媒体技术运用

（一）2023 年欧洲智能媒体技术发展环境

2023 年 9 月，欧盟委员会发布了有关数字十年状况的第一份报告 “2023 Report on the State of the Digital Decade”。该报告监测和评估了欧盟在数字十年政策计划中数字化转型方面的进展，强调了要通过政策措施的制定和相关投资的引入加强和加快数字化转型建设；同时，基于每个成员国的战略路线图，提出了针对成员国的具体建议。该报告的内容可以分为以下主要部分。

第一，数字十年计划的基本开展情况。主要以数据表格的方式宏观呈现了数字十年各个目标的执行开展现状，以及现在它们与十年目标的差距。

第二，欧洲数字化转型的必要性和紧迫性。论述了在当前的国际环境下为什么需要数字化转型，快速稳定实施数字十年计划、达成计划目标的必要性，阐释了为何需要数字十年，并且格外强调了欧盟国家间联合开展项目的重要性。

第三，欧盟数字化转型的不足和建议。针对每个既定指标，具体展现了它们的发展现状，并不乐观的是，大部分指标的发展现状都不是很好，可能按照现在的速度到十年后并不能完成规划的目标，所以欧盟也对成员

---

① “Introduction to the EU’s Cyber Resilience Act and its Reference Significance”, April 10, 2023, Zhu Wenfeng, http://www.cww.net.cn/article?id=576561.

② “Looking at Supply Chain Security Management from the EU’s Cyber Resilience Act”, January 18, 2024, Safety Internal Reference, https://www.secrss.com/articles/62932.

国提出了要求和建议采取的相关措施。①

（二）2023 年欧洲智能媒体技术发展与创新

1. 人工智能

2023 年，欧洲在智能媒体技术领域的人工智能（AI）发展取得了显著进展，特别是在政策制定、技术应用和行业监管等方面。2023 年 6 月，欧洲议会以压倒性多数通过了《人工智能法案》（“Artificial intelligence act”）的授权草案。这标志着欧盟在人工智能整体监管方面走在了世界前列。该法案旨在确保 AI 技术的安全使用，尊重基本人权，并促进投资与创新，将欧洲打造成一个可信任 AI 的中心。法案按照不同的风险类别对 AI 技术应用进行分类，从必须禁止的技术到高、中、低风险的 AI，通过识别不同风险来进行监管。对于高风险 AI 系统，法案要求公司对其算法进行人为控制，提供技术文件，并为应用建立风险管理系统。每个欧盟成员国都将设立一个监督机构，确保这些规则得到遵守。

AI 技术本身在持续发展的同时，也持续渗透着整个新闻媒体行业。根据世界报业和新闻出版协会（WAN-IFRA）的报告，约一半的新闻媒体已经开始使用类似 ChatGPT 的生成式 AI 工具。② 这些工具主要用于内容摘要、简化研究及搜索、文本纠错和优化工作流程等。例如，早在 2018 年英国哈里王子和梅根的婚礼报道中，天空新闻（Sky News）利用 AI 技术与机器学习平台 Graymeta 合作，推出了面部识别技术的应用。这项技术能够在视频报道中实时识别并介绍出席婚礼的宾客，极大地提高了报道的互动性和信息量，同时减轻了传统编辑工作量。

2023 年，欧洲人工智能技术继续发展的同时，也面临着人工智能技术带来的“深度伪造”的挑战。这些技术不仅在内容创作领域得到应用，还涉及网络安全和信息技术领域。世界经济论坛发布的《2024 年全球风险报告》中提到，由 AI 衍生的错误信息和虚假信息及其对社会两极分化的影

① “Interpretation of the European Digital Decade 2023”, December 30, 2023, Institute of Intelligent Rule of Law, Tsinghua University, https://www.secrss.com/articles/62357.

② “Gauging Generative AI's Impact in Newsrooms”, May 2, 2023, Dean Roper, https://wan-ifra.org/insight/gauging-generative-ais-impact-in-newsrooms/.

响被列为未来两年的十大风险之首。①

随着人工智能技术在欧洲媒体行业的广泛应用，行业监管与挑战也随之增加。内容的准确性、版权保护和数据隐私等问题日益成为业内关注的焦点。媒体机构必须在确保合法合规的前提下，合理利用 AI 技术，以充分发挥其潜力。此外，生成式 AI 模型面临着新的透明度要求，根据欧盟的规定，这些模型在进入市场前需要准备详细的技术文件，并严格遵守版权法等相关法律。尽管《人工智能法案》为 AI 技术的发展提供了清晰的法律框架，但其实施可能会给 AI 企业带来一系列挑战，特别是在合规成本、市场准入以及技术限制等方面。这些挑战要求企业和监管机构共同努力，以确保 AI 技术的健康、可持续发展。

总体来看，2023 年欧洲智能媒体技术中 AI 技术的发展呈现出积极趋势，但同时也面临着严格的监管和伦理挑战。随着《人工智能法案》的进一步实施和监管的细化，预计欧洲的 AI 技术和应用将继续在全球范围内发挥引领作用。

2. 大数据与云计算

2023 年，欧洲智能媒体技术领域中的大数据与云计算发展取得了显著进展。这主要得益于欧盟对数字经济的重视和投资。随着数据量的爆炸性增长，大数据分析和云服务在智能媒体中的应用变得更加广泛。欧盟的高性能计算机研发项目和端到云服务研究为智能媒体提供了强大的技术支持。欧盟委员会发布的《2023—2024 年数字欧洲工作计划》，强调了未来几年关键信息技术的政策重点。该报告宣布欧盟将投入 1. 13 亿欧元用于改善云服务安全性、创设人工智能实验及测试设施，以及提升数据共享水平。②

3. 高性能计算机

在高性能计算机的研发与部署方面，欧洲高性能计算联合工作组（EuroHPC JU）继续进行高性能计算机相关研发，开发和部署“世界领先”的超级计算机、量子计算机及数据基础设施。这支持了关键技能的发

① “Global Risks Report 2024：Disinformation is the Biggest Global Risk in 2024 as Environmental Threats Intensify”，January 10，2024，World Economic Forum，https://cn. weforum.org/press/2024/01/global-risks-2024-disinformation-tops-global-risks-2024-as-environmental-threats-intensify-cn/.

② “Interpretation of the European Digital Decade 2023”，December 30，2023，Institute of Intelligent Rule of Law，Tsinghua University，https://www. secrss. com/articles/62357.

展和欧洲科学及工业的双重转型。在云服务与数据空间建设领域，欧盟继续开展端到云服务方面的研究及相关基础设施建设，推动“数据欧洲”（Data for EU）项目，以建设行业内数据空间为重点目标，扩大其适用范围，并开展“支撑数据欧洲”（Support for Data for EU）的项目，如开放数据门户网站建设。同时，欧盟投资3500万欧元用于建设网络安全应急机制，资助关键实体开展网络安全审计，帮助欧盟网络储备（European Cyber Reserve）组织应对网络事件，并计划《网络团结法案》。①

这些发展表明，欧盟在智能媒体技术中的大数据与云计算领域正加速推进，旨在建立一个更加安全、高效和互联的数字环境，以支持媒体和其他行业的数字化转型。通过这些措施，欧盟不仅加强了其在全球数字经济中的竞争力，也为公民和企业提供了更多的数字化服务和机会。

4. 区块链

在区块链方面，欧盟委员会发布的欧盟《2023—2024年数字欧洲工作计划》中提到了与欧洲区块链伙伴关系（European Blockchain Partnership）合作，加强欧洲区块链服务基础设施（EBSI）的建设、试点和部署。② 这表明欧盟在区块链技术的应用和推广上将持续投入，特别是在公共服务和数字身份建设方面。

欧洲大陆对区块链技术的发展持鼓励政策，拥有较多的区块链课程、活跃的开发者社区、众多的区块链会议以及较完善的基础设施，共同构建了友好的创新环境。欧洲欲借助区块链技术，成为全球标准的制定者，重新焕发活力。欧洲在区块链项目上侧重于底层技术研发与应用落地，与区块链领域相关的在研项目共535个，占全球比重的25%。其中，底层平台和基础协议项目占比达30%，行业服务类项目数量占比12%，金融协议项目占5%，而实体协议类项目占比高达53%。③

随着区块链技术的发展，监管也在不断适应和更新。例如，欧科云链

① “The EU's Digital Europe Work Programme 2023-2024 will Invest 113 Million to Boost Data and Computing Capabilities”, June 8, 2023, Chinese Academy of Sciences, http://www.ecas.cas.cn/xxkw/kbcd/201115_129816/ml/xxhzlyzc/202306/t20230608_4939869.html.

② “Interpretation of the European Digital Decade 2023”, December 30, 2023, Institute of Intelligent Rule of Law, Tsinghua University, https://www.secrss.com/articles/62357.

③ “Europa's Stubbornness: European Blockchain Industry Development Research”, January 16, 2019, Fenbushi Digital, https://pdf.dfcfw.com/pdf/H3_AP201901171286012204_1.pdf.

等科技公司正在利用技术弥补网络安全和网络犯罪的监管漏洞，通过链上数据分析和追踪机构合作，实现科技助警。未来的监管系统将可能朝着分布式迈进，与技术监管相结合，利用智能合约技术进行监管。

5. 5G 技术

2023 年，欧盟在 5G 领域的发展取得了显著进展。这些技术的发展对提升网络性能、降低延迟、增强连接能力和推动数字化转型具有重要意义。根据欧盟委员会的统计数据，2023 年 5G 网络人口覆盖率在欧盟平均约为 80%，但存在成员国之间的差异。一些国家如爱沙尼亚、拉脱维亚、比利时、罗马尼亚和瑞典的覆盖率远低于平均水平。这表明 5G 网络部署在欧盟内部仍不均衡。尽管 5G 投资达到了 2016 年以来的最高水平，但与全球其他地区相比，欧盟的网络投资仍然较低。这可能影响到欧盟实现到 2030 年所有家庭都能获得千兆宽带连接的目标。① 2023 年，欧盟委员会首次公开点名将华为和中兴通讯列为对欧盟安全构成更高风险的电信供应商，并宣布不再采用依赖这两家中国公司的服务。这一政策变化可能会影响 5G 网络的供应商选择和未来的发展。

5G 的发展对智能媒体技术来说至关重要，它们能够提供更快的数据传输速度和更低的延迟，极大地提升了用户体验。同时，这些技术的进步也为智能媒体内容的创作、分发和消费提供了新的可能性。然而，欧盟在这些领域的投资和政策支持需要进一步加强，以确保技术的快速发展和广泛应用，从而推动整个智能媒体行业的创新和增长。

6. 虚拟数字人技术

根据《2023 年全球虚拟数字人产业报告》，全球虚拟数字人企业数量和投融资活动均实现了显著增长。在欧洲，这一趋势同样明显。② 虚拟数字人技术在欧洲经历了快速的发展，从最初的影视行业应用逐渐拓展到泛娱乐、电商、营销、企业服务等多个领域。随着技术的成熟和标准化，虚拟数字人解决方案开始面向中小型商户，使用成本大幅降低，受众范围有望快速扩大。AI 技术的进步使虚拟数字人从简单的“数字人”向“数智

① “Quarterly Report of the European 5G Observatory”, May 6, 2022, European Commission, https://digital-strategy. ec. europa. eu/en/news/quarterly-report-european-5g-observatory.

② “Global Virtual Digital Human Industry Report 2023”, March 17, 2023, VRTUOLUO, https://www. vrtuoluo. cn/535623. html.

人”转变，交互能力得到显著提升，虚拟数字人能够更加自然地与用户进行互动，提供更加个性化和智能化的服务。

2023 年 12 月，欧盟委员会宣布启动“欧洲虚拟人数字孪生计划”（Virtual Human Twin initiative），旨在加速人体数字化表征的集成与验证，推动虚拟人数字孪生解决方案在健康和护理领域的应用与发展。① 这一计划将促进虚拟数字人在医疗保健系统中的使用，为未来的健康研究和技术创新奠定基础。

7. AR/VR 技术

根据国际数据公司（IDC）发布的全球增强现实（AR）和虚拟现实（VR）支出指南，2023 年欧洲的 AR 与 VR 支出预计将分别达到 11 亿美元、34 亿美元。2027 年，AR/VR 的总支出预计将达到 105 亿美元，2022—2027 年的复合年增长率为 24.9%。尽管受到高通胀和其他宏观经济状况的影响，AR/VR 支出自上次预测以来已被下调，但 2023 年的支出预计将增长 32.0%。②

AR 与 VR 技术在欧洲的应用场景不断拓展，从消费级市场到医疗健康、工业生产、文化旅行和教育培训等多个 B 端场景，AR 与 VR 技术开始出现广泛布局。这表明 AR 与 VR 技术正在逐渐渗透社会经济的各个领域，成为支持组织业务目标的战略技术。

随着 5G 通信技术的发展，大带宽和低时延特点有助于解决 AR 与 VR 技术在图像渲染能力、终端移动性和互动体验方面的挑战。这为 AR 与 VR 技术的发展提供了良好的技术基础，推动了 AR 与 VR 终端设备的出货量增长。

8. 元宇宙技术

2023 年，欧洲在元宇宙技术方面的发展呈现出十分正向的政策倾向，欧盟委员会正在领导对欧洲乃至全球元宇宙的监管。欧盟委员会主席乌尔苏拉·冯德莱恩（Ursula von der Leyen）在国情咨文演讲中提出了一项关

① “Virtual Human Twins: Launch of the European Virtual Human Twins Initiative”, December 21, 2023, European Commission, https://digital-strategy.ec.europa.eu/en/news/virtual-human-twins-launch-european-virtual-human-twins-initiative.

② “Worldwide Augmented and Virtual Reality Spending Guide”, December 21, 2023, International Data Corporation, https://www.idc.com/getdoc.jsp?containerId=IDC_P34919.

于包括元宇宙在内的虚拟世界的新倡议。该倡议于 2023 年 5 月发布，将属于“适合数字时代的欧洲”，并有助于欧洲到 2030 年实现数字主权的目标。《2030 年数字罗盘》为如何实现这些目标提供了计划，并可能影响虚拟世界的倡议和欧洲元宇宙的发展。数字罗盘旨在提高欧洲公民的数字技能，并强调培养更熟练的数字专业人员，改变欧盟的数字基础设施格局，通过改善数据基础设施来加强欧洲网络安全，使数据能够留在欧盟境内，而不是存储在第三国。①

欧盟内部市场专员蒂埃里·布雷顿（Thierry Breton）在他关于“欧洲在元宇宙中蓬勃发展的计划”的博客文章中强调了对一个专注于欧洲价值观和规则的元宇宙的需求，以及防止数字空间中新的私人垄断发展的必要性。为此，布雷顿提到了《数字服务法》和《数字市场法》是欧盟实现这一目标的必要工具。他还强调，欧盟需要提高其在数字领域的专业知识，打造虚拟现实（VR）和增强现实（AR）工业联盟。该联盟将行业和研究利益相关者聚集在一起，开发必要的技术，以进一步发展元宇宙。

此外，欧洲议会目前正在起草一份关于元宇宙的报告。该报告将重点关注元宇宙的机遇、风险和政策影响，是欧盟对这个问题日益增长的兴趣的体现。它还将建立在欧洲议会研究服务处关于这些主题的简报的基础上，重点关注元宇宙将对各种监管领域产生的更广泛影响，包括竞争法、数据保护、金融和生命科学。

就目前而言，完全身临其境的元宇宙仍然是未来的事情。欧洲正在迈出第一步，以确保自己处于这场数字革命的最前沿。尽管欧盟尚未提出直接针对元宇宙的具体立法提案，但欧盟委员会和议会正在牵头制定一个可供考虑的监管框架。

三 欧盟智能媒体产业细分

（一）数字身份产业

数字化转型是欧盟战略自主权的关键因素，也是欧洲更接近其气候目

① Sam Jungyun Choi, Dan Cooper, Bart Szewczyk, “Regulating the Metaverse in Europe”, April 11, 2023, https://www.globalpolicywatch.com/2023/04/regulating-the-metaverse-in-europe/.

标的重要因素。欧盟成员国支持以人为本的数字化方法，尊重和维护欧盟的价值观和基本权利。

西班牙经济大臣 Nadia Calvino 认为："随着欧洲数字身份法规的批准，我们正在迈出基础性的一步，使公民可以拥有一个唯一的和安全的欧洲数字身份。这是一个关键的进步，欧盟在数字领域成为全球参考，保护我们的民主权利和价值观。"2021 年 6 月，欧盟委员会提出了一个欧洲数字身份框架，通过欧洲数字身份钱包向所有欧盟公民、居民和企业提供。为了确保所有欧洲人拥有可信和安全的数字身份，理事会主席和欧洲议会代表 2023 年 11 月就欧洲数字身份（eID）的新框架达成临时协议。修订后的条例是欧洲数字身份的一个明显的范式转变，旨在确保个人和企业普遍获得安全、可信赖的电子身份与认证。新的欧洲数字身份钱包将使所有欧洲人能够使用在线服务，而不必使用私人身份识别方法或不必要地共享个人数据。国家数字身份识别将在全欧洲得到认可，用户控件确保只有需要共享的信息才会被共享。拟议的新框架修订了 2014 年关于内部市场电子交易的电子身份识别和信托服务的条例（eIDAS 条例），该条例为安全获取公共服务以及在欧盟境内在线和跨境进行交易奠定了基础。①

欧盟委员会主席乌苏拉·冯德莱恩 2020 年 9 月发表国情咨文，其中提到，"每当一个 App 或网站要求我们创建一个新的数字身份或通过一个大平台轻松登录时，我们不知道我们的数据在现实中发生了什么。这就是为什么欧盟委员会将提出一个安全的欧洲电子身份。一个我们信任的，每个公民在欧洲任何地方都可以使用它来做任何事情，从支付税款到租用自行车。一种我们可以控制自己使用哪些数据以及如何使用的技术"。经 Eurobarometer 调查，72%的用户希望知道在使用社交媒体账户时，他们的数据是如何处理的；63%的欧盟公民希望为所有在线服务提供安全的单一数字 ID。欧盟数字身份将提供给欧盟公民，它可用于整个欧盟线上、线下的公

---

① "European Digital Identity: Council and Parliament Reach a Provisional Agreement on eID", November 8, 2023, The General Secretariat of the Council, https://www.consilium.euro pa.eu/en/press/press-releases/2023/11/08/european-digital-identity-council-and-parliament-reach-a-provi sional-agreement-on-eid/.

共和私人服务。①

（二）广告产业

欧盟 27 国的广告市场正在经历显著的生长发育，其客户对个性化和有针对性的广告活动的要求越来越高。他们希望广告与他们的兴趣和需求相关，而他们更有可能与提供此类定制体验的品牌进行互动。此外，客户越来越意识到道德和社会责任广告的重要性。他们更有可能支持与自身价值观一致的品牌，促进可持续发展。欧盟广告市场的广告支出预计将在 2024 年达到 1056.0 亿欧元。广告行业最大的市场是电视和视频广告，2024 年的市场规模为 289.4 亿欧元。欧盟 27 国广告市场的主要趋势之一是越来越多地使用数字广告渠道。随着智能手机和互联网的广泛应用，消费者花在网络上的时间越来越多，广告商通过投资数字广告平台以利用这一趋势。社交媒体平台、搜索引擎和在线视频平台已成为接触消费者的热门渠道。预计到 2028 年，66%的总广告支出将来自数字资源。广告客户还利用程序化广告技术来自动化广告库存的购买和销售，从而使这一过程更加有效和具有成本效益。到 2028 年，欧盟 27 国广告市场 84%的收入将通过程序化广告产生。欧盟广告市场的另一个趋势是影响者营销的重要性日益增加。有影响力的人在社交媒体平台上拥有大量的追随者，他们被品牌用来向目标受众推广他们的产品或服务。这种形式的广告被认为是更真实和相关的，因为有影响力的人往往与他们的追随者有个人联系。品牌正在与有影响力的人合作，创建赞助内容，与观众产生共鸣，并推动品牌知名度的提升和销售量的扩大。

欧盟的广告市场受到当地文化和语言多样性的影响。欧盟 27 国的每个国家都有自己独特的语言、文化和消费行为。广告主在开展广告活动时，需要考虑这些差异。广告的本地化和翻译对于有效接触和吸引不同欧盟国家的消费者至关重要。广告商还需要注意文化敏感性，并相应地调整其信息传递。同时，欧盟的广告市场还受 GDP 增长、消费者信心和行业竞

① "European Digital Identity", May, 2021, Directorate-General for Communication, https://commission.europa.eu/strategy-and-policy/priorities-2019-2024/europe-fit-digital-age/european-digital-identity_en.

争等宏观经济因素的影响。当经济在增长，消费者有更多的可支配收入时，广告商往往会增加广告预算，以利用消费者支出的增加。另外，在经济衰退期间，广告商可能会减少他们的广告支出来削减成本。此外，广告市场的竞争水平也影响着行业动态。广告主需要不断创新，让自己与众不同，才能在拥挤的市场中脱颖而出。①

在政治方面，广告也占有重要的位置。因此，欧盟于2024年3月通过了一项关于政治广告透明度和针对性的新条例，旨在打击操纵信息和外国干预选举的行为。该规定将使公民更容易识别政治广告，了解其背后的人，并知道他们是否收到了有针对性的广告，以便他们更好地作出知情的选择。它还将确保政治广告在充分尊重隐私权的情况下进行，并确保见解自由和言论自由得到保护。②

（三）媒体产业

欧洲联盟支持媒体自由和多元化，认为这是现代民主的支柱，是自由和公开辩论的促成因素。《欧洲媒体自由法》（EMFA）是欧盟议会和欧盟理事会于2023年12月通过的一项政治协议，它以2022年9月首次提出的修订版视听媒体服务指令为基础，旨在加强欧盟内部市场的完整性，从而保护欧盟内的媒体多元化和独立性。③ 欧盟委员会欢迎欧洲议会和理事会就委员会于2022年9月提出的《欧洲媒体自由法》达成政治协议。这些新规则将更好地保护编辑独立性、媒体多元化，确保透明度和公平性，并通过新的欧洲媒体委员会带来媒体当局更好的合作。它包括前所未有的保障措施，使记者能够自由、安全地开展工作。这套新规则还将确保媒体（公共和私营）可以更容易地在欧盟内部市场实现跨国经营，而不会受到

---

① Advertising-Eu-27，https://www.statista.com/outlook/amo/advertising/eu-27? currency=EUR.

② "EU Introduces New Rules on Transparency and Targeting of Political Advertising", March 11, 2024, Directorate-General for Communication, https://www.consilium.europa.eu/en/press/press-releases/2024/03/11/eu-introduces-new-rules-on-transparency-and-targeting-of-political-advertising/? utm_source=dsms-auto&utm_medium=email&utm_campaign=EU+introduces+new+rules+on+transparency+and+targeting+of+political+advertising.

③ "Media Freedom and Pluralism", December 18, 2023, Directorate-General for Communications Networks, Content and Technology, https://digital-strategy.ec.europa.eu/en/policies/media-freedom.

不必要的压力，同时也考虑到媒体空间的数字化转型。①

欧盟委员会正在通过赋予公民权利与鼓励媒体多元化的政策捍卫欧洲媒体和数字文化。②“创意欧洲媒体计划”是欧盟支持文化创意行业的计划，欧洲 2021—2027 年的预算为 24.4 亿欧元，将投资于加强文化多样性的行动，并应对文化和创意部门的需求和挑战。该计划的新颖性将有助于这些行业的复苏，使它们变得更加数字化、更加绿色、更具复原力和更具包容性，而媒体部分旨在支持欧洲电影和其他视听产业。③

2024 年 3 月，欧盟委员会呼吁提出价值 1100 万欧元的提案，以支持泛欧媒体对欧盟事务进行独立的视听报道。这一呼吁分为两个主题：向提出制作和播放关于欧盟事务的节目和报道的建议的媒体机构提供 800 万欧元；另外 300 万欧元可用于以有限的语言报道欧盟事务的新闻服务提案（包括匈牙利语的国际新闻服务），或可以改善欧盟新闻内容多样性的新闻服务提案。④ 2024 年，欧盟支持的试点项目“Local Media for Democracy”发表了一份全欧盟范围的新闻沙漠研究报告和地图。在制图和报告的同时，该联合体还得到了欧盟的支持，以应对这一挑战，并投资近 120 万欧元用于 42 个地方和区域媒体。目前，欧盟委员会已经在跟进这一试点项目，并从“创意欧洲”方案中拨出专项预算，继续支持向与民主特别相关的媒体提供赠款的中介机构。⑤ 2024 年，欧盟 27 国媒体市场预计收入将达

---

① “Commission Welcomes Political Agreement on European Media Freedom Act”, December 18, 2023, Directorate-General for Communications Networks, Content and Technology, https://digital-strategy.ec.europa.eu/en/news/commission-welcomes-political-agreement-european-media-freedom-act.

② “Media and Digital Culture”, July 10, 2022, Directorate-General for Communications Networks, Content and Technology, https://digital-strategy.ec.europa.eu/en/policies/media-and-digital-culture.

③ “Creative Europe MEDIA Programme”, November 8, 2023, Directorate-General for Communications Networks, Content and Technology, https://digital-strategy.ec.europa.eu/en/pol icies/creative-europe-media.

④ “11 Million EU Funding Now Available for Audiovisual Media Reporting on EU Affairs”, March 5, 2024, Directorate-General for Communications Networks, Content and Technology, https://digital-strategy.ec.europa.eu/en/news/eu11-million-eu-funding-now-available-audiovisual-media-reporting-eu-affairs.

⑤ “EU Funded Project Publishes First-ever EU-wide Study on ‘News Deserts’”, February 29, 2024, Directorate-General for Communications Networks, Content and Technology, https://dig italst rategy.ec.europa.eu/en/news/eu-funded-project-publishes-first-ever-eu-wide-study-news-deserts.

到 2218. 0 亿美元,[①] 流媒体市场收入将达到 1390 万美元。[②]

（四）电子竞技产业

电子竞技是游戏世界中一个快速增长的市场，主要由持续的数字化、智能手机使用率的增加以及游戏意识的提高所驱动。更快、更好的技术带来了新的可能性，新冠疫情推动了对电子竞技的需求。随着越来越多的球队、赛事、公司的诞生，这个市场将不断扩大，从而形成一个广泛的赞助和广告平台。

欧盟 27 国的电子竞技市场预计将在 2024 年达到 10. 84 亿美元的收入。预计其年增长率（2024—2028 年复合年增长率）为 6. 39%，到 2028 年市场规模将达到 13. 890 亿美元。在市场的各个部分中，电子竞技博彩规模是最大的，2024 年的市场规模为 7. 047 亿美元。在创收方面，美国领先，预计 2024 年市场规模为 10. 70 亿美元。从电子竞技市场的用户数量来看，到 2028 年，预计用户将达到 310 万人。用户渗透率在 2024 年将保持在 0. 7%，预计到 2028 年将达到 0. 7%。每用户平均收入（ARPU）预计为 384. 30 美元。[③] 其中，由于德国强大的游戏文化和不断增长的电竞粉丝群，电竞市场的发行商费用在德国出现了显著增长。[④] 在电子竞技博彩市场方面，预计到 2024 年将实现 7 亿美元的收入，预计年增长率（2024—2028 年复合年增长率）为 5. 59%，到 2028 年市场规模将达到 9 亿美元。电子竞技博彩的日益普及也导致了在线平台的激增。[⑤]

（五）版权产业

2023 年上半年，欧盟委员会通过了一项关于如何打击对体育赛事和其他现场活动（如音乐会和剧院演出）进行商业规模在线盗版的建议。其鼓励会员国、国家当局、权利持有者和中介服务提供者采取有效、平衡和适当的措施，在充分遵守基本权利和个人数据保护规则的情况下，打击此类

① Media-Eu-27, https://www. statista. com/outlook/amo/media/eu-27.

② Streaming-Eu-27, https://www. statista. com/outlook/amo/esports/streaming/eu-27.

③ ESports-Eu-27, https://www. statista. com/outlook/amo/esports/eu-27.

④ PublisherFees-EU-27, https://www. statista. com/outlook/amo/esports/publisher-fees/eu-27.

⑤ Esports Betting-EU-27, https://www. statista. com/outlook/amo/esports/esports-betting/eu-27.

流媒体未经授权的重新传输。通过加大对网络盗版的打击力度，建议书将有助于加强欧盟体育和创意产业的竞争力。数字技术从根本上改变了创造性内容的生产、分发和访问方式。版权确保作者、作曲家、艺术家、电影制作人和其他创作者的作品得到承认、报酬和保护。奖励创造力，并刺激对创意部门的投资。欧盟经济的 33 个行业被认为是版权密集型，直接创造了超过 700 万个工作岗位，占欧盟就业人口的 3%。欧洲委员会正在调整欧盟版权规则，以适应重视文化多样性的欧洲新的消费者行为。

欧盟版权法由 13 项指令和两项法规组成，协调了作者、表演者、制片人和广播公司的基本权利。通过制定统一的标准，欧盟版权法减少了国家间的差异，保证了培养创造力和创造力投资所需的保护水平。统一的标准促进了文化多样性，并为整个欧洲的消费者和企业提供了更好的数字内容与服务。欧盟协调努力的总体目标是使受版权保护的商品（如书籍、音乐、电影、软件等）和服务（如提供这些商品准入的服务）能够在内部市场自由流动。①

2024 年 3 月，欧盟公有领域和开放许可作品库项目开始发起。这是一项关于欧盟在版权领域的行动补助的提案，预算为 70 万欧元。该试点项目的目的是评估建立一个欧盟公共领域和开放许可作品知识库的可行性及可能的好处，并开发一个原型。② 许可是行使著作权及相关权利的主要机制。欧盟最近通过了改善集体管理组织运作的立法，包括通过便利提供多领土许可证。欧盟的行动导致对权利持有人更协调的保护、更低的交易成本和内容用户更多的选择。③

（六）AR 和 VR 产业

增强现实（AR）和虚拟现实（VR）使真实世界与虚拟世界的结合成为可能。AR 与 VR 市场由六个不同的市场组成：AR 广告、AR 硬件、AR 软件、VR 广告、VR 硬件和 VR 软件。欧盟各国的客户对沉浸式和交互式

---

① "The EU Copyright Legislation", March 11, 2024, Directorate-General for Communications Networks, Content and Technology, https://digital-strategy.ec.europa.eu/en/policies/copyright-legislation.

② "EU Repository of Public Domain and Open Licensed Works", March 12, 2024, Directorate-General for Communications Networks, Content and Technology, https://digital-strategy.ec.europa.eu/en/funding/eu-repository-public-domain-and-open-licensed-works.

③ "Copyright", March 11, 2024, Directorate-General for Communications Networks, Content and Technology, https://digital-strategy.ec.europa.eu/en/policies/copyright.

体验越来越感兴趣，直接推动了对 AR 与 VR 技术的需求。他们正在寻找与内容和产品互动的创新方式，而 AR 与 VR 提供了独特的体验。此外，客户越来越精通技术，并对采用新技术持开放态度，进一步推动了 AR 与 VR 市场的增长。欧盟 27 国 AR 与 VR 市场的主要趋势之一是，这些技术在各个行业的应用越来越多。例如，在游戏行业，AR 与 VR 正在被用来创造更多沉浸式和逼真的游戏体验。在医疗保健领域，AR 与 VR 正在被用于医疗培训和患者康复训练。零售业也在拥抱 AR 与 VR，以增强购物体验，并实现虚拟试穿。这些趋势推动了 AR 与 VR 解决方案的需求，并促进了市场的扩张。欧盟地区非常注重创新和技术，这为 AR 与 VR 市场的发展创造了有利的环境。该地区是几家领先科技公司和创业公司的所在地，他们正在推动 AR 与 VR 技术的进步。此外，欧盟拥有庞大的消费群体和较高的可支配收入，这使它成为 AR 与 VR 公司运营的一个有吸引力的市场。

欧盟 27 国的 AR 与 VR 市场也受到潜在宏观经济因素的影响。该地区拥有稳定的经济和有利的商业环境，鼓励对 AR 与 VR 等新兴技术的投资。此外，欧盟拥有强大的监管框架，以保护消费者权益并确保数据隐私，建立了对 AR 与 VR 技术使用的信任和信心。随着市场的不断发展，可以期待 AR 与 VR 技术在欧盟 27 国地区的进一步发展和应用。

欧盟和美国的 AR 与 VR 市场预计到 2024 年将产生 71 亿美元的收入。预计其年增长率（2024—2028 年复合年增长率）为 10.95%，预计到 2028 年市场规模将达到 107 亿美元。AR 与 VR 市场中最大的细分市场是 VR 硬件，2024 年的市场规模为 24 亿美元。从用户群来看，2028 年，AR 与 VR 市场的用户数量有望达到 2.829 亿用户。预测 2024 年用户渗透率为 63.9%，预计到 2028 年将提高到 66.7%；每个用户的平均收入（ARPU）估计为 12.7 美元。值得注意的是，本文提到的收入仅包括 B2C 收入，不包括任何 B2B 收入。①

（七）Metaverse 产业

“元宇宙”一词是指存在于共享的数字空间中，用户可以通过互联网访问虚拟世界或虚拟世界的集合。它的范围涵盖了教育、娱乐、健康和健

① AR & VR-EU-27，https://www.statista.com/outlook/amo/ar-vr/eu-27.

身，甚至远程工作的广泛可能性和机会，但它通常与电子商务和游戏有关。Metaverse 市场涵盖电子商务、游戏和教育市场。预计到 2024 年，欧盟 Metaverse 市场的价值将达到 108 亿美元，年增长率（2024—2030 年的复合年增长率）为 38.98%，到 2030 年市场规模将达 780 亿美元。①

欧盟和美国的 Metaverse 广告市场预计将在 2024 年达到 3 亿美元。预计其年增长率（2024—2030 年复合年增长率）为 26.82%，到 2030 年市场规模达 13 亿美元。② Metaverse 数字媒体市场方面，欧盟 2024 年的 Metaverse 数字媒体市场规模预计将达到 1.971 亿美元，用户渗透率为 0.1%，到 2030 年有望达到 0.2%。用户数量方面，2030 年或将达到 90 万用户，每个用户的平均价值预计为 160.7 美元。欧盟 Metaverse 数字媒体市场正在经历虚拟游戏平台的激增。③ 欧盟 Metaverse 游戏市场的用户数量预计到 2030 年将达到 9920 万人。预计 2024 年用户渗透率为 7.2%，到 2030 年将增至 23.4%，每个用户的平均价值达为 109.8 美元。其中，德国在 Metaverse 游戏市场中对虚拟现实技术和沉浸式游戏体验有着强烈的关注。④

同样在虚拟赛道，预计 2024 年 Metaverse 虚拟资产市场的价值将达到 5.227 亿美元，其复合年增长率（2024—2030 年复合增长率）为 18.43%。因此，到 2030 年，市场规模预计将达到 14.420 亿美元。从 Metaverse 虚拟资产市场的用户数量来看，预计到 2030 年将达到 550 万人。2024 年用户渗透率预计为 1.2%，到 2030 年预计将增至 1.3%。此外，每个用户的平均价值估计为 100.5 美元。这些数字提供了对欧盟 27 国地区 Metaverse 虚拟资产市场的潜在增长和价值的见解。⑤

展望 2030 年，欧盟 27 国地区的 Metaverse 现场娱乐市场用户数量预计将达到 40 万。其中，每用户平均价值预计为 161.0 美元。这些数据突出

---

① Metaverse-EU-27, https://www.statista.com/outlook/amo/metaverse/eu-27.

② Metaverse Advertising-EU-27, https://www.statista.com/outlook/amo/metaverse/metaverse-advertising/eu-27.

③ Metaverse Digital Media-EU-27, https://www.statista.com/outlook/amo/metaverse/metaverse-digital-media/eu-27.

④ Metaverse Gaming-EU-27, https://www.statista.com/outlook/amo/metaverse/metaverse-gaming/eu-27.

⑤ Metaverse Virtual Assets-EU-27, https://www.statista.com/outlook/amo/metaverse/metaverse-virtual-assets/eu-27.

了欧盟 27 国这一特定细分市场的潜在增长和机会，欧盟 Metaverse 现场娱乐市场正在蓬勃发展。① 越来越频繁出现的突发社会公共卫生事件使高风险社会成为常态，与此同时，亚健康成为更多人谈论的话题。因此在虚拟世界语境下，健康与健身市场热度渐高。美国拥有 Metaverse 健康和健身市场的大部分份额，预计 2024 年的市场规模为 31.66 亿美元。然而，随着欧盟 27 国的预期增长，这一主导地位可能在未来几年发生转变。在用户群方面，Metaverse 健康和健身市场预计将吸引大量用户。②

四　欧盟智能媒体产业的监管与未来发展

（一）欧盟智能媒体产业相关监管

1. 人工智能监管

人工智能作为当前数字经济的核心技术，以不可阻挡之势应用于生活的方方面面。2023 年 4 月，欧盟委员会强调，《人工智能法案》草案增加对生成式人工智能的关注，要求相关大模型的开发者必须公布构建该系统时所使用的版权材料。这一规定将赋能出版商和内容创作者，使其作品被 ChatGPT 等 AI 工具用作内容生成的原始材料时，可寻求利润分成。在欧盟推进立法的过程中，以意大利、德国、法国等为代表的欧盟成员国协同推进监管策略，强调对个人基本权利的保护，提倡在每个成员国设立中央监管机构（欧洲人工智能委员会）和国家监管机构，以维护欧盟内部市场人工智能监管政策的统一。③

欧盟于 2023 年 6 月通过了《人工智能法案》，标志着欧盟对人工智能的监管将走向世界前列。其中，欧盟的“风险等级制”人工智能监管措施和坚持实验主义治理理念的“监管沙盒”是其核心监管内容。换言之，“分级分类”为治理原则的人工智能风险划分制度和以“契约”为鼓励创

① Metaverse Live Entertainment-EU-27，https://www.statista.com/outlook/amo/metaverse/metaverse-live-entertainment/eu-27.

② Metaverse Health and Fitness-EU-27，https://www.statista.com/outlook/amo/metaverse/metaverse-health-and-fitness/eu-27.

③ 陈凤仙、连雨璐、王娜：《欧美人工智能监管模式及政策启示》，《中国行政管理》2024 年第 1 期。

新的风险治理制度是欧盟《人工智能法案》最核心的特征。纵观欧盟人工智能立法，其关键词主要包括“伦理治理”“算法治理”“数据治理”，以上共同构成欧洲人工智能的监管框架。人工智能法案是一个立法倡议，有可能促进私营和公共部门在欧盟单一市场上开发和使用安全可靠的人工智能。其主要思想是根据人工智能对社会造成危害的能力来监管人工智能。①

因此，随着《人工智能法案》的出台，欧盟已经形成了加强数据安全保护，促进欧洲数据流动，防范算法自动化决策潜在风险，建立相关伦理价值标准，拥有监管与创新平衡发展的人工智能监管立法规定。②

2. 数据监管

欧洲议会于 2023 年 11 月表决通过《数据法案》。该法案明确符合欧盟价值观的数据流转利用和数据治理规则，保障欧洲单一数据市场中数据要素的安全高效流动，进一步平衡个人数据保护和数据自由流通之间的关系。《数据法案》是欧洲数据战略中一项关键的立法措施，旨在推动更多的数据在符合欧盟规则和价值观的前提下流转利用。

作为欧洲数据战略的关键支柱，《数据法案》与欧盟构建单一数据市场的愿景相呼应，并引入了欧洲未来议会建议中的原则，即支持公共服务的数据化转型和引入欧洲共同数字身份，致力于推动欧洲成为全球数据敏捷经济的引领者，试图构建起一个跨部门数据治理框架和遵循欧洲原则及价值观的弹性数据基础设施。《数据法案》与 2022 年 11 月欧盟委员会通过的《数据治理法案》互为补充，协同促进了数据共享利用。

《数据法案》明确了能从数据中创造价值的主体和条件，要求保证数据访问权限之间的一致性，并通过制定有关物联网设备生成数据的使用规则以平衡重要数据的建设能力分配，从而消除企业和个人在访问、获取、共享数据等方面的障碍，促进创新。《数据法案》作为一项横向立法，促进了不同主体（包含企业、政府）间的数据流通共享，契合欧盟激发数据

① “Artificial Intelligence Act: Council and Parliament Strike a Deal on the First Rules for Ai in the World”, December 9, 2023, the General Secretariat of the Council, https://www.consilium.europa.eu/en/press/press-releases/2023/12/09/artificial-intelligence-act-council-and-parliament-strike-a-deal-on-the-first-worldwide-rules-for-ai/.

② 黄静怡：《“分级分类”与“契约”风险治理并行的人工智能监管制度构建——以欧盟〈人工智能法案〉为分析对象》，《海南金融》2024 年第 2 期。

潜力和创建共同的欧洲数据空间的战略目标，顺应欧盟数据流通监管的整体趋势。《数据法案》在规范数据自由流通规则的同时，也着眼于保护个人数据的基本权利，并作为欧盟关于保护个人数据和隐私法律的补充，进一步完善了欧盟 GDPR、第 2018/1725 号条例以及《隐私与电子通信指令》。《数据法案》旨在构建统一协调框架来明确数据访问使用的主体和条件，赋予用户更为完善的数据权利，保障数据创建者实现对数据的均衡控制，并为生成数据的企业和使用者提供明确的法律指引。

在数字经济背景下，数据作为新型生产要素的重要性已不言而喻。为推动数据资源高效有序利用，个人信息保护规则也应与时俱进。欧盟在数据隐私保护方面积累了丰富的经验，为在新技术环境下探索个人信息保护的实现路径提供了有益借鉴。①

3. 数字平台监管

数字时代，在线平台成为经济增长的基本资源、关键中介及信息塑造者。它们将用户、信息和资源联系起来，创造了以吸引用户注意力为核心的平台经济。与美国不同的是，欧盟及其成员国追求的是网络言论健康及安全价值，对网络言论规制持较为严厉的态度。欧盟官员曾指出，Facebook、YouTube 等超大型平台在其境内提供服务时放任种族歧视、极端主义、仇恨等言论，已成为时代“瘟疫”，割裂其区域统一精神，损害其多民族文化。故其平台言论治理必须采用更积极的手段，完善平台自治行为，提高“通知—下架”程序的效率及规范性，强化平台与政府管制部门及第三方机构的合作。②

对于 2024 年面临的挑战与机遇，许多人给出了“不确定”这一关键词，包括国际地缘政治、国际贸易、国际科技合作、经济社会发展等都会遇到许多的不确定因素。而对在欧盟市场立足发展的数字科技巨头和平台而言，会遭遇一个确定性问题，即欧盟的《数字市场法案》（“Digital Markets Act”，DMA）将在 2024 年 3 月正式全面实施。至此，数字技术巨头和平台在欧盟将正式迎来《数字服务法案》（“Digital Service Act”，DSA）

① 吴沈括、柯晓薇：《欧盟〈数据法案〉的规范要旨与制度启示：以个人信息保护为视角》，《信息通信技术与政策》2024 年第 1 期。

② 王燕：《超大型平台数字治理风险与欧盟法的应对》，《国际经贸探索》2024 年第 2 期。

和《数字市场法案》的双重监管。《数字市场法案》的核心是对大型数字企业与数字平台进行监管和限制，防止它们利用市场垄断机会抑制中小企业的竞争，并维护平台用户的利益。①

2024年2月，欧盟委员会发布了对欧洲576名社交媒体博主账号的"扫描"结果，发现含有商业内容的帖子占比高达97%，但其中只有20%完整地将其披露为广告。更令人担忧的是，其中119名博主在帖子中宣扬不健康甚至危险内容，例如垃圾食品、酒精饮料、赌博等。从2月17日起，欧洲"网红"们肆意"割韭菜"的招数行不通了。除了雇用人数少于50人且年营业额低于1000万欧元的小微企业外，所有在欧盟拥有用户的在线平台都必须遵守欧盟《数字服务法案》。

根据该法案要求，在线平台必须向用户声明为何展示广告以及谁为广告付费。此外，平台还必须打击非法内容、商品和服务，包括与"可信举报者"合作，优先处理专业警示，以及禁止基于用户敏感数据推送广告。保护未成年人也是该法案规定的重点义务之一，平台必须完全禁止基于未成年人的个人数据分析并向其投放广告。除平台外，该法案还规定了托管服务和在线中介机构的义务，包括为用户提供明确的条款和条件、发布内容审核程序报告等。在实施过程中，各国数字服务协调员将负责在成员国层面进行监督。此外，欧盟委员会将与成员国共同组建欧洲数字服务委员会，促进跨境合作，确保无论在线平台在何处建立，整个欧盟的用户都享有相同的权利和保护力度。②

（二）展望欧盟智能媒体产业发展

欧盟正在投资战略数字能力和数字技术，以迈向数字化欧洲。数字化转型包括在整个欧盟建立快速的网络连接；利用超级计算机和安全云服务开发欧盟的数字基础设施；投资以人为中心的人工智能；通过运营和服务的数字化支持经济部门。除了上述几个方面，欧盟还在全方位部署实现数字化的愿景，具体分为以下几部分。

---

① 张九庆：《欧盟全面实施〈数字市场法案〉对技术创新的影响》，《科技中国》2024年第1期。

② 蔡淳：《欧盟为网络平台立规矩》，《经济日报》2024年2月23日。

1. 超级计算机

欧盟委员会发布公报称，欧洲最新的世界级超级计算机“MareNostrum 5”已在西班牙巴塞罗那超级计算中心建成，将从2024年3月起向欧洲科学界和工业界用户开放。据西班牙《阿贝赛报》报道，这台超级计算机使用了目前最先进的加速器芯片，将助力人工智能开发，可提高欧洲大型人工智能语言模型的性能。超级计算机对于科学研究至关重要，特别是在人工智能领域有着广阔的应用前景。近年来，欧盟积极发展超级计算机，以此推动数字化转型，提升地区技术水平和工业竞争力。2023年11月公布的全球超级计算机500强榜单显示，目前世界排名前十的超级计算机中有3台来自欧盟。目前，欧盟还在推动建立全球顶尖的百亿亿次级超算中心。曾负责欧盟单一数字市场建设的欧盟委员会前副主席安德鲁斯·安西普表示，“这些投资是欧洲获得下一代计算能力的关键，将帮助欧盟向物联网、人工智能、机器人和数据分析等未来技术领域迈进”。[①]

2. XR

欧盟的目标是成为XR工业使用的世界领导者，并成为元宇宙背后的主导力量。2023年7月，欧盟发布了一项推荐战略——“欧盟关于Web 4.0和虚拟世界的倡议：下一次技术转型的领先优势”，以制定拟议的行动，确保XR技术的发展符合欧洲价值观。在成员国层面，德国国内企业已成为智能制造和工业元宇宙领域的全球领导者。十多年前，德国政策制定者发起了工业4.0计划，为提高制造业的数字化水平和支持研究与合作提供了大量资金。此后，德国政府鼓励将XR整合到建筑和医疗保健等各个工业领域。法国也已成为XR活动的中心，多个中心推动了创意内容制作和工业应用的增长。法国政府还为内容创作和初创企业提供资金，重点是通过沉浸式技术推广法国文化。2023年4月，法国总统马克龙宣布他打算通过欧洲元宇宙为欧洲创造“数字主权”，并就建立“虚拟沉浸式世界”的未来框架展开正式磋商。根据宣布磋商的新闻稿，法国政府认为有必要制定一项国家战略，以应对导致沉浸式数字世界的技术和文化发展；同时法国政府还认为，应该找到国际公司（主要是美国科技巨头）提供的愿景的替代方案，以建立一个法国式的元宇宙。

---

① 颜欢：《欧盟积极发展超级计算机》，《人民日报》2024年1月19日。

目前的框架计划“地平线欧洲”在2021—2027年的预算超过1020亿美元，其中160亿美元用于资助数字、工业和空间计划。同时，2023—2024年工作计划包括三个主要资金流，分别为2800万美元用于开发“下一代扩展现实”，2700万美元用于“工业5.0扩展现实”，以及200万美元用于“支持以人为本的开放元宇宙的出现”。

欧盟还通过其他项目资助了XR基础设施和研究。例如，根据2023年数字欧洲计划的预算，政策制定者正在为公共数据空间、云到边缘基础设施以及人工智能测试和实验设施提供资金，并且他们正在实施用于医疗保健的Destination Earth和Virtual Human Twins等数字孪生。Destination Earth旨在模拟自然现象与人类活动之间的相互作用。欧盟希望通过这种方式助力实现绿色和数字化的双重转型目标。欧洲官员还帮助创建了VR与AR产业联盟，该联盟促进对话，确定机遇和挑战，并为政策决策提供信息，以促进XR技术在各个行业的整合。他们进一步创建并资助了欧洲媒体和沉浸实验室，这是一个泛欧的XR实验室网络，通过物理和虚拟基础设施加速媒体（包括XR）的内容、服务和应用程序的开发。①

3. Web 4.0

2023年7月，欧盟委员会发布《Web 4.0和虚拟世界倡议》（以下简称《倡议》），明确了短期内的发展目标和阶段行动。下一步，欧盟委员会将提请欧洲议会和理事会批准《倡议》并共同实施。当前，欧盟互联网技术发展处于劣势，试图通过《倡议》抓住发展机遇，抢占全球技术发展优势。欧盟委员会在2023年3月发布的《欧盟长期竞争力》报告中，将Web 4.0定义为迈向未来万物无缝互联时代的突破性技术，并呼吁欧盟抓住Web 4.0的发展机遇。《倡议》呼吁从人才技能、商业环境、公共服务及监管治理四方面发展Web 4.0技术。欧洲在3D建模、虚拟现实、增强现实、游戏、音频和光学技术方面具有领先优势，拥有强大的产业潜力。但当前的产业生态系统较为分散，且面临新技术应用和融资方面的多重挑战。

《倡议》提出打造全球领先的Web 4.0工业生态系统，为实现这一目

① “Reality Check: Why the U.S. Government Should Nurture XR Development”, December, 2023, The XR Association, https://xra.org/wp-content/uploads/2023/11/FINAL-XRA-REALITY-CHECK-White-Paper.pdf.

标，欧盟迫切需要提升和整合技术能力，培育良好商业环境。《倡议》提出以塑造开放协同的虚拟世界为主要目标。《倡议》制订了分阶段、分步骤的发展计划，时间覆盖2023—2024年。2024年及以后，主要从人才技能、商业环境及监管治理三方面展开具体行动。在人才技能方面，提升女性、数字内容创作者和视听专业人员的专业技能，开发虚拟世界工具箱，并根据“儿童更友好型互联网战略”为未成年人开发更适宜的虚拟世界资源。在商业环境方面，与成员国协商，探索启动新的“欧洲伙伴关系”，制定工业和技术发展路线图，支持欧盟文化创意产业通过“创意欧洲”战略形成新的虚拟世界商业模式，推动开发者和用户之间的交流对话。在监管治理方面，提倡成员国使用“监管沙箱”，支持创建相关论坛，与成员国、利益相关者形成协同工作机制，共同监测虚拟世界发展。①

作为对欧盟委员会战略的回应，两个欧洲议会委员会发布了关于虚拟世界政策影响的报告草案。2023年8月，内部市场和消费者保护委员会（IMCO）发布了一份题为“虚拟世界——单一市场的机遇、风险和政策影响”的报告草案，呼吁欧洲政策制定者为“虚拟世界”制定一个通用的定义，并强调开放标准和互操作性对于确保公平竞争的重要性。然后在2023年10月，法律事务委员会（JURI）发布了一份报告草案“关于虚拟世界发展的政策影响——民法、公司法、商法和知识产权法问题”，其中强调了围绕某些国际私法、民法和知识产权法对元宇宙的适用性的监管挑战和不确定性。尽管这些文件是非立法性的，但它们强调沉浸式技术是欧洲立法者的高度优先领域。

4. 智能媒体产业监管

由于欧盟由27个独立的成员国组成，欧盟委员在平衡创新和监管方面面临着独特的挑战。他们必须驾驭成员国的各种优先事项、语言、文化、数字专业知识和基础设施，同时旨在确保所有公民的数字权利。因为大多数政府都希望保护用户隐私和消费者权利，所以欧盟已将其作为首要和一贯的优先事项。然而，尽管欧洲一直在努力建设内部实力并确保欧洲主权，但欧洲市场排名前十的XR公司都来自欧洲以外。

---

① 刘耀华、安婧：《欧盟〈Web 4.0和虚拟世界倡议〉述评》，《中国电信业》2024年第1期。

欧盟政策制定者认识到建立和维持消费者对包括XR在内的关键新兴技术的信任的重要性。此外，他们知道，让公众了解技术本身及其可能带来的治理挑战是建立这种信任的一种方式。例如2023年，欧盟委员会组织了一系列关于虚拟世界的公民小组，参加小组讨论的欧盟公民随后提出了一系列建议供委员会审议。欧盟委员会还于2023年4月启动了关于虚拟世界的公众咨询，呼吁就欧盟委员会“在尊重数字权利与欧盟法律和价值观的基础上，为新兴虚拟世界（例如元宇宙）制定愿景”的努力提出意见。目标源于欧盟意图对外展现欧盟委员会是一个开放、可互操作和创新的虚拟世界，让公众和企业可以安全、放心地使用。

欧盟已通过公民小组与公众互动，收集对他们在Web 4.0和虚拟世界战略的意见和建议；在研发方面进行了大量投资，包括通用数据基础设施，以及推进数字孪生项目，这些项目有助于可持续发展和医疗保健等公益事业；通过欧洲媒体和沉浸实验室以及虚拟、增强现实工业联盟等举措加强跨境合作与伙伴关系；建立全面的数据和数字技术监管与治理框架，优先考虑公民保护。①

五　总结

在数字化浪潮的推动下，欧盟正致力于构建一个以智能媒体为重点之一的数字经济体系。通过一系列具有前瞻性的政策和立法，欧盟不仅加强了对数字市场的监管，而且促进了技术创新和产业发展。《人工智能法案》《欧洲媒体自由法案》《网络弹性法案》《数据法》等关键法规的出台，体现了欧盟对智能媒体技术发展的重视，旨在确保技术的安全性、透明度和伦理性，同时保护用户隐私和市场公平竞争。在技术层面，欧盟在人工智能、大数据、云计算、高性能计算以及区块链等领域取得了显著进展。特别是在人工智能领域，欧盟通过《人工智能法案》确立了全球领先的监管框架，旨在推动可信赖的AI技术发展，并确保其符合欧盟的价值观和法

① “Reality Check: Why the U. S. Government Should Nurture XR Development”, December, 2023, The XR Association, https://xra.org/wp-content/uploads/2023/11/FINAL-XRA-REALITY-CHECK-White-Paper.pdf.

律标准。此外，欧盟在5G、虚拟数字人技术、AR/VR以及元宇宙技术等方面的发展，也为智能媒体产业的创新和应用提供了强大的技术支持。在产业层面，欧盟的智能媒体产业呈现出多元化发展的趋势。数字身份、广告、媒体、电子竞技、版权和元宇宙等产业均显示出强劲的增长潜力。特别是在电子竞技和元宇宙领域，欧盟市场预计将迎来显著的扩张，为经济增长和就业创造新机会。在监管方面，欧盟通过《数字市场法案》《数字服务法案》等立法，对大型数字企业和平台进行监管，以防止市场垄断和不公平竞争，保护消费者权益并促进中小企业发展。这些法规的实施预计将为欧盟数字经济的发展带来新的机遇和挑战。

展望未来，欧盟将继续推进数字化转型，投资于战略数字能力和数字技术的广泛部署。超级计算机的发展、XR技术的推广、Web 4.0的探索以及智能媒体产业监管的加强，都是欧盟迈向数字化欧洲的关键步骤。通过这些措施，欧盟不仅加强了其在全球数字经济中的竞争力，也为公民和企业提供了更多的数字化服务与机会，同时确保了技术的快速发展和广泛应用，推动整个智能媒体行业的创新和增长。

T.19　2024年日本智能媒体发展报告

王　飞　汪昕璐*

摘　要： 纵观全球人工智能科技快速发展的背景，日本为跟上中、美等先驱国家的脚步，自2023年起开始寻求新路径，通过广泛的政策支持和国际合作，不断巩固其在智能信息技术领域的地位。本文从2023—2024年日本国家政策、媒体行业现状、人工智能在各行业的场景应用以及人才培养等方面进行深入研究，揭示日本在智能媒体发展上的努力和成就，并反思这一过程中的挑战与机遇，为中国智能媒体行业的发展提供参考和启发。

关键词： Beyond5G；广岛人工智能协议；人工智能；AI人才培养；生成式AI

2023年是全球人工智能科技爆发的一年，以美国科技公司OpenAI为例，其在文字创作、声音学习、图像影像生成等方面又有了新的技术突破，发布了ChatGPT4.0、Sora等全新生成式AI模型，推动着信息和知识的获取以及生产方式的变革。日本在人工智能技术研发及各行业数字化改革方面虽然进展缓慢，但一直在积极探索适合其国情的新路线。本文将从日本政府2023—2024年推行的相关政策措施、媒体行业现状、AI场景应用与人才培养策略等多个维度进行分析。例如，日本政府如何通过《Beyond5G战略》《广岛人工智能协议》《认可6G原则的联合声明》等政策

* 王飞，日本驹泽大学国际媒体学博士，浙江传媒学院新闻与传播学院讲师，主要研究领域：新媒体传播；汪昕璐，浙江传媒学院新闻与传播学院研究生，研究方向：跨媒介沟通与国际传播。

合约支撑起日本智能媒体技术的未来发展框架，为日本智能媒体行业乃至经济文化的进一步发展奠定基础；生成式AI技术在日本媒体行业中的广泛应用，并探究日本以此重塑传统媒体行业的运作模式，以及为媒体行业的未来发展打开新的可能性；深入探讨人工智能技术在政府服务、医疗、教育、农业和轻工业等关键领域的应用案例，以及日本在构建高校人工智能教育体系方面的现状，以把握日本在智能媒体发展方面的全局蓝图，并洞察其策略的示范作用和全球影响力。

一 日本政府对智能媒体的政策战略布局

（一）稳固智能信息技术发展，Beyond5G战略成为基本盘

岸田内阁对智能信息技术的产业升级和应用极为重视，宣布了加速对包括信息通信技术（ICT）在内的数字智能领域大胆投资的政策，将实现“Society 5.0社会”“新资本主义”“数字田园都市国家构想”定位为日本未来的政策支柱。具体表现为，其在“新资本主义实现委员会”“数字田园都市国家概念实现委员会”等政策会议上和有关部门的配合下，进行了讨论和具体实施，制定了《新资本主义大标准》（2023年6月内阁通过）[①] 和《数字田园都市国家构想战略》（2022年12月内阁通过）。[②]其中，Beyond5G（6G）战略作为下一代智能信息通信技术的基础设施，同时也是“数字田园都市国家构想”战略的重要组成部分，日本将大力推进其技术研发和战略部署，推动光纤、5G、云数据、海底电缆等配套基础设施的开发和全国布局。Beyond5G并不只是移动无线通信技术和系统的延伸，而是包括有线、无线、光纤、陆地、海洋、太空、终端设备、云数据等所有网络通信技术相关的集大成概念。具体来说，其广泛运用光电融合技术，将全光网络（固定网络）与移动网络紧密耦合，打造创新的下一代高速、大容量、低时延、高可靠、低功耗网络。它还将与卫星、HAPS等非地面网络无缝连接，大大扩展通信覆盖范围。此外，

① 《新しい資本主義のグランドデザイン及び実行計画2023改訂版》，2023年6月16日，日本内阁网站，https：//www. cas. go. jp/jp/seisaku/atarashii_ sihonsyugi/index. html。

② 《「デジタル田園都市国家インフラ整備計画（改訂版）」》，2023年4月25日，日本总务省网站，https：//www. soumu. go. jp/menu_ news/s-news/01kiban01_ 02000056. html。

通过运用虚拟化技术等方式，它可以实现对这些综合网络的安全控制。

2024 年 3 月，在日本总务省的信息通信审议会主办的主题会议上，其发布了最新的《技术战略委员会报告书》，对 Beyond5G 战略的战略目标进行了重新定位。[①] 在现阶段，日本正在积极主动地推进 Beyond5G 战略，其使用场景构想和案例收集以及开发基础技术也已完成，即 Beyond5G 战略的“初始阶段”即将结束。未来日本将进入 Beyond5G 的实际场景应用、技术标准化规范和社会布局、海外拓展等阶段，但是基于信息通信网络自主化和技术霸权的国际趋势，以及围绕电信产业的结构、人工智能的爆炸式传播等大环境的变化，Beyond5G 战略仍将面临新的挑战。鉴于这些情况，为了能在 2030 年完成 Beyond5G 战略部署，日本总务省重新安排公共和私营部门在该战略中应发挥的作用，并更加有效地推动着未来新战略目标的整改。特别是自 2022 年 ChatGPT 推出以来，世界各国在生成式 AI 开发方面的竞争愈演愈烈，其在各个领域的使用正在迅速普及。积极利用人工智能，不仅可以提高社会便利性和社会经济活动效率，还能解决社会面临的各种问题，提高国际竞争力。到目前为止，AI 在 Beyond5G 中的定位一直是作为利用虚拟化技术等提高信息和通信网络运行效率的工具（AI for Network），或者作为提高信息和通信网络运行效率的工具。通过利用虚拟化技术构建通信网络，AI 将被用作快速有效地分析从网络空间中的真实空间提取的大量数据的工具。除了这些利用形式之外，生成式 AI 已经嵌入信息和通信网络的终端，作为与普通用户接口的一部分。预计在未来，不仅是人类，拥有生成式 AI 的数字人和机器人也将在社会中被广泛使用，并通过以 Beyond5G 提供的信息通信网络相互交流。在这样的社会中，AI 不仅将用于提高信息通信网络的运行效率和 CPS（Cyber Physical System）运行功能，而且将支撑 Beyond5G 网络的各个角落，成为“AI 社会”的根基（Network for AIs）。

（二）积极探索国际合作，签订国际政策合约

1.《广岛人工智能协议》

《广岛人工智能协议》（“广岛 AI process”）是 2023 年 5 月，G7 七

① 《技術戦略委員会報告書（案）（第 1 章・第 2 章）》，2024 年 3 月 22 日，https://www.soumu.go.jp/main_sosiki/joho_tsusin/policyreports/joho_tsusin/gijutsusenryaku/02tsushin03_04000563.html。

国集团在当时的轮值主席国日本举办的广岛峰会中启动的计划，七国集团相关部长牵头推动制定有关人工智能使用、开发和监管的国际规则。峰会上指出，人工智能虽然具有增加创造力和创新的潜力，但也伴随着虚假信息传播和侵犯版权等风险，因此需要治理以确保其安全性和可靠性。尤其是生成式人工智能对经济和社会具有重大影响，七国集团一致认为这是必须紧迫解决的问题。经过数次的线上、线下会议后，2023年12月，七国集团集体制定了以下三个文件作为广岛人工智能协议的成果，包括《广岛人工智能（AI）协议综合政策框架》《面向所有人工智能利益相关者的广岛协议国际方针》《开发高级人工智能（AI）系统的组织国际行为规范》。[①] 此外作为补充文件，还有经合组织报告《G7生成式人工智能（AI）广岛协议》和18个国家商定的《安全人工智能（AI）系统开发指南》。《广岛人工智能协议》旨在通过形成AI开发的国际通用规则，促进安全、可靠和值得信赖的AI普及，并为国际社会的持续发展作出贡献。

《广岛人工智能（AI）协议综合政策框架（Framework）》包含以下四要素。

第一，将经济合作与发展组织（OECD）发布的《G7生成式人工智能（AI）广岛协议》[②] 报告为七国集团共识。该报告分析了生成式AI等高级AI系统带来的利益和潜在风险，将该报告确立为G7共识，将有助于形成全球AI开发的共同认知。

第二，面向所有AI利益相关者制定广岛协议国际方针。该方针适用于所有AI利益相关者，包括AI开发人员、使用者、研究人员和政策制定者，是一项针对普通用户和开发企业的双重指引，旨在促进AI的安全和伦理开发、使用和普及。方针包含“在市场投入前识别风险并采取适当措施”“公开使用限制以确保透明性”“信息共享和事件报告”“企业组织的

① 《広島AIプロセスG7デジタル・技術閣僚声明》，2023年12月1日，https：//www. soumu. go. jp/hiroshimaaiprocess/documents. html。

② “G7 Hiroshima Process on Generative Artificial Intelligence（AI）”，September 7，2023，OECD，https：//www. oecd-ilibrary. org/science-and-technology/g7-hiroshima-process-on-generative-artificial-intelligence-ai _ bf3c0c60-en? _ fsi = TH6kcEkr& _ ga = 2. 68289617. 1187001210. 1711675040 -520080333. 1711529552&_ fsi =TH6kcEkr.

AI治理和风险管理”“对物理、网络和内部威胁的对策”“尊重人权和禁止歧视”“对劳动者影响和社会责任”等12项内容。

第三，面向开发高级AI系统的企业组织制定的国际行为规范。该规范与《广岛协议国际方针》基本相同，但在方针的基础上详细规定了企业或组织的具体规范，例如“在行业内和公众视野内公开AI产品的使用条约和发生的重大事故”“将产品安全相关的技术标准化”“公开AI管理方针”“为产品增加风险管理系统”等。

第四，七国集团各国将致力于在AI项目方面进行相互合作，包括未来创设的GPAI东京中心支持的项目。

基于《广岛人工智能协议》相关文件，日本政府将逐步完善相关法律法规和指南，其政府各部门会将各自领域制定的AI指南进行整合，形成统一的指南。目前，日本文化厅、总务省等部门已有协议的相关文件部署。美国、欧盟和中国正在建立要求AI研发企业在市场投入前向政府机构提交AI系统的制度，提交的内容包括治理体系、风险管理和测试结果等，日本企业也将效仿并作出积极响应，在产品投入市场前关注海外市场法规的动态，了解相关的审查标准。同时，日本企业应建立风险管理体系，包括市场投入前的风险评估和市场投入后的持续风险管理。此外，意大利于2024年担任七国集团轮值主席国，日本会持续参与七国集团关于AI的政策与规范的制定，并将其扩展到其他国家。

2. 认可6G原则的联合声明

2024年2月，美国、澳大利亚、加拿大、捷克共和国、芬兰、法国、日本、韩国、瑞典和英国十国政府达成了《认可6G原则的联合声明：安全、开放和弹性设计》，① 以研究和开发6G无线通信系统。声明中指出，各国通过本原则达成一致并共同努力，创造一个开放、自由、可靠、稳健和安全的通信环境，为建设和平未来作出重要贡献。同时鼓励其他政府、

① 《6Gに関する原則を支持する共同声明：セキュア・オープン・レジリエント・バイ・デザイン》，2024年2月27日，日本总务省网站，https：//www.soumu.go.jp/menu_ news/s-news/01tsushin08_ 02000173.html#：~：text=%E3%80%90%E5%85%B1%E5%90%8C%E5%A3%B0%E6%98%8E%E3%81%AE%E6%A6%82%E8%A6%81%E3%80%91,%E3%82%92%E3%82%B5%E3%83%9D%E3%83%BC%E3%83%88%E3%81%99%E3%82%8B%E3%82%82%E3%81%AE%E3%81%A7%E3%81%99%E3%80%82。

组织加入此声明，敦促参与者一起维护以下六项原则。

（1）值得信赖的技术和国家安全保障。

（2）安全、坚固、隐私保护。

（3）全球行业主导的包容性标准化和国际协作。

（4）协作以实现开放和可互操作的创新。

（5）可负担性、可持续性和全球连通性。

（6）6G 频率的规定。

6G 是下一代信息通信技术的标准，其通信速度将比 5G 快 100—1000 倍，有望给社会和经济带来重大变革，例如自动驾驶、远程医疗、智慧城市、虚拟现实等领域的创新服务将成为可能。此外，由于 6G 是一个比 5G 更复杂的系统，因此网络攻击和数据泄露的风险更高。而且，由于 6G 将成为社会基础设施的重要基础，它还需要对自然灾害和流行病等危机具有高度的抵御能力。为此，6G 的开发更需要加强国际社会间的交流。对于日本等国积极合作的现状，中国也应加强自身发展和国际交流。

二 日本媒体行业发展缓慢，数字化转型仍在持续

（一）日本媒体行业现状

就出版行业而言，2022 年，日本纸质书籍和电子书籍等全部出版物的总市场规模为 1 兆 6305 亿日元（约合人民币 778 亿元），相比 2021 年减少 2%。其中，电子书籍为 5013 亿日元（约合人民币 239.2 亿元），纸质书籍为 11292 亿日元（约合人民币 538.8 亿元）。有趣的是，全彩垂直滚动的电子漫画“Webtoon”正在迅速增长。根据日本专门进行市场调研的公司 Impress 研究所的报告，2022 年日本国内全彩垂直滚动电子漫画的市场规模约为 500 亿日元，相当于电子漫画市场的 10%左右。[①] 在日本，垂直滚动漫画最先出现在非出版商漫画应用程序 Comico 上，随着 Kakao Piccoma 的漫画《我独自升级》在网络爆红，这种类型的漫画的知名度也随之提高。日本头部出版社开始重新考虑发行网络漫画，2023 年 8 月，集英社宣布与在制作网络漫画方面拥有良好业绩的 Shinba Tonazu 共同成立漫

① 電通メディアイノベーションラボ：《情報メディア白書 2024》，ダイアモンド社，第 68 页。

画制作公司TOON FACTORYJ。2024年年初，集英社宣布推出“Jump TOON”，成为世界上第一个Webtoon漫画应用程序。角川出版社在寻找专门从事网络培训的人力资源方面处于领先地位。2023年，亚马逊也在日本推出了网络漫画服务“Flip Tointen”。随着日本智能手机用户变得更加主流，针对智能手机优化的电子书籍应用，例如可以在短时间内阅读的垂直滚动、全彩的电子书籍应用，其优越性将会增加。

广播电视行业的总市场规模也在缩小。2022年，日本广播电视行业的总市场规模为2兆1472亿日元（约合人民币1024.5亿元），相比2021年减少4%。其中隶属东京的广播电视局市场规模占比为38.7%，隶属大阪的广播电视局占比50.7%，其他广播电视局占比10.5%。[①] 根据电通《2022年日本广告支出》的数据，[②] 在广播电视的数字广告支出中，与电视媒体相关的视频广告支出预计为350亿日元（比2021年增长140.6%）。目前，日本广播电视行业的用户在逐年减少，大量用户正在向互联网迁移。由日本电视台、TBS电视台、大阪电视台等民营电视局合作运营的电视门户网站“TVer”的月视频观看次数于2023年8月达到3.9亿次（比2022年同月增长150.1%），每月独立浏览器访问量也已突破3000万次。通过地方电视局之间合作实施视频分发服务的案例正在不断增加。“Lcipo”是由总部位于名古屋的五家民营电视运营商联合发行的互联网端应用，于2020年3月开始服务，用于分发以节目为主的各种视频和本地信息。2023年2月，月活跃用户达到104万人，突破100万人大关。同月，视频观看次数也创下115万次的历史新高。[③] 2023年9月，日本东北地区的六家朝日电视台网络运营商推出了互联网端应用“Topo”，用来分发各公司制作的节目和本地内容。其中，部分内容可以免费观看，而所有内容都可以按月付费观看。

电影行业，2022年，日本的电影市场规模为2131亿日元（约合人民币101.6亿元），比2021年增长131.6%，几乎恢复到新冠疫情影响之前的水平。电影市场中，动画电影相比真人电影占据大半江山，以其强烈势

---

① 電通メディアイノベーションラボ：《情報メディア白書2024》，ダイアモンド社，第118页。

② 《2022年日本の広告費》，2023年2月24日，电通网站，https://www.dentsu.co.jp/news/release/2023/0224-010586.html。

③ 電通メディアイノベーションラボ：《情報メディア白書2024》，ダイアモンド社，第116页。

头支撑着电影市场。动画电影《海贼王电影：红发歌姬》票房为197亿日元（约合人民币9.4亿元），《咒术回战0剧场版》票房为138亿日元（约合人民币6.6亿元），《铃芽之旅》票房为131亿日元（约合人民币6.3亿元），《名侦探柯南：万圣节新娘》的票房也高达97.8亿日元（约合人民币4.7亿元）。海外进口电影中，《壮志凌云2：独行侠》受到了各年龄段人的广泛支持，票房达135.7亿日元（约合人民币6.5亿元）。由于它是长期以来第一部票房超过100亿日元的西方电影，因此成为热门话题。2023年，《灌篮高手》大获成功，票房为157亿日元（约合人民币7.5亿元），令市场兴奋不已。此外，《名侦探柯南：黑铁的鱼影》票房突破136亿日元（约合人民币6.5亿元）。[①] 其他在日本上映的电影，包括宫崎骏的《你想活出怎样的人生》《超级马里奥兄弟大电影》《哥斯拉1.0》等票房成绩也表现不俗。

广告行业，2022年，日本的广告市场规模达7兆1021亿日元（约合人民币3388.3亿元），同比2021年增长4%。由于社会持续数字化，2022年互联网广告费用（互联网广告媒体费用、产品销售平台广告费用、互联网广告制作费用之和）将较2021年增长114.3%，达到3兆912亿日元（约合人民币1474.9亿元），互联网广告费用占广告费用营收总额的43.5%。短短三年时间，该市场规模突破2019年的2万亿日元，成为3万亿日元市场。尽管日本从新冠疫情的影响中恢复过来，同时国家和地方政府放宽了行动限制与旅行支持措施，但是促销媒体广告费用为1兆6124亿日元（约合人民币769.3亿元），仍下降了。[②]

日本的互联网服务行业与其他媒体行业有所交叉，包含影视、音乐、电子书籍、游戏、SNS等互联网产品内容，也包含互联网广告、移动通信、电子支付、云服务等互联网服务内容。其中，2022年包含影视、音乐、电子书籍、游戏的互联网产品市场规模为2兆7417亿日元（约合人民币1307.9亿元），手机端互联网服务市场规模为8兆5220亿日元（约合人民币4065.6亿元），相较2021年均有所缓慢增长。[③]

① 電通メディアイノベーションラボ：《情報メディア白書2024》，ダイアモンド社，第84页。
② 電通メディアイノベーションラボ：《情報メディア白書2024》，ダイアモンド社，第174页。
③ 電通メディアイノベーションラボ：《情報メディア白書2024》，ダイアモンド社，第165页。

整体来说，日本媒体行业近年来呈现出发展缓慢的趋势，其中出版和广电行业甚至出现下滑现象。随着互联网和数字技术的快速发展，传统媒体的影响力和收益模式遭遇了挑战。特别是在出版行业，受数字化阅读习惯的影响，纸质书籍销量持续下降，多数出版社面临着收入减少的局面。广播电视行业也遭遇了类似的困境。随着网络视频平台的兴起和用户观看习惯的转变，传统电视的收视率和广告收入均有所下滑。此外，日本媒体行业还面临着市场饱和、内容创新不足等问题，这些因素共同导致了整个行业的发展放缓。为应对这些挑战，部分媒体机构开始探索数字化转型，尝试新的商业模式和内容生产方式，比如发展跨媒体合作、推广付费订阅服务等形式。但是，日本媒体行业的转型升级之路仍然漫长且充满不确定性。因此，如何在数字时代保持竞争力、吸引年轻观众，以及如何创新内容和服务，成为其行业需进一步探索的重要课题。

（二）生成式 AI 对日本媒体行业的影响

自 2022 年 11 月美国人工智能科技公司 OpenAI 发布 ChatGPT 3. 0 版本以来，生成式 AI 对全球范围内各行各业造成巨大影响，也为日本媒体行业带来创新的风潮，并可能正在重塑日本媒体行业的运作方式和商业模式。生成式 AI 技术的进步促进了媒体行业的内容自动生产，包括文字、图片甚至视频等内容，不仅推动了媒体内容生产的自动化和高效化，还激发了诸如漫画制作、小说创作、音乐制作等领域的创新发展。助力各媒体行业提高生产效能，生成式 AI 展现出其对媒体和文化产业革新的强大潜力。例如，出版行业巨头集英社的《少年 Jump+》杂志编辑部与 Alu 漫画创作公司联合推出了“Comic-Copilot”服务，这是一项支持漫画制作中的创意产生和辅助完成烦琐工作的生成式 AI 服务。此外，他们还发布了许多帮助完成动画绘图和着色等工作的生成式 AI 服务。在媒体内容生产方面，由 Industrial Dream 公司研发的“AI BunCho”是一款专门为小说创作提供 AI 支持的应用程序，它采用了拥有 60 亿个参数的日语大语言模型，可以生成小说标题、概括、大纲以及上下文高度相关的句子以续写故事情节。据其门户网站统计，迄今为止使用 AI BunCho 创作的作品已超过 290 万件。此外，可以创作音乐的生成式 AI 软件 Google Music LM、SUNO，以及可以制作混音合成、母带的软件 SynthesizerV Studio Pro 和 iZotopeOne 在日本也非常流行。软件可以通过学习著名歌手的声音仿制出歌手唱其他歌曲的 AI 演唱作品，这在日本抖音、YouTube 等平台屡见不鲜。新闻行业中，Newsia 公司和北海道电视台于 2023 年 11 月宣布，将在电视新闻节目“Switch in”中启用使用 AI 技术的虚拟数字人主播。这是全日本首次虚拟数字人出现在地面波电视台的节目中。节目组表示，虚拟数字人主播可以有效避免因特殊情况真人主播无法录制的情况，同时不仅让虚拟数字人常驻一个节目，也会考虑让其加入其他节目。①

生成式 AI 在为日本媒体行业带来便利和改革的同时，也带来了道德伦理和知识产权等方面的难题。比如上述例子中的小说生成 AI“AI BunCho”和音乐生成 AI“SUNO”，对这几款软件生产的作品也存在知识产权的极大争议。日本文化厅 2023 年 5 月召开的著作权相关会议上，提出了 AI 与知识产权的相关议题。② 在 2024 年 2 月发布的《关于 AI 与知识产权的思考的提案》中指出，关于生成式 AI 与版权的关系，除了政府方面的努力，还需要从业者、企业等社会方面的努力。人工智能领域还在不断进步，要在获得对生成式人工智能及相关技术的共识，以及人工智能学习版权作品许可的实施情况下，制定与生成式 AI 相关的版权作品的使用的适当规则和指南。参与主体除了人工智能开发者、人工智能服务商、人工智能用户、权利人，还包括个人创作者和为其提供表达场所的内容发布平台运营者。③

三 人工智能在日本行业中的应用和人才培养

日本企业目前的人工智能实施状况落后于世界部分其他国家。在很多行业中，AI 的引入并没有取得实际有效的进展。根据日本总务省发布的

① 《地上波テレビ初の「AIデジタルヒューマン・アナウンサー」起用》，2023 年 11 月 29 日，aismiley 网站，https://aismiley.co.jp/ai_news/niusia-tvh-ai-digitalhuman-virtualhuman/。

② 《AIと著作権》，2023 年 6 月，日本文化厅网站，https://www.bunka.go.jp/seisaku/chosakuken/pdf/93903601_01.pdf。

③ 《AIと著作権に関する考え方について（素案）》，2024 年 2 月 29 日，日本文化厅网站，https://www.bunka.go.jp/seisaku/bunkashingikai/chosakuken/hoseido/r05_07/pdf/94011401_02.pdf。

《2019 年信息通信白皮书》,[①] 日本"AI 活跃用户"所占比例在中国、美国、德国、法国、瑞士、奥地利、日本这 7 个国家中排名最低。这里的"AI 活跃用户"是指"用人工智能取代部分业务"或"在部分业务中试点人工智能"并"考虑在公司内实施人工智能"的公司。自 ChatGPT 3.0 问世以来，日本企业对生成式 AI 的关注度也在逐渐提高。日本普华永道在 2023 年 5 月和 12 月针对日本国内企业员工 900 余人进行了问卷调查，接受问卷调查的是日本国内年利润 500 亿日元以上企业的部门负责人以上级别的员工。[②] 12 月的调查问卷显示，只有 4%的受访者回答说他们对生成式 AI 一无所知，相较 5 月对生成式人工智能的认知度显著提高。此外，73%的受访者说他们已经以某种方式使用了生成式人工智能；当被问及他们在多大程度上推广生成式人工智能的使用时，87%的受访者说他们已经在公司内部使用了生成式 AI 或正在准备投入使用生成式 AI。这表明自上次调查以来的几个月后，这些企业在使用生成式 AI 方面取得了重大进展。2023 年以来，不只日本企业，日本政府也认识到 AI 产业发展的重要性，其 2024 年的财务预算中人工智能（AI）相关预算已超过 1700 亿日元。日本经济产业省预计拨款 1591 亿日元，相比 2023 年的 366 亿日元增加了三倍，用于"实现数字社会并应对人工智能时代"。文部科学省预计拨款 238 亿日元，用于加强文化教育等行业的人工智能开发，投资相关人工智能研究项目。如果加上文化厅的日语语言库开发项目、中小学教育公共事务数字化以及尖端技术利用项目，总额约为 290 亿日元。再加上总务省情报通信研究所的大规模语言模型（LLM）的开发、多语言翻译 AI 的开发、大容量光通信项目等，总计三个部门的财务预算超过 1700 亿日元。日本经济产业省、文部科学省、总务省三个部门将成为日本政府人工智能开发的主要参与者，再加上内阁府的重要经济安全技术开发项目、防卫省的突破性研究、农林水产省的智慧农业、厚生劳动省的人工智能药物研究等项目，2024 年日本政府在 AI 产业总投资预计将达到甚至超过 2000 亿日元。如果预算规模能够维持六年，则日本政府预计在 AI 产业实现超过 1 万亿日

---

① 《進化するデジタル経済とその先にあるSociety 5.0》，2019 年 7 月，日本总务省网站，https：//www. soumu. go. jp/johotsusintokei/whitepaper/ja/r01/html/nd112220. html。

② 《生成 AIに関する実態調査 2023 秋》，2023 年 12 月 7 日，pwc 网站，https://www.pwc.com/jp/ja/knowledge/thoughtleadership/generative-ai-survey2023_autumn. html。

元的投资。①

（一）人工智能在日本各行业的应用案例

日本政府内部正在积极导入人工智能辅助行政业务。例如，日本金融厅在2022年9月开始使用AI自动应答服务（AI聊天机器人），用户在金融厅网站选择问题或提出多个关键字、问题文本后，AI聊天机器人会给出部分答案或引导用户至金融厅网站的相关页面。② 总务省在内部员工会议中听取员工意见，将总务省内部局域网添加自动翻译功能，以方便员工在查阅资料时进行多语种翻译，该功能已于2022年2月开始应用。日本人事院（日本政府组织部门）于2021年7月引入AI文字转录工具，用于记录繁杂的会议内容。③

在医疗领域，日本对AI的引入相对较早。2017年，日本厚生劳动省在“健康医疗领域人工智能活用会议”中，将图像诊断、基因组医学、诊断治疗、药物开发、痴呆症护理和AI医疗手术总结为“应推进人工智能发展的六个优先领域”。尤其是图像诊断领域发展进展迅速，多种使用人工智能的医疗设备与系统已经获得批准和认证。例如，2021年11月，日本KONICA MINOLTA公司发布了胸部X射线图像诊断的AI软件“CXR-finding-i”。④“CXRfinding-i”利用人工智能分析胸部X光平片图像，可以有效防止可能患有肺癌、肺炎、结核等病变区域被忽视。在诊断成像中，即使是经验丰富的医生也可能会出现人为错误，“CXRfinding-i”的出现极大减轻了医生诊断图像时的负担。2022年4月，日本富士胶片公司（Fuji-film Holdings）开始试运营“SYNAPSE Creative Space”，这是与日本国家癌症研究中心共同开发的云端AI技术研发服务平台。这项服务提供了一个即使是缺乏编程等工程知识的医生也可以开发人工智能的环境。通过支持医生主导的人工智能开发，不仅可以治疗重大疾病，还促进了罕见疾病的

① 《AI関連予算要求が1500億円超え…その内訳と課題》，2023年9月7日，日刊工业新闻网站，https://newswitch.jp/p/38390。

② 《お問い合わせ》，2022年9月，日本金融厅网站，https://www.fsa.go.jp/。

③ 《政府機関におけるAI導入促進に向けた調査》，2023年4月5日，日本内阁网站，https://www8.cao.go.jp/cstp/ai/ningen/r5_1kai/siryo4.pdf。

④ AI白書編集委員会：《AI白書2023》，株式会社KADOKAWA，第122—123页。

图像诊断 AI 的发展。富士胶片将支持由此平台开发的 AI 的商业化，并将向开发它的医生或医疗机构支付许可费。[①]

在教育领域，日本文部科学省于 2023 年 7 月发布了《在中小学教育阶段关于使用生成式 AI 的建议》，[②] 推动在教育中利用生成式 AI、大数据等新技术提高教育质量。日本倍乐生有限公司为了提高中小学生学习效率，开发了导入 AI 的个人学习训练软件“DreamPark”。[③] 当老师设定想要学生复习的范围和工作时间时，软件会自动提供适合每个学生的定制作业。此外，如果学生对某个单元进行总结测试，软件将匹配适合学生个人的复习习题。

在农业领域，日本的小型个体工商户较多，且由于人口老龄化，除部分农业企业外，投资能力或信息化意识较弱，从利润角度看投资回报率较低。2022 年 6 月，日本农林水产部宣布推广利用机器人、人工智能、物联网等尖端技术的“智慧农业”布局，包括通过远程监控自动拖拉机驾驶、利用卫星的传感数据和天气数据预测天气、利用人工智能和信息通信技术预测病虫害发生、可以高精度喷洒农药化肥的高规格农业无人机以及其他人工智能相关的项目。例如，养殖鰤鱼的丸叶日郎 AQUA 公司引进“AI 追踪数鱼机”。[④] 在鰤鱼生长期间需要实时掌握鱼群数量，以便分区域养殖和正确计算投喂的食物量。以前必须目测数以千计的鱼并进行养殖，既费时又造成很大的身心负担，使用“AI 追踪数鱼机”后大大提高了养殖效率。

在轻工业领域，大日本印刷有限公司是世界上最大的综合印刷公司之一，提供广泛的产品和服务，包括印刷书籍、杂志和包装、建筑物与汽车的内部和外部材料，以及智能手机和平板电脑设备的组件等。在 AI 领域，随着印刷业务中处理的图像和文本数据的数字化，该公司正在利用图像处理和自然语言处理技术来进行 AI 的开发，以实现工厂制造和检验过程的自动化。此外还有各种出版物、合同、申请表等的校对，印刷版面的核

---

① AI 白書編集委員会：《AI 白書 2023》，株式会社 KADOKAWA，第 120—121 页。

② 《初等中等教育段階における生成 AIの利用に関する暫定的なガイドライン》，2023 年 7 月 4 日，日本文部科学省网站，https：//www. mext. go. jp/a_ menu/other/mext_ 02412. html。

③ “DreamPark”，https://bso.benesse.ne.jp/miraiseed/products/drill/index.html.

④ AI 白書編集委員会：《AI 白書 2023》，株式会社 KADOKAWA，第 126 页。

对，漫画的翻译等。

（二）日本政府对AI领域的人才培养

日本政府重视AI领域的人才培养，2019年文部科学省制定的“数学/数据科学/人工智能教育项目”成为日本高等学校学生培养的学科专业方向。该方向由文部科学省牵头，会同内阁府和经济产业省进行具体的系统设计。经过公开招聘过程后，首批获得认可的大学（大学、专科学校、技术学院）于2021年6月公布。针对该方向的所有大学和技术学院的学生，目标是掌握基础数学、数据科学和人工智能等学科知识。具体包含数学基础知识（统计数学、线性代数、微分和积分），即作为数据科学的统计学等各种数据处理的知识，以及作为实现人工智能手段的算法、数据表示和编程基础等知识。截至2022年8月，拥有“数学/数据科学/人工智能教育项目”专业方向的大学、专科学校、技术学校在全日本有41所。[①] 日本深度学习协会（JDLA）是日本在人工智能领域较为先进的协会，于2018年开设AI工程师资格考试，旨在增加深度学习和AI领域的人才数量。据统计，截至2024年3月，全日本累计合格人数为7885人，合格率近70%。[②]

四 结语

总体来看，日本在智能信息技术领域的发展是在不断加速的；同时通过前瞻性的政策设定与国际合作，为其智能媒体和其他行业的转型与创新打下了坚实的基础。生成式AI技术在推动日本媒体行业创新方面发挥了关键作用，从内容创作到个性化推广，再到消费者体验的全面升级，AI技术正在引领媒体行业进入一个新的时代。此外，AI的应用不仅局限于媒体行业，在政府运作、医疗健康、教育、农业和轻工业等多个行业中的广泛

① AI白書編集委員会：《AI白書2023》，株式会社KADOKAWA，第390页。

② 《「E資格2024#1」結果について》，2024年2月，日本深度学习协会（JDLA）网站，202https：//www.jdla.org/news/20240308001/#：~：text=%E3%80%8CE%E8%B3%87%E6%A0%BC2024%231%E3%80%8D%E7%B5%90%E6%9E%9C%E3%81%AB%E3%81%A4%E3%81%84%E3%81%A6&text=E%E8%B3%87%E6%A0%BC%E3%81%AE%E7%B4%AF%E8%A8%88%E5%90%88%E6%A0%BC,%E5%90%8D%E3%81%AB%E3%81%AA%E3%82%8A%E3%81%BE%E3%81%97%E3%81%9F%E3%80%82。

运用，也展示了其在加速社会发展和提高行业效率方面的巨大潜力。日本政府为保障自身在 AI 领域的国际地位不受动摇，必将进一步加强 AI 人才的培养投入，这对中国的智能媒体与信息技术发展同样具有重要的启示与影响。中国作为一个拥有庞大市场和丰富信息内容消费需求的国家，需要深刻认识到的是，智能信息技术的融合不仅是技术的革新，更是对媒体行业产业结构、商业模式乃至整个社会信息流通方式的根本性变革。从日本的经验中可以看到，积极布局前瞻性技术并重视国际合作与标准制定，是在新一代信息技术竞赛中占据制高点的关键。这对保持国家在全球信息技术发展中的竞争力至关重要。此外，注重人工智能在各行各业的应用，推进数字经济与智能社会的构建，将为国家的可持续发展提供强大的技术支撑和新的增长动力。同时，日本对 AI 人才培养的重视也为中国教育和人才发展策略提供了重要参考。在人工智能时代，高质量的技术与创新人才是国家竞争力的核心，中国应加大在 AI 教育和人才培养方面的投入，培育更多既懂技术又懂产业应用的复合型人才，从而满足国家在智能时代的发展需求，才能确保中国在全球智能信息技术和媒体行业的发展大潮中保持领先地位，实现可持续互联网经济与智慧社会的构建。